Heinrich Albert Oppermann

Hundert Jahre (1770-1870)

Zeit- und Lebensbilder aus drei Generationen

Heinrich Albert Oppermann

Hundert Jahre (1770-1870)
Zeit- und Lebensbilder aus drei Generationen

ISBN/EAN: 9783743311398

Hergestellt in Europa, USA, Kanada, Australien, Japan

Cover: Foto ©ninafisch / pixelio.de

Manufactured and distributed by brebook publishing software
(www.brebook.com)

Heinrich Albert Oppermann

Hundert Jahre (1770-1870)

Hundert Jahre.

Dritter Theil.

Hundert Jahre.

1770—1870.

Zeit- und Lebensbilder aus drei Generationen.

Von

Heinrich Albert Oppermann.

Dritter Theil.

Leipzig:

F. A. Brockhaus.

1870.

Inhalt.

Drittes Buch.

Justus Erich Bollmann.

~~~~~~~~~~~~

Erstes Kapitel.

—◦—

Wiederfinden.

Wer den letzten Brief Bollmann's aus Paris gelesen, der weiß, daß das nicht mehr derselbe Mann war, der in der Französischen Revolution den verheißenen Messias der Juden sah, der voll Glut und Hingebung das Evangelium der Freiheit und Gleichheit der ganzen Welt predigte, der mit Forster und seiner Therese, mit Huber und den andern Demokraten in Mainz auch eine volle Erlösung der Menschheit von aller Knechtung, von Unwissenheit und Schlechtigkeit durch die Freiheit hoffte. Wir wissen aus den von Varnhagen von Ense im ersten Bande seiner „Denkwürdigkeiten" veröffentlichten Briefen Bollmann's an die Staatsräthin Brauer und aus den in unserm Besitze befindlichen Briefen an den Vater und die Freunde aber auch ziemlich genau, wie diese Wandlung vor sich gegangen war.

1 *

Vollmann war gegen Mitte Januar 1792 nach
Straßburg gekommen, wo er in der Familie des Herrn
von Türkheim und seiner Gemahlin (Goethe's Lili) feine
aristokratische Formen, junge Frauenzimmer, von denen
er nicht wußte, ob sie mehr schön oder witzig waren,
warme, freundliche Aufnahme und thätige Unterstützung
in bedrängten, pecuniären Verhältnissen fand. Den
Vater mochte er nicht angehen, der Onkel aus Birmingham, der schon im Januar nach Paris hatte
kommen wollen, ließ nichts von sich hören, so kam
ihm das freundliche Anerbieten des reichen Bankiers
gelegen, und er war nicht blöde, das gebotene Dar-
lehn anzunehmen, trug er doch das Bewußtsein in der
Brust, daß die Zeit kommen würde, wo er zurückzahlen
könne mit den durch eigene Kräfte verdienten Mitteln.

Unser Freund aus Hoya trat in Straßburg zum
ersten mal dem politischen Parteigetriebe näher, aber
es stieß ihn ab. Die Demokraten im deutschen Club,
denen er sich zugesellte, waren wie heute und immer
gänzlich uneinig, man gerieth öfter so heftig aneinander, daß die Wache Ruhe stiften mußte. Menschen,
die nichts zu verlieren, die nicht einmal etwas zu geben
hatten, da sie arm an Gedanken, desto reicher aber an
Phrasen waren, drängten sich vor und die Menge fiel
ihnen zu. Der Norddeutsche konnte sich kaum Gehör

verschaffen, noch viel weniger sich zum Führer empor=
schwingen, sah die Führerschaft vielmehr in den Händen
der unbedeutendsten Menschen. Er sah die Trägheit
und Unwissenheit der Masse, er bemerkte als praktischer
Mann früh den Fehler, den die Nationalverfammlung
begangen hatte, indem sie sich mit ihren eigenen Er=
fahrungen von der legislativen Versammlung ausschloß.
Daß von 8000 activen Bürgern in Strasburg im
Februar 1792 nur 400 zur Wahlurne gingen, in
Paris von 60000 nur 10000, empörte ihn; er
sah, wie die Erbitterung zwischen den mit 15 Sous
täglich besoldeten undisciplinirten Nationalgarden und
den mit 8 Sous täglich besoldeten Linientruppen
letztere nothwendig dahin führen mußte, die Constitu=
tion und alle Neuerungen zu hassen und eine Stütze
des Adels und Königthums zu werden. Justus Erich
zog sich zurück. Nun kam auch Anfang März ein
Brief vom Onkel mit sparsamem Reisegelde und dem
dictatorischen Befehl, sofort in Paris zu erscheinen.
Dieser Bruder seines Vaters, ein vierzigjähriger mür=
rischer Hagestolz, geizig, alles nur nach englischem
Krämersinn auffassend, nur mit einer Leidenschaft, gut
zu essen und zu trinken begabt, thrannisirte ihn drei
Wochen in Paris auf das schrecklichste. Er predigte
dem mit ihm in demselben Zimmer wohnenden Neffen

unaufhörlich vom frühen Morgen bis an den späten
Abend, daß die ganze Aufgabe der Menschen nur darin
bestehe, reich zu werden. Nur wer reich sei, sei auch
frei und unabhängig, alles übrige sei Schwindel. Als
er abreiste und den jungen Arzt freigab, hinterließ er
ihm eine so geringe Summe, daß dieser davon nur
wenige Monate leben konnte, selbst wenn er sich weiter
nichts gönnte als mittags ein mageres Essen von
30 Sous, abends Endiviensalat und morgens Butter=
brot mit Rettich. Justus wollte sich, wie wir aus
seinem Briefe an Karl Haus wissen, selbständig machen
vom Onkel: er ließ sich als Doctor für Augen= und
Hautkrankheiten für nothleidende Arme in öffentlichen
Blättern ankündigen, er suchte freilich reiche Patienten.
Wirklich fand er sieben oder acht arme, aber nur einen
zahlungsfähigen Patienten, einen Abbé, der sich die
kleine Zehe am Fuße, die gebrochen war und ihn am
Gehen hinderte, für 100 Livres wegoperiren lassen
wollte. Aber der arme Mann fiel in Ohnmacht, als
Justus sein Messer aus der Verbindtasche nahm, be=
schwor ihn auf den Knien, von der Operation abzu=
stehen, und zahlte auch natürlich nicht.

Die Praxis brachte nichts ein; vergeblich suchte er
sich den Buchhändlern in Paris und Karlsruhe als
Uebersetzer aus dem Deutschen für die Franzosen, aus

dem Französischen für die Deutschen anzubieten. Er
hätte verhungern müssen, hätte nicht ein guter Freund
strasburgischer Bekanntschaft, ein Handlungscommis,
sein Einkommen mit ihm getheilt.

Da, in der größten Noth, hatte der Zufall die
Blicke der Tochter Necker's, der Frau des schwedischen
Gesandten Staël, die damals schon durch ihr Buch
über Rousseau sich einen Namen verschafft hatte, auf die
Vollmann'sche Reclame gelenkt, die ihr durch ihre Eigen=
thümlichkeit auffiel. Sie war damals schwanger und
von einer unangenehmen Hautkrankheit befallen, sie
suchte deshalb die Hülfe eines deutschen Arztes und
sandte zu Vollmann.

Der Geist dieser Frau zog Justus in so hohem
Grade an, daß er in wenig Tagen ihr eifrigster Ver=
ehrer war, obgleich sie nichts weniger als hübsch,
sondern schon damals kupferroth im Gesicht war, und
daß er ihren Liebhaber, den er noch in seinem letzten
Briefe an Karl Haus verdammt hatte, für den liebens=
würdigsten Menschen erklärte. Er schreibt an seine
Base, nachdem er den Geist und die überwiegenden
Fähigkeiten der Frau von Staël gerühmt: „Aber von
ihrem Herzen würde ich mich umsonst bemühen, Ihnen
einen würdigen Begriff zu machen. Diese Frau hat
nur einen Freund, den Narbonne, ehemaligen Kriegs=

minister, und dieser Narbonne ist einer der liebens=
würdigsten Männer, die ich jemals gesehen habe. Bei
einer sehr ausgebreiteten Menschen=, Welt= und Lite=
raturkenntniß, bei einem unerschöpflichen Fonds von
Heiterkeit und Laune, bei einem Geiste, der unabläſſig
durchblitzt in allem, was er sagt und thut, zeigt er
gänzliche Verleugnung seiner selbst, die anspruchsloseste
Hingebung an die Umgebung und eine in diesen Tagen
so seltene altritterliche Offenheit."

Justus wußte aristokratische Vorzüge zu schätzen; im
Hause der Staël mit zuvorkommendem französischen
Wesen empfangen, noch ehe er eigentliche Hülfe gelei=
stet, reich honorirt, von Narbonne und seinen Freun=
den als völlig Gleichgestellter und Gleichberechtigter
anerkannt: wie hätte das einem dreiundzwanzigjährigen
jungen Mann nicht schmeicheln sollen? Arzt der Frau
Staël zu sein, umhüllte sein jugendliches Haupt mit
einem Glorienschein, der ihm als Arzt die bedeutendste
Zukunft in Paris verhieß. Dazu kam nun aber
noch, daß er an den Empfangsabenden der Staël zu=
sammentraf mit der Crême der aus der Schule Vol=
taire's, Rousseau's und Diderot's hervorgegangenen
Aristokratie des Geistes, mit Lally=Tolendal, Cler=
mont Tonnerre, Matthieu de Montmorency, welche
im Ballhause schon dem Volke geschworen hatten,

Lafayette, dem Bischofe von Autun, mit Prinzeſſinnen und Gräfinnen, alle übereinſtimmend mit Friedrich dem Großen, ein Etwas ſchlechthin als infam zu be= zeichnen, das ſich ſeitdem wieder zu wenigſtens äußerm Anſchein emporgehoben hat, ſobaß es gewagt wäre, daſſelbe auch nur andeutungsweiſe näher zu bezeichnen.

Das war ein ganz anderer Kreis von Menſchen, als mit dem er bisher zu thun gehabt hatte, ſelbſt in Mainz. Da ſprudelten an einem Abend mehr Geiſtes= funken und wurden mehr Witzpfeile verſchoſſen als in einem deutſchen Hofraths= und Profeſſorenkreiſe in einem Jahre; da wurden die höchſten Intereſſen der Menſchheit erörtert, freilich oft in ſehr frivoler Weiſe; da wurden die Schäden des Staats und noch mehr die Schwächen der Staatslenker offen dargelegt, Anek= doten der pikanteſten Art aus den höchſten Kreiſen erzählt und die Jakobiner verſpottet. Juſtus Erich hatte Gefallen an ariſtokratiſchen Formen, ſein erſter Jugendaufenthalt im Hauſe des Staatsraths Brauer hatte ihn hochgehoben über das kleinbürgerliche Weſen, das ihm von dem Vaterhauſe und Hoya angeklebt. Er aß lieber Faſanen und Puter, Wild und Auſtern als Endivienſalat und Rettich, trank Malvaſier, Cap= wein und Champagner lieber als Waſſer, und das alles hatte er im Hauſe der Staël, wo er gern ge=

sehener Gast war, täglich. Wenn er an ſdie drei
Wochen zurückdachte, die er mit dem pedantiſchen,
ſpleenhaften, kleinlichen Onkel zuſammen gelebt, ſo fühlte
er ſich in dieſer Geſellſchaft wie im Himmel.

So kann es nicht überraſchen, daß er nach und
nach gänzlich die Geſinnungen ſeiner Umgebung an=
nahm; der rohe Demokratenrock aus Mainz machte
der feinſten modiſchen Toilette Platz, ſder Standpunkt
Forſter's war ihm bald ein überwundener, er war
conſtitutioneller Ariſtokrat und Royaliſt. Nun kam der
Schlag vom 10. Auguſt, und als man am 15. Auguſt
Bericht erſtattet hatte über die in dem eiſernen Schranke
Louis Capet's gefundenen Briefe, welche die Verſchwö-
rung des Königs und ſeiner emigrirten Brüder mit
dem Auslande gegen das franzöſiſche Volk klar erwie-
ſen, ging die Hetze auf die Adelichen los. Lafayette
ſah ſich bei dem eigenen Heere nicht mehr ſicher, er
floh und wurde in ſchmähliche Gefangenſchaft geſetzt,
ſein Freund, der Kriegsminiſter Narbonne, verſteckte
ſich bei ſeiner Geliebten. Bollmann, leicht enthuſias-
mirt, verſprach Narbonne zu retten. Er verſchaffte
ſich vom engliſchen Geſandten als Hannoveraner zwei
Päſſe nach England, tauſchte dieſe bei Lebrun gegen
franzöſiſche um, ließ ſolche von Pétion unterſchreiben.
Die Jakobiner hatten Teufelsanſtalten getroffen, damit

ihnen keins ihrer Schlachtopfer entwische; Paris war
nur ein großes Riesengefängniß, in dem man alle rei=
chen Leute eingesperrt hielt; wie schwer das Entkom=
men war, wissen wir aus der Beschreibung Alfieri's,
des gräflichen Freiheitsdichters. Bollmann's Kaltblü=
tigkeit und Muth ließen aber das Wagniß glücken.

„An allen Orten, wo wir die Pässe vorzeigen
mußten, auf den Wachtstuben, bei den Municipalitäten,
an den Thoren", schrieb er, „suchte ich die Aufmerk=
samkeit durch frappante Neuigkeiten aus Paris abzulen=
ken, während sich Narbonne, nur englisch sprechend,
schläfrig, träge und spleenhaft im Hintergrunde und
in meinem Schatten hielt. Ich vertiefte auf jeder
Station die Polizeischergen durch zum Theil erdichtete
politische Wunderdinge; erzählte, daß man Narbonne
gefangen habe, ihm den Proceß machen werde, morgen,
und das war wahr, auf dem Carrouselplatze den ersten
Versuch machen wolle mit der neuerfundenen Maschine,
welche die Köpfe schmerzlos vom Rumpfe trenne, und
der Dinge mehr."

Man erreichte England. Narbonne übte seinen
Zauber auf den Deutschen. „Er ist unerschöpflich an
Witz und an Ideenreichthum", schrieb Justus Erich,
„vollendet in allen gesellschaftlichen Tugenden, er ver=
breitet Anmuth über das Dürrste."

Die Staël war außer sich vor Freude, sie schrieb an unsern Freund: „Sie haben mir das Leben und mehr als das Leben gerettet. Setzen Sie einigen Werth in das Gefühl, das von meinem Dasein unzertrennlich ist, und nehmen Sie bei jedem Vorgange in Ihrem Leben die Rechte eines Freundes, eines Bruders und eines Wohlthäters in Anspruch."

Nicht minder überhäufte Narbonne unsern Justus mit Freundschafts- und Dankbarkeitsversicherungen, aber der Strom schöner Worte, die er an seinen Retter richtete, machte, daß sich dieser anfangs mehr zurückzog.

Man logirte sich in Kensington bei einer schönen Französin, der Madame de la Châtre ein, um die sich in kurzem zwanzig bis dreißig Flüchtlinge sammelten, an deren Spitze Talleyrand glänzte. In seinem Hause wurde Bollmann untergebracht, da es bei der Châtre anfing überfüllt zu werden. Narbonne hatte außer mit Worten seine Dankbarkeit auch dadurch gegen Bollmann zu erkennen gegeben, daß er ihm ein Document überreichte, welches eine lebenslängliche Rente von 50 Guineen für seinen Retter aussetzte.

Auch hier wurde unsers Freundes ärztliche Thätigkeit wieder in Anspruch genommen durch die Madame de la Châtre, welche bei der Nachricht, daß ihr Ge-

liebter, das frühere Mitglied der Nationalversamm=
lung, Jancours, gefangen genommen und in die Ab=
baye geschleppt sei, beinahe wahnsinnig wurde und in
fürchterliche Krämpfe fiel. Jancours wurde auf die
Fürsprache der Frau von Staël bei Manuel am Abend
vor dem Gemorde vom 2. September gerettet. So
sammelten sich die alten Kreise bald in Kensington an
der Tafel der Châtre. Die Lage Bollmann's war
interessant und genugthuend für ihn, er studirte Vol=
taire und Rousseau und die Menschen, in deren Um=
gebung er lebte, Menschen, welche sehr liebens= und
lobenswürdig ihr Vermögen und ihren Rang dem
Staate geopfert, weil sie die Nothwendigkeit einsahen.
Die Männer, die sich hier als Flüchtlinge zusammen=
gefunden, waren es gewesen, die in der Augustnacht
von 1789 auf Noailles' Vorschlag dem Feudalwesen
und den Privilegien ein Ende gemacht hatten. Wie
kam es nun aber, daß Bollmann, je länger er in
diesen aristokratischen Kreisen lebte, wieder demokra=
tischer wurde, daß er einsah, wie diese Männer keine
Stützen des Staats und keine Retter desselben sein
noch jemals werden könnten?

Justus Erich erkannte bald, daß diese feingebildeten,
die Freiheit liebenden Männer durch Ueppigkeit und
Vergnügungen verdorben waren, daß ihnen die Red=

lichkeit und Aufopferungsfähigkeit des Herzens und die Männlichkeit des Thuns fehlten. Man lebte und webte in Witz und opferte einem guten Witz das heiligste Gefühl für das Vaterland.

„Man spricht", schreibt er an seinen Vater und an Karl Haus, „von den Staatsangelegenheiten, um sich über diese oder jene Persönlichkeit lustig zu machen, oder um zu zeigen, wie verständig man sei, wie man Montesquieu studirt habe. Man kommt im Disputiren bald außer sich, aber das Herz bleibt kalt; man fühlt, daß nur Eitelkeit und Selbstliebe die Streitenden in Wallung bringt. Zuletzt kommen ein paar Herren und Damen überein miteinander, setzen sich vor den Kamin und machen einen Plan zur Errettung des Staats, den sie morgen oder übermorgen betreiben wollen, nachdem diese oder jene Lustbarkeit vorbei ist. Es ist unglaublich, wie fein, wie richtig ein guter französischer Kopf selbst über die verwickeltsten Dinge urtheilt, aber man darf nicht lange von demselben Gegenstande sprechen, sonst wird die Unterhaltung den Leuten zuwider. Und statt schließlich selbst etwas zu thun, Hand anzulegen an die Verwirklichung eines guten Gedankens, geht man lieber in die Komödie."

Bollmann war froh, als sich der Kreis in Kensington trennte, und er statt bei dem gewesenen Bischofe

von Autun mit seinem Freunde Heisch in London
Coffeehouse von Ludgate-Hill wohnte.

Es war Ende Mai 1793, als Vollmann im all=
gemeinen Gastzimmer des ebengenannten Kaffeehauses
auf seinen Freund Heisch wartete, um mit ihm eine
gemeinsame Spazierfahrt zu machen, und einmal etwas
Grünes zu sehen zu bekommen, wonach sich der Deutsche
immer sehnt; man wollte nach Windsor fahren, und
Heisch war gegangen, einen Wagen zu miethen. Als
Justus nun so an dem Fenster stand und die vorbei=
wogende Menge betrachtete, fiel ihm eine Gestalt auf,
die auf das Kaffeehaus zuschritt, in den Saal trat,
eine Bestellung machte und nach der Zeitung griff.
Der Ton der Stimme überwand den letzten Zweifel
bei Justus, er stürzte dem Angekommenen in die Arme,
es war Karl Haus, mit dem ihn der Zufall zusam=
menführte.

Der Jugendfreund mußte erzählen, das war leicht
gethan. Er war Privatsecretär des Grafen von Mün=
ster; dieser hatte von Georg III. im Anfang des Mo=
nats Befehl erhalten, unverzüglich in London zu er=
scheinen, und hier erhielt er von dem Könige einen
höchst delicaten Auftrag. Prinz August, später Herzog
von Sussex, hatte sich im vorigen Monat zu Rom
mit der ebenbürtigen Tochter des John Murray, Grafen

von Dunmore, der schönen Lady Auguste Murray, verheirathet, ohne Einwilligung ihres Vaters, daher nach der Royal marriage act von 1772 ungültig vermählt. Graf Münster sollte den Herzog, der seine Gattin außerordentlich liebte, bewegen, diese zu verlassen und nach London zu kommen. Man wollte gegen die Lady inzwischen bei dem erzbischöflichen Gerichte in London einen Proceß anstrengen. In wenig Tagen wollte Münster über die Alpen nach Rom reisen, und Karl sollte ihn begleiten. Dieser fühlte sich in seinem neuen Verhältnisse wenn nicht durchaus befriedigt — der Adelstolz des Grafen machte sich bei aller Freundlichkeit, mit der er den Privatsecretär behandelte, doch zuweilen, wenn auch selten, geltend — dennoch zufrieden. Das Bildniß Olga's war in seinem Herzen festgewurzelt, aber er dachte ohne großen Schmerz an sie, hatte er doch das Geständniß ihrer Gegenliebe. Er haßte den Grafen Schlottheim von innerstem Herzen und träumte von einer Möglichkeit, die Geliebte dem Wüstlinge noch einmal abzuringen, und sollte es mit der Pistole in der Hand sein.

Indeß kam Heisch mit dem Wagen, und da Münster an jenem Tage bei dem Könige in Kent war, konnte Karl an der Ausfahrt theilnehmen. Als man das Geräusch der Weltstadt hinter sich hatte, mußte

Bollmann erzählen. Wir kennen seine Schicksale bis Mitte October, wo er sich von Talleyrand trennte und mit Heisch in das Kaffeehaus von Ludgate-Hill zog, hören wir selbst, was er weiter erzählt:

„Die Staël verließ England, um ihren Vater in Genf zu besuchen, Narbonne ließ nichts von sich hören, er, der mir tausendmal die Versicherung gegeben, daß er durch seine Connexionen mich in die Bureaux von Pitt oder Grenville bringen würde, um mir eine politische Laufbahn zu eröffnen, zu der ich wie geschaffen sei. Denn aufrichtig, lieber Karl, mein Stand als Arzt ist mir zuwider geworden. Ich bin zu der Ueber= zeugung gelangt, daß man, um in der Laufbahn eines Arztes glücklich zu sein, entweder keinen Verstand haben, oder seinen Verstand gefangen nehmen und gläubig an ein System werden, oder roh genug sein muß, um von Vorurtheilen der Leute Nutzen zu ziehen, das Geld in die Tasche zu streichen und ins Fäustchen lachen zu können. In der Arzneikunst ist bis auf ein paar unwidersprechliche Wahrheiten fast alles Charlatanerie. Wer eine gute Constitution hat, wird bei vernünftiger Diät ohne uns gesund, wer siech ist, den halten wir hin, aber was hilft das Leichen= marschirenlassen? wie Rousseau sagt. Wir haben eine

ungeheuere Menge von Wahrnehmungen und Erfah=
rungen, aber wir begreifen fast keine einzige davon,
und gegen die Behandlung eines Kranken, von der
sich unser Verstand Rechenschaft ablegen kann, müssen
wir Hunderte behandeln, wo wir nur geschäftig schei=
nen, um die Leute zu befriedigen. Von Hippokrates
bis heute lassen sich zuverlässig funfzig Curmethoden
aufzählen, die einander offenbar entgegengesetzt sind,
und in jeder Methode zählt man große, berühmte,
glückliche Aerzte. Ich kann kein Charlatan sein, kann
mich nicht verstellen, und würde darum kein gesuchter
Arzt werden. Raum und Feld für mich gibt nur die
auf Menschen= und Geschichtskenntniß beruhende poli=
tische Thätigkeit. Die Menschheit ist in Fluß gerathen,
wer die Kraft in sich fühlt, muß jetzt helfen, am Staat
zu bauen. Auf dem untergeordnetsten Posten in Pitt's
Bureau würde ich mich glücklicher fühlen wie als Arzt.
Aber Narbonne hat mich vergessen, seine Freundschafts=
versicherungen waren leere Worte, ich habe demselben
deshalb auch das Document mit der Rentenversicherung
zurückgeschickt, und er hat's angenommen. Ich war
dazu sofort entschlossen, nachdem einer seiner Freunde
gesagt, ich sei ja gut bezahlt. Der Schwede Ericson,
ein sehr reicher Mann, mit dem ich im November nach
Paris reiste, tadelte mich zwar und sagte: «Die Großen

taugen nichts, ihr Geld ist besser als sie selbst; Nar=
bonne würde sich freuen, sein Papier wiederzuhaben,
und Sie obendrein auslachen; behalten Sie, was Sie
haben, und begehen Sie keine Thorheit aus falscher
Delicatesse.» "

„Habe ich nicht dasselbe hundertmal wiederholt?"
unterbrach ihn Heisch, „wenn ich zugegen gewesen,
würde es nie geschehen sein, aber die großen schwar=
zen, nie stummen Augen der Madame Rilliot, des
Engels, der die Reise nach Paris versüßte und der
eine ganze Novembernacht, von Dover nach Calais,
eingehüllt in deinen Mantel und deinen Rock auf dei=
nem Schose lag, um vor Seekrankheit geschützt zu wer=
den, während du selbst hemdsärmlich und vor Frost
mit den Zähnen klappernd auf dem Deck saßest, tragen
allein die Schuld deiner übel angebrachten Großmuth.
Dein Brief, der mir bei Todesstrafe beinahe befahl,
die Obligation einem Schreiben an Narbonne bei=
zufügen, war ganz voll von dieser schönsten aller Reisen,
die du je im Leben gemacht. Dein Brief an Narbonne
war gut stilisirt: du seiest nicht gewohnt, mit derartigen
Handlungen zu wuchern, du sendetest das Papier zu=
rück, um dich von einer Sache zu befreien, die dich
nicht weniger drücke als entehre. War das aber nicht
simpelhafte deutsche Sentimentalität? Du verlangst

die Freundschaft eines Großen, weil du ihm das Leben
gerettet. Narbonne, ich möchte sagen, sämmtliche Fran=
zosen, kennen das Wort Freundschaft nicht, sie kennen
Dienstleistungen und Belohnungen, du hattest die Rente
verdient, du hättest sie behalten sollen, weil sie dir
die Mittel gewährte, in dieser theuern Stadt den Ueber=
gang von einem zum andern Berufe zu erleichtern!"

Heisch mußte seinen Gefühlen Luft machen, er
wußte, daß Justus von Freunden Opfer bereitwillig
annahm, hatte er selbst doch mit ihm getheilt, und
theilte heute wiederum seinen guten Verdienst, nach=
dem er in einem Bankierhause eine Stelle gefunden
hatte. Er wußte, daß Justus von Herrn von Türk=
heim Darlehne empfangen hatte, wie früher von Huber,
und sah in der Zurückgabe der Obligation nur Voll=
mann's Eitelkeit hervortreten, der sich einbildete, Nar=
bonne dadurch zu imponiren, während dieser lachend
sagte: „Vous l'avez voulu, George Dandin!"

„Zanke nicht, zanke nicht", sagte der Freund, „von
Freunden kann man große wie kleine Dienstleistungen
empfangen, ja fordern, die Freundschaft rechnet nicht.
Ist aber die Freundschaft weg und sieht man die Dienst=
leistungen kaufmännisch tractirt, so muß man eine kost=
bare Waare lieber wegschenken, als sie unter dem Preise
weggeben, man entehrt sonst die gute Sache und sich

felbft. Schlagen wir das Faß zu, ich weiß, es hat
mir mein Handeln nichts eingebracht als von der Staël
die Worte: «Sie sind empfindlich, wie Jean Jacques
Rousseau», und erneuerte Freundschaftsversicherungen,
und von Narbonne, dem ſleichtſinnigen, ehrgeizigen,
verſchwenderiſch großmüthigen Manne das Gefühl, daß
er nicht erfüllen konnte, was er mir in Ausſicht ge=
ſtellt.

„Aber was ſchadet's denn, ich verlaſſe mich auf
mein Glück; das Glück und ich, wir haben uns bisher
vortrefflich miteinander geſtanden, warum ſollte es
mich plötzlich fliehen? Iſt es nicht ein Glück, daß ich
unter dieſer Million Würmer, die hier in London
herumkriechen, ſogleich meinen lieben Karl herausfinde,
und auf einer Bahn ſehe, die ich zu betreten mich an=
ſchicke? Wir wollen in Windſor meine letzte Guinee
auf das Wohl der politiſchen Carrière vertrinken!"

„Darf ich von deinen Zukunftsplanen ſprechen,
offen, warnend?" fragte Heiſch.

„Nein, ich will es ſelbſt thun", ſprach Juſtus,
„Ich weiß, Karl wird ſchweigſam ſein, und nicht die
Kaufmannselle anlegen an große Handlungen, wie du
es zu thun pflegſt. Ich habe bei der Staël den Grafen
de Lally=Tolendal kennen gelernt, der durch ſeine An=
hänglichkeit an die Conſtitution wie an den König ſo

berühmt, seine «Mémoires à mes commettants» müssen
jedem Gebildeten bekannt sein; auch habe ich dort die Be=
kanntschaft der Prinzessin d'Henin gemacht, einer Dame
von vierzig Jahren, einer Verwandten und vertrauten
Freundin von Lafayette. Dieser schmachtet jetzt in den
Kasematten von Magdeburg, durch Trenck hinreichend
bekannt.

„Tolendal beschäftigt sich mit einer Denkschrift,
welche die Unschuld des schändlich gefangen Genommenen
beweist, und der die eigenhändigen Briefe, welche zwi=
schen ihm und dem Könige noch in den ersten Tagen
des August vorigen Jahres gewechselt, beigefügt werden
sollen. Meine diplomatische Laufbahn wird nun damit
beginnen, daß ich diese Denkschrift in geschickter Weise
direct in die Hände des Königs von Preußen schaffe,
was bei dessen zweifelhafter Umgebung seine Schwierig=
keiten hat. Ich werde mich zunächst nach Rheinsberg
begeben zu dem Prinzen Heinrich, mit Empfehlungen
von Witt und Grenville; ist mir das Glück günstig,
bewirke ich die Freilassung Lafayette's, so ist meine
Zukunft gesichert, so habe ich meine Brauchbarkeit aber=
mals bewährt, und was mir Narbonne nicht schaffen
konnte, das wird mir dann ohne seinen Beistand
nicht entgehen. Narbonne hatte mir versprochen, mich
Georg III. vorstellen zu lassen, den ich um eine Stel=

lung in der deutschen Kanzlei angehen wollte; Zimmer=
mann in Hannover versprach meine Bitte zu unter=
stützen, ich bin aber nicht vorgestellt. Jetzt hat Lally=
Tolendal den König, der Lafayette von Amerika her
nicht sehr liebt, zu überzeugen gewußt, daß dieser nicht
zu der Rotte der Jakobiner gehörte, sondern ein guter
Royalist war. Sein Interesse für die Befreiung La=
fayette's ist geweckt, und hat Georg III. erst einmal
für etwas Interesse, so verfolgt er das mit deutscher
Zähigkeit. Ich habe die Bekanntschaft des Hofraths
Georg Best gemacht, der hier als Wirklicher Geheimer
Secretär fungirt und mir durch den hannoverischen
Kurier die Briefe an den Vater zu besorgen pflegt;
er hat mir versprochen, wenn keiner der Großen, so
werde er mich dem Könige vorstellen, und er hat mich
versichert, daß er mich gern neben sich arbeiten sehe.
Denke dir, wenn es mir gelänge, von hier aus Han=
nover regieren zu helfen, denn der Großvogt ist eine
Null, es geschieht bisjetzt in Hannover nur, was
Georg selbst will und was Best will; die Excellenzen
in Hannover berichten zwar, aber auf den Vortrag
kommt es an."

Karl erzählte, daß sein Graf hoch stehe in der
Gnade des Königs, daß dieser ihm schon freiwillig die
Zusicherung gegeben habe, wenn die Angelegenheit

mit dem Prinzen August nach Wunsch geordnet sei,
er Münster zum Nachfolger des Großvogts von Alvens=
leben ernennen werde.

Der Name Alvensleben rief Erinnerungen an Heu=
stedt und die Kinderjahre zurück, in denen die Freunde
noch schwelgten, als man in Windsor ankam.

Es ist nicht unsere Absicht, ausführlich zu beschrei=
ben, wie die Freunde den Nachmittag und Abend zu=
brachten. Schon am andern Tage reiste Karl mit dem
Grafen von Münster über Deutschland nach Italien,
während ein Kriegsschiff durch die Meerenge von Gibral=
tar segelte, um den Prinzen und Münster in Livorno
aufzunehmen und zur See zurückführen.

Zweites Kapitel.

—◆—

In Eckernhausen.

Es war kein gewöhnliches Weiberschmollen, das sich in Anna's Busen regte, als sie am Hochzeitstage aus der Mitte des Bankets von dem Gatten weggeholt und in den einsamen Wagen mehr hineingehoben und geschoben wurde, als sie hineinstieg. Claasing fluchte auf die Bedienten und gräflichen Kammerdiener, welche den Schmuckkasten, der die reichen Geschenke der Gräfin, der Excellenz von Schlottheim, der Milchschwester Olga's und anderer Hochzeitsgäste barg, noch immer nicht herbeibrachten. Er achtete nicht auf den Zustand seiner Frau, die noch immer im Brautkleide, dem zarten Linnen, dabei den leichten Turban von Musselin auf dem Kopfe, fröstelnd in die Wagenecke sich gekauert hatte. Bei der Hast, mit der er die Abreise betrieben, hatte er an das Nothwendigste, an warme Bekleidung für Anna, an eine Mantille oder

dergleichen, nicht gedacht. Der leichte weißseidene
Shawl, den sie um den Nacken geschlagen hatte, konnte
sie vor Kälte nicht schützen, und es war gegen Abend
recht unheimlich kalt geworden, wovon die vom Wein
und Tanz erhitzten Hochzeitsgäste wenig gemerkt hatten.

Der Wind, am Tage aus Osten kommend, hatte
blauen Himmel und Sonnenschein, eine seltene Erscheinung in diesem Regenjahre, gebracht, jetzt seit
Abend blies ein rauher, kalter Nordwestwind schwere
schwarze Wolken vor der bleichen Halbmondscheibe ein-
her. Als endlich der Schmuckkasten gebracht war, der
Obergestütmeister denselben dem Kutscher empfohlen
hatte und er nun in den Wagen stieg, sah er die
bleiche, vor Frost zitternde junge Frau, die Augen
voll Thränen in dem Wagen sitzen, und er sprang
abermals fluchend aus dem Wagen, ließ sich ein paar
Pferdedecken reichen und hüllte die zitternde junge Gattin, einige Worte der Entschuldigung murmelnd, in
dieselben und befahl, im Galop nach Eckernhausen zu
fahren.

Es war kein Schmollen, daß Anna die mehrmali-
gen Versuche ihres Gefährten, ein Gespräch mit ihr
anzuknüpfen, stumm zurückwies und sich ernsthaft zur
Wehr setzte, als jener den Versuch machte, sie zu umarmen und sie zu erwärmen, wie er sagte.

Der ganze Ernst der Situation hatte sich plötzlich
vor ihren Augen aufgethan, alle kindischen Träume,
alle Gaukelbilder von der Freiheit, die sie als Frau
genießen würde, von der Art und Weise, wie sie den
Mann am kleinen Finger lenken wolle, waren auf
einmal verschwunden. Sie fühlte am Hochzeitsabend,
daß sie in Claasing keinen sie liebenden Mann gehei=
rathet, daß sie einen Herrn bekommen, der in ihr eine
Sklavin sehe. Die Roheit, mit der er sie in den
Wagen geschoben, die Rücksichtslosigkeit, mit der er ihr
selbst verweigert, in ihre Stube zu gehen, sich umzu=
kleiden und das Nöthigste von Kleidern und Nachtzeug
(die eigentliche, noch von Anne Marie beschaffte Aus=
steuer und sonstiges Eigenthum Anna's war längst
nach Eckernhausen geschafft) zu sich zu nehmen, schreck=
ten sie, sein nach dem Pferdestalle schmeckendes Fluchen
widerte sie an. Vor allem verdroß es sie, daß, nach=
dem sie seine Umarmung zurückgewiesen, er ruhig die
beständige Begleiterin, die Tabackspfeife, aus der Wa=
gentasche nahm, Stahl und Stein und Schwamm be=
nutzend seine Pfeife anzündete, ohne sich weiter um
sie zu kümmern. Das konnte ihm die Neuvermählte
nicht verzeihen. Hätte er sie mit Bitten und Flehen,
süßen Worten und Schmeicheleien so lange bestürmt,
bis ihr gutwilliges Herz vielleicht verziehen hätte, bis

sie geduldet, daß er ihr einen Kuß raubte, daß er sie, die noch immer vor Frost Zitternde, in seinen Armen erwärmt hätte, es wäre wahrscheinlich ein großes Verbrechen erspart worden.

Aber der Jüte, der so oft von Weibern beherrscht war, den Karoline Mathilde mit der Reitpeitsche tractirt, den Juliane zum Mordgenossen gemacht und zu ihrem Sklaven, dem die Gräfin Melusine und andere befohlen, er wollte seiner jungen Frau gegenüber zeigen, daß er Mann, daß er Herr sei, er wollte Zärtlichkeiten von ihrer Seite erzwingen und ertrotzen.

„Sie soll mir schon kommen", dachte er, „sie wird sich schmiegen und nachgeben, ich will doch einmal sehen, ob sie mir nicht zuerst gute Worte geben muß."

So kam man in Eckernhausen an, sich fremder und einander abgewendeter als je.

Das neue Haus auf dem Vollmeierhofe war nach niedersächsischer Art gebaut, einstöckig. Vieh- und Menschenwohnungen unter Einem Dache. Vorn fuhr man durch ein mächtiges Hofthor auf einen großen, durch Dornhecken eingefriedigten, gepflasterten Hof, in dessen Mitte das große sogenannte neue Haus, das nun auch schon vierzehn Jahre alt geworden, mit langer Tenne, auf der zu beiden Seiten die Stallung

für das Rindvieh war, sich befand. Das Haus un=
terschied sich aber von den alten Vollmeierhäusern im
Dorfe doch wesentlich. Diese hatten den Herd am
Ende der Diele, da, wo diese von der Tenne in der
Regel durch Pflasterung mit kleinen Kieselsteinen ge=
schieden war, und der Herd hatte keinen Schornstein,
der Rauch zog oben durch das Strohdach. Hier war
eine Küche mit Schornstein angebracht und auf der
andern Seite ein zweiter Schornstein, in den die Ka=
mine von drei um denselben herumliegenden Stuben
ihren Rauch entleerten. Die Wohnräume unten be=
standen aus drei Stuben für die Herrschaft und zwei
daranstoßenden Schlafkammern, einer Gesindestube,
einer Mädchenkammer mit vier Schlafkojen, einer
Reuterkammer gegenüber für die Einquartierung, einem
Speise= und Milchkeller, endlich einer Geschirrkammer
mit Rademacherwerkstätte. Die Knechte schliefen im
Pferdestalle. Der Giebelausbau nach hinten war mit
einem Kniestock versehen.

Hier hatte der Schwiegervater, zuerst vielleicht in
der Umgegend auf viele Meilen weit, für seine Anne
Marie ein Prachtzimmer einrichten wollen, wo sie alle
die Porzellan=, Silber= und Goldsachen, die sie im
Laufe der Jahre in der gräflichen Familie zum Ge=
schenk erhalten, sowie sämmtliche Möbeln, welche sie

im Schloſſe benutzt hatte und die ihr bei ihrer Ab=
reiſe nachgeſchickt waren, zum Beſchauen für Vettern
und Baſen aufſtellen könne. Links vom Prachtzimmer
war ein kleines Schlafcabinet, in welchem das von
Anne Marie eingebrachte Bett ſtand, rechts an daſ=
ſelbe ſchloß ſich die Linnenkammer mit einem von der
Mutter eingebrachten alten, reich mit Holzſchneide=
reien verzierten eichenen Schranke und einer mit
Schnitzereien verſehenen ſogenannten Lade, in Form
etwa eines Sarges, auf der die Hochzeit der Eſther und
der Tod Haman's dargeſtellt war, beide von oben bis
unten mit Leinwand und Drell angefüllt. Auch waren
große Vorräthe von ungebleichtem Garn und feinem
Flachs angehäuft, daneben war eine Fremdenſtube und
Kammer.

Hans Dummeier hielt dieſe Räume heilig; hatte
der Fuß ſeiner verſtorbenen Frau ſie nie betreten, ſo
ſollte doch auch Katharina's Fuß nie die Schwelle be=
rühren, er hielt die Räume ſeit länger als vierzehn
Jahren ſtreng verſchloſſen und betrachtete ſie als eine
der noch immer geliebten Hingeſchiedenen geweihte
Stätte, die er nie betrat, ohne Reue zu empfinden, ſelbſt
wenn dies nur aus dem Grunde geſchah, um zu lüften.

Nachdem die Tochter ſich verlobt, brachte er den
Schlüſſel zu dieſen Räumen dieſer, die dann von

Zeit zu Zeit selbst nach Eckernhausen ging oder
fuhr und es sich schon ganz wohnlich in diesen Räu=
men eingerichtet hatte. Hinter den Wohnräumen war
beim Neubau der Eichfünder etwas gelichtet, um einen
Blumengarten zu schaffen. Katharina hatte während
ihrer Wirthschaft nichts von einem solchen wissen wol=
len, sie hatte die Rosen= und Nelkenstöcke ausroden
lassen und Erbsen, Bohnen, Rüben, Suppenkräuter,
Kohl und Salat da gepflanzt. Als aber die Heirath
beschlossen war, vermittelte der Bräutigam, daß der
gräfliche Gärtner selbst den Blumengarten, so gut das
in einem Jahre ging, wieder einrichtete.

Das Gehöft selbst befand sich sonst ringsum in
einem Eichfünder, man sah ein benachbartes Haus
überall nicht, denn der Weg weiter ins Dorf war
gleichfalls auf der andern Seite mit Eichen bestanden,
welche dem Nachbar Claus gehörten, und so ging es
fort, bis, näher der Kirche, Köthner=, Brinsitzer= und
Anbauerstellen ohne Holzung kamen.

Sämmtliche Vollmeierhöfe waren dazumal noch
von Eichwaldungen umgeben, von denen heute viele
Reste auf dem Grunde des Meeres in allen Himmels=
zonen der langsamen Vermoderung entgegengehen, an=
dere noch auf dem Meere schwimmen.

Als das junge Ehepaar im Hofe ankam, tönten

ihnen die schrillenden Töne einer Fidel und Clarinette entgegen, nach denen die Dienstboten auf der Tenne tanzten. Der Altvater hatte ihnen zum Auszuge und zu Ehren der Hochzeit der Tochter eine große Tonne Bier und ein kleines Faß mit Branntwein geschenkt und den Tanz erlaubt. Knechte und Mägde von den benachbarten ebenbürtigen Höfen waren eingeladen. Man hatte das junge Ehepaar so früh nicht erwartet, und der Großknecht war ganz außer Stande, den mühsam erlernten Willkommsspruch herzusagen.

Die Hauptthür war mit einer Art Ehrenpforte von grünem Laube, Astern und Sonnenblumen geziert, wovon man freilich bei Abend nichts sah; aber die Stuben, selbst die sogenannte Dönze, waren kalt und frostig. Das Hoch, mit dem das Ehepaar begrüßt wurde, klang in den Ohren der jungen Frau widerlich, sie wand sich mühsam aus ihren Pferdedecken und eilte, nicht blos unter dem Vorwande des Unwohlseins, in die obern Zimmer, wo die Großmagd schnell heizen mußte, und in denen sie sich dann verschloß.

Der Eheherr braute sich ein Glas schwedischen Grog, ein zweites und ein drittes, machte einige derbe Scherze mit den Dirnen von den Nachbarhöfen und

legte sich halbberauscht in der untern Schlaffammer
nieder, um bald einzuschlafen.

Anna schlief nicht. Sie lag fiebernd im Bette
im Nachtzeuge ihrer Mutter, an die sie seit langen
Jahren niemals so lebhaft gedacht als heute. Das
Fideln und Tanzen, das Juchherufen und Schreien
von der Tenne drang zu ihr hinauf und störte sie auf,
wenn sie aus körperlicher Ermattung in den Schlaf
gesunken war. Ihr Gewissen, das bisher nichts von
sich hatte hören lassen, war wach und nicht zu beruhi=
gen. Sie überblickte zum ersten mal mit Ernst und
Scham ihr Leben in der letzten Zeit. War sie nicht
ganz aus freien Stücken in die Ehe mit Claasing hin=
eingesprungen? Hatte sie nicht die treue Liebe, die
ihr Heinrich Schulz schon von Kindheit an gewidmet,
sein treues Herz mit dem guten frommen Blick, schnöde
von sich gewiesen? Hatte sie dem Bräutigam der
Milchschwester nicht ihre Neigung zugewendet, sich ihm
hingegeben, ihm, der auch die Liebe der Filler=Martha
nicht verschmäht hatte? Und sie hatte sich auch nur
einen Augenblick einbilden können, der Graf liebe sie
so, daß er sie heirathen würde? Sie war entehrt
durch eigene Schuld.

Am Morgen konnte sie kaum das Bett verlassen,
sie fühlte sich krank und schwach, der Kopf that ihr weh,

sie fühlte sich so einsam und verlassen. Ihr Mann war schon früh am Morgen nach Heustedt geritten, Knechte und Mägde waren vom Hofmeier in die gewohnte Beschäftigung getrieben, es stand noch Weizen im Felde, den man wegen der nassen Jahreszeit nicht hatte einscheuern können, und schon drohte es wieder mit Regen. Nur eine Jungmagd war ihr geblieben, mit deren Hülfe sie sich Thee zum Frühstück bereitete. Anna schickte die Jungmagd zum Vater, um ihn zu bitten, zu ihr zu kommen. Allein der Vater hatte noch so viel Interesse für die eigene Aussaat, daß er den Weizen nicht verkommen lassen wollte, er half den Knechten beim Aufladen und Einbringen. Gegen Mittag kam die Großmagd nach Hause, um Buttermilch, Brot, Butter und Speck für eine schnelle Mittagsmahlzeit der Knechte und Mägde zurechtzumachen und zu fragen: was die Frau Obergestütmeisterin zu essen befehle? Ach! der Armen war alle Lust zu essen und zu trinken, ja alle Lebenslust vergangen, sie wünschte nichts lieber als zu sterben.

Der Vater kam erst am Abend, nachdem auch Claasing mit einem gräflichen Wagen und allen Sachen, welche Anna noch im Schlosse ihre eigenen nannte, sich eingefunden hatte. Die Tochter hätte den Vater gern allein gesprochen, um sich ihm, dem sie eigentlich seit dem Tode ihrer Mutter entfremdet war, wieder näher anzuschließen; sie bedurfte einer Stütze, bedurfte des Trostes; wer war ihr näher als der Vater? Was hätte sie darum gegeben, wenn sie sich an seinem Halse auch nur eine Stunde hätte ausweinen können. Freilich war der Vater ernst und machte ein Gesicht wie das Wetter, denn der Regen war nicht ausgeblieben und eine große Anzahl Hocken stand noch im Felde.

Claasing brachte auf dem Wagen einen sehr großen schwarzen Kasten mit, der in die Wohnstube getragen wurde. Es war das Reisebüffet der Gräfin. Diese schickte der jungen Frau, damit sie in den ersten Tagen der Flitterwochen sich nicht allzu sehr um die Küche bekümmern müsse, Geflügel, junge Hähnchen, Rebhühner und Fasanen, einen Rehziemer, eine Hirschkeule, eine Wildpretpastete, alles auf das beste zubereitet, daneben Torten und Näschereien, Biscuits und Makronen, Chocolade und Thee, mit einem Flaschenkorbe edler Getränke, feurige und süße Weine, des Champagners nicht zu vergessen.

Claasing war hocherfreut über dieses Geschenk, er behauptete, halb verhungert zu sein, und befahl der Frau mehr, als er bat, den Tisch decken zu lassen und für den Vater einen Stuhl zu setzen. Anna gehorchte.

Man setzte sich zu Tisch, und während die Männer
aßen wie Leute, die den ganzen Tag im Freien ge=
arbeitet haben, konnte die Neuvermählte kaum einige
Bissen Geflügel hinunterbringen, und sie nippte nur
von dem Champagner, den ihr Gemahl und der Va=
ter in vollen Zügen tranken.

„Wir wollen heute Nachhochzeit feiern, mein gutes
Püppchen", sagte der Gestütmeister, und wollte mit
Anna anstoßen.

„Ich habe weder Hochzeit gehalten, noch werde ich
Nachhochzeit feiern", erwiderte diese, „ich bin krank
und werde mich nach oben zurückziehen; ich wünsche
gesegnete Mahlzeit", und damit ging sie nach oben
und schloß sich ein.

So war der Augenblick, wo sich Vater und Tochter
ans Herz sinken, ihr gegenseitiges Herzeleid klagen und
beieinander Trost finden konnten, vorüber, unwieder=
bringlich. Der Vater verstand die Tochter nicht, er
hielt sie für eine verzärtelte Stadtdame, die selbst nicht
wisse, was sie wolle, und redete dem Schwiegersohne
zu, sie Mores zu lehren. Die Tochter wußte nicht,
was den Vater drücke, daß er seit Jahren unglücklich
war, wußte nicht, daß er, solange er in dem Leib=
zuchthause zubrachte, seit etwa vierzehn Tagen, noch
keine ruhige und glückliche Stunde gehabt hatte.

Sich auf den Altentheil setzen, ist ganz gut für geistig- oder körperlich schwache Personen, für Bauern, die den ganzen Tag auf der Bank neben dem Ofen sitzen können, die sich der Wärme freuen und Regen, Wind und Frost da draußen fürchten, die wenig denken oder nur ans Essen denken. Aber Dummeier war ein kräftiger Mann, obgleich ein Sechziger. Er war Winter wie Sommer mit den Knechten um vier Uhr morgens aufgestanden, hatte so lange gedroschen, bis Pferde und Kühe abgefüttert waren, dann hatte er nach den Pferden gesehen, ging in die Geschirrkammer. Im Sommer, Frühjahr und Herbst beaufsichtigte er im Felde das Thun und Lassen der Knechte und legte, wo es erforderlich war, selbst mit Hand an. Er war nie ein Ofenhocker. Machte Katharina zu viel Lärm, hatte sie ihr böses Schauer, — und sie hatte es oft, — prügelte sie ihren Jochen, den jetzt vierzehnjährigen, oder zankte sie sich mit den Mägden, dann sattelte er sich seinen Fuchs und ritt nach Heustedt, um in Gesellschaft immer durstiger Gesellen im Schwarzen Bären seinen Aerger zu vertrinken.

Auch Katharina wirthschaftete von früh des Morgens bis spät am Abend tüchtig, ihr Molkenwesen war berühmt, ihre Butter und ihr Käse von den Herrschaften in Heustedt gesucht und immer um einen Marien-

groschen theuerer verkauft als die von andern Höfen.
Es gehörte schon eine kräftige Dirne dazu, um dreimal in der Woche, den schweren Korb mit Butter
auf dem Kopfe, nach Heustedt zu der Kundschaft zu
wandern. Aber da alles, was die Milchwirthschaft
abwarf, in ihre Hände fiel, hatte sie sich schon ein
hübsches Sümmchen zurückgelegt, das, in Strümpfen
geborgen, im Keller versteckt lag.

Diese beiden Leute sollten nun auf dem Altentheile
sitzen, auf der Ofenbank herumlungern, nichts mehr
zu beherrschen und zu befehlen haben als eine Jungmagd, nur zwei Kühe im Stalle haben und einige
Schweine, statt der frühern zwanzig Kühe und mehr.
Sie hatten außer dem Graslande zwar einige Himtsaat
Gartenland bei der Stelle und einige Morgen Acker-
land, aber wer aus dem Vollen und in das Volle zu
wirthschaften gewohnt war, fühlt sich in kleinern Verhältnissen immer unglücklich.

Der Altentheiler konnte sich noch helfen, er machte
sich dem Schwiegersohne nützlich und war von den
Knechten gern gesehen. Da er sich den Gebrauch eines
Pferdes jederzeit reservirt, trabte er mit Claasing nach
Kirnberg, besah das Gestüt, oder ritt mit ihm zu den
Weiden nach Heustedt, und dann kehrte man bei der

jungen freundlichen Bärenwirthin ein und setzte abends bei dem Schwiegersohne das Grogtrinken fort.

Katharine setzte keinen Schritt auf den Hof, den, wie sie sagte, der dänische Spitzbube und Räuber ihrem Sohne, dem rechtmäßigen Anerben, gestohlen habe. Anders als Spitzbube und Räuber benannte sie jenen nicht, und ihren Mann nannte sie den Compagnon und Gehülfen des Räubers, welcher sein eigenes Kind, seinen rechtmäßigen Erben beraubt habe. Im Hause hatte Hans keinen Augenblick Ruhe und Frieden, vom frühen Morgen bis zum späten Abend wurde ein und dasselbe Thema variirt. Aber der Rabenvater, so drohte die Zankende nicht selten, soll nur erst die Augen zugedrückt haben, dann will ich dem dänischen Halunken schon zeigen, was holyaisches Anerbenrecht ist.

Niemand als ihrem Sohne komme der Hof zu, erzählte sie jedem, der es hören wollte, denn der „Afkat" habe ihr das Gesetz aus einem dicken Buche vorgelesen und das besage: „So ordnen und wollen wir, daß, wenn künftig ein Colonus in dem Hofe versterben oder sonst der Wirthschaft abthun, oder mehrere Kinder nachlassen oder haben würde, sodann die Söhne vor den Töchtern den Vorzug haben sollen, solchergestalt, daß allemal der älteste, wenn er dazu tüchtig und dem Hofe nützlich vorstehen kann, zum Wirthe genommen und ihm

der Hof eingethan werden soll." Das habe der Herzog
Georg Wilhelm zu Celle angeordnet im Jahre 1702
und sein Nachfolger als König von England bestätigt
1720. Sie habe es schwarz auf weiß bei sich, der Ad=
vocat hätte es ihr abschreiben lassen müssen aus den
lüneburgischen Constitutionen.

Nun wollte das Schicksal, wie wir aus Goethe's
Tagebuch über die Campagne von 1792 wissen, daß
es regnete im Juli und August, September, October
und November. Der Landmann konnte sein Korn nicht
hereinbringen, das Nachgras verfaulte, die Kartoffeln
mußten aus Dreck und Schlamm aufgesucht werden,
das Vieh mußte von den Weiden weg in die Ställe
getrieben werden, weil es draußen erkrankte. Die
Menschen waren auf ihre Häuser angewiesen, man
heizte schon im August, aber der Torf war naß, die
Oefen rauchten, der Wind schlug die dicken Regen=
tropfen gegen die schmuzigen Fensterscheiben. In sol=
chem Wetter nun wochenlang mit einem bösen, zanken=
den Weibe in den vier Wänden zu sitzen, das hielt
der Leibzüchter nicht aus. Er ließ eines Morgens,
gegen Ende October, sein Pferd satteln, sagte seiner
Frau, daß er seine Freundschaft im Amte Nienburg
und Stolzenau besuchen wollte, und ritt auf den Hof,
um von Schwiegersohn und Tochter Abschied zu nehmen.

Die arme junge Frau, sie saß so einsam in ihrer
Putzstube, sie, die gewohnt war, eine Gräfin als theil=
nehmende liebe Milchschwester vom Morgen bis zur
Nacht um sich zu haben, die eine Schar von Zofen
und Bedienten umschwärmt hatte, die es liebte, den
ganzen Tag zu spaßen, zu necken und geneckt zu wer=
ben, sie war allein; sie, die von allen bisher geliebte,
hier ungeliebt. Nichts interessirte sie, weder die schö=
nen Hochzeitsgeschenke, noch die schönen Kleider, noch
die Leinen= und Drellvorräthe der Mutter, sie wollte
nicht einmal lesen. Als Geschenk von Heinrich hatte
sie einst zum Geburtstage eine ganze Reihe jener kleinen
„Göttinger Musen=Almanache" erhalten, die trotz ihres
Duodezformats den Anfang einer neuen Literaturperiode
schafften; sie hatte von ihm auch Gellert's „Gedichte",
Klopstock's „Messiade" und Voß' „Luise" erhalten.
Karl hatte ihr zu Geburtstagen „Cabale und Liebe",
„Don Carlos", Goethe's „Iphigenie" geschenkt und
zur Hochzeit von Hannover her „Die unsichtbare Loge"
von Jean Paul, ein ganz neues Buch, geschickt. Sie
versuchte darin zu lesen, allein ihre Stimmung, das
Wetter, die Umgebung des einsamen Eichsünders paß=
ten so wenig zu der Stimmung des Buches, daß sie
es beiseitelegte. Das Einzige, was sie einigermaßen

beruhigte, war, wenn sie ihrer Harfe weiche Accorde entlocken und dazu recht herzlich weinen konnte.

So kam der November, das junge Ehepaar war sich noch keinen Schritt näher getreten, vielmehr eher entfremdet. Der Obergestütmeister fand reiche Beschäftigung mit dem Gestüt. Auch die Pferde und Füllen fingen an, auf den Weiden, auf denen sie sonst bis November bei Tag wie bei Nacht blieben, zu erkranken; es war eine Art bösartiger Druse unter ihnen ausgebrochen und sie mußten in die Ställe und separirt werden. Das Nachgras war zum Theil gänzlich verloren gegangen, zum Theil schlecht eingekommen. Der Thierazt von Heustedt war täglich in Kirnberg und manches schöne Füllen, manch prächtige Stute erlag der Seuche. Wenn das Fluchen etwas hätte helfen können, so wäre der Sache leicht abgeholfen gewesen, denn der Jüte fluchte den ganzen Tag, wenn er nicht etwa beim Glase Wein oder Grog saß, aber auch dann kam es vor.

Ende October, als in Heustedt der Herrenclub das erste Casino mit einem Balle eröffnete, war selbstverständlich an das junge Ehepaar eine Einladung ergangen. Anna sagte, ihr sei nicht „ballig" zu Muthe; auch der Mann blieb nun zu Hause, nicht ohne innern Unwillen, daß ihm die Gelegenheit entzogen wurde, seinen Engel, wie er Anna in Heustedt zu nennen pflegte, zu präsentiren, wie er ein geschultes Pferd Kennern producirt haben würde im Circus, wie auf dem Markte.

Es kam der 10. November, da aß man im Herren= club herkömmlich eine Martinsgans und machte vorher ein kleines, nach Tisch in der Regel ein großes, d. h. ein reines Hazardspiel, Faro, oder Landsknecht oder Lüttje elf. Dabei fehlte denn der Obergestütmeister nie; denn hatte er zwar von seiner Spielleidenschaft als Spieler gelassen, so war das Bankauflegen mit seinem nothwendigen Gewinn erst recht seine Sache geworden. So eilte derselbe auch heute zum Rathskeller. Ehe wir jedoch erzählen, was sich an diesem Tage ereignete, müssen wir auf einige Tage vor der Hochzeit des Doppelpaares zurückblicken.

Wir erinnern uns, daß Graf Otto von Schlott= heim eines Abends in der Tracht eines Fillerknechts mit der schwarzen Marthe zu unterhandeln suchte; sie hatte darauf gedrungen, daß ihr Schatz sie heirathe; er kehrte sehr misvergnügt nach Haus, nachdem er in einer jüdischen Kneipe in Klein=Paris, in der er ein Zimmer gemiethet, sich umgekleidt hatte. Verdrießlich und misgestimmt suchte er nach Genossen zu einer attischen Nacht. Im Rathskeller fand er noch den stutzerhaften

Deichgräfen Lübrecht, den jungen Motz, der den Bei=
namen „der Freche" führte, die beiden Studiosen von
Vogelsang und von Bardenfleth beim Billardspiel.
Der Graf lud sie zu einem Glase Wein ein und hieß
die Frau Krummeier vom Besten heraufzuholen. Man
trank sich vor, man stürzte sich in Gemäßheit des
Biercomments, man brüllte schmuzige Studentenlieder,
man erzählte schlüpfrige Anekdoten und kam dann auf
eigene Liebesgeschichten zu sprechen. Jeder gab seinen Theil
ohne Rückhalt zum besten, ob Wahrheit, ob Dichtung
oder nur ausgeschmückt, kam auf die Charaktere an.
Der junge Bardenfleth äußerte einmal, er wolle er
wisse nicht was darum geben, wenn er einmal die
reizende Milchschwester der Braut des Grafen um=
armen könne.

„Wenn Sie gescheit sind und bis nach der Hochzeit
warten, so wird sich das wol machen", meinte dieser
leichtfertig.

„Sie trauen mir doch nicht zu", fuhr er fort,
„daß ich einen so delicaten Bissen einem so alten
Sünder, wie dem Obergestütmeister, vorsetzen lasse,
ohne ihn gekostet zu haben?" Und er lachte unbändig.

„Die junge Dame hat viel Temperament, und
ihr Zukünftiger viel geliebt und gelebt. Bliebe ich
hier, so bliebe sie mir, aber ich gönne guten Freunden

auch etwas, trinken Sie mit mir auf die Götteraugen=
blicke, die ich in ihren Armen genossen!"

Man trank und lachte; der Stutzer, der es nicht
dulden konnte, daß andere etwas vor ihm voraus=
hatten, machte eine vieldeutige Bemerkung: „Wenn ich
sprechen wollte, so könnte ich euch etwas erzählen, ich
erinnere mich aber des Liedes:

> Es waren mal drei Gesellen,
> Die thaten sich was verzellen u. s. w.

und namentlich des Verses:

> Da war auch einer drunter,
> Der nichts verschweigen kunnte,

und des Schlusses:

> So geh nun wieder hin,
> Wo du gewesen hast,
> Und binde deinen Gaul
> An einen andern Ast."

Das war ein altes Volkslied, man konnte dabei
viel Böses denken, es lag namentlich der Gedanke
nahe, daß Anna auch Adonis Lübrecht ihre Gunst
geschenkt. So deutete wenigstens der junge Motz der
Rede Sinn, und doch hatte der Deichgräfe Anna bei
seiner Schiffahrt nach Hengstenberg zum ersten und
letzten mal gesprochen. So war der gute Ruf einer
jungen Frau noch vor ihrer Hochzeit auf immer unter=
graben, und am Hochzeitstage sprach man im Kreise

der jungen Leute davon, daß der Ehemann dem Schicksale des Aktäon nicht entfliehen werde.

Viele regnerische Wochen gingen hinweg seit dieser
attischen Nacht. Am 10. November wurde im Herrenclub gut gegessen und getrunken, die ältern soliden
Leute zogen sich nach dem Essen in das Clubzimmer
zurück, um ihre Partie Whist oder L'Hombre fortzusetzen;
die jüngern, die Trinker und Spieler blieben im Speise-
saale, wo die erstern sich um die Flaschen setzten, letztere
um einen großen runden Tisch, vor welchem Claasing
saß und Karten mischte.

In der Mitte von vier Lichtern lagen noch sechs
unangebrochene neue Kartenspiele und ein großer Haufen älterer und neuerer Zweidrittel- und Zwölfmarien-
Groschenstücke, wie aufgestapelte einfache und doppelte
Louisdor; der Kellner präsentirte den Spielenden alte
Karten mit vielen Biegungen und Knicken, von unglücklich abgeschlagenen sixlevas und septlevas her-
rührend, und bald erscholl das eintönige „roi, dame,
dix" u. s. w.

Die Bank war glücklich, der Silberhaufen mehrte
sich zusehends, es spielten sämmtliche Spieler mit Verlust, aber im größten Unglücke saß Motz, ihm wurde
jede Karte abgeschlagen, und Pique=Dame verlor vier-

mal hintereinander. Das Silbergeld des jungen Amt=
schreibers war zu Ende.

„Attention", unterbrach Moh den Bankhalter,
„einen Augenblick, noch viel taille?"

„Ueber ein halb", erwiderte dieser.

„Louis! He! Oberkellner! Frau Krummeier soll
mir 100 Gulden borgen", und ein anderes Spiel
ergreifend, suchte er Coeur=Dame, warf die Pique=
Dame mit einem Schimpfworte, das man in gu=
ter Gesellschaft nicht hört, zu Boden, suchte aus
dem schlaffen Geldbeutel einen in Papier gewickel=
ten Doppellouisdor, einen wirklichen Mutterpfennig,
den er erst gestern erhalten, und sagte, das Geld auf
die Coeur=Dame setzend: „Versuchen wir es mit der
Herzensdame, sie sieht dem schönen Weibe unsers Bank=
halters, der süßen Anna, so ähnlich, daß ich glaube,
er wird sie aus Liebe zu der vielgeliebten und liebe=
bedürftigen nicht schlagen!"

Der Bankhalter warf dem Sprechenden einen dro=
henden Blick zu und fing an abzuschlagen. „Dame,
l'as."

„Verdammt! Wer den Weibern traut, hat auf
Sand gebaut, sie sind alle —", sagte der Freche und
schob den Doppellouisdor heftig in den Goldhaufen
des Bankhalters.

Dieser zog die Brauen finster zusammen und sah den Sprechenden einen Augenblick starr an; er wurde kreideweiß im Gesicht. Inzwischen brachte der Kellner von der Frau Krummeier 70 Zweidrittel und bestellte ein Compliment von der Wirthin, und das wäre alles Geld, was sie hätte.

Der erregte Spieler nahm eine Hand voll Kassengulden und setzte sie ungezählt auf die Coeur-Dame, indem er sagte: „Will doch einmal sehen, ob sie mich nicht auch so freundlich anlächelt als den Grafen Schlottheim schon vor der Hochzeit!"

Claasing wurde jetzt feuerroth; wer auf seine Hände gesehen hätte, der würde gesehen haben, daß sie zitterten, er schlug ab: „Dame, valet."

„Verdammtes Mensch!" schrie Motz und sprang vom Tische auf, wendete sich zu den Trinkenden am andern Ende des Saals und fragte dort laut: „Wie war es doch, lieber Lübrecht, was erzählte doch Graf Schlottheim von der Rose, die er nicht unaufgeküßt den Händen des schuftigen Buben überliefern wollte? Ja, diese Grafen und Herren üben noch das Jus primae noctis, und die Buben haben das Nachsehen."

Lübrecht schenkte dem Tobenden ein Glas Wein ein und sang, mit dem Finger drohend:

„Da war auch einer drunter
Der nichts verschweigen kunnte.

Laß gut sein, Motz, stoß an, Unglück im Spiel,
Glück in der Liebe; die Bewußte, sie lebe hoch! Hoch!
Abermals hoch!" und Motz stieß an, daß das Glas
zersprang.

„Trinken Sie lieber ein Glas Brausepulver", sagte
der Apotheker, ein alter Mann mit rother Nase, der
das Präsidium am Tische führte und immer der letzte
war, der aufbrach).

„Nein, ich will weiter spielen", sagte Motz, „ich
will mein Glück dem Valet anvertrauen, Buben und
Schurken haben immer Glück"; so eilte er zum Spiel=
tische zurück und schob den Rest seines Geldes, es
mochten etwas mehr als 50 Zweidrittel sein, auf den
Buben, sagte zu dem an den Spieltisch herangetretenen
Deichgräfen, er möge, wenn der Bube gewinne, immer
auf vollen Gewinst weiter biegen, er wolle ins Club=
zimmer gehen, sich eine Pfeife holen und stopfen. Er
ging. Die Taille hatte eben begonnen, jetzt sagte der
Bankhalter mit zitternden Händen und tonloser Stimme:
„roi, valet."

Der Stellvertreter nahm den Platz seines Vorgän=
gers und bog in den Buben ein Ohr, nach einigen
Abzügen, die dem Bankhalter Gewinn von andern

Spielenden brachten, erscholl es wieder: „deux, valet"; das zweite Ohr ward gebogen, dann kam schnell hinter= einander der Bube noch dreimal als Gewinner. Die übrigen Spieler starrten über dieses enorme Glück, und einer der Vorsichtigen, der sich an das Sprichwort hielt: „Der Krug geht so lange zu Wasser bis er bricht", und glaubte, er müsse Motz rathen, seinen sichern Gewinn, der den frühern Verlust reichlich deckte, einzuziehen, bat den Bankhalter, einen Augenblick inne= zuhalten, damit er Motz frage, ob er einziehen wolle.

Claasing hatte das Gefühl, daß er verlieren müsse, er hätte gern die Karten, die er noch in der Hand hatte, einmal durchgestochen, aber aller Augen waren auf ihn gerichtet.

Motz, im Nebenzimmer beim Stopfen seiner Pfeife beschäftigt, fuhr den Dienstfertigen an: „Was, fort, weiter gebogen, bis in die aschgraue Pechhütte, ich will den Schurken sprengen."

Und so kam es. Die dreimal, welche der Bube noch in der Taille war, fielen gegen den Bankier, und merkwürdigerweise war in allen Fällen die Dame die für den Bankhalter fallende Karte.

Als der letzte Gewinn kam, hatten sämmtliche Spieler schon zu setzen aufgehört, alles war gespannt auf den Abzug. Der Gewinner trat rauchend in den Saal, als es hieß: „dame, valet." Claasing sprach das mit beinahe tonloser Stimme.

„Zähle das Geld vor dem Buben, lieber Lübrecht", sagte Moß sehr ruhig. Es waren 55 Gulden; der Supernumerär=Amtsschreiber ohne Gehalt hatte 3520 Gulden gewonnen. Man zählte die Bank aus, sie reichte nicht hin.

„Ich werde den fehlenden Rest von der Krummeier heraufholen", sagte der Bankhalter; „sie wird für mich noch Geld haben, wenn sie auch früher keins für Sie hatte."

„Thun Sie, was Sie wollen, übrigens haben Sie bis morgen Credit bei mir. He, Kellner! Hier die 70 Gulden für Madame, da etwas für dich, und nun bringe mir einen leinenen Geldbeutel, um das Silber zu fassen, und ein Dußend Champagner", sagte der glückliche Spieler, während er das Gold in die eigene leere Börse schob und die Westentasche damit füllte.

„Meine Herren, Sie sind meine Gäste, aber wir müssen den Dänen, der uns so oft ausgezogen, weiblich ärgern, wir müssen ihn fühlen lassen, daß wir alle wissen, was an seiner Frau ist; du, Lübrecht, fragst

4 *

mich), nachdem ich ihm eingeheizt, woher die Redensart
kommt, jemand Hörner aufsetzen!"

Der Obergestütmeister kam zurück und zählte das
Geld auf. „Sie werden doch ein Glas Schaum mit
uns trinken?" sagte der Gewinner und bat den Zah=
lenden, an der Tafel Platz zu nehmen; dieser dankte,
er müsse noch nach Eckernhausen und es sei eine stür=
mische Nacht; allein da einer aus der Gesellschaft hin=
warf, man könne es dem Bankhalter nicht verdenken,
daß er sich nicht von seinem eigenen Gelde tractiren
lassen wolle, blieb er. Die Flaschen waren entkorkt,
Claasing schüttete einige Gläser Champagner hinunter,
Motz schlürfte nur den Schaum ab und goß den Wein
selbst zur Erde.

„Wissen Sie, Herr Obergestütmeister", sagte er
dann, „daß Sie uns sämmtlich tief gekränkt und bitter
böse gemacht haben? Alle unsere jungen Männer hatten
sich gefreut, Ihre schöne Frau auf dem Casinoball zu
sehen, um ihr die Huldigungen der ganzen heustedter
Jugend zu Füßen zu legen, und Sie böser Mann
lassen das arme Weibchen in dem düstern Eckernhausen?
Geben Sie uns Rechenschaft, weshalb das geschah!"

„Weshalb das geschah?" lachte Lübrecht, „weißt
du nicht, daß der Herr, der in Weibersachen Erfah=
rung hat, eifersüchtiger ist wie der Mohr von Venedig?"

„Eiferſüchtig?" rief Moß, „auf wen? Graf
Schlottheim iſt ja nicht hier, er iſt krank. Frau
Gemahlin iſt doch nicht auch krank?"

So ging es eine Zeit lang fort. Claaſing nahm
ſich zuſammen, er hätte aufſpringen und ſeinen Gegner
erdolchen mögen. Aber er mußte ruhig bleiben; er
durfte ſich nicht merken laſſen, daß er der dunkeln
Rede Sinn verſtände; ſobald er verſtand, war die
Beleidigung töblich. Er reimte das beim Spiel von
Moß Geſagte mit dem, was jetzt geſprochen wurde,
jetzt zuſammen. Sollte es möglich ſein, ſollte ſeine
Anna, die ihm bisjetzt noch jeden Kuß verſagt, von
dem Grafen verführt ſein? Dem Wüſtling Otto war
alles zuzutrauen, aber auch der unſchuldigen Frau?

Er nahm ſich noch mehr zuſammen und ſagte ent=
ſchuldigend, ſeine Frau ſei ernſtlich unwohl. Einige
Späße über das ſo frühe Unwohlſein der jungen Frau
folgten und es trat jetzt eine von den Pauſen im Ge=
ſpräche ein, von denen man ſagt, ein Engel fliege durchs
Zimmer. Es mußte aber ein gefallener Engel ſein,
der durch den Saal flog.

„Woher kommt denn eigentlich die Redensart, jemand
Hörner aufſetzen?" unterbrach Lübrecht die Stille.

„Es war einmal ein König", ſagte Moß, „der
hatte einen Förſter im einſamen Walde, und der hatte

eine schöne Frau. Der König ritt oft in den Wald, und merkwürdig war es, daß er es immer so traf, daß sein Förster nicht zu Hause war. Als nach einem Jahre die Försterin einen Knaben gebar, da machte er den Förster zum Oberförster und ließ dem zu Ehren das Geweih eines Sechzehnenders über der Thür der Försterei anschlagen, was für eine Ehrenauszeichnung galt. Bei Hofe sagte man aber einfacher, der König habe dem Förster Hörner aufgesetzt."

„Schlecht erklärt!" sagte der Deichgräfe, „es sind die Hörner des Mondes, welche schon die Götter kann= ten; Gottvater Jupiter wußte als Goldregen, Stier und Schwan Hörner zu setzen, wie jedermann bekannt sein sollte, der lateinische Schulen besucht, was zwar nicht jedermann gethan. Sie, lieber Obergestütmeister, haben uns, als sie noch unverheirathet waren, manches erzählt, was darauf schließen läßt, daß Sie in der königlichen Kunst zu lieben auch wohl erfahren sind, und das Gerücht sagt sogar, Sie hätten sich so hoch verstiegen, selbst einem gekrönten Haupte die Zierden des Endymion zu sonstigen hinzuzufügen. Wissen Sie auch), wie einem solchen Gekrönten wol zu Muthe ist? Und haben Sie Männer gekannt, die den Stirnschmuck schon trugen vor der Hochzeit?"

„Nein", erwiderte dieser, dem die Stirnader an=

schwoll, kurz und barsch und stand auf. „Ich aber
kenne ein solches Menschenkind“, sagte Motz; „meine
Herren, lassen Sie uns die Gläser füllen und das
Wohl der Gehörnten trinken!“

Der Obergestütmeister, der fühlte, man stichele
auf ihn, stürzte aus dem Saal in den Stall, sattelte
selbst sein Pferd und jagte, vor Wuth schnaubend und
tausend Flüche in die Nacht schleudernd, von dannen.

Anna schlief mit beängstigenden Träumen. Sie
war Desdemona, und ihr Mann stand als Mohr vor
ihrem Bette, sie zu erdolchen. Da weckte sie ein lautes
Gerufe vom Hofthor her; der Gemahl begehrte mit
Fluchen und Schelten, daß das Hofthor geöffnet werde.
Ein schlaftrunkener Knecht mit einer trüben Laterne
öffnete. Claasing stieg von dem schweißtriefenden Hengst
und warf dem Knecht die Zügel zu mit dem Befehle,
das Pferd ordentlich abzureiben. Die Kleinmagd,
welche den Herrn erwartete, öffnete die Hausthür, setzte
dem Herrn das Licht in die Dönze und ging in die
Mägdekammer, sich in ihre Koje zu legen. Dieser
kleidete sich um, denn trotz des greulichen Wetters
war er in Schweiß gebadet. Aerger über den unge=
wohnten Spielverlust, Wuth über die erlittene Verhöh=
nung, Rachegedanken gegen das Weib, welches ihn
verrathen und der öffentlichen Verhöhnung preisgegeben,

kochten in seiner Brust, er ging hinauf zu dem Zimmer seiner Frau. Dieses war verschlossen; ein Tritt, und die Krampen der Thür wichen der Gewalt. Die Jung= magd war wieder aufgestanden; sie wollte sehen, woher der Lärm stamme, ob eine Kuh sich losgerissen, oder was sonst passirt sei. Sie hörte den Hausherrn im Zimmer der jungen Frau heftig reden, sie verstand nicht was, und ging wieder zu Bett. Bald darauf hörte sie etwas hämmern und die obere Thür zuschla= gen; der junge Ehemann ging zu ihrer Verwunderung wieder die Treppe hinab in die Dönze.

Am andern Morgen fand man Anna als Leiche im Bette, ein Schlagfluß mußte sie getödtet haben. Der herbeigerufene Arzt fand keine Verletzung an dem Körper, aber auch keinen Grund für einen Erstickungstod; Ret= tung war unmöglich.

Ein reitender Bote ward die Weser hinaufgeschickt, um Hans Dummeier, der bei einem Vetter in Lese= ringen weilte, von dem plötzlichen Tode seiner Tochter zu benachrichtigen. Der Bote kam zurück, aber ohne Hans Dummeier; dieser hatte sich, um auf dem linken Weserufer schneller nach Eckernhausen zu gelangen, bei Leseringen übersetzen lassen wollen, und da der Fähr= mann nicht gleich zur Hand war, dieses selbst zu thun beschlossen. Die Weser war infolge des andauernden

Regens hoch angeschwollen, der Strom übermächtig; das Pferd wurde unruhig. Der Alte glaubte, mit der einen Hand allein die Fähre vor der Leine halten zu können, während er mit der andern Hand den Zügel des Pferdes hielt, allein der Strom hatte mehr Kraft, er ward abgeschleudert, die Fähre stieß gegen einen Haken, warf um und Roß und Reiter ertranken.

Drittes Kapitel.

— ‹›‹› —

Olmütz.

Bollmann kam Anfang September nach Rheins=
berg, wo der Bruder Friedrich's des Großen, Prinz
Heinrich, seinen Hof hielt. Es war ein halbes Jahr=
hundert und länger vergangen, seitdem Friedrich, um=
geben von französischen Gelehrten, hier als Kronprinz
gelebt, geliebt und gedacht hatte, er, der Repräsentant
der Neuzeit, der mehr denn einer die Baue des Mittel=
alters zertrümmerte und mittelalterlichen Schutt hin=
wegräumte. Daß ein titelloser Bürgerlicher, ein Doctor
der Arzneiwissenschaft, schlechthin am prinzlichen Hofe
so aufgenommen war, wie es mit Bollmann geschah,
lieferte den Beweis, daß hier ein Geist wie Friedrich
vorgearbeitet. Kaum hatte Bollmann seine Empfeh=
lungsbriefe abgegeben, als er zu einer Audienz beschieden
war, eine Einladung zur Oper und abends zum Thee
beim Prinzen erhielt. Der persönliche Eindruck, den
Bollmann durch seine Erzählungen von Paris und

London auf den Prinzen machte, war für ihn wie für seine Mission der günstigste. Die Denkschrift Lally-Tolendal's überzeugte den Prinzen von der völkerrechts-widrigen Verhaftung Lafayette's, wie Bollmann's Rede davon, daß dieselbe mindestens eine ganz unpolitische sei und daß Hunderte von Gründen für Freigebung sprächen.

Alle die Dinge, die man nicht schreiben, wohl aber gewandt in der Rede ausdrücken konnte, wurden von dem Abgesandten Tolendal's hervorgehoben, um den politischen Motiven einer Freigebung aus Magdeburg die gehörige Folie zu geben. Der Inhalt jener der Denkschrift Tolendal's beigefügten Originalcorrespondenz zwischen Lafayette und Ludwig XVI. aus den Monaten Juli und August des vorigen Jahres ließ keinen Zwei-fel darüber aufkommen, daß nicht die Royalisten, son-dern viel eher die Demokraten Ursache hatten, Lafayette's Gefangennehmung gutzuheißen, aber diese Original-correspondenz gerade (durch Forster's Schuld zu früh veröffentlicht) mußte den damaligen Gewalthabern Frankreichs verborgen bleiben, da sie neben Lafayette auch andere compromittirte.

Prinz Heinrich versprach, sich bei dem Könige eifrig für die Freilassung des Gefangenen zu bemühen, und gab Bollmann Empfehlungsbriefe ins Lager. Dieser

war Anfang October dahin unterwegs und schon in
Frankfurt angekommen, als ihm mit Kurierpferden
der König begegnete, dem plötzlich der Gedanke ge=
kommen war, er müsse nach Polen gehen, um die
Gemüther der neuen Unterthanen zu gewinnen.

Bollmann wartete die Rückkehr des Königs nach
Berlin in Hamburg ab, wo er in den Familien Sieve=
king und Reimarus herzliche Aufnahme fand, dort ein=
geführt durch den Kapellmeister Reichardt, den er von
Strasburg her kannte. Er wurde durch diesen Kreis
wieder mehr demokratischen Ansichten und Grundsätzen
zugeführt. Sein Umgang mit der zweiten Emigration
in London, der Geistesaristokratie, die sich um die
Staël sammelte, die hier gewonnene Einsicht in das
Intriguenspiel der Revolution, in die Jagd um die
Macht, der Eigennutz, den er fand, wo er Größe
erwartete, seine Verhandlungen mit englischen Staats=
männern hatten nicht wenig dazu beigetragen, die
Schärfe seiner demokratischen Grundsätze abzustumpfen,
dazu kamen nun noch Briefe voll Klagen und Jam=
mer, die er von seinem Freunde in Paris erhielt,
welcher hier von seinem Enthusiasmus für die Franzö=
sische Revolution durch die Greuel, die er unter seinen
Augen sah, bald zurückgekommen war. Forster klagte,
daß Egoismus da sein Spiel treibe, wo er reine Auf=

opferung zu finden gehofft, und daß Uneigennützigkeit, Freiheit, Gleichheit bloße Worte, Kinderklappern seien, um die Menge zu bethören, daß die ganze große Nation sich vielmehr nur in Betrüger und Betrogene theilte. Das alles hatte Bollmann zu einem Aristokraten gemacht.

Hier in der Republik Hamburg war es die liebenswürdige und geistreiche Tochter Reimarus', die Schwägerin Sieveking's, eine Republikanerin mit Leib und Seele, die ihn der Demokratie wiedergewann. Bollmann betrachtete seit diesem sechswöchigen Aufenthalte in Hamburg die Gegenwart nur als ein Thor, durch welches die Menschheit aus finsterer Vergangenheit in eine helle Zukunft gelange. Er eignete sich den damals wie heute vielfach gehörten Spruch an, daß Freiheit nur durch Despotismus begründet werden könne, obgleich es eine ewige Wahrheit ist und bleibt, daß aus Bösem nichts Gutes, aus Gewalt keine Freiheit, aus Unrecht an sich kein Recht entstehen kann.

Friedrich Wilhelm II., als er von der Lally-Tolendal'schen Denkschrift durch seinen Onkel Kunde erhalten hatte, erklärte, er wolle nicht, daß die Gehässigkeit der Gefangenschaft Lafayette's länger auf ihm ruhe, allein Bollmann's diplomatische Mission war doch gescheitert. Oesterreich hatte Lafayette reclamirt, weil er zuerst

österreichischen Vorposten sich übergeben, und er saß
nicht mehr in Magdeburg, sondern war nach Olmütz
geschleppt', und auf die österreichischen Staatsmänner
diplomatisch einzuwirken, das hielt man selbst in Eng=
land, wohin Bollmann zurückkehrte, für unmöglich.
Aber dieser ließ ein Ziel, das er verfolgte, so leicht
nicht aus den Augen; er entwarf einen Plan, Lafayette
aus Olmütz mit Gewalt zu befreien.   Die Freunde
Lafayette's in Frankreich und England, vor allen der
amerikanische Gesandte in London, billigten den kühnen
Plan und versahen Bollmann mit allen Mitteln, Päs=
sen, Wechseln, Empfehlungsschreiben.   Erich Justus
ging im Sommer 1794 als reisender Naturforscher
nach Schlesien, er machte dort Bekanntschaften und
schloß Freundschaften, er besuchte die Bergwerke von
Tarnowitz und begab sich dann über Ratibor nach
Olmütz.

Olmütz galt für eine Festung ersten Ranges, Stern=
berg hatte hier 1241 die Ungarn geschlagen, und vor
sechsunddreißig Jahren hatte Friedrich der Große nach
siebenwöchentlicher Belagerung, ärmer durch die von
Laudon bei Domstadt weggenommenen Geld= und Muni=
tionswagen, mit leerer Hand abziehen müssen.

In Olmütz verwahrte Oesterreich damals seine
Staatsgefangenen, und aus Olmütz zu entkommen galt

für unmöglich), denn diese Festung hatte, da sie in einem Thale lag, ihre Außenwerke über eine Stunde außerhalb der Wälle erstreckt. Unser unternehmender Hoyaer hatte die Pläne von Olmütz schon in England studirt und abgezeichnet, danach seinen Entwurf gemacht, der einfach darin bestand, die Oesterreicher sollten den Gefangenen selbst durch alle diese Festungswerke ins Freie bringen, dort wollte er für das Weitere sorgen.

Justus Erich brachte aus England, aus Breslau, aus Ratibor und Wien Empfehlungen mit an die angesehensten Aerzte in Olmütz, unter denen er bald auch den herausfand, der die im Jesuitencollegium bewachten Franzosen behandelte. Nach eingeleiteter Bekanntschaft vermittelte dieser Arzt, eines physiologischen Experiments wegen, ein Blatt Papier, das Bollmann aus seinem Tagebuche riß und mit einem englischen Verse beschrieb, an die Nummer des Gefangenen, die man für Lafayette hielt. Das weiße Blatt war aber schon vorher mit symbolischer Tinte beschrieben. Der Versuch glückte, das Blatt kam an seine namenlose Adresse, denn die Gefangenen in Olmütz hörten auf, Namen zu führen, sie waren nur Nummern. Lafayette wußte außer dem Verse aber auch den auf das Papier geschriebenen Rettungsplan zu lesen und

gab durch eine allgemein gehaltene Antwort sein Ver=
ständniß zu erkennen, wie er sich später zu seinen Ant=
worten des Citronensaftes bediente.

Vollmann's Plan erforderte längere Vorbereitung
von seiten Lafayette's, es genügte vorderhand, daß
mit diesem die Möglichkeit einer Verständigung ange=
knüpft war; er reiste nach Wien, um hier das Nähere
abzuwarten und sich einen Genossen zu suchen. Diesen
fand er bald in einem jungen Amerikaner aus Süd=
amerika, Huger, einem Jünglinge voll Eifer und Muth,
einem glühenden Anhänger Lafayette's.

Vollmann, der seinem Glücksstern traute, hatte an
einem und demselben Tage eine doppelte Bekanntschaft
gemacht, die ihm von großem Nutzen sein sollte. Er
trat in Wien auf als Naturforscher und Arzt mit den
bloßen Empfehlungen an Gelehrte, Professoren und
Bankiers. Wien war damals noch nicht in der innigen
Verbindung mit seinen Vorstädten wie heutzutage, es
war Festung mit hohen Basteien, über die man erst
in einiger Entfernung die schöne Pyramide des Sanct=
Stephan emporsteigen sah; die vierunddreißig Vor=
städte waren auch noch nicht so nahe an das Glacis
herangebaut, sie waren, wie man sagte, noch 1684 Dör=
fer. Das hatte keine Einheit, wie die jetzigen sieben
Vorstädte, sondern mußte erst zusammenwachsen. Wo

damals schöne Gärten oder Fruchtfelder sich befanden,
sieht man heute geradlinige, breite Straßen.

In der engen, hohen, von betäubendem Wagen=
gerassel wie Straßenlärm staubdurchwogten Altstadt
konnte Vollmann sich nicht wohl fühlen. Er hatte sich
nahe der Mariahilfer Hauptstraße, zwischen dieser und
der Wien, nahe bei dem fürstlich Esterhazy'schen Palais
in der Berggasse eine Wohnung mit Remise, Pferde=
stall wie Garten gemiethet, Wagen und zwei Reit=
pferde angeschafft, einen Reitknecht, der zugleich den
Kutscher spielen mußte, gedungen, einen Ungarn, ge=
wandt und kräftig.

Justus Erich war einer der Menschen, die wenig
Schlaf bedürfen, er schlief aber desto intensiver. Seit
lange gewohnt, mit der Sonne aufzustehen, that er
dies auch, wenn er spät nachts zu Bett gegangen.
Jeden Morgen fünf Uhr ritt er mit seinem Reitknecht
die Wien entlang nach Hietzing zu, auch wol nach
Sanct=Veit oder weiter nach Lanz und Speising hin=
auf. Auf dem Rückwege wurden regelmäßig die Pferde
in Hietzing in einem Kaffeegarten eingestellt, der seit
etwa sechs Jahren den Namen Zur Neuen Welt bekom=
men. Dann wurde ein Spaziergang im schönbrunner
Park gemacht und zwar regelmäßig in derselben Rich=

tung, zunächst nach jener Grotte mit der schönen
Nymphe, aus deren Arm der Schönborn fließt. Hier
zog er seinen beständigen Begleiter, einen ledernen, in
England gekauften Becher aus der Tasche und genoß
als erstes Frühstück jenes prächtige Wasser, welches
Joseph II. so unentbehrlich geworden war, daß er es
sich auf Reisen nachsenden ließ. Von da wandte er
sich meistens der Gloriette zu, diesem Prachtbau Joseph's,
der seiner Mutter zeigen wollte, wohin sie Schönbrunn
hätte bauen sollen. Nicht selten bestieg er die Platt=
form, um sich das Häusermeer Wiens und seiner Vor=
städte anzusehen. Dasselbe nahm zwar keine solche
Ausdehnung ein wie London von Sanct=Paul aus ge=
sehen, aber welche Fülle von Naturschönheiten bei kla=
rem, blauem Himmel gegen jenen Nebel und Stein=
kohlendunst! Nach Norden wurde der Horizont durch
den Kahlenberg und das Klosterneuburg begrenzt,
nordöstlich lag die Stadt mit ihren ungeheuern Vor=
städten, dahinter die Donauinseln in dem verschlunge=
nen Gewirr der Donauarme; östlich sah man über die
große Insel Lobau in die weite Marchebene, südlich
das Hügelland bis Baden mit den Steirischen Alpen
im Hintergrunde. Das war wol ein Platz, um stun=
denlang zu träumen, und Bollmann hatte keine Be=
schäftigung; seine Besuche von Hörsälen, von Spitälern

waren nur Schein, das Studium der Medicin lag
für immer hinter ihm.

Es war aber noch etwas anderes, was ihn hierher
zog. Während in den weiten Parkgängen nur Gärtner=
burschen in dieser frühen Morgenzeit zu erblicken waren,
war er auf der Gloriette zweimal einer Frauengestalt
von so wunderbarer Schönheit begegnet, wie er sie nie
gesehen zu haben sich erinnerte. Bollmann trug damals
freilich „das Bild" des klügsten, edelsten deutschen Mäd=
chens, wie er es Karl gegenüber bezeichnet hatte, im
Herzen, wahrscheinlich das der Tochter Reimarus'. Er
hatte sich aber nie gegen sie erklärt, er kam sich zu sehr als
Abenteurer vor, um einer Familie wie der Reimarus=
Sieveking sich als Schwiegersohn anbieten zu können;
er liebte sie vielleicht mehr ihrer geistigen Bildung
wegen, als um ihrer körperlichen Schönheit willen;
wir wissen wenigstens nicht, ob sie schön war wie ihre
Mutter, die Hennings. Aber Erich Justus wurde von
Geist wie von Schönheit leicht erregt; die Dame, die
er früh morgens in einfachem, aber feinem Négligé
auf der Gloriette getroffen, fing an seine Phantasie
in Bewegung zu setzen; er fragte die Gärtnerburschen,
er fragte die Thierwärter nach ihrem Namen, konnte
aber nur erfahren, daß sie im Schlosse wohne. Also
eine Dame aus der Umgebung der Kaiserin. Die

5*

Phantasie brachte ihm die reizende Gestalt der Dame am Tage und in der Nacht, sobald er zu denken und zu arbeiten aufhörte.

Wenn er morgens sich auf sein Pferd setzte, so saß die Dame in seinem Kopfe. Es war gegen Ende August, als er eines Morgens später als gewöhnlich vor der Gloriette ankam und rechts abbiegen wollte, um sie zu ersteigen, da sah er auf der Plattform seine Schönheit stehen, nach Nordosten auf die Stadt blickend und sich gegen die Sonnenstrahlen durch einen Sonnen= schirm schützend. Erich sah hinauf, in diesem Augen= blicke hörte er ein „Mon dieu!“ und sah, wie ein Windstoß den Sonnenschirm entführte und zu seinen Füßen niederlegte. Er beeilte sich, der herabeilenden Dame entgegenzugehen, und überreichte ihr den Schirm mit einer leichten französischen Redensart über den treu= losen Flüchtling. Sie antwortete in gleicher Sprache, wenn auch nicht mit der fertigen pariser Zunge, in der jener sich ausdrückte.

„Ich bin erst einige Monate hier, bei einer Tante, der Gräfin von S., Staatsdame bei der Kaiserin, und kann mich schwer finden in das Ceremoniell des Hofes, in die vielen Formen, die beobachtet werden müssen, wenn Kaiser und Kaiserin, einer der vielen Erzherzoge oder Erzherzoginnen oder sonstige fremde Prinzen und

Herren zugegen sind, und meine Tante ist sehr streng.
Ich habe, glaube ich, Heimweh, es drängt mich jeden
Morgen, die einzige Zeit, wo ich mir selbst angehöre,
hier oben hinauf, um über die Stadt hinweg, weit
an der March hinauf, mich in die Heimat nach Olmütz
und mein Kloster zu träumen. So auch heute, da sah
ich plötzlich —" sie zögerte und erröthete bis in den
weißen Nacken hinein — „da kam ein böser Zephyr
und entwandte mir den Schirm."

So plauderte sie naiv und unbefangen weiter, als
wenn sie den Doctor schon lange Zeit gekannt hätte.
Man ging durch eine der schönen breiten Lindenalleen,
die zum Schlosse führten. Als Vollmann den Namen
Olmütz hörte, nahm er dies als glückliche Vorbedeu=
tung, lenkte das Gespräch sogleich auf Olmütz, indem
er sich über Stadt und Umgegend als ihm bekannt
ausließ. Die Dame, welcher das Französischsprechen
einige Schwierigkeit zu machen schien, war in das
rechte Fahrwasser gekommen, sie fing an, im echten
wiener Dialekt, der in schöner Frauen Munde so reizend
klingt, über die liebe Vaterstadt und ihre Jugend zu
erzählen, daß ihre Aeltern so früh gestorben, daß sie
dieselben nicht mehr gekannt, daß ihr Oheim, der Bi=
schof von Olmütz, sich ihrer Erziehung angenommen
und sie solche bisher in einem Kloster daselbst genossen

habe; sie erzählte in der unbefangensten Weise ihre ganze Jugendgeschichte und nannte auf Eindringen des Begleiters auch ihren Vornamen: Marie.

Man war so bis an den Theil der Gärten gekommen, den der Kaiser für sich reservirt, eine Schildwache am Eingange des Weges und ein eisernes Staket erinnerten daran; Marie drehte sich unbefangen um und sagte: „Ich habe noch Zeit, die Tante steht vor elf Uhr nicht auf, ich begleite Sie bis zum Ausgange."

Man ging die große Allee jetzt hinauf, welche durch die sogenannte Menagerie in den Hietzing Eingang führte. Der junge Mann stellte sich selbst als Arzt und Naturforscher vor, nannte seinen Namen und erzählte von Paris und London, von Berlin und Hamburg, Leipzig und dem Rhein, lauter neue Dinge für die Nichte des Bischofs von Olmütz.

Als man an das Parkthor kam, reichte Marie die Hand zum Kuß, eine kleine, zarte, weiße, und fragte: „Sehe ich Ew. Gnaden wieder?"

„Jeden Morgen!" erwiderte der Beglückte, und man traf sich bis zu der Zeit, wo die That in Olmütz unsern Freund abrief, jeden Morgen, ohne daß wir sagen können, ob das naiv=brüderlich=schwesterliche Wesen, das sich am ersten Tage gemacht, einen zärtlichen Charakter annahm.

Als Vollmann in das Kaffeehaus in Hießing zurück-
trat, wo die Pferde standen, war er auffallend zerstreut
und schlürfte den Kaffee mit dem zarten, weißen Kipfel
dazu gedankenlos hinunter; oder war es lediglich Ge-
dankenfülle, die ihn nicht bemerken ließ, daß in der
offenen Reitbahn, die zwischen Hofplatz und Garten
sich befand, sein Reitknecht sich herumtummelte auf seinem schwarzen Rappen, den Hausmann aus dem
Wirthshause hinter sich, und daß Knechte und Stuben-
madel und Kaffeeköchin über das komische Schauspiel
laut auflachten?

Er kam erst zur Auffassung der Umgebung, als
der Hausmann vom Pferde gefallen, der Reitknecht
heruntergesprungen war und dem Hausmann die Zügel
zugeworfen hatte und nun zu ihm trat, mit der Frage:
„Ew. Gnaden schaffen's halter heut zu üben?“

Vollmann hatte nämlich gerade dieses Kaffeehaus
zu seinem Morgenritte gewählt, weil hier zwischen Hof
und Garten ein offener, runder Reitcircus war, der
von Kunstreitern und Seiltänzern zu öffentlichen Vorstellungen gebraucht wurde. Er wollte seinem Rappen
die Kunst beibringen, zwei Männer zu tragen und mit
ihnen im Galop zu jagen.

„Hat halter n'en Sparrn“, dachte Anton, der
Reitknecht. Jeden Morgen, wenn er aus dem Park

von Schönbrunn nach Hietzing zurückkam und seinen
Kaffee genossen hatte, setzte er sich hinter Anton auf
den Rappen und dann ging's im Trab und Galop in
der Reitbahn herum, bis der Rappe matt war. Da
heute der Herr länger ausblieb als gewöhnlich, hatte
Anton den Hausmann genöthigt, hinter ihm zu sitzen.
Justus Erich hatte keine Lust zu Uebungen, er nahm
das Pferd Anton's und hieß diesen, den Rappen lang=
sam nach Hause reiten.

Der mit Lafayette's Befreiung Beschäftigte pflegte
des Morgens, wenn er von seinem Spazierritte zurück=
kam, in die Stadt zu gehen, dort, wie es üblich, warm
zu frühstücken und dann das eine oder andere Colleg
in der Universität zu hören, eine Augenklinik zu be=
suchen oder die Militärisch=Chirurgische Akademie und
das Militärspital in der Wehringer Vorstadt, um dem
angenommenen Charakter einigen Schein zu geben, dann
aber eine Stunde am Graben oder auf dem Kohl=
markte zu flaniren oder Kunstsammlungen zu besuchen.
Mittagsbrot wurde bald hier, bald dort eingenommen,
im Kaffeehause eine Schwarze getrunken und die weni=
gen Zeitungen gelesen, die damals erschienen, dazu wurde
aus türkischer Pfeife Taback geraucht. Der Nachmittag
und Abend aber ward dann an einem der unzähligen
Vergnügungsorte in und um Wien oder im Theater

zugebracht. Ein abwechfelndes luftiges Leben das. Heute hatte Juftus Erich aber zu alledem keine Luft, er mußte und mußte um jeden Preis Näheres erfahren über die junge Schöne, die fein leicht entzündbares Herz im Fluge erobert hatte. Es fiel ihm ein, daß er noch einen unabgegebenen Empfehlungsbrief und Wechsel auf ein öfterreichifches Bankierhaus habe, welches mit der kaiferlichen Burg in näherer Verbin= dung ftand. Er machte Toilette und fuhr in die Leopoldftadt zum Comptoir des Barons. Diefer war äußerft freundlich und überhäufte den Befucher mit Titeln und Würden, die diefer ablehnte. Zum einfachen „Herr Doctor" war der Baron nicht zu bringen, er mußte den ihm aus England von einem Earl Empfoh= lenen mindeftens baronifiren.

Bollmann, der fich fchon an das „Ew. Gnaden 2c. 2c." gewöhnt hatte, ließ fich das gefallen und kam, im Ge= fpräche mit dem Bankier, endlich feinem Ziele näher.

„Schauen's Ew. Gnaden, ift's eben die Nicht' des Herrn Bifchof von Olmütz — und fo a Nicht' kann fein eine Tochter, kann fein eine Amata — wer kann's wiffen? Glaub's freilich nit, daß es a Schazerl ift vom Bifchof, ift wol zu alt dazu. Aber die Frau von S. follten's halter kennen, ift ja die rechte Hand der Frau Kaiferin, und ihr Gemahl der Graf Franz von S. ift

halter Vicepräsident der geheimen Polizei und Hof=
kammerpräsident und gilt mehr als der alte Graf
Anton von Perger, der nur den Namen hergibt als
Präsident. O! der Graf von S. ist mächtiger als
selbst der Thugut Excellenz, eben durch den Einfluß
der Gemahlin auf die Kaiserin."

Vollmann wußte nun, was er wissen wollte, aber
so leichten Kaufs sollte er nicht abkommen, der Baron
bestand darauf, ihn seiner Frau und zwei Töchtern
vorzustellen, und ließ nicht nach, bis Vollmann eine
Einladung zum Diner annahm. Einen so großen Gelehrten und weitgereisten Mann, der in Paris und
London gewesen, der, wie in dem Empfehlungsbriefe
erwähnt war, Narbonne befreit hatte, den mußte man
nicht nur bei Tisch haben, den mußte man auch im
Prater sehen lassen, und war heute nicht Annentag
und großes Feuerwerk?

Das Diner war prächtig; das „Gemischte" des
Nachtisches mit seinen griechischen und syrakuser Weinen
brauchte die Töchter des Hauses nicht mehr gesprächig
zu machen, sie waren es von Anfang an gewesen, aber
es machte, daß Vollmann, der zugeknöpfter geworden
war, je mehr der Gastgeber und die weiblichen Fami-
lienglieder sich gehen ließen, mittheilsamer wurde, von
Paris während des 10. August und von dem Kreise

der Frau von Staël erzählte, die schon darum hoch=
geehrt wurde, weil sie Tochter eines Financiers wie
Necker war. Der einzige Gast, der außer ihm ge=
laden war, Attaché bei der russischen Gesandtschaft,
kannte das Paris vor der Revolution genau, das
Paris der Revolution war ihm unverständlich, er fragte
und forschte und wußte auf diese Weise unsern Freund
zu immer neuen Mittheilungen anzuregen. So nahte
der Abend; da fuhren zwei elegante Equipagen vor,
der Gast bekam den Sitz bei den jungen Damen, der
Attaché hatte die Ehre, bei der Baronin und ihrem
Gemahl zu sitzen. Man fuhr die Alleen des Praters,
die von Wagen und schaulustiger Menge gefüllten, in
gewohnter Weise bis zum Rondeau am Heustedtwasser.
Die Damen verfehlten nicht, ihre Bekanntschaft mit
der vornehmen Welt durch Erörterung der Familien=
verhältnisse der Insassen einer jeden ihnen begegnenden
Equipage zu zeigen, wobei auf das ungenirteste bei den
meisten Damen der Name des Hausfreundes, bei un=
verheiratheten die Liebhaber genannt und kritisirt wur=
den. Man wußte, wen jeder der Herren, die auf
schönen Pferden einherritten, suchen würde, in welches
Theater diese oder jene Herrschaft noch fahre, und wem
dort ein Rendezvous gegeben würde. Vollmann er=
wähnte beiläufig einmal der Nichte des Bischofs von

Olmütz, allein die war seinen Begleiterinnen offenbar
unbekannt, dagegen lernte er von den Liebesgeheimnissen
der vornehmen und schönen Welt Wiens an einem
Abende mehr kennen als in den Wochen, die er dort
gewesen war. Man war wieder in der Gegend des
Wurstprater angekommen und mußte nun die unzähli=
gen Buden mit ihren thierischen und menschlichen Künst=
lern, Sängern, Musikbanden, Bären und Affen, Mario=
netten und Würfelbuden durchwandern, angerufen von
dieser und jener Seite: „A herrlich Pletzerl, Ihr
Gnaden! Schauen's a gut Zischerl! Schaffen's Ge=
frornes?"

Ja, Gefrorenes wollte man genießen, aber nicht in
diesem Massengewühl. Der Baron mit der Frau
voran, gefolgt von Bollmann mit der ältesten, dem
Attaché mit der jüngsten Tochter, drängte man sich
durch die vielen Tausende von geputzten Menschen, durch
die Kindermadel mit den freundlich lächelnden, heraus=
fordernden Augen, durch geschminkte und ungeschminkte
Schönheiten. Justus Erich mußte gestehen, daß die
Champs Elysées sich nicht mit dem Prater messen kön=
nen, Hydepark und Kensington zwar an schönen Equi=
pagen, noch mehr an guten Reitern den Prater über=
träfen, daß aber dieses bunte, lustige Leben und Treiben
des Volkes dort fehle.

Man hatte endlich nordöstlich ein außerhalb des
wüsten Getreibes liegendes aristokratisches Kaffeehaus
gefunden, wo man Platz fand, um Gefrorenes zu
nehmen.

„Schauen's den allerliebsten jungen Mann mit dem
wunderschönen Hunde", sagte Justus Erich's Beglei=
terin, auf einen noch jungen Mann mit dem Finger
weisend, der vor einem der nächsten Tische saß und
eine Landkarte studirte, während ein großer prächtiger
Neufundländer zu seinen Füßen saß und sein schönes
Haupt mit den treuen, klugen Augen auf die Knie sei=
nes Herrn gelegt hatte, zu ihm emporschauend. „O
cher papa!" sagte Flora aufspringend, zum Vater,
„den Hund mußt du mir kaufen, den Hund muß ich
haben", und dann sagte sie zu Bollmann: „Ew. Gna=
den müssen den hübschen jungen Mann fragen, ob er
den Hund nicht verkaufen will, ich möchte denselben so
gern haben."

Bollmann wußte nicht, war das façon de parler,
um die Bekanntschaft des „allerliebsten jungen Man=
nes" zu machen, oder war wirklich die Leidenschaft für
den Hund so groß. Er sah sich den jungen Mann
scharf an, derselbe hatte in seiner Physiognomie und
seinem ganzen Wesen etwas Fremdes, das er nicht
unterzubringen wußte, etwas Ritterliches, sodaß er un=

willkürlich bei sich dachte: „das wäre ein Mann, wie du ihn brauchst".

Er trat auf den Fremden zu, entschuldigte sich und sagte, das Fräulein, welches er begleite, finde den Hund so schön, daß sie vor Verlangen brenne, ihn zu besitzen, und gern erbötig sei, jeden Preis zu zahlen, der gefordert werde.

Der Fremde war durch die Anrede offenbar überrascht und schien dieselbe nicht vollkommen zu verstehen. Er erwiderte auf englisch: „Pluto nicht verkauft wird."

Als Bollmann darauf in geläufigem Englisch seine Frage nochmals entschuldigte, überzog ein Freudenstrahl das Gesicht des jungen Mannes, fand er hier unter Tausenden von Menschen doch zuerst einen solchen, mit dem er sich in seiner Muttersprache unterhalten konnte.

Der junge Mann hieß Franz Huger, war aus Südcarolina gebürtig und bereiste Europa, um sich auszubilden. Er war erst am zweiten Tage in Wien, und Bollmann erbot sich sofort, ihn schon am nächsten Morgen herumzuführen und ihm das Sehenswertheste zu zeigen, sowie ihn der Familie des Bankiers vorzustellen, in welcher er sich befinde, wenigstens den Damen, die sich so sehr für seinen Hund und — bei der Liebenswürdigkeit aller Wienerinnen wisse man nicht — vielleicht auch für seine Person interessiren.

Huger lehnte die Vorstellung ab, wenigstens für heute; Erich versprach, ihn morgen früh sieben Uhr aus seinem Gasthause, dem Goldenen Lamm in der Leopoldvorstadt, abzuholen.

Ein Kanonenschuß verkündete, daß in einer halben Stunde der weltberühmte Stuver sein Feuerwerk beginnen werde. Alles eilte nördlich über den Praterstern hinaus, dem stehenden Feuerwerksplatze zu, wo ein Amphitheater für die Haute-Volée reservirt war. Wien war damals weltberühmt wegen seiner Feuerwerke und nahm nach den Chinesen und Japanesen den ersten Rang in dieser Beziehung ein. Der Name Anna oder Nannerl, wie die Wiener ihn umgewandelt, kam denn auch heute an ihrem Namensfeste in Brillantfeuer in rothem, blauem, gelbem Lichte, in Raketenform, neben vielen andern schönen Sachen mehrfach zum Vorschein.

Der Abend war so schön, daß, nachdem das Feuerwerk beendet und man mit Mühe und Noth sich zu den Wagen durchgedrängt hatte, Flora den Vorschlag machte, Bollmann nach seiner Wohnung zu fahren. So geschah es, und die schöne Baronesse erkundigte sich sehr eifrig nach dem prächtigen Neufundländer und dem Namen seines Herrn und nahm ihrem Nachbar das Versprechen ab, den Amerikaner in ihr Haus einzuführen, natürlich nur, weil sie hoffte, er werde sich erweichen lassen, ihr den Hund zu verkaufen.

Unser Freund, obgleich er von morgens fünf Uhr bis abends nach elf Uhr in beständiger Thätigkeit und Aufregung gewesen, konnte Ruhe nicht finden. Er schlief keinen gewohnten Schlaf, sondern träumte und phantasirte von der Nichte des Bischofs von Olmütz, und wie er mit ihrer Hülfe Lafayette auf leichtere Weise aus dem Kerker befreien könne, als die seit Monaten ausgedachte.

Sein Plan war einfach. Lafayette sollte sich krank stellen und immer kränker werden, sodaß Spazierfahrten ins Freie, wonach er dann und wann gegen den Arzt Sehnsucht äußern sollte, von diesem empfohlen würden. Dann sollten längere Zeit diese Fahrten statthaben, sich möglichst weit aus dem großen Festungsrayon ausdehnen und die Begleiter zur Sorglosigkeit und Nachlässigkeit hingeführt werden. Auf offener Straße wollte Bollmann dann Lafayette aus den Händen seiner Wächter herausreißen und über die schlesische und polnische Grenze nach Danzig entführen. In Ratibor und Tarnowitz waren Mittel zur weitern Flucht bereit. Bollmann bedurfte aber noch eines Gehülfen, und er träumte von einer Gehülfin, einer schönen, anbetungswürdigen, der Nichte des Erzbischofs von Olmütz; er hatte Thümmel's „Reisen im südlichen Frankreich" gelesen, und die Naivetät der heiligen Klara von Avignon spielte ihm einen fatalen Streich im Traume.

Am frühen Morgen war unser Freund aber in Schönbrunn auf der Gloriette; er schaute auf das Schloß, wovon er aber nur einen Theil der innern Hofräume übersehen konnte; er hätte gar zu gern das Zimmer gewußt, wo die Schöne geschlafen, um sie zuerst durch sein Glas zu sehen, wenn sie das Fenster öffnete. Seine Ungeduld stieg immer höher, er verwandte kei= nen Blick von dem Eingange aus dem Schlosse und dem Wege, auf dem Marie erscheinen mußte. Diese aber hatte auch sehr unruhig geschlafen, sie hatte sich früher wie gewöhnlich erhoben und schon einen kleinen Spaziergang höher in die Berge hinauf zur Einsiedelei gemacht. Sie war dann mit leichtem Schritt die Gloriette hinaufgehüpft und stand jetzt hinter Vollmann, während dieser nach Schönbrunn sah. Als Vollmann ihr „Bon jour" hörte, ihr in die hellen, reinen Augen blickte, da bat er ihr innerlich tausendmal ab, daß er im Traume diese Naivetät für eine gemachte gehalten. Zwei Stunden gingen im Plaudern wie wenige Mi= nuten vorüber, und Vollmann, der sich erinnerte, daß er seinem Amerikaner um sieben Uhr ein Rendezvous versprochen, mußte aufbrechen.

In Huger fand Bollmann, was er suchte, einen
Jüngling voll Muth, der, als er nur den Namen
Lafayette hörte, den glühendsten Enthusiasmus äußerte,
sodaß jener ihm in der ersten Stunde seine Plane
offenbaren konnte und der Südcaroliner gern bereit
war, sein Leben zu wagen und damit eine Schuld
seines Vaterlandes, das Lafayette nach Washington
hauptsächlich seine Freiheit verdankte, abzuzahlen. Der
Antheil, den der Amerikaner an der Sache nahm, war
so groß, daß er gedämpft werden mußte, was denn
die schöne Baroneß Flora übernahm, welche den Südcaroliner auf Wienerisch in die Kunst zu lieben ein=
weihte.

Bollmann selbst war sehr ungeduldig, daß aus
Olmütz noch immer das verabredete Zeichen, daß mit
den Spazierfahrten der Anfang gemacht sei, nicht kam.
Die Zusammenkünfte mit der Nichte des Bischofs
wurden mit jedem Tage, der Witterung wegen, kürzer,
sie mußten aus dem Freien in die Orangerie verlegt
werden, und als nun gar October herannahte, zog der
Hof in die Burg, und hätte nicht Bollmann einen
Plan förmlich ausgearbeitet gehabt, nach welchem man
sich in den verschiedenen Bildergalerien und Kunst=
sammlungen der Großen, in den Kaunitz'schen, Liechten-
stein'schen, Friese'schen, Schönborn'schen, Lemberg'schen

zu bestimmt verabredeten Stunden traf, so wären Zu=
sammenkünfte ganz unmöglich gewesen. Hier aber,
wo die Seelenreinheit Marie's sich in zweifelloser
Weise zeigte, wo ihre Bildungsbedürftigkeit und Bil=
dungssehnsucht in vollem Maße hervortrat, wo der in
allen Fächern Gewandte Mythologie und Geschichte,
Geographie und Naturgeschichte, Dinge, von denen
man in ihrem Kloster keine Ahnung, und von denen
auch Tante Staatsdame keinen Begriff hatte, gelegent=
lich der Gemälde, Statuetten, Gemmen erklären mußte,
waren die glückseligsten Stunden des Ungeduldigen,
denn was gibt es Schöneres, als ein junges, reizendes
Mädchen in Kunst, Wissenschaften und der Liebe zu
unterrichten, das Leben und Weben des Alterthums
in seinen schönsten, wenn auch nackten Kunstwerken
vor einer wißbegierigen Mädchenseele auszubreiten!

Indeß war die Nachricht gekommen, Lafayette müsse
wegen erheblicher Krankheitssymptome täglich Spazier=
fahrten machen, und man rüstete zum Aufbruch. Boll=
mann war mit seinem neuen Freunde übereingekommen,
daß sie das Wagniß zu zweien bestehen wollten, um
ihren Plan in größter Einfachheit zu halten. Ob die=
sem die Trennung von seiner schönen Lehrmeisterin so
schwer wurde als seinem Genossen die von seiner
schönen Schülerin, mag dahinstehen; beiden Damen

6*

wurde sie schwer und Marie wurde nur in etwas durch
den Gedanken getröstet, daß Bollmann zuerst nach
Olmütz reise, dort das Kloster, in dem sie erzogen,
besuchen wolle, daß er versprochen hatte, sie werde
jedenfalls von ihm hören, vielleicht habe er sogar ihre
Hülfe und Verwendung bei dem Oheim in Anspruch
zu nehmen.

Pässe nach Mähren und Schlesien waren visirt
und Ende October verließen beide Wien; sie führten
ihren Wagen mit Postpferden mit sich; der Reitknecht
ging mit den Pferden vorauf, während sie gemächlich
im offenen Wagen saßen. Es war die schöne Zeit der
Weinernte und die prächtigsten Trauben und das schönste
Obst in ganz Mähren in beinahe jedem Dorfe zu
haben. Als naturforschende Engländer durchstreiften
sie einen großen Theil Mährens, selbst hinter Olmütz,
um aller Wege und Stege kundig zu sein. Am 7. No=
vember trafen sie in dieser Stadt selbst ein und benach=
richtigten Lafayette, daß sie den nächsten Tag schon die
Befreiung versuchen würden. Der Reitknecht wurde
am 8. morgens mit dem Wagen fünf Meilen nach
Hof vorausgeschickt, um dort Postpferde bereit zu halten.
Der Neufundländer war der alleinige Insasse des Wa=
gens, er hätte geniren können bei der That.

Nachmittags zwei Uhr pflegte Lafayette auf der

Straße nach Sternberg spazieren zu fahren. Seine
Befreier ritten eine halbe Stunde früher aus dem
Thore. Bald kam ihnen auch ein bedeckter Wagen nach,
in welchem Lafayette saß, ihm zur Seite ein Stabs=
profoß, auf dem Bock saß der Kutscher, ein unbewaff=
neter Soldat, ein mit einem Seitengewehr bewaffneter
stand hinten auf dem Wagen.

Der Wagen fuhr vorbei; die Reiter ritten schneller
nach. Etwa eine halbe Stunde hinter dem letzten
Festungswerke machte der Wagen kehrt. Jetzt waren
aber die Reiter daneben und geboten dem Kutscher
halt. Dieser hielt auch in halber Wendung. Die
Reiter stiegen ab, der Amerikaner nahm die Pferde
an sich, während Bollmann dem Kutschenschlage zueilte,
den Lafayette schon aufgestoßen hatte, um herauszu=
springen. Aber der Stabsprofoß hing sich an ihn und
fiel mit ihm aus dem Wagen auf die Chaussee. Huger,
die Pferde an der linken Hand, in der rechten das
gespannte Pistol, trieb den hinten aufstehenden Sol=
daten zur Flucht ins Feld. Bollmann befreite Lafayette
von dem mit ihm am Boden ringenden Gegner, ent=
waffnete denselben und hielt ihn mit starker Hand nie=
dergedrückt. Der Soldat auf dem Bocke jagte, sobald
er sich unbeachtet sah, zur Stadt zurück.

So stand Lafayette denn frei da, Bollmann hatte

den entwaffneten Gegner losgelassen, der nicht säumte, dem Wagen nachzueilen.

Aber ein Unglück anderer Art setzte der Flucht ein unvorhergesehenes Hinderniß in den Weg. Als der Soldat die Flucht ins Feld ergriffen hatte, wollte Huger Bollmann, der mit dem Profoß rang und ihn zu entwaffnen suchte, zu Hülfe eilen, er hatte das Pistol zur Erde geworfen, um die rechte Hand frei zu bekommen, das Pistol entlud sich, die Pferde scheuten und eins derselben riß sich los und lief nun im Felde umher. Zeit war nicht zu verlieren, in Olmütz mußte bald Lärm werden, an Eifer und Mitteln zum Nachsetzen konnte es dort nicht fehlen. Lafayette's Rettung war Bollmann's einziges Augenmerk; er gab ihm kurze mündliche Anweisung über das Nächstnöthige, einen vorher geschriebenen Zettel mit ausführlichen schriftlichen Angaben, eine Börse mit Gold und beschwor ihn, das eine noch so vorhandene Pferd zu besteigen und allein fortzureiten nach Hof; dort sollte er eine halbe Stunde warten, und seien dann er und Huger nicht da, mit dem Wagen weiter fahren nach Ratibor. Nach einigem Widerstreben ritt Lafayette mit dem Rappen spornstreichs davon.

Inzwischen hatten Bauern auf dem Felde das entlaufene Pferd eingefangen und gaben es für ein Trink-

geld zurück. Allein das unbändige Pferd wollte durchaus keinen zweiten Reiter aufsitzen lassen, den hierzu
abgerichteten Rappen hatte Lafayette bekommen, ohne
daß man daran gedacht, daß er den zweiten Mann
tragen müsse. Kein Zwang, keine Kunst half. Da
rief Huger: „Ich allein verschulde das Unglück mit
den Pferden, ich bin auch nicht weiter nöthig für die
Sache, du Bollmann aber bist unentbehrlich, ich selbst
will schon zu Fuß durchkommen", und ohne auf des
Freundes Widerspruch zu achten, eilte er dem Walde zu.

Bollmann spornte sein Pferd und kam ohne Aufenthalt nach Sternberg. Nur zehn Minuten vor ihm
war ein anderer Reiter durchgekommen. In großer
Hast folgte er. Als er aber nach Hof kam, fand er
Lafayette nicht, derselbe mußte einen andern Weg eingeschlagen haben. Zurückgehen konnte er nicht, er hoffte
ihn in Schlesien zu treffen und fuhr mit dem Wagen
in Begleitung des treuen Pluto, der nach dem Ver-
bleibe seines Herrn zu fragen schien, der Grenze zu;
um ein Uhr nachts war er in Ratibor und in Sicherheit.

Aber er dachte nicht an sich, er dachte nur an Lafayette. Nach vergeblichem Harren suchte er in Begleitung Pluto's die verschiedenen Plätze, die zunächst
der schlesischen Grenze als Zufluchtsorte Lafayette

schriftlich bezeichnet waren, ab; vergeblich. Er kehrte nach Ratibor zurück, verkaufte seinen Wagen und war im Begriff, nach Waldenburg an der Grenze Böhmens und Schlesiens hinabzuschleichen, in der Hoffnung, daß Lafayette an einem nördlichern Punkte als Troppau die Grenze erreicht habe. Er wurde in dieser Meinung noch bestärkt, als er in Ratibor einen Brief von Huger aus Krakau erhielt. Dieser hatte in der Gegend von Pleß die Grenze erreicht und sich östlich nach Krakau gewendet, um von da über Warschau nach Berlin zurückzureisen. Ein Schreiben an Flora von E. lag ein und er bat Bollmann, dieser das Schreiben nebst Hund Pluto zu übermachen. Bollmann lohnte Anton ab, versah ihn mit Reisegeld und sandte ihn mit dem Hunde über Brünn nach Wien. Anton hatte einen alten ungarischen Paß; er war aber bei dem Ueberfall nicht gegenwärtig gewesen, man wußte kaum von seiner Existenz. Bollmann wendete sich dann zu seinem Unglück über Jägerndorf nach Mittelwalde, um Lafayette aufzusuchen.

Dieser hatte Sternberg glücklich erreicht, hier aber war er auf einen falschen Weg gekommen, indem er einem ihm begnenden Husarenregiment auswich. Sein durch starken Ritt erschöpftes Pferd war zusammengesunken, er hatte ein neues gekauft und war auf

Braunseifen, zu weit links, gekommen. Man hatte ihn als Landstreicher festgenommen, war aber schon im Begriff, ihn freizugeben, als ein Ladendiener ihn erkannte. Nun setzte man ihn fest, aber erst drei Tage später führte ihn ein Commando nach Olmütz ab. Sein Befreier hatte nicht bedacht, daß die ganze Grenze von Olmütz aus durch seine kühne That alarmirt war. Er wurde bei erster Ueberschreitung derselben gefangen, nach Olmütz abgeführt, wo man ihn in Ketten legte, ohne Luft, ohne Bett und ohne Buch ließ.

„Wahrlich", schrieb Bollmann später aus Karls= ruhe, „man behandelt in Preußen einen Straßenräuber besser, als man mich in Olmütz behandelte. Aber ich blieb gesund, ja heiter. Man leidet mehr von Uebeln, die man fürchtet, als die man erfährt. Meine Gefangenschaft war von Anfang bis zu Ende ein Triumph der Freundschaft; sonst verliert man Freunde im Unglück, ich habe neue erworben."

Bollmann's That machte ungemeines Aufsehen, na= mentlich in Wien, überall wurde sie besprochen, ge= rühmt, bewundert, selbst in der Hofburg geschah dies. Marie bekannte ihrer Tante offen, daß und wie sie Bollmann's Bekanntschaft gemacht habe, und flehte zu den Füßen des Grafen von S. um seine Begnadigung. Sie drang mit Entschiedenheit darauf, nach Olmütz zu reisen, und setzte ihren Willen durch. Als Anton mit Pluto in Wien glücklich angekommen war und den Brief Huger's übergeben hatte, bildeten Flora und der Hund in der Haute=Volée financière die Löwen des Tages. Bollmann hatte bei den ersten Verhören so= fort durch ein freiwilliges, offenes Geständniß sowie durch die glänzende, begeisterte Rede, in der er das an Lafayette geschehene Unrecht hervorhob, einen höchst vortheilhaften Eindruck auf die Militärcommission ge= macht, welche ihn vernahm.

Eines Tages, er wußte kaum, ob es Nacht oder Tag sei, wurde er in ein vom Tageslicht erhelltes Gefängniß geführt und erhielt dort sein Mittagsmahl. In der Suppe fand er ein fettgetränktes Papier mit den Worten: „Freund, fasse Muth, man wird dich nach Wien vor gerechtere Richter bringen. M." Also Marie sorgte für ihn. Auch aus Hamburg erhielt er durch Vermittelung Sieveking's einen ersten Brief von dem Wesen, das ihm über alles theuer und sein Ideal war.

In Wien wurde die öffentliche Meinung zu Gun= sten Bollmann's so laut, wie es die Censur nur irgend erlaubte; die Freimaurer, die seit Joseph II. in Wien starke Wurzeln geschlagen, nahmen sich seiner als des Sohnes eines Freimaurers auf Verwendung des Her=

zogs Ferdinand von Braunschweig an, vor allen aber
wirkte die Nichte des Bischofs von Olmütz. Sie hatte
freilich geloben müssen, den Ketzer nicht wiederzusehen,
und sah ihn erst wieder unter ganz andern Verhältnissen, beinahe nach zwanzig Jahren, wo sie selbst
Fürstin war.

Während Lafayette noch drei Jahre im Kerker
gehalten wurde, erlangte Bollmann nach sieben Monaten, Ende Juni 1795, seine Freiheit; man gab ihm
auf, die österreichischen Staaten sofort zu verlassen und
künftighin zu meiden.

Er konnte dies nicht thun, ohne von der schönen
Nymphe im Garten zu Schönbrunn und von der Gloriette Abschied genommen zu haben, und Flora entließ
ihn nicht aus Wien, ohne daß ihm zu Ehren auf der
Villa ihres Vaters bei Dornbach ein Souper gegeben
wäre, wobei sie den Helden von Olmütz allen Freundinnen vorstellte und dann so zärtlich Abschied von
ihm nahm unter vier Augen, daß der Südcaroliner
gewiß eifersüchtig geworden wäre, wenn er zugegen
gewesen.

Unser Freund ging zunächst nach Hoya, um dort
seinen alten Vater, seinen ältern Freund Hüpeden,
seinen Onkel Hoppe in Bilsen vor seiner Abreise nach
Amerika zu sehen und von ihnen Abschied zu nehmen.

Sein Ideal in Hamburg hatte, da die Umstände, eine Stellung in England im Cabinet zu bekommen, für Bollmann nicht günstig gewesen, geglaubt, „sich ihrer Pflicht opfern zu müssen", sie war Frau des französischen Ministerresidenten Reinhard geworden. „Man kann das ja nicht tadeln", schrieb Justus, aber es schien, als ob damit die Illusionen dahin wären, als ob er schon vor seiner Ankunft in Amerika ein Realpolitiker, wie man heutzutage sagen würde, geworden wäre. Ein jüngerer Bruder war schon nach Amerika voraus, Justus Ehrich folgte ihm. Sein Vater hatte ihn nach Kräften mit Mitteln ausgestattet, die Freunde Lafayette's in London machten ihm ein sehr ansehnliches Geschenk, sodaß er seinen Brüdern reiche Geldmittel mitbrachte, um ein gemeinsames Handelsgeschäft zu begründen.

An Karl Haus schrieb Bollmann bei Uebersendung eines gedruckten Empfehlungsbriefes: „Wundere Dich nicht, Lieber, wenn Du meinen Namen in einer Kaufmannsfirma erblickst. Ich habe so viel wenigstens, seitdem wir Göttingen verließen, gelernt, daß das spirituellste Metier, selbst das eines Professors, seinen guten Antheil von Tagelöhnerarbeit hat, und weiß, daß jeder, der nicht zu den Zehntausend gehört, die in England regieren, nur fruges consumeri nati sind, arbeiten muß. Ich weiß auch, daß Arbeit Geist und

Körper erhält. Preisverzeichnisse studiren, Proben sammeln, Interessen berechnen, Briefe schreiben, Käufe und Verkäufe machen, das muß mit Dichterlesen, Aufsätzeschreiben, Politikstudiren, den Fortschritt der Menschheit, wo es nur möglich ist, fördern helfen, Hand in Hand gehen können, oder der Teufel möchte dieses ganze Leben holen. Sei übrigens unbesorgt, der Vetter Junker in Bremen oder vielmehr sein Weib ist mir ein abschreckendes Beispiel geblieben; keine Spur von niedrigem Eigennutz soll jemals auf meinem Charakter haften.

„Und dann vergiß nicht, die Großen sind undankbar, ich habe es erfahren, kannst Du es nicht mehr aushalten bei Deinem Herrn, um offen zu sprechen, so komm nach Amerika und werde ein freier Mann.“

Viertes Kapitel.

Rom.

„Niederkniend vor Gott dem Allmächtigen und unserm Schöpfer verspreche ich, Augustus Friedrich, Dir, Auguste Murray, und schwöre ich auf die Bibel, so wahr ich hoffe selig zu werden in der künftigen Welt, daß ich Dich, Auguste Murray, zu meinem Weibe nehmen will, im Glück und Unglück, in Reich= thum und Armuth, in Krankheit und Gesundheit, daß ich Dich lieben und pflegen will, bis der Tod uns trennt, daß ich Dich allein lieben will und keine andere, und möge Gott mich vergessen, wenn ich Dich je ver= gesse. Der Name des Herrn sei gelobt! So segne mich, so segne uns, o Gott! Gegenwärtiges unter= zeichne ich, Augustus Friedrich, mit eigener Hand zu Rom, am 21. März 1793, und setze mein Siegel und meinen Namen darunter." Also schrieb der sechste Sohn Georg's III., damals zwanzigjährig und stark verliebt in die Lady Auguste Murray, die sich rühmte

des königlichen Bluts, sowol von väterlicher als mütter=
licher Seite; war doch ihr Großvater, der Earl von
Dunmore, noch souveräner König von Man gewesen
und hatte seine Souveränetätsrechte erst 1765 veräußert.

Die Mutter der Lady, mit der Auguste seit dem
letzten Winter in Neapel und Rom gewesen, wußte
nichts von der Verlobung, sie kannte die Parlaments=
acte vom Jahre 1772, welche die Einwilligung des
Königs zu jeder rechtsgültigen Ehe des Prinzen erfor=
derte, und wußte, daß Georg III. die Earls und Pairs,
die sich ihm gleichstellten, ihm ihre Ministerien auf=
drängten, tödlich haßte, daß er alles aufbieten würde,
eine Ehe seines Sohnes mit der Tochter der Lady
Charlotte Stewart für ungültig erklären zu lassen.
Aber Auguste Murray hatte dem Prinzen ein gleiches
Gelöbniß gemacht wie das obige, und als man in
Rom einen Geistlichen der Anglikanischen Kirche gefunden,
wurde die Trauung heimlich vollzogen am 4. April
1793.

Aber man war in London doch bald von dem, was
geschehen, unterrichtet, und Georg tobte seine Wuth
über das Ereigniß in jenen Parforceritten aus, die
kaum ein zweiter sich mitzumachen getraute. Er beauf=
tragte den Grafen Münster, den Prinzen August und
seine Maitresse, wie er sie nannte, nach England

zu bringen, sei es in Güte oder mit Gewalt. Münster
sollte auf dem schnellsten Wege nach Italien reisen,
ein Kriegsschiff zu seiner Verfügung in Livorno sein,
um den Prinzen heimzubringen; die Lady mußte man
gleichfalls in England haben, um einen Scheidungs-
proceß einleiten zu können.

Der Graf und sein Privatsecretär Karl Haus trafen
den Prinzen in dem fetten Bologna, noch immer in glücklichen Flitterwochen lebend. Graf Münster kannte den
Prinzen schon von dem hannoverischen Boldgna her, als
die Prinzen Ernst, August und Adolf, damals noch Knaben beinahe, dort studirten. Er hatte ihnen in Göttingen
schon durch sein kaltes, vornehmes Wesen zu imponiren
gewußt und das später fortgesetzt, als Prinz Augustus
sich bis zum vorigen Jahre in Hannover aufgehalten.
August selbst hatte dem Vater gegenüber oft des Grafen
lobend und ihn als großen Staatsmann verehrend
gedacht.

Graf Münster war mit dem Glauben nach Italien
gekommen, der junge Prinz sei von der Mutter der Lady
Auguste gefangen; er fand ein sich zärtlich liebendes
Paar, das sich sogar wider den Willen, oder mindestens ohne den Willen der Mutter verheirathet
haben wollte. Der Prinz schloß sich vertrauensvoll an
Münster an, und dieser offenbarte ihm, anscheinend

ebenso vertrauensvoll, daß Georg III. mit nichts Ge=
ringerm umgehe, als die Ehe annulliren zu lassen.
Er mußte den Prinzen zu überzeugen, daß der einzig
mögliche Weg, den Vater zu einem andern Entschlusse
zu bewegen, der sei, daß er selbst nach England reise
und sich ihm, Verzeihung erflehend, zu Füßen werfe.
Augustus und Augusta wurden für diesen Plan gewon=
nen; man ging nach Florenz, um hier die Ankunft des
Kriegsschiffes zu erwarten, schiffte sich dann in Livorno
ein nach Toulon, das damals seinen Hafen den Eng=
ländern und Spaniern eröffnet hatte. Karl lernte auf
der Rückfahrt Leuktra und Tetuan in Nordafrika sowie
Gibraltar kennen. Mit Mühe und Noth entkam man
den zahlreichen französischen Kreuzern und Kapern, die
von den Thoren Gibraltars bis zum Kanale schwärmten.

Der Graf hatte seinen Auftrag vollführt; Augustus
flehte die Verzeihung des Vaters an, aber Georg III.
zeigte sich unerbittlich dem Flehen des Sohnes gegen=
über, und die Königin=Mutter, die sich später gegen
die Frau des Herzogs von Cumberland so streng er=
wies, hatte auch damals mit dem jüngern Prinzen kein
Mitleid. Ein Welfe und ein König von Man, welch
ein Unterschied!

Dem Prinzen fehlten Documente über seine Heirath
in Rom; er miethete sich und seine Frau in Hannover

Square ein und ließ sich nach dreimaligem kirchlichen
Aufgebote als Augustus Friedrich mit Auguste Murray in
der Saint-Georg's Church am 4. December 1793
nochmals vor Zeugen trauen.

Am 13. Januar 1794 gebar Auguste einen Sohn,
der den Namen Augustus Friedrich und künftig den
Zunamen von Este führte, welcher der Familie allein
zukam, da eine welfische Abstammung derer, die sich
Welfen nennen, nicht nachweisbar ist. Schon drei
Tage nach der Geburt war der Wöchnerin aber die
Klage des königlichen Generalprocurators behändigt,
mit dem Auftrage, daß Se. königliche Hoheit Prinz
Augustus Friedrich frei gewesen und noch sei von allem
Ehebande mit der genannten hochachtbaren Lady Auguste Murray, und das erzbischöfliche Gericht in London
erklärte am 14. Juli 1794 die Ehe für null und nichtig, weil ihr das wesentlichste Erforderniß, die Einwilligung des Königs und Vaters fehlte.

Prinz August vertheidigte aber mit Standhaftigkeit
und Ausdauer die Rechtsgültigkeit und Standesgemäß-
heit der Ehe, da die Parlamentsacte von 1772 nicht
anwendbar sei auf außerhalb Großbritannien geschlos-
sene Ehen und daneben ihn und seine Nachkommen,
insofern er zugleich hannoverischer Prinz und dort erb-
berechtigt sei, nicht treffe.

Die Frau Auguste war, noch ehe die Scheidung ausgesprochen, wieder nach Italien zu ihrer Mutter abgereist. Vater und Mutter des Prinzen August konnten mit diesem, der eine tüchtige Portion des väterlichen Eigensinns geerbt hatte, nichts anfangen und erlaubten endlich, daß er sich in Begleitung des Grafen Münster, als seines Mentors, im Frühjahr 1794 gleichfalls nach Italien begab. So kam es, daß wir zu Pfingsten 1794 Karl Haus in Rom treffen.

Die Mission Münster's war eine sehr delicate. Man fürchtete in Carlton House nicht so sehr die Gemahlin des Prinzen, die weniger geistreich als schön war, als deren Mutter, die man für ein herrschsüchtiges, gefährliches Weib ansah. Der Mentor sollte daher nicht die Gatten voneinander fern halten, sondern die Mutter von der Tochter und dem Schwiegersohne. Er sollte versuchen, in dem Prinzen irgendwelchen Kunstenthusiasmus, Liebe zur Kunde des classischen Alterthums oder eine neue Leidenschaft für eine Sängerin, oder was es sonst für ein Subject oder Object sei, anzuregen, wenn es den Prinzen nur von der einzigen Beschäftigung seines damaligen Lebens, von der Liebe zur Gemahlin abzog. Dieser und die Mutter theilten sich damals in die Tochter; war die Mutter zu bewegen, sich von dem Aufenthalte des

Prinzen fern zu halten, so lebten Graf und Gräfin
Este, wie sie sich nannten, vereint; kam die Mutter
nach Rom, so verließ Münster mit dem Prinzen
diese Stadt, um einen Ausflug nach Florenz oder einer
andern Stadt zu machen, dann lebten Mutter und
Tochter in Rom zusammen.

Der Führer des Prinzen hatte in Göttingen und Han=
nover wenig Gelegenheit gehabt, Kunststudien zu machen,
seine Kenntniß vom classischen Alterthum war eine ge=
ringe, hier im täglichen Umgange mit Männern, wie der
spätere Cardinal und Staatssecretär Ercole Consalvi,
dem besten Kenner der Kunst und des Alterthums, dem
freigebigen Beförderer der Tonkunst, trat das Bedürfniß,
etwas von Kunst und Alterthum zu wissen, hervor und
bestand des Secretärs Beschäftigung hauptsächlich darin,
Vorstudien für seinen Herrn zu machen. Er mußte
die Kunstsammlungeu, die Alterthümer, die der Graf
mit dem Prinzen besuchen wollte, vorher besehen und
alles was darüber geschrieben war von Italienern wie
von Winckelmann, Hirt, Zanger u. a. studiren, um
dem Grafen Vorträge darüber zu halten, sodaß dieser
den Cicerone beinahe entbehren konnte. Unser Heustedter
erhielt auf diese Weise die anschaulichste Kenntniß des
Alterthums, seines Lebens und seiner Kunst, wie des
Mittelalters und der Neuzeit. Hier das alte Capitol

der Römerwelt, dort Vatican, Engelsburg und Peters=
kirche mit ihren Kunstwerken. Karl studirte oft wochen=
lang, um dem Grafen die Lage eines alten Stadt=
theils, z. B. des herrlichen Marsfeldes, veranschau=
lichen zu können, ihm selbst war aber die ganze Si=
tuation des jetzt im volkreichsten Theile Roms liegenden
schönsten Platzes, den je die Welt gesehen hat, klar.
Das Rom, was durch Nero niedergebrannt wurde,
war bis auf die Staatsbauten des Augustus, die schon
das Marsfeld schmückten, eine häßliche Stadt mit sehr
hohen Backsteinhäusern, sehr engen Gassen, die sich
bergauf und bergab zogen, die sich nicht mit dem in
der schönen Ebene ausgebreiteten Capua, noch weniger
mit Alexandria oder Antiochien, mit ihren meilenlangen
Prachtstraßen messen konnte. Alle diese engen Straßen
waren von Krämern, Händlern, Fleischern, Schenk=
wirthen, Barbieren in Beschlag genommen, sodaß Rom
nur eine große Taverne schien.

Die Marmorstadt des Augustus begann auf dem
Marsfelde, dieser weiten, auf drei Seiten von der
Windung des Stromes umschlossenen Ebene, mit immer
grünem Boden, ringsum von Prachtgebäuden und
Denkmälern, von einem Labyrinth säulengetragener
Hallen, Kuppeln, Giebeldächern umgeben, die unter=
brochen wurden von dem Grün der Lusthaine und

Baumgänge. Hier war das Mausoleum des Augustus mit seinen zwei Obelisken, die Bäder des Nero, der Circus Alexander Severus', das Pantheon, die Bäder Adrian's, die Bäder des Agrippa, das Theater des Pompejus mit seinem Koloß, der Circus Flaminius, dieser Machtbau aus tiburtinischem Stein, so hoch emporragend, daß der Blick kaum bis zur äußersten Höhe emporreichte. Hier war das Theater des Marcellus, die Naumachia des Augustus, die Antoninische Säule, Springbrunnen in großer Menge, Lorber- und Platanengänge. Die Wände der Hallen und Tempel prangten im Farbenschmuck der Mauergemälde und Bildertafeln, Erz- und Marmorstatuen füllten ihre Räume wie die Straßen. In der Mitte des Marsfeldes stand der einhundertsechzehn Fuß hohe Sonnenobelisk, den Augustus aus Aegypten nach Rom gebracht, und welcher der ungeheuern Sonnenuhr mit ellenlangen Ziffern von Bronze auf meißmarmornem Grunde als Träger diente. Jetzt lag dieser Obelisk zerbrochen auf der Erde in einem Winkel, nahe bei seinem alten Standplatze, und seine unzähligen Hieroglyphen waren mit Staub und Schmuz überzogen.

Karl gab sich solchen Studien, die ihn zugleich zu der Geschichte der Mythologie zurückführten, mit der größten Lust und Ausdauer hin, denn nur so oder

wenn er in den Copien des Vaticans dem Genius
Rafael's und Leonardo da Vinci's nachsann, oder in
der Sixtinischen Kapelle in das „Weltgericht" Michel
Angelo's sich vertiefte, den Gott Jupiter hier verchrist=
licht wiederfand, oder darüber nachdachte, was wol der
Grund sein möge, daß man öffentlich im Vatican die
Pariser Bluthochzeit durch ein Bildniß verewige und
ehre, vergaß er Olga's, deren Bild ihn in jedem
müßigen Augenblicke, am Tage wie nachts im Traume
umschwebte. Sein Durst nach großartigem Wirken,
seine Sehnsucht, die Lebensaufgabe, die ihm die Ge=
liebte gesteckt hatte, zu verwirklichen, und die Unmög=
lichkeit, in seiner Stellung auch nur das Kleinste zu
schaffen, machte ihn aber nicht zu einem Selbstpeiniger
und Weltschmerzmenschen, sondern er suchte sich mit
der Wirklichkeit zu versöhnen, indem er sich in die
Vergangenheit vertiefte.

Die Politik war ihm in Rom und der Umgebung,
worin er lebte, fern gerückt; selten daß er die Zeitun=
gen in die Hände bekam, und dann waren es englische,
die vom Kriege berichteten und gegen die Ideen der
Französischen Revolution ankämpften.

Am Schlusse des vorigen Jahrhunderts überwog bei
der jungen Männerwelt Europas das genial=liederliche
wie das liederliche Element über die idealen Mondscheins=

schwärmer, die eigentlich 'erst das neunzehnte Jahrhundert geboren hat, nachdem Jean Jacques und Jean
Paul ihre Urideale gezeichnet hatten. Das lag in dem
ganzen Jahrhundert der Pompadour und Dubarry,
und die Verdorbenheit der Weiber hatte dazu einen
Grund mitgelegt. In Berlin hatte erst König Saul,
dann Prinz Ludwig Ferdinand, Gentz und Genossen
den Ton angegeben, in Wien Kaiser Leopold II., Goethe's italienische Reise und die, ich sage nicht wo, scan-
dirten „Römischen Elegien" bewiesen, wie weit man es
in Weimar und andern kleinen Orten brachte.

Karl cultivirte zwar eine Mondscheinliebe zu Olga,
er war eine weiche Jean Paul'sche Waldnatur und deshalb von Vollmann oft gehänselt und verspottet, aber
keine Werther-Hölty'schen Liebesklagen und Petrarca's
Seufzer waren ihm verständlich; unverständlich Ana-
kreontische Liebeslieder; Wieland'sche Lascivitäten wider-
ten ihn an, aber er war keineswegs prüde, die Anschauungen der antiken Kunst hatten die Schönheit des
Nackten ihm verständlich gemacht, und er konnte die
Etikette, welche Feigenblätter vorzubinden befahl, sogar
hassen. Das Aufsuchen des Materials zu seinen Studien, der häufige Besuch der Kunstschätze des Vaticans,
sein Schwärmen auf dem Forum und andern Orten
der classischen Zeit, hatten ihn mit einem Kreise deut-

ſcher Künſtler bekannt gemacht, der weniger für die
franzöſiſche Republik als für eine Republik im Sinne von
Heinſe's Arbinghello ſchwärmte. Er hatte dem einen
oder andern dadurch, daß er den Grafen Münſter auf
ihre Werke aufmerkſam machte, den Verkauf von Ge-
mälden, Statuetten, geſchnittenen Steinen und Gemmen an den Prinzen möglich gemacht und war in
ihren Kreiſen gern geſehen. Außer wenigen Morgen-
ſtunden, in denen er den Grafen in Alterthumskunde
und Kunſt inſtruirte und ihn zum Cicerone bei dem
Prinzen befähigte, war er unbeſchränkter Herr ſeiner
Zeit und gern geſehen in den Werkſtätten der Künſtler,
wie abends und nachts in ihren lorbergezeichneten Oſte-
rien. Sie alle nahmen das Liebeleben von der leich-
teſten und genialſten Seite, die meiſten hatten ſchöne
Römerinnen oder Albanerinnen zu Geliebten, die, wenn
es ſein mußte, Modell ſtanden und an Sonn- und
Feſttagen mit dem Freunde in die Gebirge wanderten,
um den Tag tanzend und koſend, ſingend und kränze-
windend hinzubringen. Unſer deutſcher Freund hieß in
dieſen Kreiſen nur der blöde Schäfer, die Mädchen
und Frauen wurden von den Künſtlern förmlich gehetzt,
ihn zu bekehren, ihn liebeglühend zu machen. Aber
weder dieſe ſchlanken, hohen Geſtalten, noch die üppig
vollen oder die jugendlich zarten mit den ſchönen ſchwel-

lenden Lippen vermochten den trüben Ernst und die
melancholische Traurigkeit, die sich um sein Herz ge=
lagert, ganz zu verscheuchen. Selbst wenn der Sorgen=
brecher, der edle Wein, dem die Künstler neben der
Liebe ihre Huldigung darbrachten, ihm von schöner
Hand credenzt und von noch schönern Lippen zugetrunken
war, blieb er ernst und kalt; das Bild der fernen
Verlorenen in seiner Phantasie ließ ihn alle Schönheit
um ihn her nur mit halben Augen anschauen. Unter
den Mädchen dieses Kreises waren es besonders zwei,
welche sich vorgenommen hatten, das Steinherz des
Schäfers zu erweichen. Fulvia, die Geliebte Robert's,
eine echte Römerin, mit schwarzem, glühendem Augen=
paar, üppig schwarzem Haar und den ebenmäßigsten
Körperformen, und Angelina, das siebzehnjährige Mo=
dell des Bildhauers Otto zu einer Flora, die der
Prinz August gekauft und seiner Augusta geschenkt hatte,
Angelina hatte den reizendsten Mund, blaue Augen
mit langen, schwarzen Wimpern, fein gewölbte schwarze
Augenbrauen und eine reiche, üppige Flechte von dunkel=
braunem Haar; die reinste vollendetste Jugend lachte
aus ihren Augen, trat in ihren zarten und doch vollen
Formen zu Tage. Angelina war aus Albano und lud
die Gesellschaft zur Hochzeit einer Schwester, die in
einer großen Weinlaube gefeiert wurde.

Das war ein Tag voll froher, leichtsinniger Freude, selbst unser Freund thaute auf und lebte der Gegenwart. Er sah zuerst, wie wahrhaft schön die Mädchengestalten waren, mit denen er hier verkehrte auf dieser Hochzeit, die glühenden Blicke, welche Fulvia ihm zuwarf, machten ihn erröthen, und wenn Angelina ihn mit ihren blauen Augen zärtlich anblickte, vergaß er Olga's. Gegen Abend ging man hinaus zum See, wohin die Künstler ein Nachtessen für die Hochzeitsgäste aus der Osterie hatten bringen lassen. Unter Sang und Klang zog man in das Waldesdunkel, der Erdboden war mit dem frischesten Grün bekleidet, aus dem tausend bunte Blumen hervorleuchteten. Freundliche Villen und Klöster blickten aus der Landschaft hervor; links sah man Castel-Gandolfo, rechts auf der Spitze des tiefvioletten Monte-Cavo das Kloster der Passionisten. Geradeaus, über dem Hügelsaum hinweg, glänzte silberdurchsichtig die Campagna, umsäumt von der schönen Kante des Sabinergebirges und dem einsamen Soracte, der wie im Goldduft schwamm. Inmitten aller dieser Herrlichkeit lag Rom weit ausgebreitet in den dunkelgoldigen Strahlen der untergehenden Sonne, und Sanct-Peter streckte daraus sein Riesenhaupt hoch empor, als wollte er sagen: „Siehe, hier ist der Mittelpunkt der Welt, und alle Welt wird von hier regiert." Als man zuerst

den dunkelblauen See durch die belaubten Bäume
schimmern sah, machte man in dem Pinienwalde halt.
Die Hochzeitsgesellschaft lagerte im Kreise, der Becher
machte die Runde, man sang, tanzte und lachte. Die
Frauen hatten ihre Häupter mit Kränzen von Epheu,
Rosen und andern Blumen geschmückt. Während die
tiefvioletten Wolkenschichten mit ihren vergoldeten Rän=
dern am Westhimmel sich schon blauschwarz gefärbt
hatten, war in Osten der Mond heraufgestiegen und
durchzitterte mit seinem Silberschein die Pinienzweige,
spiegelte sich da unten im blauen See. Die Lust stieg
immer höher, es wurden allerlei Possen und Albern=
heiten getrieben. Da rief plötzlich Robert: „Zu Ehren
der heiligen Jungfrau und der jungen Frau sollen,
mit Ausnahme der letztern, alle Mädchen heute das
Recht haben, ihren Geliebten treulos zu werden und
sich selbst einen andern zu wählen, für heute nur!"

Allgemeines Bravo, nun ging es an die Wahl,
Fulvia stürzte von der einen, Angelina von der andern
Seite auf den blöden Schäfer zu, und bald geriethen
die beiden Freundinnen in Streit um ihre Beute,
da jede behauptete, die erste Bewerbung gemacht zu
haben.

„Ruhig da, meine Schönen! der blöde Schäfer
soll ausgelost werden!" rief Otto, der Bildhauer, und

der Chorus stimmte lachend ein. Angelina zog das
große Los und durfte den Schäfer entführen.

Die Paare lagerten sich nun wieder, jedes in
einiger Entfernung von dem andern; hier machte der
Herr der neuen Geliebten, die spröde und zurückhaltend
sich stellte, die Cour, dort suchte die neue Geliebte das
Herz des Mannes, den sie gewählt, zu gewinnen, sodaß die alte Geliebte zuweilen dazwischensprang und
den Scherz nicht weiter getrieben wissen wollte. Angelina legte ihren Kopf auf Karl's Schoos, zu ihm hin-
aufsehend mit Blicken, aus denen Amor seine süßesten
Pfeile abschoß; sie spitzte die schwellenden, purpurnen
Lippen noch üppiger zusammen als eine eben aufgebro-
chene Rosenknospe, warf die schönen, weißen Arme
nach rückwärts hinter den Kopf, daß die herrliche Büste
in plastischer Rundung unter dem Mieder sich hervor-
drängte, und begann dann die langen schwarzen Augen-
wimpern zu senken. Da hielt es der Blöde nicht länger
aus, er drückte einen heißen Kuß auf die ihm gebotenen
Lippen. Nun aber schnellte Angelina empor, umfaßte seinen Nacken und küßte ihn mit bacchantischer
Wuth.

Fulvia, die neben dem Bildhauer saß, hatte nur
Auge und Ohr für dieses Liebespaar, sie schoß empor

und verlangte, daß man dem Spiele ein Ende mache
und aufbreche. Dagegen wurde von allen Seiten
protestirt und die Eifersüchtige mußte sich in ihr Schicksal
ergeben; sie hatte aber den Liebesrausch unterbrochen,
den Zauber gelöst, mit dem Angelina Karl umfangen.
Dieser kam zu sich, Angelina hatte seine Sinnlichkeit
aufgeküßt, er war kein Traummensch mehr, er sah
seine Umgebung nicht mehr halb im Geiste abwesend
bei Olga; er sah sie ganz und fühlte durch alle Nerven=
fäden seines Körpers, daß das Weib, das zu seinen
Füßen saß, des Begehrens würdig sei.

Es war eine wonnige Mainacht; die Nachtigallen
lockten und klagten; erst die den Morgen verkündende
Kälte trieb die Gesellschaft aus dem Pinienwalde. In
Albano angekommen, rüstete man sich bald zur Ab=
fahrt; die alten Liebhaber nahmen ihre Rechte in An=
spruch; der nicht mehr blöde Schäfer war wieder iso=
lirt, er verzichtete auf den Platz im Wagen, um den
Weg zu Fuß zurückzulegen. Er träumte auf diesem
Wege nicht von seiner Gräfin, sondern alle seine Ge=
fühle und Gedanken waren bei Angelina. Seine Re=
flexionen behandelten das Horazische Thema: carpe
diem, genieße das Leben, solange du noch jung bist,
jage keinen Träumen nach, die sich nicht verwirklichen

laffen. Olga ift Gräfin von Schlottheim und für
dich verloren, die Flora Otto's liebt dich), und fie ift
liebenswerth.

Julvia aber wollte nicht, daß Angelina das Ver-
dienft habe, das Steinherz des Deutfchen der Liebe
erfchloffen zu haben, fie brütete auf dem Rückwege,
in Robert's Armen ruhend, einen Plan aus, wie fie
Karl der Nebenbuhlerin entreiße. Ihr Geliebter hatte
feit länger als einem halben Jahre fein Atelier jedem
Freunde verfchloffen gehalten, er hatte den Gegen-
ftand feiner Thätigkeit felbft den befreundeten Kunft-
genoffen verfchwiegen. Um fo mehr war unfer Freund
erftaunt, als er einige Tage nach dem Ausfluge in
das Albanergebirge eine fchriftliche Einladung erhielt,
fich zu einer beftimmten Stunde in Robert's Atelier
einzufinden, um deffen neuefte Schöpfung zuerft zu
fchauen. Er verfehlte die ihm beftimmte Zeit nicht.
Auf der Staffel Robert's erblickte er eine auf einem
rothen Sammtdivan ruhende Venus.

Es war ein Meifterftück, und wenn auch die
ganze Situation ftark an die Venus von Tizian erinnerte, mußte Karl doch zugeftehen, daß der Maler
fich felbft übertroffen. „Gelt", fagte diefer, ein Heffe,
„gefällt dir das, blöder Schäfer? Wenn dein Prinz

200 Pfund daranwendet, kann er die Göttin bekom=
men, schicke ihn her mit dem Grafen."

Der blöde Schäfer stand noch immer im Anschauen
versunken, als ihn Robert auf die Schulter klopfte,
die Staffel beiseiteschob und sagte: „Und jetzt, Schä=
fer, sollst du ein Menschenbild sehen, so schön und
prächtig, wie es schwerlich heute ein anderes in Rom
gibt."

Er näherte sich einem Vorhange von schwerer,
violetter Seide, zog ihn auseinander, und auf einem
rothen Sammtdivan ruhte Fulvia, das Modell der
Venus. Ihr Auge schwamm in wollüstig schmachten=
dem Naß.

„Nun gehe hin, Schäfer, und bringe der Göttin
deinen Tribut", sagte Robert.

Karl kniete nieder vor dem Divan, küßte die
schöne Hand Fulvia's, küßte den Mund, küßte die
Augen, die seine Sinne verrückten; ein Wonneschauer
durchbebte ihn.

„Nun ist's genug", sagte Robert, riß jenen em=
por und schob den Vorhang zurück, „schaffe mir
heute oder morgen den Grafen Münster mit dem
Prinzen Augustus hierher, ich brauche Geld und
meine Venus braucht ein neues seidenes Kleid und
eine Mantille."

Aber Karl konnte weder Münster noch Augustus in das Atelier schaffen. Als er noch immer sinn-verwirrt in das Palais zurückkehrte, das Münster und der Graf bewohnte, fand er dort alles beschäftigt mit Reisevorkehrungen. Die Lady Charlotte Stewart war gekommen, um ihre Tochter zu besuchen, und Münster entführte den Prinzen nach Neapel.

———

Fünftes Kapitel.

—◆—

Bajä.

Unser junger Freund fühlte, daß diese schnelle Ab=
reise ein Glück für ihn sei, die beiden italienischen
Weiber hätten ihn verrückt, ihn sich selbst und Olga
untreu gemacht. Konnte er doch die ganze Nacht hin=
durch auf der Reise ihre Bilder nicht los werden und
brannten ihn ihre Küsse bis in das Mark, als er
neben dem stummen englischen Kammerdiener des Prin=
zen durch die staubgepuderte Campagna den langen
Rücken des Albanergebirges hinanfuhr.

Am dritten Tage erst fuhr man, von Aversa her,
gegen Abend in Neapel ein. Ein Wald von hohen
Bäumen, deren Wipfel mit Weinguirlanden sich ver=
mählen, beschattet die Einfahrt, und Neapel entzog dieses
selbst so lange dem Blicke, bis die Reisenden sich im
Gewühle der Straßen befanden.

Eine wahrhafte Ueberfülle von neuen Eindrücken

und Erscheinungen stürmte auf Karl ein und verscheuchte die Gedanken an Rom, Angelina und Fulvia.

Es war für den Prinzen und seinen Begleiter ein sehr großes Palais in Santa-Lucia gemiethet, ein englischer Haushofmeister und zahlreiche Dienerschaft, eine sehr elegante, von London herübergebrachte Chaise, ein leichter Jagdwagen, Reitpferde, alles war vorbereitet, galt es doch, dem Prinzen das Leben in Neapel so angenehm als möglich zu machen und die Rückkehr nach Rom zu der Gemahlin solange als möglich zu verzögern. Lord Hamilton, englischer Gesandter in Neapel, war von Georg III. deshalb mit eigenhändigen langen Instructionen versehen, und auch auf den westfälischen Mentor warteten Briefe des Königs mit geheimen Befehlen.

Das Palais, das man bezog, hatte nach der Seite des Molo zwei Thürme, plattgedacht, in deren Mitte ein Frontispize im Renaissancestil sich hervorhob. Der eine dieser Thürme war in seiner obern Etage Karl zur Wohnung angewiesen. Er hatte viel Marmorstufen zu steigen, ehe er zu seinen Gemächern gelangte, aber wie belohnend, als er aus seinem Thürfenster auf den Balkon hinaustrat und den ganzen Golf vor sich liegen sah. Rechts und links die Häusermassen der Stadt, amphitheatralisch aufeinandergethürmt, vor

8 *

ihm der Kai mit seinem hundertfältig bewegten Leben, das Meer überdeckt mit Schiffen und buntbewimpelten Barken, voll geputzter, singender, jubelnder Menschen. Nach links über den Hafen hinweg, hinter dem noch ein Theil der Stadt hervorsieht, erhebt sich in stiller Würde und Majestät der Vesuv in seinen einfach großen, mächtigen Formen, violette Abendschatten auf seinem doppelten Gipfel. Aus der einen Spitze desselben kräuselt sich eine leichte, weiße Rauchsäule empor. Sein Fuß ist meilenweit bedeckt mit einer ununterbrochenen Linie von Dörfern, Klöstern und Villen. Eine prächtige Bergkette, die, weit ins Meer laufend, den Golf von Salerno von dem Neapels trennt, zieht sich der Monte Sant=Angelo mit seinen imposanten Schluchten, gewaltigen Abhängen und Spitzen, seinen Thälern und Flächen in ihrer Mitte, mit ihren Schlössern, Villen und Kirchen, in wunderbar schönen Contouren nach Osten bis zum Cap Campanella, wo er plötzlich schroff ins Meer sinkt und verschwindet, um noch einmal als Felseneiland Capri am unbegrenzten Horizont aus blauer Flut emporzutauchen.

In die tiefblaue Meeresfläche vor ihm, mit einem Himmel von glühend strahlendem Blau, von weichem, röthlich = goldenem Abendlichte umgossen, schiebt sich nach rechts wieder ein mächtig kahler Fels vor, be=

grenzt aber von dem Pausilipp, diesem Stück zur
Erde gefallenen Himmels, dem Orte, wo Schmerz
und Sorge aufhört. Auf seinem grünen Kranze, der
sich bis Neapel hinzieht und hier auf der höchsten
Spitze mit dem schönen alten Castel Sant=Elmo ge=
schmückt ist, erglänzen Tausende von Villen, Kirchen,
Häusern. Der Deutsche hatte noch nie etwas Entzücken=
deres gesehen und saß bis tief in die Nacht auf dem
Balkon, bald zur Rechten, bald zur Linken, bald gerade=
aus blickend.

Graf Münster hatte am andern Morgen keine wei=
tern „Wünsche", er befahl nie, als daß Karl die Reise=
bibliothek in seinem Zimmer ordnete, sich mit Land
und Leuten, Sitten und Gebräuchen, Kunst und Wissen=
schaft bekannt mache, und wenn er Zeit übrighabe,
das Antikencabinet des Prinzen ordne. Man werde
wol einige Jahre in Neapel bleiben und wolle sich da
häuslich einrichten und allen Comfort haben, den man
für Geld haben könne.

„Ich verzichte", sagte der Graf, „in den ersten vier
Wochen auf jeden Vortrag. Sie werden mindestens
so lange Zeit brauchen, um die neuen Eindrücke zu
überwinden, um sich an den Lärm, den diese Neapoli=
taner machen, zu gewöhnen, um unbefangen und ob=

jectiv zu fühlen und zu sehen. Mir ist es bei meinem
ersten Besuche Neapels nicht besser ergangen."

Die Herrschaften machten Besuch bei dem englischen
Gesandten, wurden vorgestellt am Hofe, empfingen
Gegenbesuche und Einladungen. Es herrschte damals
über Neapel Ferdinand IV., ein Bourbon, oder viel=
mehr er schoß Wachteln und fing Fische, und es herrschte
seine ehrgeizige Frau Karoline, die Tochter Maria
Theresia's und Schwester Maria Antoinette's, mit=
sammt ihrem Buhlen, dem Polizeiminister Acton. Die
Königin war von dem glühendsten Hasse gegen die Fran=
zösische Revolution erfüllt, wie sie jede Neuerung ver=
folgte, Feindin jeder Bildung war. Schon hatten
unter ihrem Regiment die Verfolgungen begonnen, denn
das Unerhörte war geschehen, das Buch des Amerika=
ners Payne über die Menschenrechte war ins Italie=
nische übersetzt und heimlich in Neapel verbreitet. Die
Anwesenheit von vierzehn französischen Kriegsschiffen
im Golf von Neapel führte zu lebhaftem Verkehre
französischer Offiziere und Soldaten mit der Stadt,
und es lag in der Natur der Franzosen, vielleicht auch
in den Instructionen des Admirals Latouche, daß man
Propaganda zu machen suchte für die Ideen der Frei=
heit und Gleichheit, welche die französische Republik
auf ihren Münzen, wie in ihren Fahnen, an ihren

öffentlichen Gebäuden anbrachte, obgleich sich in Paris schon wieder eine goldene Jugend zur exclusiven Aristokratie bildete. Acton hatte die Kerker von Neapel füllen lassen, denn unter den jungen Nobili hatte sich mancher Ideologe gefunden, der für diese Ideen schwärmte, und wer von den ältern, gebildeten Leuten nicht in Genußsucht und Egoismus verkommen war, der mußte neapolitanischen Zuständen gegenüber Freund der französischen Ideen sein. Und so waren denn in der That alle Gelehrte, Aerzte, Richter, Advocaten, viele junge Adeliche und Offiziere heimliche Republikaner, und mannichfache Versuche, die Gleichgesinnten in geheimen Gesellschaften zu organisiren, fanden statt. Unvorsichtige Aeußerungen jugendlicher Feuerköpfe, Verbreitung verbotener Schriften führten indeß, nachdem der französische Admiral Latouche vor der englischen Flotte sich nicht mehr sicher glaubte im Golf Neapels, zur Einsetzung eines Specialgerichtshofs gegen den Jakobinismus, und die Kerker füllten sich mit Verdächtigen und Unschuldigen.

Der König, gleichgültig gegen alle Staatsgeschäfte, träge, nur das Essen, die Jagd und Fischerei liebend, daneben von großer Roheit, überließ alles, was ihm Mühe machen konnte, gern seiner Gemahlin. Diese herrschte mit um so größerer Neigung, beeinflußt von

Jesuiten und ihrem Acton. Der englische Prinz fand am Hofe die glänzendste Aufnahme, das größere Glück aber machte der hochaufgeschossene, blonde, blauäugige Graf Münster; die Königin zeichnete ihn bald in derselben Weise aus, wie ihn die Herzogin von Braunschweig ausgezeichnet hatte, wenigstens erwachte in Acton starke Eifersucht, und er fühlte sich mehr als einmal versucht, einem der zahlreichen Banditen seiner Bekanntschaft einen Wink zu geben, den blonden Deutschen die neapolitanische Klinge kosten zu lassen. Wäre er weniger beschäftigt gewesen, als er es war, wäre Karoline, die schon das vierzigste Jahr zurückgelegt, jünger gewesen, oder hätte sich Münster auch nur im geringsten um Staatsangelegenheiten bekümmert, das Land der Welfen hätte nie einen Erblandmarschall gesehen.

Den Prinzen August zog ein anderer Magnet an, der damals noch nicht für hoffähig oder gar für würdig erachtet wurde, das Bett der Königin zu theilen. Das war Lady Emma Lione Hamilton. Ein neuerer deutscher Dichter nennt sie das schönste Weib des Jahrhunderts; das ist jedenfalls übertrieben. Wir haben in unsern Tagen aus dem Tagebuche der Mutter des Dechanten von Westminster eine ziemlich unbefangene Beschreibung der Dame.

„Lady Emma Lione“, schreibt sie, „ist kolossal, jedoch wohlgebaut, bis auf die großen Füße. Ihre Büste gleicht der Ariadne. Ihre Züge sind schön und gebildet, wie auch die Form des Kopfes, namentlich zeichnen sich ihre kleinen Ohren aus. Dunkle Augenbrauen, dunkles Haar, dagegen hellblaue Augen mit einem braunen Fleck auf dem einen Auge geben dem Gesichte einen interessanten Ausdruck; dieses ist lebhaft, veränderlich.“

Aber auch die prüde englische Dame gesteht, daß Lady Hamilton zum Entzücken schön war, wenn sie in einfachem Nachtkleide von Calicot, sehr losen weiten Aermeln bis zum Handknöchel, mit Hülfe einiger indischen Shawls, eines Stuhls, eines Kranzes von Rosen, eines Tamburin und einiger Kinder, wenn solche bei der Hand waren, Statuen und Gemälde copirte. Und sie hatte vor dem Prinzen August Statuen copirt, die sie sonst nur dem alten Gemahl dargestellt, sie hatte selbst die Göttin der Liebe copirt, und der Prinz August vergaß seine Augusta und seine Schwüre, dieses Weibes wegen. Lady Emma war damals etwa dreißig Jahre alt und begehrlicher noch als zu der Zeit, da sie sich den gefeiertsten Seehelden zum Sklaven und die Königin zur Busenfreundin und — Bettgenossin machte. Sie, die Tochter eines ver-

führten Dorfmädchens, hatte in den Tavernen von
London, in Matrosenkneipen Gin credenzt, sie stand
Modell als Aphrodite und Kleopatra, Leda und
Diana, sie stellte in Dr. Graham's goldenem Bette
die Göttin Hygieia dar und wußte den Lord Charles
Granville, aus der Familie der Königsmacher, der
Warwicks, einen Vetter der Prinzessin Augusta, so
zu entzücken, daß er sie dem Doctor abkaufte und zu
seiner Gattin erheben wollte. Die Familie bereitete
Schwierigkeiten, und ein Leben voller Luxus stürzte
den Lord in Schulden, ja es drohte ihm das Schuld=
gefängniß. Aber ihm lebt ein alter steinreicher Onkel,
der kunstsinnige Ritter Hamilton, Gesandter am Hofe
zu Neapel; er soll mit Geld helfen, er soll die Hinder=
nisse zur Heirath aus dem Wege räumen, Emma soll
ihm das abschmeicheln; sie reiste nach Neapel. Die
Schulden des Neffen wurden nun wol bezahlt und er
vor dem Schuldgefängnisse gerettet, aber die schöne
Miß Emma Harte wurde Gemahlin des sechzigjährigen
Ritters Hamilton, des feinen Kunstkenners, der es
fortan vorzog, die Reize schöner Formen an seiner
schönen Frau, der vollendeten Künstlerin, zu bewundern,
als wie bisher an Gemmen, Sculpturen und Büsten
die Schönheit zu studiren, der entzückt war, wenn
auch andere hingerissen wurden von Emma Kleopatra,

doppelt beglückt, wenn es ein Prinz, ein englischer, war, der seine Frau bewunderte. Und Emma, sie ist wie alle Künstlerinnen des Lobes und der Bewunderung bedürftig, sie, die bisher vereinsamt an der Seite eines Greises, hat ihren Antonius gefunden und umschlingt ihn mit ihren schönen Armen und hält ihn fern von Rom und seiner Gemahlin, der er schwur, ewig treu zu sein.

Dem Grafen Münster kam dieses Verhältniß, das sich ganz von selbst entsponnen, so gelegen, wie es nur sein konnte, denn sein Auftrag war eben der, den Prinzen der Prinzessin Augusta zu entfremden, die künftige Trennung vorzubereiten. Der Graf war durch andere Bande gefesselt, ihm imponirte die Tochter Marie Theresiens, und wie er sich von jeher hingezogen fühlte zu den Mächtigen dieser Erde, mit denen er, der uralte, westfälische, freie Ritter, sich vollkommen ebenbürtig betrachtete, so hatte die Liebe einer Königin einen besondern Reiz für ihn.

So gewann denn der Privatsecretär Zeit, das neapolitanische Leben nach allen Seiten zu studiren, sich mit dem reichen Inhalt des Museo Borbonico vertraut zu machen, Vergleiche anzustellen zwischen Rom und Neapel. Er war bei Tage, noch mehr bei Nacht in den Straßen, auf dem Kai, auf dem Meere.

Der Zufall ließ ihn in Neapel auch bald einen Lands=
mann kennen lernen, einen Sachsen, Friedrich Hel=
lung, der ihm bald ein Freund wurde. Dieser, der
Sohn eines wohlhabenden Gutsbesitzers, hatte in
Leipzig und Jena Jurisprudenz studirt, allein die
Liebe zur Kunst trieb ihn nach Dresden, wo er sein
Talent zum Malen durch ernste Studien ausgebildet,
dann, nach kurzem Aufenthalte in Oberitalien, nach
Neapel gereist war, um sich hier, unter Philipp Hackert's
Leitung, in Landschaftsmalerei weiter zu fördern. Er
war ein durch und durch wissenschaftlich gebildeter
Mann, der Kant mit Eifer und Verstand studirt und
in Jena zu Fichte's Füßen gesessen hatte. Es fanden
sich leicht geistige Bezüge, und das Verhältniß wurde
bald sehr innig, sodaß unser Freund dem neuen Be=
kannten sein Herz aufschloß, seine Jugendgeschichte er=
zählte und seine Liebe zu Olga nicht verschwieg. Dieser
war auch nicht ohne Liebe, aber seine Neigung war
einem Wesen zugewendet, das in bürgerlicher Stellung
unter ihm stand, der Tochter eines Gärtners in Jena,
die er beim Tanze im Paradiese kennen gelernt hatte.
Sie war sehr schön; das bewies ein von dem Anbeter
selbst gemaltes Miniaturporträt, das er beständig bei
sich führte, sie war gut und gläubig an den Geliebten.
Wenn, in die kühlsten Zimmer des Palastes zurück=

gezogen, die beiden jungen Leute ihr Eiswasser schlürften und heimlich eine Pfeife rauchten (der Graf rauchte nicht und sah es ungern, wenn Karl rauchte oder auch nur etwas von Rauch duftete, daher dieser nur in einem hintern Zimmer und in einem Costüm, dessen er sich sofort entledigte und das seinen besondern Aufbewahrungsort hatte, dieser studentischen Neigung fröhnte), dann pflegten sie von Olga und Karoline, so hieß die Gärtnerstochter, zu sprechen und einzelne Scenen aus ihrem frühern Leben auszumalen.

Es war einer jener unbeschreiblich schönen Abende, als die Freunde in den Golf sich fahren ließen, um in den blauen, ruhigen, kühlen Fluten zu baden und zu schwimmen. Man fuhr so weit in den Golf hinaus, bis man hinter dem Vorgebirge des Pausilipp die schöne Insel Ischia mit ihrem majestätisch aufsteigenden Epomeo aus der goldenen Glut des Abendhimmels und des feuchtflimmernden Meeres hervortreten sah.

Als die Sonne am Horizont des Meeres stand, im Begriff, in dessen feuchte Arme zu tauchen, stürzten die Jünglinge sich in die wonnigen Wellen und kehrten dann zurück. Die Berge lagen schon dunkel und duftig da, nur hin und wieder lagerte sich noch ein Abend-schimmer, wie von der ins Meer gesunkenen Sonne zurückgeblieben, auf den höchsten Spitzen derselben.

Je dunkler der Himmel wurde, je heller wurde
das Meer, das wirklich ein krystallener Pokal zu sein
schien, gefüllt mit dem goldenen Wein des Abendroths,
welches an tausend Stellen hindurchfunkelte und wun=
derbar sich mischte mit dem tiefdunkeln Grün, bis
es immer matter und dunkler wurde und wie eine
urschwarze glatte Fläche vor ihnen lag. Je näher
man der Stadt kam, die in ihrer ganzen ungeheuern
Ausdehnung sich an die Pausilipprücken hinaufbaute
und über der, von den vielen tausend Lichtern, die
aus den Häusern und den Straßen, die den Berg
hinauflaufen, glänzten, ein golden schwirrender, fun=
kelnder, zitternder Dunstkreis sich ausbreitete, desto
lebhafter wurde es auch auf dem Meere. Rund um
den Rand des Golfs kamen Hunderte von Fischernachen
mit großen Fackeln zum Vorschein. Die Fischer hatten
angezündete Späne oder Fackeln an einer Stange über
den Bord des Schiffs hinaushängen, um das Meer
zu beleuchten, sie lagen mit dem halben Körper über
den Bord hinaus, einen Dreizack, einer Mistforke ähn=
lich, in der Hand, und stachen in die Tiefe hinab,
wo sie bei der Klarheit des Wassers den vom Lichte
geblendeten Fisch, den fetten Cefalo, die hochrothe
Gernale, leicht erblickten und mit sicherm Stoße spießend
heraufzogen. Dann wurden die Späne im eisernen

Korbe erneuert und der Fang begann von neuem. Hier
und da tönte Gesang aus der Barke. Plötzlich aber
beginnt zur Rechten ein dumpfes Grollen, der Vesuv,
dessen schwarze Rauchsäule die Nacht verschlungen hat,
der aber wie ein düsterer Riese am Horizont aus dem
Meere steigt, wirft einen feurigen Glutstrahl in die
Höhe, der minutenlang sich wie eine Fontaine in den
Himmel erhebt und dann wieder verschwindet; abermals
lodert die Flamme hoch aus dem Aschenkegel heraus
und spiegelt sich im nächtlichen Meere. Die Freunde
hießen die Schiffer halten, um das Schauspiel, auf
der einen Seite den Kranz der erleuchteten Stadt,
auf der andern den speienden Berg, der, wenn er
seine Feuerrakete in die Luft schleuderte, alle Lichtlein
in Neapel erlöschen machte, die aber sofort wieder
leuchteten, wenn der Strahl wieder erlosch, mit Muße
zu betrachten.

Es war schon Nacht, als die Freunde dem Molo
sich nahten, aber das Getöse und Leben war noch
dasselbe wie am Tage, nur noch lärmender und greller,
weil bei Laternen- und Fackelschein. Da zanken die
halbnackten dunkelbraunen Garköche an ihren auf Flammen stehenden Töpfen und rundum mit Fackeln be-
pflanzten Tischen, mit einer Menge wilder Kerle mit
dunkeln, schwarzen Schlangenlocken und funkelnden

Augen, die um den Tisch stehen und mit Gier ihre Schüssel Maccaroni mit Liebesäpfeln verschlingen. Winselnde Bettler sprechen um eine Gabe an; da liegt ein halbes Dutzend Lazzaroni an den Häusern und schläft bei dem Höllenlärm den Schlaf des Gerechten; zerlumpte, halbnackte Jungen, Fischhändler, Limonadenhändler, Austernhändler und Muschelverkäufer, alles wogt durcheinander. Aufgeputzte, zweideutige Damen, Mönche jeder Gattung, Esel, Pferde, Wagen, wandernde Buch- und Bilderhändler drängen sich. Blumenverkäufer, Eiswasserverkäufer stehen hinter buntbemalten, auf offener Straße aufgestellten Büffets und preisen ihre Waaren an. Alles, was nicht schläft, schreit und lärmt. Der ganze Molo ist wie eine Teufelsküche, und es gehören starke Nerven dazu, hier eine Stunde zu weilen. Die Männer sind kräftig und schön, die Frauen unschön, sogar häßlich, ungraziös, in den niedern Ständen schmuzig dazu. Die Nacht war zu schön und nicht geschaffen, sie zu verschlafen, der Maler stieg mit Karl zu dessen Balkon hinauf, um den Vesuv noch weiter arbeiten zu sehen.

„Ein glückliches Volk", sagte der Maler, „diese vollständige Bedürfnißlosigkeit, niemals geplagt zu werden von Hunger und Kälte. Die paar Grani für Maccaroni oder Muscheln können auf hundertfache Weise

verdient werden, eine Stunde Arbeit, zehn Stunden
Schlaf und dreizehn Stunden Vergnügen, und sei es
auch nur das Schreien!"

„Du sprichst doch im Spaß", erwiderte Karl, „ich
finde diese Bedürfnißlosigkeit aber schrecklich, denn was
unterscheidet die Massen von einer Bande Affen? Nur
daß sie sprechen, schreien, zanken; von Geist, von
Denken kaum eine Spur. Kann man diesen Heiligen-
dienst noch eine Religion nennen? Glauben von diesen
400000 Menschen nicht 390000 an den Hokuspokus
des Flüssigwerdens des Bluts des heiligen Januarius
und der Milch der Jungfrau Maria? Sollte es möglich
sein, in diesem schmuzigen, lumpigen, leblosen Gesindel
auch nur eine Idee anzuregen, den Gedanken an das
Vaterland oder den Gedanken an die Freiheit? Nein,
glaube mir, die Bedürfnisse sind es allein, die
zur Cultur treiben, die Bedürfnisse allein regieren die
Welt."

„Hat Masaniello in diesem Haufen nicht die Gedanken der Freiheit wach zu rufen gewußt?" erwiderte
der Maler. „Siehe dort rechts die Gruppe hinter
dem Zelte des Maccaronikochs; auf der steinernen Brü-
stung des Molo siehst du einen alten Schiffer mit
einem Wachstuchhute auf dem Kopfe, die Jacke über
die Schulter gehängt, um ihn herum lagert und kauert,

steht und sitzt eine Anzahl verschiedener Leute, Frauen
und Kinder, Matrosen und Soldaten, Handwerker
und Bettler. Du siehst nur, wie der alte Mann, der
uns den Rücken zukehrt, mit den Händen gesticulirt.
Weißt du, was er thut? Er improvisirt, er singt den
andächtigen Zuhörenden vielleicht von Masaniello oder
von der Liebe, oder vom Meere im Sturm und Kampf,
vielleicht eine Strophe aus Tasso oder einen Gesang
aus Dante. Zeige mir in Deutschland einen solchen
Volksdichter, sammle dort das Volk, um Elegien an-
zuhören! Um elende Marionettenbuden wirst du es
stehen sehen, aber mit solcher Andacht einer Dichtung
lauschend, niemals."

„Nun sieh du einmal hier gerade hinunter", entgegnete der andere, „da wirst du auf der untersten
Marmorstufe unserer Freitreppe zwei Kerle in ihre
Mäntel gehüllt liegen sehen. Du glaubst, es sind Lazzaroni. Mitnichten, es sind Bapos, Männer, wohl-
bewaffnet, von anerkanntem Muth und Leibeskräften,
die schon manchen ihrer Freunde, Banditen, die eigene
Klinge zu kosten gegeben. Siehe, die Königin dieser
Lande, die hohes Interesse nimmt an meinem Grafen,
hat sie gedungen, diesen vor den Dolchstichen von Banditen zu schützen, die, wie sie glaubt, ihr früherer
Geliebter, der Minister Acton, auf den Grafen senden

würde. Anfangs war der Graf in großer Besorgniß,
wenn er sah, wie diese Menschen ihn wie sein Schat=
ten bei Tag und Nacht verfolgten, er fürchtete einen
Anschlag auf sich selbst. Der Vermiether dieses Pa=
lastes hat mir erklärt, daß es Vapos sind und mein
Graf in ihren Schutz gegeben ist. Sind das Zu=
stände?"

Man disputirte noch lange, ohne sich einigen zu
können. Karl mochte ein halbes Jahr in Neapel
gelebt haben, ohne von seinem Grafen zu irgendeiner
Dienstleistung herangezogen zu sein, als er eines Tages
von Münster den Auftrag erhielt, nach Bajä zu fah=
ren, dort die Gegend zu erkundigen und nachzuforschen,
ob sich dort ein deutscher Graf aufhalte.

Karl gewann den Maler leicht als Reisegefährten,
und man fuhr an einem herrlich frischen Morgen die
lange Chiaja hinab, dem Pausilipp zu und durch
dessen Tunnel, eine alte Römerarbeit, in den Golf von
Bajä ein. Es hat der Tunnel etwa die Länge von
eintausend Schritt, dagegen nur eine Breite von etwa
zwanzig Fuß und vierzig Fuß Höhe. Sobald man
aus dem Dunkel wieder ins Freie kam, hatte man
eine neue Landschaft vor sich, von Neapel und seinem
Golf war nichts zu sehen, selbst nicht der Vesuv,
dagegen ragt eine schmale Landspitze, die eine Meeres=

9*

spalte in sich schließt, noch südlicher als der Pausilipp
hervor, das Cap Miseno mit den westlich dahinter=
liegenden schloßgekrönten Inseln Procida und Ischia.
Statt des stets zerrissenen schroffen Meeresufers, an dem
man bisher gefahren war, thut sich eine weite Bucht
mit üppig bewachsenem, sanftwelligem Lande auf. Zur
linken auf der gegenüberliegenden Landzunge glänzen
oben auf der Höhe die röthlichen Mauern des Castells
von Bajä, diesem gegenüber liegt an der rechten Seite
das freundliche Städtchen Puzzuoli. Der Golf schneidet
sich zwischen beiden Orten nordwestlich in Form eines
Dreiecks in das Land und man sieht den Monte=Nuovo,
einen nackten aschenkegeligen Berg, welcher erst 1538
sich in einer Nacht emporhob und den fischreichen Lu=
crinersee zu einem Sumpf machte, links davon den
Avernus, der den Freunden aber nicht so furchtbar
vorkam, als ihn Virgil beschreibt.

In Puzzuoli wurde Rast gehalten; ein Schwarm
Verkäufer von Münzen, Conchylien und andern an=
ständigen und unanständigen Dingen, Ciceroni, Fackel=
träger, Bettler umbrängten den Wagen unserer
Freunde am Thor des stillen Städtchens und folgte
ihnen bis zur Osteria am Molo, da, wo Caligula seine
berüchtigte Brücke über den Golf nach Bajä gebaut
haben soll; weder Scheltworte, noch Spott, noch Schwei=

gen vermochte sie zu vertreiben, das Wort des Wirths allein vermochte es. Die kleinen salzigen Austern von Bajä geben dem prächtigen Wein von Ischia die schönste Folie. In einer Weinlaube, mit dem Blick auf Bajä, hielt man Mittagsmahl und später Siesta.

„Siehe da, dieses Fischerdorf, diesen armseligen Ort", sagte der Maler, das Perspectiv, mit dem er über den Golf hinüberblickte, an Karl reichend, „ich erblicke in dem oder vielmehr über dem ganzen Malarianeste nur eine bewohnbare Villa, rechts vom Castell. Sollte man glauben, daß hier fünfhundert Jahre lang das erste Luxusbad der Alten Welt war, mit so großartigen Anstalten für Cur und Vergnügungen, wie kein Bad in der Welt seitdem existirte?"

„Ich weiß aus den Alten", erwiderte Karl, „daß Tausende von Villen die waldigen Höhen gleich einer Perlenschnur säumten und Abertausende den Strand bedeckten, ja bis tief in das ruhige Meer hineingebaut waren, daß eine große Anzahl kaiserlicher Paläste die Stadt schmückten, daß die Thermen mit denen von Rom wetteiferten, die Tempel der Venus Genetrix, des Mercur und der Diana weit berühmt waren."

„Und ich erinnere mich auch Ovid's «Kunst zu lieben»", fuhr der Freund, der seine classische Bildung zeigen wollte, fort, „daß er jungen Männern, die

Liebesverhältnisse anknüpfen wollen, die Appiſche Heer=
ſtraße, dieſen ſchönſten aller Wege empfiehlt, gefüllt
von wallfahrtenden Frauen, die dieſer oder jener Göttin
ein Gelübde erfüllen wollten, namentlich der Venus
zu Bajä, Kränze in den Haaren und Fackeln in den
Händen, oder in prächtigen Wagen die theuer erkauften
Ponies ſelbſt lenkend.‟

„Ja, ſo vergänglich iſt Menſchenwerk‟, ergänzte
der andere, gleichſam als wolle er hinter dem Freunde
nicht zurückbleiben in Kunde des Alterthums, „was dem
Luxus und der Wolluſt fröhnte! Da, wo vor ſiebzehn=
hundert Jahren ſich vierzigtauſend Badegäſte her=
umtummelten, wo dieſer Golf auf beiden Seiten vom
Morgen bis zum Abend von Geſang und rauſchender
Muſik erſchallte, wo roſenbekränzte Geſellſchaften in
den Myrtenhainen am Strande, auf Gondeln und
Barken feſtliche Gelage hielten, zärtliche Paare die
Einſamkeit ſuchten in dichten Myrtenhainen, zahlreiche
bunte Barken und Gondeln ſich in Wettfahrten maßen,
oder zu einer kaiſerlichen Prachtgalere, oder zu den
Kriegsſchiffen da drüben im Mare=Morte ſegelten, die
Badegäſte vor den Serenaden nicht einſchlafen konnten,
die hier dieſer, dort jener Schönheit gebracht wurden,
alle Welt darüber einſtimmig war, daß dieſer Golf
die ſchönſte Gegend auf der ganzen Erde ſei, iſt heute

ein veröbeter Strand, von Fiebern heimgesucht und armen Fischern zur Wohnstätte dienend."

„Aber, Bruder!" rief der Maler, das Glas mit dem Ischlawein emporhaltend, „vergessen wir nicht, was der Dichter sagt:

> Einst war das Wasser in Bajä kalt,
> Venus ließ Amor darin schwimmen,
> Ein Funke seiner Fackel fiel hinein und entzündete es,
> Seitdem verfällt, wer dort badet, in Liebe.

Wir beide sind in Liebe schon verfallen, aber unsere Lieben sind fern, eilen wir nach Bajä, um uns in der Liebe zu den Geliebten zu stärken im kühlen Meeres= bade!"

„Und du willst den Dianentempel, das Amphi= theater, den Jupitertempel ungesehen lassen?"

„Wir haben dazu auf der Rückfahrt Zeit, mich treibt es mit unerklärlichem Drange nach Bajä."

Der Golf wurde umfahren, weder der Averner= see, noch die spärlichen Ueberreste des alten Cumä, auch nicht die Elyseischen Gefilde wurden besucht, unser Freund trieb, nach Bajä zu kommen. Dieses umfaßte nur wenige ärmliche Hütten, und in einer kleinen, schmuzigen Osteria fand sich kaum für die Pferde ein Aufenthalt; doch war die rebenumflochtene Veranda kühl, der Wein trinkbar, die Maccaroni zu genießen.

Nach kurzer Zeit trieb es die Freunde ins Meer, das spiegelglatte. Das Bad erquickte und stärkte.

Nach der Rückkehr erfuhr Karl auf Befragen, daß allerdings seit drei Wochen ein deutscher Herr mit Frau und Dienerschaft die Villa neben dem Castell bewohne, um hier die Bäder des Nero zu gebrauchen. Die Frau, eine Engländerin, sei reizend schön und sei vor kurzem in Begleitung ihrer langaufgeschossenen blassen Begleiterin der Grotte der Sibylla zugegangen.

Wie kam Karl unwillkürlich der Gedanke an Olga? Sein Gefährte drängte, die Tempelruinen zu sehen, und setzte sich sofort, diese zu skizziren, als man dahin gelangt war. Der Führer, welcher sich ihnen angeboten, erbot sich, Karl indeß in die Grotte der Sibylla zu führen. Ein in den Felsen gehauener Gang, der unzweifelhaft einst Bajä mit Cumä verband, sollte eben betreten werden, als aus dem Innern zwei Frauengestalten heraustraten.

Karl schrie laut auf, denn seine Jugendgeliebte, gefolgt von ihrer frühern englischen Gouvernante, stand vor ihm.

Die Gräfin hatte sich zu einer vollendeten Schönheit entwickelt, alles Eckige, Spitze, Scharfe, was ihre Züge in Heustedt noch an sich trugen, war einer anmuthigen Fülle gewichen, alles aber deutete noch die

verschlossene Rosenknospe an; es war die jungfräuliche
Olga, die vor ihm stand, nicht die Gräfin Schlotthetm.

Diese, von der Helligkeit des Tages geblendet, hatte
den Geliebten im Anfang nicht erkannt und war erst
durch seinen Schrei aufmerksam geworden, sie ging auf
ihn zu und reichte ihm die Hand, die er mit heißen
Küssen bedeckte. Er schickte den Führer zurück, dem
Zeichner zu melden, daß er ihn am Strande erwarte.

Die Jugendgenossen gingen am Strande, der von
den Trümmern der Paläste und Thermen eingenommen
ist, die der übermüthige Luxus eines Hortensius, Lu=
cullus, Marcus Piso, Nero hier erbaute und aus deren
zerfallenen Gewölben bettelnd Hände sich überall den
Wandernden entgegendrängten. Sie hatten sich so viel
zu sagen, daß dieses Anbetteln sie in hohem Grade
belästigte. Die hier schon bekannte Olga schlug daher
auf dem Wege zu dem Dorfe Bauli einen Nebenweg
ein, der den Berg hinan in einen Myrtenhain führte.
Die Engländerin blieb zurück, um eine umgefallene
Säule eines alten Palastes zu skizziren. Man stieg
beinahe zum Gipfel des Berges hinan, wo eine der
unzähligen Grotten, mit denen die Felsen des Cap
Misenum bedeckt sind, zur Ruhe einlud. Es war ein
Ort, wie die Dichter ihn lieben für ein liebendes Paar.
Die Gräfin hatte ihre bisherigen Lebensschicksale kurz

erzählt, jetzt erzählte auch der Geliebte, aber er faßte sich kurz, denn er führte Olga's Hand, die er in der seinigen hielt, wiederholt zu den Lippen und sah zu ihr mit immer wärmern Blicken empor.

Olga erhob sich: „Wir müssen für heute Abschied nehmen, aber ich hoffe, dich bald in Neapel zu sehen, einzig Herzgeliebter", sagte sie und reichte ihm die Hand. „Dein Weg führt da hinunter, ich muß hinter dem Castell zu meiner Villa."

Karl ergriff ihre Hand und zog sie an sich, sie auf den Mund küssend mit dem Feuer, das Angelina ihm eingeküßt.

Von Westen, vom Tyrrhenischen Meere, brauste der Wind und schüttelte die Myrtenblüten zur Erde. Olga hatte die glühenden Küsse des Geliebten mit einer Art geistiger Bewußtlosigkeit empfangen; als dieser aber kühner zu werden begann, kam ihr das Bewußtsein wieder, sie riß sich mit Heftigkeit aus seinen Armen und floh aus der Grotte, dem Erstaunten und Erschreckten zurufend: „Auf Wiedersehen in Neapel!"

Sechstes Kapitel.

Zum ewigen Frieden.

Wer das Pfarrhaus zu Grünfelde erbaut hatte, mußte ein Freund von Wind und Zug, oder, wie der sechzigjährige Pfarrer Weber sagte, ein großer Esel gewesen sein. Das Haus war auf einer Sandbüne, welche die Weser vor vielen tausend Jahren bei Bildung ihres jetzigen Bettes ausgeworfen haben mochte, gleich der sich ähnliche meilenlang am westlichen Weseruser hinzogen, nachdem bei der Porta die letzten Berge Abschied genommen, erbaut und dem West= wie Nord=, dem Ost= wie Südwinde ausgesetzt. Am südlichen Abhange des Hügels befand sich ein kleiner zur Pfarre gehöriger Eichsünder mit einhundertfunfzig bis zweihundert guten alten Stämmen. Hätte man von diesen einige dreißig geopfert und die Pfarre an das südliche Ende des Eichkamps gebaut, so wäre sie gegen West=, Nord= und Ostwind geschützt gewesen und hätte der Kirche bedeutend näher gestanden.

Der Pfarrer Weber hatte über dreißig Jahre in dem Hause gewohnt, aber er wie seine Frau fühlten auch den Rheumatismus in allen Gliedern. Der Pfarrer, sonst rüstig an Geist und Körper, hätte wahrlich keines Pfarrcollaborators bedurft, wäre das Haus nicht unter Leitung eines kurfürstlich hannoverischen Baucommissars und mit Genehmigung des hohen Consistoriums vom grünen Tische her dort oben erbaut worden. Die Gemeinde hatte vergeblich protestirt. So aber hatte Weber schon vor zwei Jahren um einen jüngern Gehülfen nachsuchen müssen, und seit einem Jahre etwa war Heinrich Schulz als solcher ihm zugeordnet. Der Pfarrer wohnte mit seiner Frau zur Erde, weil da die Küche lag und die Zimmer nach Süden belegen waren, also mindestens Sonne hatten. Der Pfarrcollaborator war oben einquartiert, sein Arbeitszimmer lag nach Westen, sein Empfangszimmer nach Norden.

Es war nachmittags des 10. Novembers 1795, aber so finster, daß Heinrich seine einfache zinnerne Oellampe hatte anzünden müssen, um sehen zu können — der Regen schlug in dicken Tropfen an die Fenster seines Studirzimmers, und der Wind wehte durch die schlecht anschließenden Fenster und Thüren. Zwar war der große Kachelofen mit Torf wohl geheizt, aber Heinrich mußte eine wollene Decke um den

Körper schlagen, um den Zug im Zimmer weniger zu fühlen.

Er saß da und arbeitete an einer Predigt zum nächsten Sonntage, und um diese Predigt anzufertigen, hatte er am Morgen ein kleines Buch studirt, das noch offen auf seinem Schreibtische lag und das erst vor kurzer Zeit erschienen war. Der Titel lautete: „Zum ewigen Frieden. Ein philosophischer Entwurf von Immanuel Kant."

Kant verwahrt sich in der Vorrede gegen böswillige Auslegung; er sagt, um im Sinne unserer Tage zu reden: „Die Realpolitiker sehen mit großer Selbstgefälligkeit auf den Theoretiker als Schulweisen herab, sie glauben, daß seine sachleeren Ideen dem Staat, welcher von Erfahrungsgrundsätzen ausgehen müsse, keine Gefahr bringen können; nun so lasse man mich auch einmal meine elf Kegel auf einmal werfen, ohne daß die weltkundigen Staatsmänner darin Gefahr für den Staat wittern."

Es hat nach ihm Fichte in noch methodischerer Weise die neun Kegel auf einmal umgeworfen, und in einer Zeit, wo man längst durch Napoleon gelernt hatte, daß die Ideologen doch so ungefährlich nicht waren, haben Arnold Ruge und andere versucht, den König aus der Mitte zu treffen. Die Realpolitiker haben aber immer den Sieg davongetragen und in dem Augenblicke, wo wir dies schreiben, am Tage, wo das Telegramm die Nachricht bringt, daß heute in Nikols=burg die Friedenspräliminarien zwischen Oesterreich und Preußen unterzeichnet sind, beweist der größte Realpolitiker unserer Zeit, der Mann, der Deutschland durch Blut und Eisen zur Einheit führen will, daß das alles leere Hirngespinste eines Philosophen waren. Es steht freilich dahin, auf wie lange Zeit seine Be=weisstützen halten werden, und wie Südwestdeutschland diese Einheit ansieht.

Und doch müssen wir uns die Präliminarartikel zum ewigen Frieden einmal ansehen, um zu begreifen, wie der angehende Pastor einen ganzen Tag über den=selben grübeln konnte. Wir geben die Artikel ohne die Kant'schen Randglossen dazu, die eigentlich das sind, was die Sauce zum Braten, indem wir hoffen, die=jenigen unserer Leser, die sich für die Sache interessiren und die mit uns nicht ohne die Hoffnung sind, der Friedenscongreß werde schließlich durchbringen, auch einsehen werden, daß dann die Kant'schen Präliminar=artikel ihre Berücksichtigung gefunden haben müssen. Diese aber lauten:

„I. Es soll kein Friedensschluß für einen solchen

gelten, der mit dem geheimen Vorbehalte des Stoffs zu einem künftigen Kriege gemacht worden.

II. Es soll kein für sich bestehender Staat (klein oder groß, das gilt hier gleichviel) von einem andern Staate durch Erbung, Tausch, Kauf oder Schenkung erworben werden können.

III. Stehende Heere sollen mit der Zeit ganz aufhören.

IV. Es sollen keine Staatsschulden in Beziehung auf äußere Staatshändel gemacht werden.

V. Kein Staat soll sich in die Verfassung und Regierung eines andern Staats gewaltthätig einmischen.

VI. Es soll kein Staat im Kriege mit einem andern solche Feindseligkeiten sich erlauben, welche das wechselseitige Zutrauen im künftigen Frieden unmöglich machen müssen: als da sind, Anstellung der Meuchelmörder (percussores), Giftmischer (venefici), Brechung der Capitulationen, Anstiftung des Verraths (perduellio) in dem bekriegten Staate."

Diese Präliminarartikel waren leicht verständlich, sie konnten auch dem Volke verständlich gemacht werden, denn dieses war des Kriegs über und über müde und freute sich, daß Preußen den Frieden von Basel im Frühjahre geschlossen hatte, und daß es hinter der

Demarcationslinie ruhig sitzen konnte. Freilich unver=
ständlich erschien es, daß Georg III. sich um so inniger
an Oesterreich anschloß und mit diesem den Krieg
gegen Frankreich fortsetzte, welches seit einem Monate,
wo der siebenundzwanzigjährige Napoleon den Aufruhr
der Sectionen von Paris niedergeschmettert und diese
entwaffnet hatte, einer neuen Phase entgegenging.

Schwieriger schien es ihm, die Definitivartikel zur
Sprache zu bringen; denn obgleich ihm selbst durch
Kant's Erörterung der erste dieser Artikel: „Die bürger=
liche Verfassung in jedem Staate soll republikanisch
sein", klar war und vernünftig schien, so viel sah er
ein, daß er denselben nicht auf die Kanzel bringen
dürfe.

Heinrich wollte am nächsten Sonntage in besonderer
persönlicher Veranlassung vom ewigen Frieden sprechen,
das heißt von dem im Grabe; er liebte es aber, neben
den christlich=theologischen Gedanken auch philosophische,
wenn der gewöhnliche Verstand sie fassen konnte, na=
mentlich humane, zu entwickeln. Der Gedanke eines
ewigen Friedens, einer Fortentwickelung der Mensch=
heit ohne Gewalt, ohne in ein System, Krieg genannt,
gebrachten Mord und Todtschlag und hinterher Raub,
hatte ihn so ergriffen, daß er beide Gedanken mit=
einander verweben wollte. Dazu hatte er das Kant'sche

„Essay" von neuem heute studirt. Aber schon vom
Morgen saß er auf seiner Stube, machte Dispositionen
zur Predigt und verwarf sie wieder, schrieb einzelne
gute Gedanken nieder, konnte 'aber doch keine Klarheit
über den Gang gewinnen, den er zu nehmen hatte.

Es traten auch zu viele störende Rückerinnerungen
dazwischen; es war am 10. November 1791 gewesen,
als Anna Dummeier sich mit Claasing verlobt hatte;
in derselben Nacht im nächsten Jahre war sie so ur=
plötzlich zum ewigen Frieden eingegangen. Darauf im
folgenden Jahre, wenn nicht auf denselben Tag, doch
wenige Tage später, hatte sich der Obergestütmeister
Claasing mit der Mutter seiner Schülerinnen verlobt
und diese eitle Frau im Anfange des vorigen Jahres
geheirathet.

Die Trennung von seinen Zöglingen war Heinrich
schwer geworden. Therese hatte sich zur blühendsten
Jungfrau entwickelt, sie hatte ihre Zuneigung Heinrich
bewahrt, obgleich sie zurückhaltender geworden war.
Sie hatte eben dadurch aber das liebebürftige Herz
desselben erst recht in Flammen gesetzt, die zu dämpfen
der ganze Apparat der Religion und Moral, den er
pflichtschuldig in sich trug, nicht mächtig genug war.
Wäre sie die zweite Tochter und nicht die Anerbin ge=
wesen, er würde eine Erklärung nicht zurückgehalten

haben. Aber um die Anerbin zweier Höfe zu werben, das war von seiten eines armen Candidaten zu viel, das hätte geheißen gegen Anstand und Sitte verstoßen, das würde ihm einen Korb von der Mutter, seine Entlassung als Hauslehrer, Schimpf und Schande in Grünfelde und Heustedt eingetragen haben.

Seine ältere Schülerin, obgleich sie noch nie einen Roman gelesen hatte und nie weiter in die Welt gekommen war als nach Heustedt, hatte längst bemerkt, daß ihre Liebe Gegenliebe gefunden habe. Wie hätte es auch anders sein können? Ihr war eine naive Koketterie angeboren und sie begann den armen Candidaten zu necken. Hatte er seine Aeltern in Heustedt besucht, so sollte er Rechenschaft ablegen, ob er die Tochter des Rectors nicht getroffen habe bei seiner Schwester, der Cantorin Cruella. Hatte er auf Ersuchen des Superintendenten für diesen geprebigt und dort zu Mittag gegessen, so war Superintendentens Malchen eine Woche hindurch das Stichblatt ihrer Ergüsse, deren allgemeine Melodie immer darauf hinauslief, so ein dummes Bauermädel wie sie und ihre Schwester, das sei für einen Candidaten der Gottesgelahrtheit zu schlecht, der müsse sich eine Stadtbame als Pfarrerin für Grünfelde aussuchen.

Es war vielfach im Dorfe die Rebe davon ge-

wesen, daß der Pfarrer Weber emeritirt zu werden
wünsche, und daß die Bauerschaft dann Heinrich als
Pastor, mindestens als Collaborator haben wolle.

Die Verlobung ihrer Mutter hatte die beiden
Schwestern zwar sehr ernst gestimmt, es war ihnen
die Mutter, an der sie mit größter kindlicher Liebe
hingen, dadurch um so mehr entfremdet, als eine un-
willkürliche Abneigung gegen Claasing sich der Schwestern bemächtigt hatte vom ersten Augenblicke, da sie
denselben gesehen. Die Entschuldigung der Mutter:
sie habe den Schritt nur gethan, um das Glück ihrer
Töchter zu fördern, sie in die vornehme Welt zu bringen und ihnen Aussicht auf glänzendere Partien zu
eröffnen, als die gewesen, wozu sie selbst vom eigenen
Vater gezwungen, stimmte gar nicht mit den Neigun-
gen der Töchter überein. Therese wollte gar keine
glänzende Partie machen, sie hätte alle ihre Reichthümer gern dem armen Heinrich zu Füßen gelegt,
und hatte ihrer Vertrauten, der Schwester, schon längst
den Gedanken offenbart, sie werde zu Gunsten derselben
auf ihr Anerbenrecht verzichten, sobald sie volljährig
geworden sei, denn sie wisse, nur dieses unglückliche
Anerbenthum stehe zwischen ihr und Heinrich.

Dieser mußte jetzt trösten, alle Neckereien hatten

10*

aufgehört; was die Zukunft brachte, war ungewiß ge=
worden. Bekam die Mutter noch Kinder, etwa einen
Sohn, so war es nach damaliger Rechtsansicht mit
dem Anerbenrechte von selbst vorbei. Wie sollte man
überhaupt in einer Familie leben können, deren Haupt
man nicht lieben konnte, gegen das man einen instinct=
mäßigen Abscheu fühlte!? Heinrich hatte vorgeschlagen,
er wolle die Mutter zu bereden suchen, die Schwestern
nach Verden oder nach Nienburg zu einem Prediger
oder Lehrer zu senden. Davon wollte aber Therese
nichts wissen, und Agnes hatte keinen andern Willen
als den ihrer Schwester.

Indeß war das Consistorium den Bitten des Pastors
Weber nachgekommen, es hatte ihm den Candidaten
zum Gehülfen gegeben. Der Pastor wollte von der
Gemeinde Abschied nehmen, am folgenden Tage sollte
Heinrich den Siebenmeierhof verlassen und in das
Pfarrhaus einziehen. Er begleitete die Schwestern zur
Kirche, in welcher der Siebenmeierhof seine bevorzugte,
reich mit Holzschneidereien versehene Prieche hatte. Auf
dem Wege dahin sagte Therese:

„Lieber Herr Schulz, Sie wollen uns morgen ver=
lassen, ich habe eine sehr große Bitte. Tauschen Sie
mit mir das Gesangbuch, dann habe ich ein Andenken
von Ihnen, Sie eins von mir und ich weiß dann, daß

Sie wenigstens zweimal die Woche an Ihre arme ver=
lassene Schülerin denken."

Dieser willigte voll Freuden ein, die Bücher wur=
den getauscht. Als er aber in der Kirche das Gesang=
buch aufschlug, fand er auf der ersten Seite die Worte:
„Ich bleibe dir treu bis in den Tod. Therese Emeyer."
Das konnte eine religiöse Ergießung sein, vielleicht ein
dem Herrn gewidmeter Confirmationsgedanke, oder
vielmehr nicht einmal ein eigener Gedanke, sondern die
Worte des Neuen Testaments selbst. Man pflegte wol
bei der Confirmation, wo man das erste Gesangbuch
erhielt, einen Bibelspruch oder einen Gesangbuchsvers,
der eine besondere Bedeutung für die Stimmung der
Confirmanden hatte, auf das Blatt vor dem Titel zu
schreiben.

Der Candidat war, nachdem er die Zeilen gelesen,
so gedankenlos und zerstreut, daß er kaum hörte, wie
der Prediger seiner rühmend gedachte als seines Helfers
und Nachfolgers, — hatte er doch blos den Einen Ge=
danken: „Hat Therese die Worte erst jetzt geschrieben
oder schon vor Jahren?"

Das junge Mädchen war um so andächtiger, sie
erröthete für Heinrich bei dessen Lobeserhebung von
öffentlicher Kanzel, sie dachte sich an der Stelle sitzend,
wo jetzt ihre Pathe, die Pfarrerin, saß, im Pastoren=

stuhle mit dem Engel über dem Gitterwerke, andächtig
hinaufschauend zu dem eigenen Manne, der von oben
das Wort Gottes verkündigte.

Als am andern Tage Heinrich's geringes Eigen=
thum, seine Bibliothek, ein Schreibtisch, ein Koffer und
Schrank, Kleidungsstücke und Wäsche, endlich sein
Reiseränzel in das Pfarrhaus geschafft war, und er
von Mutter und Töchtern Abschied nahm, umarmte
ihn die Witwe, mütterlicherweise ihn küssend. Heinrich
faßte den Muth, dieses Privilegium auch für sich in
Beziehung auf die Töchter in Anspruch zu nehmen,
aber der Kuß, den er auf Theresens Lippen drückte,
sagte dieser: „Ich habe dich verstanden, wir sind Eins
bis an den Tod.“

Kurze Zeit darauf hatte der Pfarrer selbst die
Trauhandlung bei der Witwe des Siebenmeiers und
dem Obergestütmeister vollzogen. Sie hatte gewünscht,
von Weber, der sie confirmirt, der sie zum ersten mal
getraut hatte, auch zum zweiten mal getraut zu werden.
Für Heinrich war das eine große Erleichterung, er
hätte die heilige Handlung mit schwerem Herzen voll=
zogen, er haßte den Bräutigam so viel, als es sich
irgend mit seinem Christenthume zu vertragen schien,
Claasing schien ihm das Princip des Bösen zu ver=
treten, und da durfte er ja hassen. Er ging der

Trauung und Hochzeit, einer großartigen, wenn auch etwas bäuerisch aufgeputzten und überladenen in Essen und Getränk, aus dem Wege, indem er seinem alten Lehrer in Verden einen Besuch abstattete.

Als er zurückkam, fand er die Stätte seiner Sehn= sucht leer — der Gestütmeister hatte Frau und Stief= töchter nach Eckernhausen mitgenommen. Sämmtliche Ländereien der beiden Höfe, mit Ausnahme der Wiesen, waren verpachtet. Auch das Haus= und Feldinventar war bis auf einige Lieblingskühe, die Frau Emeyer nicht missen mochte, auf einige gute Pferde und Füllen, die dem Kenner gefielen, verkauft. Nur auf dem Siebenmeierhofe selbst, zu dem sich ein Pachter nicht gefunden, war einiges Hausgeräth und einige Betten geblieben, damit die Familie jederzeit ein Unterkommen in Grünfelde hatte. In Eckernhausen hatte die Frau Obergestütmeisterin Claasing, ein Name, der doch besser klang als Frau Siebenmeier Emeyer, mit ihrem Ge= mahl die untern Räume bezogen, sie war und blieb Bäuerin und Wirthschafterin, und zwar eine gute. Sie mußte die Knechte und Mägde unter Aufsicht haben können, sie kochte selbst, kurz sie war des Alltags eine ganz vortreffliche Frau, die ihre Kinder, ihr Haus= wesen, ihr Vieh liebte und dafür sorgte. Nur wenn sie im Sonntagsstaate war, oder wenn sie an Seite

ihres Gemahls in der eleganten Kalesche, welche ihr
der Mann zum Hochzeitsgeschenke gemacht hatte, nach
Heustedt fuhr, saß der Hochmuthsteufel in ihr, dann
dachte sie nur an sich und die neidischen Weiber in
Heustedt, die ihre Kleidung, ihre Pferde und Wagen,
ihren Reichthum und den stattlichen Mann selbst ihr
beneideten, dann schwelgte sie in dem Gedanken, wie
hoch sie sich über ihre „Freundschaft" erhoben, dann
war sie ohne Liebe zu ihren Töchtern, ohne Liebe zu
ihrem Hause, zu ihrem Vieh, ohne Liebe zu ihrem
Manne.

Zu diesem hatte sie Liebe eigentlich nie gehegt.
Sie hatte ihn nicht aus Liebe, sondern aus purer
Eitelkeit geheirathet. Claasing hatte zufällig ihre Be=
kanntschaft gemacht, als er genöthigt war, der Misernte
von 1792 wegen Heu für das Gestüt zu kaufen; sie
hatte sich von ihm in der ersten Stunde durchschauen
lassen, als sie vor ihm alle ihre Reichthümer aus=
kramte, ihm ihre Weiden, ihre Felder, ihre Kühe und
Pferde zeigte. Der Obergestütmeister war geldgierig,
ihm fiel es sofort in den Sinn, diese Reichthümer zu
erheirathen. Die Mädchen ließen sich ja beseitigen.
Man verheirathe sie so früh wie möglich, gebe ihnen
ein paar tausend Thaler Aussteuer und lasse sie auf
das Anerbenrecht zu Gunsten des Stiefvaters verzichten,

wenn ein Anerbe nicht geboren werde. Er schmeichelte der Witwe, schmeichelte plump, denn seine Schmeiche= leien würde sie nicht verstanden haben; er sagte ihr, daß sie berufen sei, in der Gesellschaft eine Rolle zu spielen, auf den Bällen in Henstedt neben der Frau von Bardenfleth und der Landräthin von Vogelsang zu glänzen, er faßte sie an ihrer schwächsten Stelle. Sie wurde sein Weib, sie hatte sogar einwilligen müssen, ihr liebes Vaterhaus zu verlassen, das liebliche Grün= felde mit dem düstern Eckernhausen zu vertauschen, was ihr sehr schwer wurde.

Die Töchter wurden oben in die Zimmer einquar= tiert, die für Anne Marie geschaffen, von dieser nie und von Claasing's Frau nur kurze Zeit bewohnt waren. Vor der Hochzeit waren diese Räume, die selten be= tretenen, ausgeräumt bis auf die Möbeln.

Der Hausherr hatte das Bett, den Putzschrank seiner ersten Frau, die Lade mit allem Drell und Leinenschätzen von Anne Marie stammend und manches andere auf eine Vorrathskammer über der Reuter= kammer bringen lassen; die Gold= und Silbersachen, die Schmucksachen seiner Frau und deren Mutter nahm er zu sich. Um Bücher, Harfe, Kleidungsstücke hatte er sich nicht bekümmert, die Diensten hatten diese auf eine Polterkammer gebracht, wo sie wüst herumlagen.

Alle diese Sachen mußten der nicht minder reichen Ausstattung der Witwe und den schon gesammelten Aussteuern ihrer Töchter Platz machen. Jede der Töchter hatte schon seit der Confirmation ihre eigene Lade und ihren Schap, in denen die künftige Aussteuer angesammelt wurde. War das Leinen und Drell auch nicht sämmtlich selbst gesponnen, wie es sonst üblich war, so hatte es doch die Mutter gesponnen.

Der Pfarrcollaborator machte den schuldigen Hoch= zeitsbesuch in Eckernhausen, er wurde von der Frau Obergestütmeisterin freundlich, von ihrem Gemahl kühl aufgenommen. Hätte dieser eine Ahnung davon ge= habt, daß Heinrich Therese auch ohne Abfindung hei= rathen würde, und daß Therese seinethalben gern auf ihr Anerbenrecht verzichtet haben würde, so wäre er freundlicher gewesen. Genug, Heinrich nahm sich vor, daß dieser erste Besuch auch der letzte sein solle, er glaubte auf die Länge der Zeit Theresens Anblick nicht aus= halten zu können. Der Abschiedskuß brannte noch immer in seiner Seele.

Nicht so dachte das Mädchen. Sie wollte ihren Geliebten, das einzige Labsal ihres Herzens, recht oft sehen. Dazu bot die Art und Weise der Kanzelbered= samkeit des Pastors von Eckernhausen die beste Ge= legenheit.

Er war orthodox, unduldsam gegen Andersgläubige, wortgläubig bis zum Unverstande, er konnte keine Predigt halten, ohne mit den gemeinsten Worten die Sünden seiner Gemeinde oder einzelner Gemeindemitglieder zu züchtigen. Mit dem Gestütmeister lebte er in gedoppelter Feindschaft, einmal weil dieser die Kirche und das heilige Abendmahl gar nicht besuchte, sodann aber, weil derselbe sich geweigert hatte, Schinken und Schultern, wie es in frühern Zeiten geschehen war, in natura zu liefern, nur bereit, das dafür gewohnheitsmäßig an die Stelle getretene Aequivalent von 20 Mariengroschen zu zahlen, und andere Vollmeier aufgewiegelt hatte, dasselbe zu thun. Die junge Frau und ihre Töchter waren gewohnt, sonntäglich zur Kirche zu gehen. Hier aber empfing sie der Prediger mit so anzüglichen Reden in Beziehung auf den abwesenden Mann, den er Sohn des Beelzebub nannte, und dessen Lebenswandel er schlimmer schilderte, als in Sodom und Gomorrha gelebt sei, spielte dann auf die pfauenhafte Putzsucht der gegenwärtigen Damen an, sodaß alle Köpfe in der Kirche sich nach dem Kirchstuhle richteten, den die neue Familie einnahm.

Dieser Umstand gab Theresen Gelegenheit zu erklären, sie werde nie und nimmer die Kirche in Eckern-

hausen besuchen, solange dieser Zelot dort Prediger
sei — sie gehe mit Agnes lieber nach Grünfelde.

„Wenn ihr beim Teufel denn einmal in die Kirche
laufen müßt, so lauft wohin ihr wollt, ich hoffe,
Mutter wird bei mir bleiben", sagte der Stiefvater
bei Tisch, wo die Sache erörtert wurde.

So waren denn die Geschwister, wenn ein beson=
deres Hinderniß nicht dazwischenkam, jeden Sonntag
nach Grünfelde zur Kirche gegangen, und Heinrich pre=
digte mit größerer Wärme und Beredsamkeit, wenn
ihm die Augen der Geliebten, die gläubigen, entgegen=
strahlten. Die Schwestern sprachen nach der Kirche
regelmäßig bei dem Pfarrer Weber ein und ließen sich
von ihm dann und wann auch nöthigen, zu Tisch zu
bleiben, wenn die Frau Pfarrerin versichert hatte, sie
habe einen größern Braten gekauft in der Voraussicht,
daß die jungen Damen ihre Gäste bleiben würden,
auch sei das Lieblingsessen der Agnes, rothe Grütze, da.

Der Pfarrer holte bei solchen außerordentlichen
Gelegenheiten dann für die Damen eine Flasche süßen
Weins, Malaga, den man damals noch unverfälscht
bekam, für sich und den Candidaten eine Flasche Kirchen=
weins, das heißt eines solchen alten Franzweins, den
er für sich neben dem Abendmahlsweine bezog, der wie
dieser dadurch steuerfrei wurde und in der Regel auch

durch Fürsorge des Weinhändlers für die geistliche
Kundschaft noch um einige Procente besser war als
dieser.

Das war ein gemüthliches Mittagsmahl, die Pfar=
rerin, welche mit klugem Weibertakte die gegenseitige
Zuneigung der jungen Leute herausgefühlt, verfehlte
nie, den Collaborator zwischen die beiden Schwestern
zu setzen und bei dem Dessert, wenn der Wein die
Zungen offener gemacht hatte, zu fragen:

„Papa, wäre das nicht ein schönes Paar, das du
gern zuletzt in deinem Leben trautest, hier unser Haus=
genosse und Therese Emeyer?"

Die Verliebten erröttheten dann, und Therese pflegte
zu sagen:

„Wenn die Frau Pastorin noch einmal solche Re=
den mache, so äße sie hier nie wieder."

Agnes wollte aber bemerkt haben, und warf abends
beim Zubettgehen dies der Schwester vor, daß gerade
bei solcher Rede der Pfarrcollaborator ihr unter dem
Tische die Hand gedrückt habe, und daß sie dies an=
scheinend recht gern geduldet.

So verschwanden Sommer und Herbst. Die Mäd=
chen hatten den vernachläßigten Blumengarten mit
Hülfe eines Gärtners wieder in Stand gesetzt und
weilten manche Stunde in der Jelängerjelieberlaube,

der süßduftenden, oder gingen im Schatten der saftig-
grünen Eichen des Sünders spazieren. Als aber der
November kam, sie seltener und seltener nach Grünfelde zur Kirche gehen konnten, weil der Regen die
Wege durch die Marsch unwegsam machte, die Mutter
die Spinnräder auf die Zimmer der jungen Mädchen
schaffte und ihnen aufgab, wie viel sie am Abend bei
der trüb brennenden Lampe zu verspinnen hätten; —
während sie selbst mit dem Gemahl nach Heustedt zu
Gesellschaften und Bällen fuhr, da war in den jungen
Herzen in Grünfelde und Eckernhausen Trübsal und
Unlust. Die Mädchen konnten walzen und hopsen,
auch lang-englisch und eine Klappecossaise tanzen, und
hatten das auf Schützenhöfen und Erntefesten mit Lust
gethan. Die Mutter sagte aber, sie wären noch zu
jung, sie sollten erst im Frühjahre, wenn der Tanzlehrer
aus Bremen nach Heustedt komme, Tanzunterricht
haben, damit sie Ehre mit ihnen einlege. Der wahre
Grund war aber wol der, die Eitle wollte so er-
wachsene Töchter nicht produciren, sie tanzte lieber selbst
noch, obgleich mit weniger Grazie und Geschick als
ihre Töchter. Diese grämten sich sehr wenig, nachdem
sie einen Schatz entdeckt hatten, an dem sie sich mehr
labten als auf allen Bällen in Heustedt. Die Jüngere, die ziemlich neugierig war, pflegte, wenn die

Aeltern zur Stadt waren, das Haus zu durchstöbern. So hatte sie die Polterkammer entdeckt, und die Mäd= chen hatten die Harfe wie die Bücher der Frühver= storbenen in ihr Zimmer getragen und letztere neben den eigenen Schulbüchern aufgestellt, die Harfe war in das Zimmer für die „Freundschaft" gebracht, die aber nicht kam, um Besuche abzustatten.

Das war ein Fund! Die beiden Mädchen hatten noch gar nichts erlebt, sie hatten auch noch wenig ge= lesen, denn ihr Lehrer hatte mehr auf die Ausbildung des Verstandes und Wissens als auf Ausbildung der Phantasie und schönen Künste seinen Unterricht gelenkt. Das sei etwas für das Selbststudium.

Außer Sprachübungen war Geographie und Ge= schichte — Literaturgeschichte gab es damals noch nicht zum Glück für die Jugend — der hauptsächlichste Gegenstand seines Unterrichts gewesen. Auch die un= zähligen Auswahlen, Sammlungen aus den besten un= serer Dichter, diese Perlen und Blüten, und wie sie sonst heißen, womit die kleinen Mädchen in den höhern Töchterschulen von früh an überschüttet werden, gab es nicht. Heinrich pflegte zweimal wöchentlich Gedichte zum Niederschreiben zu dictiren. So hatten die Mäd= chen freilich sich selbst eine Perlenschnur der Lieblings= dichtungen ihres Lehrers aufgereiht, aber ein zusammen=

hängendes Dichterwerk kannten sie nicht. Die „Messiade", die sie hier fanden, war ihnen freilich unverständlich, desto verständlicher die „Luise" von Voß. Bisher mußten die Erinnerungen an ihre Lehrstunden, das Gespräch über den frühern Lehrer oder Klagen über den Stiefvater Stoff zu ihrer Unterhaltung geben, so mußte jetzt am Tage wie am Abend eine der Schwestern vorlesen, während die andere strickte, nähte, spann. Man war nicht so verwöhnt wie heute, man konnte dasselbe Gedicht vielemal lesen und gewann erst durch dieses öftere Lesen das richtige Verständniß.

Die ältere liebte vor allem die Bücher, welche Heinrich in frühern Zeiten Anna geschenkt hatte, und wenn gar ein Gedicht angestrichen oder mit einer Rand= bemerkung versehen war, ein Zeichen, daß Heinrich es der Erstgeliebten hatte empfehlen wollen, so ruhte sie nicht, bis sie es auswendig wußte. Ein Buch mit ver= schlossenen Siegeln blieb den Schwestern freilich die „Unsichtbare Loge" von Jean Paul, obgleich einzelne Stellen die jungen Mädchenherzen entzückten.

So war der Winter vergangen, das Frühjahr heran= getreten, mit Wind und Regen freilich. Aber es er= öffnete die Aussicht zu häufigern Kirchgängen nach Grünfelde.

Wenn es zu dunkeln begann und ehe die Lampe

angesteckt werden durfte — was nach einer gewissen
Hausordnung? geschah — pflegte Therese die Harfe
aus dem Fremdenzimmer zu holen, um ihr Accorde
zu entlocken. Nach unzähligen Versuchen war das ge-
glückt und es ihr sogar gelungen, das einzige weltliche
Lied, was die Schwestern singen konnten: „Guter Mond,
du gehst so stille", zu begleiten. Obwol der Stiefvater die Gemächer der Schwestern noch nie betreten
hatte, wurden solche musikalische Versuche doch nie
angestellt, als wenn sie wußten, daß derselbe ausge-
ritten oder ausgefahren war. Dieser „Vater", so
mußten sie auf Geheiß der Mutter sagen, war eigentlich das einzige, was das ruhig-harmonische Leben der
jungen Mädchen störte, das Wort Vater war ihnen
verhaßt, sie hatten nur mit Mühe sich daran gewöhnen müssen.

Um diese Zeit beriethen der Hausherr und seine Ehefrau eine Haupt- und Staatsaction. Sie waren nach
heustedter Sitte nach und nach von sämmtlichen bürgerlichen Honoratioren zum Diner oder Souper, zum
Kaffee oder Thee, zu einer Partie oder zum Balle
eingeladen worden, man mußte sich revanchiren. Lud
man nach Eckernhausen ein, so konnte man nur eine
geringe Zahl Personen einladen. Es war deshalb beschlossen, bei Frau Krummeier ein Diner zu bestellen,

zu dem alle, denen man das schuldig war, und selbst die, denen man es nicht schuldig war, Landraths und Barbenfleths, geladen wurden. Es sollte nichts gespart werden. Von der Einladung ausgeschlossen waren nur wenige Mitglieder des Herrenclubs und Casinos, der Supernumerar-Amtsschreiber Motz, mit dem Claasing seit jenem Spielabende nie mehr ein Wort gewechselt, Lübrecht und der Superintendent, welcher in die Streitigkeiten des Gestütmeisters mit dem eckernhäuser Pastor sich eingemischt hatte.

Man war sehr vergnügt gewesen bei der Tafel und hatte bis gegen Abend am Tische gesessen. Als Kaffee präsentirt wurde, fand es die Mehrzahl der Herren angemessener, eine Pfeife zu rauchen und sich deshalb in das Billardzimmer zurückzuziehen, um eine Boule zu spielen.

Das Billard war Eigenthum des Herrenclubs und die beiden Nichteingeladenen, Lübrecht und Motz, hatten sich seit einer guten Stunde schon Langeweile und Aerger vertrieben mit einer Fuchspartie. Nach den Clubgesetzen, und sämmtliche Anwesende waren zugleich Clubmitglieder, ging jedes Gesellschaftsspiel dem Einzelspiel voraus, und Claasing als Gastgeber kündigte daher den beiden Spielern an, die Gesellschaft wünsche Boule zu spielen.

„Das Billard steht zur Ihren Diensten bereit, sobald die Partie beendet ist", sagte Motz und gab Lübrecht einen Wink mit den Augen — „deux à sept",
zählte er, und sagte: „Dieses Triplé wird dir nicht gelingen."

Da sämmtliche Dienerschaft bei dem Diner beschäftigt war, so hatten die Billardspieler selbst mar-
kiren müssen.

„Warum Triplé?" sagte ein dritter zu Lübrecht
gewendet, „der Ball läßt sich ja vortrefflich schneiden
und ebenso gut doubliren?"

„Weil wir eine Triplépartie spielen", fiel Motz in
die Rede.

„Eine Triplépartie?" sagte Claasing in verwun-
dertem Tone. „Wer spielt denn Triplépartien hier?
— namentlich wenn man so schlecht spielt wie gewisse
Leute, da müssen wir ja eine Stunde warten?"

„Vielleicht noch länger", erwiderte der Amtsschreiber,
„denn ich kann weder so glücklich Mariage spielen wie
Sie, noch so gut Billard wie Sie."

„Was wir spielen, kann Ihnen überall gleichgültig
sein, wir spielen wenigstens nicht mit Frauenherzen",
mischte sich Lübrecht ein.

„Deshalb werden uns auch die Frauen nicht zur

rechten Zeit sterben wie gewissen Leuten", setzte Motz hinzu und versuchte ein Triplé zu machen.

Der Gestütmeister hatte bei Tisch reichlich getrunken. Das wurde ihm zu viel, er ging auf Motz zu und flüsterte ihm ins Ohr: „Sie sind ein Schuft."

Dieser schlug ihn ins Gesicht.

Es würde zu einer Prügelei gekommen sein, wären die vernünftigern Gäste nicht dazwischengetreten; so kam es nur zu einer Pistolenforderung.

Am andern Tage schoß man sich im Kiefernholze hinter Kirnberg, und Claasing sank, von einem Schusse ins Schulterblatt getroffen, nieder. Er wurde auf einer Bahre nach Eckernhausen gebracht, wo es den Bemühungen zweier Aerzte schwer gelang, die Kugel herauszuziehen. Ein heftiges Wundfieber stellte sich ein. Frau Claasing war rathlos, sie rannte aus einem Zimmer ins andere und that immer das Entgegengesetzte von dem, was sie thun wollte, endlich wurde sie selbst ohnmächtig und mußte ins Bett gebracht werden.

Theresen fiel die Nachtwache bei dem Vater zu, Agnes wachte bei der Mutter. Jener litt große Schmerzen, er fluchte und tobte, endlich, längst nach Mitternacht, fielen ihm die Augen zu, er sank in einen Halbschlaf und fing an zu phantasiren. Therese verstand anfangs nichts von dem, was er sagte, dann hörte sie eifrig zu, es schien ihr Methode in diesen Phantasien zu sein, die sich wiederholten und von vorn anfingen, wenn Anna, die selige Frau, darin vorgekommen war.

Endlich holte sie Feder und Papier, um aufzuschreiben, was der Stiefvater sagte, es war ihr unverständlich, vielleicht konnte Heinrich ihr Auskunft geben.

„Liebe Ehben!" sagte der Phantasirende im Tone eines zärtlich Verliebten, „hast du die Asche in den Corridor gestreut? Du kannst deine Königin nicht verrathen? Sie würde dich jeden Augenblick verrathen, glaube mir, sie ist falsch und hintertückisch wie ihr ganzes Geschlecht. Sieh diesen rothen Streifen über meinen Backen, die Reitgerte der Königin schlug sie deinem Geliebten ins Gesicht! Willst du nicht? Nun, Anna Petersen wird nicht so dumm sein, sie hat mit ihren schwarzen Augen mir so oft zugeblinzelt; wäre ich dir nicht treu, Süßeste, ich würde durch sie längst erlangt haben, was ich wünsche. Also du willst, nimm diesen Kuß.

„Majestät, ist es genug, wenn die Ehben beschwört, daß sie Asche in den Corridor gestreut und am andern Tage Fußtritte darin gefunden, gleich dieser Zeichnung? und wenn die Petersen beschwört, daß sie Papierstrei-

fen, welche sie abends zwischen die verschlossene Thür
zum Corridor steckte, am Morgen zum Theil im Corri-
bor, zum Theil im Schlafcabtnet der Königin fand,
daß sie auch im Bette der Königin Beweise fand?

„Ha, die Dukaten! wie sie glänzen! Aber die
Würfel? Was der Hieb im Gesichte schmerzt! Aber
das Beil, das den Nacken des Doctors dreimal traf,
ehe es den Kopf vom Rumpfe trennte, mußte noch
mehr schmerzen. Der arme Struensee! wie oft hat er
mir Geld geborgt! Aber Julianens Dukaten, ich hatte
sie nöthig.

„Küsse es nicht, Karoline Mathilde, küsse es nicht,
das Bild deiner Kinder, es ist vergiftet! Die Königin-
Mutter will dich todt wissen! Du thust es doch, nun
werde eine Leiche!"

Der Kranke stöhnte, wie von Schmerz geplagt,
laut auf, dann fuhr er wie im Zorne fort: „Weib!
Deine letzte Stunde hat geschlagen, gestehe, hast du
dich dem Grafen Schlottheim hingegeben? Du sagst:
«Ja, Othello», nun fahre zur Hölle!"

Therese hatte Gelegenheit genommen, diese Auf-
zeichnung an Heinrich zu senden, damit dieser vielleicht
Licht schaffe, ob in den Worten ein Ereigniß verborgen
liege, wie sie ahne, oder ob es bloße Fieberphantasien
seien. Heinrich konnte das Räthsel nicht lösen, es

waren zwanzig und mehr Jahre hingegangen seit der
Enthauptung Struensee's und die Ereignisse der Fran-
zösischen Revolution hatten die Sache in den Hinter-
grund gedrängt. Er erinnerte sich dunkel, daß der
Graf von Hardenberg auf Haus Berlepsch etwas von
Claasing und Struensee gesagt hatte, und beschloß, in
Heustedt nähere Erkundigungen einzuziehen. Aber auch
da kam er nicht zu der richtigen Quelle.

Claasing's kräftige Natur trug über das Wundfieber und die Wunde den Sieg davon. Er konnte
nach einigen Wochen das Lager verlassen und wieder
umhergehen, wenn ihm das Reiten auch noch nicht
möglich war. Das Duell hatte großes Aufsehen gemacht, und der Supernumerar-Amtsschreiber war in
eine entferntere Provinz versetzt, Lübrecht um Versetzung
freiwillig eingekommen. Als Claasing zum ersten mal
wieder nach Heustedt fuhr zum Herrenclub, fand er,
daß seine L'Hombrepartie sich durch den neuen Amtsschreiber ergänzt hatte, auch kam es ihm vor, als sei
eine merkliche Erkältung der Gesellschaft gegen ihn eingetreten. Und so war es in der That. Es hatten
sich förmlich zwei Parteien gebildet, von denen die eine
es mit Motz und Lübrecht hielt, von dem Bauern-
hochmuth der Frau Claasing und von seiner brutalen
Geberdung sprach, die andere ihn vertheidigte und

Motz verdammte. Der plötzliche Tod Anna's und daß
man gar keine Todesursache kenne, hatte in den Kaffee-
cirkeln der Frauen jetzt, nach Jahren, abermals länger
als acht Tage den Gegenstand der Klatscherei abgegeben,
bis etwas Neues in den Gang kam.

Wenn der Obergestütmeister im Herrenclub keine
Partie finden konnte, kam er mürrisch nach Hause,
zankte mit der Frau, obgleich deren Zustand der Scho-
nung bedurfte, war grob gegen die Töchter und zankte
mit den Knechten.

Alle diese Dinge gingen in Rückerinnerung vor der
Seele des Candidaten vorüber, als es ihm nicht gelingen wollte, die Disposition zu seiner Predigt zum
ewigen Frieden zu finden. Er war aufgestanden und
in der Stube auf- und abgeschritten. Es war ihm
nicht hell genug, er holte zwei Reste eines dicken
Kirchenwachslichts, die er vom Küster gekauft hatte,
dem die Reste der Kirchenlichter als Accidenz zufielen,
und zündete dieselben an, um weiter arbeiten zu können. Da wurde an die Thür gepocht, die Botenfrau
aus Heustedt brachte einen Brief und ein Packet.

Der in seinen Arbeiten und Gedanken unangenehm
Unterbrochene betrachtete zuerst den Brief von allen
Seiten, das war die Handschrift seines Bruders, die

er seit Jahr und Tag nicht gesehen hatte, das Post=
zeichen war von Bentheim. Er öffnete.

„Lieber Heinrich", schrieb der Bruder, „wenn
ihr mich für todt gehalten habt, so habt ihr nicht
unrecht gethan. Zwar lebe ich im gewöhnlichen Sinne
des Worts, aber ich fühle mich todt; ich fühle, daß
ich schon wieder nicht auf dem rechten Flecke stehe,
das Kriegshandwerk hat seinen Reiz für mich verloren.
Ich möchte, die Kugel, die mir durch die linke Seite
geschossen, wäre einige Zoll weiter nach rechts ge=
kommen.

„Ja, wenn es immer Kampf gäbe, immer Aufregung
wie bei unserm Ausfall aus Menin. Der wird einzig
dastehen in der Weltgeschichte, und wie unser alter Rector
uns mit Thränen in den Augen von der Vertheidigung
der Thermopylenpässe erzählte, so wird man in han=
noverischen Schulen unsern Kindern von Menin er=
zählen.

„Wir, zweitausend etwa, entmuthigt seit lange
durch so viele verlorene Schlachten, Hondschotten war
fürchterlich, vorn eingeschlossen in jenem schlechtbefe=
stigten, halb niedergeschossenen, halb brennenden Reste
Menin, eingeschlossen von zwanzigtausend Republika=
nern unter Führung des klugen Generals Moreau und
des kühnen Vandamme.

„Ein Drittel der Leute sagte, zwei Drittel dachten, wir müssen uns ergeben. O! wir Hannoveraner, die vierzig Hessen und sechzehn kaiserlich-österreichische Artilleristen, wir hätten auch gute Capitulationsbedingungen bekommen, aber wir hatten ein Bataillon Loyal-Emigrants bei uns, vierhundert Mann, beinahe sämmtlich emigrirte Offiziere, deshalb auch Loyal-Emigrés genannt. Die wollte man behalten, die wollte man zur Guillotine schleppen. Da sagte unser Alter: «Ich capitulire nich», und zu meinem Kapitän sagte er: «Scharnhorst, wir wollen uns durchschlagen, entwerfe Er die Disposition.»

„Wir hatten vier Tage und vier Nächte keinen Schlaf gehabt, aber ich habe eine halbe Nacht bei meinem Kapitän gesessen, gezeichnet und geschrieben.

„Als er fertig war und ich die Disposition zum alten Hammerstein brachte, da wurden die Commandeure der Bataillone, der Artillerie und der sechzig Mann Cavalerie in ein Haus am Brügger Thore beschieden. Wir hatten, als Ordonnanz meines Kapitäns war ich mit im Zimmer, kein anderes Licht, als welches die ringsumher flammenden Häuser in das Zimmer warfen, und die Bomben fielen auf die Gebäude um uns und in das, worin wir waren, und crepirten vor unsern Fenstern, im Garten. Der Alte war vollkommen gefaßt.

„Als er rief: «Meine Herren», rafften sich einige Adjutanten, die auf der platten Erde lagen und trotz der einschlagenden Bomben geschlafen hatten, empor. «Meine Herren, ich habe Sie nicht zu einem Kriegsrathe versammelt, ich will mich mit der Garnison durch=schlagen, lieber im freien Felde sterben, als capituliren.

„«Das Bataillon Loyal=Emigrants geht aus dem Courtrayer Thor, läßt die Ueberschwemmung links und fällt von der Seite in die vom Feinde besetzte Vorstadt Brügge.

„«Zu gleicher Zeit öffnet eine Compagnie des Grenadierbataillons das Brügger Thor, gefolgt vom ersten Bataillon des vierzehnten Regiments, dann die Artillerie, dann die drei letzten Compagnien des ersten Grenadierbataillons, dann die übrigen vierzig Mann Cavalerie.

„«Zweihundert Mann von allen Bataillonen, außer den Loyal=Emigrants, bleiben unter Oberstlieutenant von Spangenberg im Orte und vertheidigen ihn wo möglich bis morgen früh neun Uhr.»

„Doch, wozu Dir, dem Theologen, solche Dispo=sitionen? Genug, wir zogen nachts ein Uhr aus, also am 30. April v. J., sämmtlich hoch aufgeregt und glücklich, aus der Gefangenschaft in den Wällen befreit zu werden. Die Emigrants, welche nicht aus dem Thore, das gänzlich verbarrikadirt war, herauskonnten, mußten sich einen Weg über den Wall durch die Palisaden bahnen, sie griffen die Halbbrigade des Generals Vandamme an und stießen sie nieder, das Grenadierbataillon kam ihnen zu Hülfe. Aber Vandamme ermannte die Seinen und drängte die Emigrants ab, auch das erste Bataillon des vierzehnten Regiments konnte, von lebhaftem Feuer der Republikaner empfangen, nicht in Gemäßheit der Disposition vorgehen, es zog sich in Unordnung zurück. Eine Bastion mit drei Geschützen that ihre Schuldigkeit nicht, alles schien verloren. Der Commandeur der Artillerie war nicht an der Tête, auch unsere Leute kamen in Unordnung, da keiner der Offiziere die Disposition kannte, außer meinem Kapitän und mir.

„Da sprengte Scharnhorst an die Spitze, er stellte Ordnung her, er ließ mit Kartätschen auf den anrückenden Feind schießen, brachte die Geschütze, die noch in der Barrière waren, heran. Allein die Republikaner rückten stark vor zwischen Festung und Vorstadt und drängten uns in einen Winkel. Die Geschütze konnten nicht über den gestauten Geluwebach, da die Brücken theils abgebrochen, theils überschwemmt waren. Mein Geschütz saß auf so einer verdammten Brücke fest und sperrte allen den Weg. Da fiel mir ein, daß nahe bei dem Courtrayer Thore noch eine Brücke sich befinde, welche auf die Chaussee nach Courtray führe. Sie hatte abgebrochen werden sollen auf Befehl des Alten, deshalb war dahin nicht der Ausweg geleitet. Ich sprengte zur Stelle und fand den Befehl Hammerstein's zum Glück nicht vollzogen.

„Nun führte ich die bedrängten drei Geschütze, einige Cavalerie und einige funfzig Mann Infanterie auf die Chaussee. Dann habe ich mit einer Kanone, zu deren Commandanten ich mich aufgeworfen, unterstützt von zwanzig Mann Cavalerie und eben erst eingestellten Landwehrleuten aus Hoya, dreimal eine Schwadron feindlicher Husaren, die sich aus der Vorstadt Brügge auf uns werfen wollte, zurückgetrieben.

„Wenn ich einmal wieder nach Heustedt kommen sollte, so will ich Dir das ausführlicher erzählen und eine Zeichnung vorlegen, die ich hier in Mußestunden entworfen. Genug, die Garnison war gerettet, mit Verlust von sechs Offizieren, einhundertzweiundzwanzig Unteroffizieren und Gemeinen, außer Vermißten und Verwundeten. Wir kamen glücklich nach Brügge, wo wir uns aber beinahe mit Gewalt den Eingang erzwingen mußten. Man schnitt mir hier eine Kugel aus der linken Seite zwischen den Rippen heraus.

„Und diese Kugel ist alles, was ich von der ganzen Affaire gehabt habe und behalten werde. Was hilft in unserm Lande alle persönliche Tapferkeit, alle Klugheit, alles Genie, wenn man nicht adelich geboren ist? Meinen Kapitän haben sie zwar zum Major gemacht und glauben wunder was gethan zu haben, aber sein Verdienst, das haben sie ihm vor der Nase weggestohlen! Ein lumpiger Emigré, der als Ingenieur bei den Engländern dient, Saint-Paul, der nichts gethan als das Verkehrteste: Menin von der Seite zu befestigen, wo es durch Ueberschwemmung fest war, den preisen sie jetzt in den Zeitungen ob der trefflichen Vertheidigungsanstalten, die, sofern sie gut, lediglich aus Scharnhorst's Kopfe entsprungen waren. Der französische Lump maßt sich sogar das Verdienst der Disposition des Ausfalles an, und Herzog von York, Feldzeugmeister Clayrfait, vielleicht der Kaiser selbst, sagen ihm ihren Dank. Das ist abscheulich! Ohne Scharnhorst und den Muth unsers Alten waren wir elendiglich abgefangen und die Loyal-Emigrants auf den Richtplatz geschleppt. Von mir will ich nicht reden, obgleich ich ein tüchtig Stück Arbeit mitgethan habe. Ich weiß, mein Kapitän hat mich bringend zum

Offizier empfohlen, er hat mich öffentlich belobt, und
wenn es von dem Alten abhinge, so hätte ich längst
Epaulettes. Aber ich bleibe, was ich bin, Oberfeuer-
werker Schulz II. Dieser plebejische Name! Wie kann
ein Schulz, sogar ein Schulz II. ein Held sein? Wir
haben bei unserer Batterie drei Schulze, und nun gar
erst bei der Infanterie, da gibt es bei jeder Compagnie ein halbes Dutzend. Einen Lieutenant, einen
Hauptmann, einen General Schulz wird es nie geben!

„Und hätte ich noch das Bewußtsein, für das Vaterland mich geschlagen zu haben. Uns Hannoveranern
haben aber die Franzosen nichts gethan, ihnen auch
nichts thun wollen, wir Hannoveraner führen keinen
Krieg mit Frankreich, wir haben kein Reichscontingent
gestellt, ich habe gekämpft und bin verwundet als ein
elender englischer Söldner, den unser Kurfürst an
England verkauft hat, ebenso wie die Hessen, die mit
uns fechten, von ihrem Landgrafen verkauft waren.

„Mir hat die Republik nichts gethan, ich liebe
die Republik, ich liebe Freiheit und Gleichheit.

„Solange ich Scharnhorst als Chef hatte, habe
ich alles ertragen, das Hin- und Herschleppen im
vorigen Jahre mit der Wunde in der Seite, unglaub-
liche Strapazen. Jetzt commandirt ein adelicher Junge,
hätte ich beinahe gesagt, der kaum die ersten Begriffe

von Mathematik hat, und der eine Kanone nicht zu
richten weiß, und wir stehen hier, müßig auf der De=
marcationslinie an der holländischen Grenze. Wie oft
habe ich verwünscht, von meinem Handwerk fortgelau=
fen zu sein. Ich habe erst in Holland und Belgien
gesehen, was ein Handwerker sein kann. Aber dazu
gehört wieder Geld.

„Was ist es doch für eine Lumpenwelt, wenn man
ohne Namen und ohne Geld geboren wird! Das bis=
chen Verstand, das Gott einem solchen Proletarier
mitgegeben, der es nicht weiter bringen kann, drückt
nur noch mehr.

„Und nun ein Soldat im Frieden, eine bloße
Maschine, ein Mensch ohne Willen, folgend dem Willen
oder der Willkür eines Laffen und Dummkopfes!

„Hinderte mich nicht ein gewisses Ehrgefühl, ich
wäre schon längst desertirt, ich wäre nach England
gegangen und Maschinenbauer geworden; aber so ge=
mein der Name Schulz ist, ich mag nicht wortbrüchig
werden, ich will meine Capitulationszeit aushalten.

„Nun aber zu euch, ihr Lieben! Was macht die
gute Mutter und der brave Vater? Haben sie sich
um den verlorenen Sohn stark gegrämt? Sage ihnen,
Unkraut und Schulzens vergehen nie. Was machen
die Schwestern? Wo steckt Karl Haus? Hat Comteß

Olga noch nicht geheirathet? Und die blonde Anna, wie ist's mit der? Du warst als Junge stark vernarrt in die Kleine, bist Du es noch?

„Grüße sie alle, schreibe hierher, wir werden wol eine Zeit lang an der holländischen Grenze liegen bleiben müssen, und da haben wir hier in Bentheim wenigstens den bessern Theil.   Dein Friedrich."

Der Arme, sagte Heinrich zu sich, er ist unzufrieden mit sich, mit Gott und der ganzen Welt. Das macht der Ehrgeiz. Wer arm ist, muß demüthig sein, sagte meine Großmutter immer. Er verfiel in tiefes Sinnen.

Da raffte er sich empor und griff zu dem Packete, es zu öffnen. Was war das? Das Porträt Anna's im Hochzeitskleide auf Elfenbein en miniature gemalt. Dazu ein Brief Theresens:

Herzgeliebter!

Das bist Du mir und bleibst Du mir und ich Dir, wenn auch Dein Mund es mir noch nicht gesagt hat, Dein Auge hat es mir tausendmal verrathen. Seele meiner Seele! nichts trennt uns mehr. Auch das Andenken an die Todte, deren Bild ich Dir sende, soll uns nicht trennen, nein, nein, es soll uns inniger verbinden.

Heute Morgen hat die Mutter Claasing einen Sohn geboren, mit meinem Anerbenthume ist es also vorbei, ich bin damit ein armes Mädchen geworden, viel ärmer, als Du glaubst. Auf unsern Höfen ruhen von dem Neubau nach dem Siebenjährigen Kriege her noch immer einige Schulden, sie sind nicht bedeutend, aber sie werden von dem Allodialvermögen, von dem ich allein noch erbe, zu einem Drittel erbe, zunächst ab= gesetzt. Wo ist aber das Allodialvermögen? Außer den Gebäuden auf den Höfen ist nichts da; das In= ventar ist verkauft, die Früchte beider Güter ernten Pächter, die Scheunen auf dem Siebenmeierhofe stehen leer, das dafür aufgenommene Geld hat Claasing an sich genommen. Ich werde es für eine Gnade zu betrachten haben, wenn Claasing mir 1000 oder 2000 Thaler als Abfindung gibt, aber ich sehe es für eine viel größere Gnade Gottes an, daß er die Fesseln, die mit dem Worte Anerbin mir angeschmiedet waren, ab= gestreift hat. Ich bin jetzt frei, Dein Mund darf sprechen, die Gründe, die ihn schweigen hießen, sind nicht mehr; ich bin ein armes Mädchen, das sich glück= lich schätzen muß, wenn ein Dorfpastor ihr die Hand anbietet.

Aber Du mußt mich sofort befreien, ich muß fort von hier und auch meine Schwester muß fort, Du hast mir so oft von Deiner Schwester Marianne erzählt, könnte sie uns nicht eine Zufluchtsstätte gewähren?

Ich muß fort, denn es läßt mir keine Ruhe unter dem Dache eines Mörders. Ja ich zweifle nicht mehr, Claasing ist der Mörder Deiner Anna. Schon seine Fieberphantasien ließen mich so etwas ahnen, jetzt weiß ich es gewiß.

Als die Mutter gestern Abend bei Abwesenheit Claasing's ganz plötzlich heftige Wehen bekam, ein Knecht nach Kirnberg, ein anderer nach der Stadt, den Arzt zu holen, geschickt war, die Großmagd bei der Mutter war, die Schwester zur Hebamme gelaufen, da schritt ich voll Unruhe und Angst auf der Hausflur auf und ab. Aus der Dienstenkammer hörte ich laut schluchzen und klagen und dann die Lisbeth, die Jung= magd, deutlich beten: „O barmherziger Gott, sei ein gnädiger Gott mit dem Sünder und den Seinen!"

Ich trat in die Kammer, Lisbeth lag auf den Knien und hatte die Hände zum Gebet emporgestreckt.

„Was bedeutet das, Lisbeth? Wer ist der Sünder, für den du betest?" sagte ich.

Sie wollte im Anfang nicht mit der Sprache heraus, dann aber sagte sie:

„Es muß doch einmal offenbart werden, ich habe nicht eher Ruhe, und da sage ich es Ihnen lieber als

i.gendeinem andern Menschen. Es werden morgen
drei Jahre, es was Martinstag, da starb die selige
Frau. Ich habe noch mit keiner Menschenseele über
das gesprochen, was ich da erlebte, es überläuft mich
immer ein Grausen, wenn ich nur daran denke, und
der Gedanke, daß da eine Unthat geschehen, läßt mich
nicht. Es war des Nachts schon sehr spät, als der
Herr nach Hause kam, das Wetter war grausig. Der
Herr schien sehr zornig, vielleicht etwas angetrunken,
er mußte sehr schnell geritten sein, denn Johann sagte
mir, das Pferd sei ganz in Schweiß gebadet gewesen,
auch lahmte es später. Der Herr ging erst in die
Dönze, nach einiger Zeit ging er nach oben. Die junge
Frau hatte sich eingeschlossen, wie sie das jeden Abend
that. Der Herr muß die Thür mit einem Fußtritt
geöffnet haben, das Geräusch erschreckte mich, ich stieg
aus der Koje, öffnete leise die Kammer und schlich
mich zur Treppe. Da hörte ich oben laut und heftig
reden, die Stimme des Herrn war überlaut, doch verstand ich nicht, was er sagte. Ich fürchtete, er möge
zurückkommen, und schlich mich in die Kammer, ließ aber
die Thür offen stehen. Etwa fünf Minuten später
hörte ich ein neues Geräusch und sah, als ich den Kopf
durch die Thür steckte, den Herrn oben auf der Galerie
vor der Thür seiner Frau stehen. Das Talglicht der

Frau, das sie vor ihrem Bette zu brennen pflegte,
ehe sie schlief, um zu lesen, hatte er auf den Fußboden
gesetzt und schlug mit einer Axt den Krampen des
Thürschlosses wieder in die Thürpfosten. Er sah sehr
blaß aus und schlug mit großer Gewalt. Dann schlug
er die Thür zu. Ich dachte, wie kann er der armen
kranken Frau, der jedes Geräusch zuwider ist, in der
Nacht solchen Lärm machen? Am andern Morgen war
die arme schöne Frau todt und ich habe mir später
oft gedacht, sie ist schon todt gewesen, als der Herr
die Krampe in die Thür schlug, und der Herr hat sie
todt gemacht. Jetzt bete ich für Ihre gute Mutter
und das Kind, das sie gebären will, beinahe am Tage
der That."

„Schweige auch ferner gegen jedermann", erwi=
derte ich, „lassen wir Gott die Rache wie das Er=
barmen."

Aber ich beschloß, meinen Stiefvater auf die Probe
zu stellen. Die Schwester hatte nämlich in der Polter=
kammer, aus der wir schon Anna's Harfe und Biblio=
thek, auch Deine Geschenke an sie, gerettet, ein Etui
mit dem Bildnisse Anna's gefunden, das ich Dir sende.
Ich holte das Etui. Als nun Claasing endlich an=
gekommen, als die Mutter in die Stube an der Dönze

gebracht war, und Arzt, Hebamme und andere um sie waren, Claasing mit großen Schritten im Zimmer auf- und abging, Agnes sich hinter den Ofen gesetzt hatte und weinte, ging ich zu ihm und sagte, indem ich das Etui öffnete und das Bild vorhielt: „Vater, ich habe etwas gefunden und bitte sehr, schenken Sie mir das Bild, es ist ein zu reizendes Gesicht."

Dieser hatte kaum einen Blick auf das Bild geworfen, als er aschgrau im Gesichte wurde, mich mit stieren Augen ansah und wie geistesabwesend antwortete: „In das Feuer damit, in das Feuer, es ist vergiftet, die Schlange Juliane hat es vergiftet!"

Ich lief davon, Agnes folgte mir, wir schlossen uns ein und durchwachten im Bette, enge aneinandergekauert, eine schlaflose Nacht.

Er ist der Mörder, es ist kein Zweifel, und hier ist noch ein zweites Verbrechen begangen. Wer ist die Juliane?

Rette mich, rette mich! Ich kann in keinem Zimmer länger weilen, in welchem Deine Anna ermordet ist. Schreibe noch heute an meine Mutter, schreibe ihr, nachdem sie einen Sohn und Anerben geboren, wagtest Du erst, ihr Deine Liebe zu mir zu gestehen, die, wie Du glaubtest, erwidert werde, und um meine Hand anzuhalten. Lasse einfließen, Du sähest nicht auf

Geld und wäreſt mit jeder Abfindung zufrieden. Claaſing wird den Brief öffnen, er iſt geizig und geldgierig, er wird unſere Plane befördern. Mache aber
gleichſam zur Bedingung oder ſprich Deinen Wunſch
aus, daß ich und die Schweſter, bis Du eine Pfarre
hätteſt, zu weiterer Ausbildung von Haus müßten,
ſage, daß Deine Schweſter und Dein Schwager in
Mollenfelde uns gegen ein mäßiges Koſtgeld aufnehmen
würden. Handle raſch. Der Doctor nimmt dieſen
Brief und das Etui mit nach Heuſtedt, damit beides
noch heute in Deine Hände gelangt.

Edernhauſen, 10. November 1795.

Deine
ewig Dich liebende Thereſe.

Heinrich war einer der Menſchen, die zu einer
Energieentwickelung eines äußern Anſtoßes bedurften,
die aber, wenn ſie dieſen empfangen, nicht eher ruhen
und raſten, als bis ſie den Gedanken ausgeführt, ihr Ziel
erreicht haben. Thereſe war immer aus ſich heraus ſelbſt-
thätig, aber durchaus praktiſch, ſie kannte die ſchüchterne
Natur des Geliebten, ſollte er praktiſch handeln, ſo mußte
ihm vorgeſchrieben werden, was er thun ſolle, ſonſt
ſchoß er im blinden Eifer oft über das Ziel hinaus.

Der Pfarrgehülſe ſchrieb an Thereſens Mutter

und schloß einige hochglühende Zeilen an seine Geliebte selbst ein. Dann eilte er zum „Kruge", wo die Boten= frau eine Stunde auf Rückantworten und Briefe zur Stadt zu warten pflegte, um ihr selbst den Brief zu bringen und ihr auf die Seele zu binden, morgen früh denselben durch expressen Gang, den er gut bezahlte, nach Eckernhausen zu schaffen.

Nachdem er dann mit seiner Pastorenfamilie ein frugales Abendbrot eingenommen hatte, ging er wieder auf sein Stübchen, das bei Abend viel traulicher war als an einem so dunkeln Novembertage. Lange, sehr lange betrachtete er Anna's Bildniß, dann küßte er es und hing es über seinem Schreibtische auf; sie war erst jetzt eine Todte für ihn.

Das Gefühl eines seligen Friedens überkam ihn. Die bescheidenen Wünsche seines Lebens, sie standen ihrer Verwirklichung nahe: ein geliebtes und liebendes, schönes, kluges, thatkräftiges Weib, eine Pfarre mit auskömmlichen Einnahmen, eine gute Gemeinde, der er ein treuer Hirt und Führer zu einem gottgefälligen Leben zu sein sich gelobte, was wollte er mehr?

Er dachte abermals an das Thema seiner Predigt, die Gedanken flossen ihm reichlicher. Um zum ewigen Völkerfrieden, wie um zum Frieden mit uns selbst zu kommen, da bedurfte es vor allem der Mäßigung und des Maßhaltens. Der Egoismus des Einzelnen, die Herrschluft, Eroberungsluft, Vergrößerungsluft der Völker, sie mußten aus der Welt. Aber wo waren die zum Kriege treibenden Leidenschaften? Sie waren nicht im Volke, sie waren bei den Großen dieser Erde, diesen Generationen hindurch anerzogen und endlich angeboren. Dem Volke war es angeboren, jedem das Seine zu lassen, jedem Menschen die Bedingnisse des Lebens, des geistigen wie körperlichen Wohlseins zu gewähren und zu gönnen. Nur die Bevorzugten dieser Erde, calculirte er, deren Vorfahren sich durch Kriege und Eroberungen, Heirathen, Misbrauch der Amts- gewalt, Treulosigkeit gegen Kaiser und Reich in Besitz eines Theils dieser Erde gesetzt, sich zu Herren über Unterthanen gemacht haben, sind es, welche das gleiche Recht aller nicht anerkennen, die für sich ein bevor- zugtes Recht von Gottes Gnaden beanspruchen. Sie wollen nicht, daß ein Volksstaat sich bilde, sie wollen nichts von einer Weltrepublik wissen, sie widersetzen sich der Staatsbildung, das heißt der Rechtsbildung, sie wollen zwischen sich und andern Herrschern keine richtende Gewalt anerkennen, nicht Gotteswort, nicht Moral, nur die Gewalt. Wie kann man da zum ewigen Frieden kommen?

So brüllte er bis tief in die Nacht, bis ihn der
Schlaf überwältigte, er ahnte nicht, daß schon eine
neue Gottesgeisel auf der Weltbühne stand, die die=
jenigen, welche bis dahin als mächtig gegolten, in den
Staub trat, zu seinen Sklaven machte, und von einer
Weltmonarchie träumte.

———

Siebentes Kapitel.

— ∘ —

Nordamerika vor siebzig Jahren.

Philadelphia, 4. December 1796.
An Karl Haus in Neapel. Abzugeben bei dem Grafen Münster.

Lieber Karl! Dein Brief hat mich tief betrübt. Du lebst da Tage der Wonne, fühlst Dich im fünften Himmel, weil das Schicksal Dir Deine Olga in die Arme geführt hat. Ich bin, wie Du weißt, kein Pedant und würde an Deiner Stelle kaum anders gehandelt haben. Die Comteß Olga hat Dir ihre Liebe geschenkt, sie hatte darüber frei zu verfügen, denn sie war dem Grafen von Schlottheim nicht angetraut, und wäre sie es gewesen, so wäre das Bündniß nichtig und erzwungen gewesen, und Du hast sie beständig mit sentimentaler Treue geliebt. Also warum solltet ihr einander nicht angehören?

Aber dennoch will mir nicht zusagen, daß, nachdem

Dein Ideal jetzt einen Beschützer in Dir gefunden, nachdem ein Mann ihr zur Seite steht, die Lüge des Getrautseins mit diesem Schlottheim fortbesteht. Das ist ein rein unsittliches Verhältniß. Verstehe mich wohl, ich meine nicht euere Liebe zueinander, ich halte es nicht für unsittlich, daß sich die Gräfin Dir, als wäre sie Dein Weib, hingegeben, ich halte es für unsittlich, daß sie noch mit Schlottheim in Einem Hause als dessen Gattin wohnt, sich vor der Welt Gräfin von Schlott= heim nennt, daß sie das niemals durch Priesterwort geknüpfte Band, diese Scheinehe, nicht von sich abstreift als eine schmähliche Fessel der Lüge.

Denke Dir doch den Fall, es hilft hier nichts, die Dinge übertünchen zu wollen, Olga gebäre Dir einen Sohn. Möchtest Du, daß er unter dem Namen eines Grafen Schlottheim getauft würde, erzogen würde, Ansprüche auf Schlottheim'sches Vermögen machen könnte, möchtest Du, daß ein Mann von solcher nie= driger Gesinnung, von solchen gemeinen Gewohnheiten und Sitten, von Hochmuth und Adelstolz, auch nur acht Tage über das Schicksal Deines Sohnes zu bestimmen hätte?

Ich glaube nicht, daß Du das wünschen wirst. Du hast, davon bin ich überzeugt, im Taumel Deines Glücks, bei der Leichtigkeit, mit der der gesammte Cirkel, dem

Du in Neapel nahe stehst, namentlich die Großen bei
Hofe, das Leben nehmen und genießen, gar noch nicht
an diese Seite der Sache gedacht.

Du äußerst zwar, daß Dir zu Deinem Glücke nichts
fehle als die kleinste Hütte, die Du Dein Eigenthum
nennen könntest, und daß Du Dich in der größten Ein=
samkeit, vereint mit Olga, zufrieden fühlen würdest.
Das sind Redensarten, sind Träumereien und Selbst=
belügungen. Wir können nicht mehr in der Einsam=
keit, wir können nicht mehr in Hütten leben, ihr würdet
euch bald zu ennuyiren anfangen, und solltet ihr in der
schönsten Gegend von Italien ohne menschliche Gesell=
schaft leben. Daß Du als Privatsecretär des Grafen
Münster die angebliche Frau des Grafen Schlottheim
nicht heirathen kannst, ist selbstverständlich. Du und
Olga, ihr müßt allem, was ihr in Europa noch Liebes
habt, entsagen und nach Amerika fliehen. Hier, in
einem aufblühenden jungfräulichen Staate, wo es keine
Grafen und Barone, aber auch keine Verderbtheit gibt,
wie Europa, namentlich Neapel sie großbrütet, wo es
keinen so lastervollen Hof gibt, als Du den dortigen
schilderst, wo eine Person wie euere Königin Karolina
ausgestäupt würde, und wo man ihre Buhlen Acton
und Genossen auspeitschen würde oder theeren, braucht
ihr nicht in der Einsamkeit, braucht ihr nicht in einer

Hütte zu wohnen. Ihr könnt hier in einer großen schönen Stadt von sechzigtausend Einwohnern, oder ihr könnt in der neuangelegten Capitole ein schönes Quartier beziehen, vorausgesetzt, daß Du arbeiten und Dir Dein Brot verdienen willst. Glaube mir, durch Arbeit verdientes Brot schmeckt süß. Aber ich verlange nicht, daß Du wie ich Kaufmann wirst, daß Du Interessen berechnest, Preisverzeichnisse und Curse studirst, Käufe und Verkäufe machst, Geld zu verdienen suchst, wie es eben im Handel und Wandel geht.

Ich habe einen andern Plan. Die Partei, der ich mich angeschlossen, die föderalistische, beabsichtigt eine neue Zeitung zu gründen, eine Fortsetzung gleichsam des Hamilton'schen „Federalisten", von dem ich Dir sämmtliche Nummern beilege, welche die hier ausgesprochenen Grundgedanken immer von neuem durcharbeiten und wiederholen soll. Ich kann Dir die Redaction der europäischen Angelegenheiten und vorläufig ein Gehalt von 1200 Dollars anbieten, bis Du genug Kenntniß unserer Angelegenheiten gewonnen hast, um auch über diese ein Wort mitsprechen zu können. Von diesem Honorar kann eine Familie recht gut leben. Wenn Deine Gräfin nun noch dazu etwas von ihrem Vermögen rettet, Du sprichst von einem reichen Familienschmucke, so trägt hier jedes Kapital die doppelten

Zinsen wie in Europa, und willst Du es in Ländereien anlegen, die vorläufig wenig rentiren, so werden, wenn das Kapital auch nur 5000 Dollars groß ist, wenn nicht Deine Söhne, so doch Deine Enkel ein viel reicheres Einkommen haben, als die Söhne und Enkel des Grafen Schlottheim je haben werden. Amerika hat eine Zukunft, so reich sie niemals in der Welt existirte.

Wenn Dich Deine Olga also in der That so sehr liebt, daß sie Dir ihren Rang, Stand, Stellung in der Gesellschaft, ihre ganze Vergangenheit und ihre zwar nicht zu hoffnungsvolle Zukunft opfert, so komme hierher. Komm!

Täusche ich mich aber in Beziehung auf Dich, bist Du durch den Umgang mit den Großen schon so entsittlicht, daß Du das Liebeleben, welches Du lebst, nur als einen vorübergehenden Zustand ansiehst, den man als junger Mann mitnehmen könne, dann bleibe, wo Du bist, dann bist Du für mich und für die Menschheit verloren, taugst für Nordamerika nicht. Ich kenne Neapel nicht, ich weiß aber, daß selbst Hannibal und sein Heer in Capua, unfern Neapel, untergegangen ist, und daß der ganze Staat Neapel dem Untergange nahe steht, eigentlich schon untergegangen ist. Der Fischerkönig dort und seine Gemahlin, Lord und Lady Hamilton,

Prinz August und seine Auguste, Graf Münster wie
Graf Schlottheim, sie alle wandeln auf einem Vulkan,
schlimmer als jener, dessen Rauchsäulen Du aus Deinem
Balkon vor Dir siehst. Rette Dich in unsere jung=
fräuliche Republik, wahrscheinlich trete ich Dir dann
schon mit einer Gattin entgegen, die Deiner Olga eine
würdige Schwester sein wird.

Ueber hiesige Zustände habe ich langes und breites
an meinen Vater geschrieben. Ich hatte ihm schon
von England aus eine neuerfundene Copirmaschine
geschickt, und ich habe ihn gebeten, meine sämmtlichen
Mittheilungen an ihn, sofern sie nicht rein privater
Natur, Dir abzuklatschen und zu senden. Du wirst
daraus einen ungefähren Begriff hiesiger Zustände be=
kommen. Diesen Brief sende ich durch Vermittelung
des Herrn Best in London an meinen Vater mit dem
Auftrage, durch die hannoverische Gesandtschaft unter
Graf Münster's Adresse Dir denselben zuzusenden.
Dann wird er die Reise über London und durch Best's
Hände noch einmal zurückmachen.

Laß alle Deine Antworten an mich durch Lord
Hamilton an Best senden, sie kommen mir dann am
sichersten zu Händen.

Glaube mir, daß ich Dich mit aller Herzlichkeit
von früher liebe und nie vergessen werde, daß Du mein

Leibfuchs warst, glaube aber auch, daß mir, wenn auch wenige Jahre älter als Du, mehr Wind um die Nase geweht ist, als Dir vielleicht je herumwehen wird, und daß ich, um mich kaufmännisch auszudrücken, um neunzig Procent praktischer bin als Du.

Entscheide Dich bald und küsse Deine Geliebte in meinem Namen und Auftrage im Angedenken des Tages, wo ich sie vor etwa zehn Jahren zuerst sah.

Schreibe mir, was Freund Heinrich Schulz macht, wenn Du Nachricht von ihm hast.

Vale! Vale!

Dein Justus Erich.

Als Beilagen lagen diesem Briefe bei das nach-folgende Schreiben wie die Tagebuchsblätter an Voll-mann's Vater:

Philadelphia, 15. Juni 1796.

Schon vor meiner Ankunft in den Vereinigten Staa-ten wußte man, daß ich kommen würde; meine wirkliche Ankunft wurde bald allgemein bekannt. Mein Versuch, Lafayette aus Olmütz zu befreien, hatte Neugierde und gutes Vorurtheil ¦erweckt, und so fand ich dann in Neuyork, wo ich nur vierzehn Tage blieb, und hier, wo ich seitdem immer gewesen bin, eine entgegenkom-mende freundschaftliche Aufnahme. Ich war bald in

den erſten Geſellſchaften zu Hauſe, hatte an allen kleinen
Feſten und Familienbeluſtigungen während des Winters
Antheil, und verbrachte vorzüglich mit den Weibern,
die im Durchſchnitt ſchön, weniger aufs Geldverdienen
erpicht wie die Männer, folglich weniger beſchränkt,
gebildeter und liebenswürdiger ſind, manche angenehme
Stunde! Die hieſigen Amerikanerinnen ſind lebhafter
wie die engliſchen Damen. Sie tanzen mit Leidenſchaft
und ſchön, reiten viel und gut, machen weniger Um=
ſtände, funfzig deutſche Meilen zu reiſen, als deutſche
Damen eine halbe, ſind frei und wild und werden meiſtens
frühe Mütter von zahlreichen Kindern. Aber wiewol
die Sitten im ganzen unverdorben und in Philadelphia
ſogar in der ſogenannten guten Geſellſchaft kaum ein
einziges Frauenzimmer iſt, deren Tugend ſich auch nur
bezweifeln ließ, ſo iſt doch bei dem ſchönen Geſchlecht
eine gewiſſe Würde im Betragen, eine keuſche liebens=
würdige Zurückgezogenheit, die weniger eine Folge in=
dividueller Vervollkommnung, als vielmehr der größern
Verfeinerung des ſittlichen Gefühls einer Nation über=
haupt zu ſein ſcheint, hier weit ſeltener als wie in
England, Deutſchland und Frankreich. Es iſt möglich,
daß dieſe Abweſenheit einer unſchuldigen Außenſeite
eine Folge der größern Unſchuld ſelbſt iſt, möglich,
daß unſere europäiſche Verdorbenheit europäiſche Vor=

trefflichkeit erzeugt! Alles wohl überlegt, bestärkt der Anblick der Neuen Welt in mir den Vorsatz, mit den Dingen, wie sie sind, zufrieden zu sein, indem unglücklicherweise das Gute sehr oft sich selbst zerstört, und glücklicherweise das Uebel wieder Gelegenheitsursache zum Guten wird. Es gibt in den Vereinigten Staaten, wie beinahe jetzt überall, zwei Parteien, Freunde und Nichtfreunde des französischen Interesses. Beide Parteien sind und waren nicht viel liberaler als wie in Europa; aber man ist der französischen Nation Dank schuldig, man hat noch kürzlich selbst für die Sache der Freiheit gefochten; darum äußert sich die gegenseitige Wärme nicht sowol in entgegengesetzten Aeußerungen über die Französische Revolution, als vielmehr in Lob oder Tadel der englischen Politik! Das Gouvernement und die Kaufmannschaft gehören im ganzen zur englischen, die Güterbesitzer zur französischen Partei. Zu dieser letzten gehören gleichfalls im ganzen alle Staaten südwestlich von Potomac, Virginia, Carolina u. s. w., zu jener die Staaten nordöstlich vom Potomac, Pennsylvania, Neuyork, Massachusetts, Connecticut u. s. w. Die letztern sind mehr Handelsstaaten, haben keine, oder nur sehr wenige Sklaven, folglich weißen Pöbel, sind also weniger demokratisch. Die Einwohner der südwestlichen Staa-

13*

ten bestehen größtentheils aus Gutsbesitzern, der größere Theil der Arbeiter sind Sklaven, es gibt da folglich keinen Pöbel (denn die Sklaven gehören nicht mehr zur Societät, wie Pferde und Kühe, und sind in ihrem gegenwärtigen Zustande der öffentlichen Ruhe fast ebenso wenig gefährlich), darum sind diese Staaten mehr demokratisch. Sie waren kühn während der Revolution, und sind zum Theil noch jetzt der Einrichtung abgeneigt, welche die Legislatur in zwei Kammern, den Senat und das Haus der Repräsentanten, trennt, denn eine solche Ordnung ist weniger demokratisch. Sie möchten die ganze Gewalt lieber in eine einzige Versammlung zusammendrängen, und sie wünschten dies um so viel mehr, weil sie in einer solchen einzigen Versammlung vermöge ihrer größern Zahl von Repräsentanten leicht das Uebergewicht erhalten würden. Im Senat, wo nicht die Volksmenge jedes einzelnen Staats, sondern die Staatenzahl im ganzen die Menge der Senatoren bestimmt, verlieren sie diesen Vortheil. Aus diesem Grunde nennt man die französische die Oppositionspartei, gewöhnlich die antiföderalistische, die englische die Gouvernementspartei oder die föderalistische.

Diese Benennungen sind richtiger als französische oder Oppositionspartei, da der Senat die individuelle politische Existenz eines jeden einzelnen Staats aufrecht hält; eine einzige Versammlung würde zur Consolidirung in einen einzigen Staatskörper führen, zum Einheits= staate, vielleicht zur Monarchie, während der Norden nur einen Bundesstaat will.

Troß der Leidenschaft dieser beiden Parteien, eine Sache, die in einer Republik nothwendig und heilsam, weil sie die große Basis des öffentlichen Wohls ist, Kenntnißverbreitung und Patriotismus befördert, in= dem sie durch das Interesse der Leidenschaft Geistes= thätigkeit und Theilnahme erweckt, steht der innere Friede dennoch unerschüttert. Es befestigen denselben das vorwiegende, jedem sich aufdrängende Interesse des Zusammenhaltens in einem gemeinschaftlichen Staaten= verein, gegründet auf das Bewußtsein individueller Schwäche und gegenseitiger Nothwendigkeit, und das vorwiegende Interesse für die Aufrechthaltung der Ord= nung, welches in einem Lande nothwendig stattfinden muß, wo es keine Bettler gibt, keine armseligen Men= schen, keine verschiedenen Stände; wo jeder ein Eigen= thum hat, wo Eigenthum sicher ist, und sich durch Thätigkeit zuverlässig mit jedem Tage vergrößert; wo Vermögen und Fähigkeit endlich zur Befriedigung aller vernunftmäßigen Wünsche führen. In einem solchen Lande ist Krieg und Störung von Ordnung jedem fürchterlich, keinem annehmlich. In einem solchen Lande

regieren die Leute im eigentlichsten Sinne sich selbst,
und troß des Parteigeistes, troß des anscheinenden
Kriegs ist alles gegenseitige Nachgeben Fügung, Ein=
verständniß, sobald es zu Handlungen oder zu Maß=
regeln kommt, die auf Ordnung und Ruhe Bezug
haben. Der Ordnungs= und Friedensgeist ist wirklich
so groß, daß die gänzliche Vernichtung der executiven
und gerichtlichen Gewalt, könnte sie statthaben, einem
Reisenden, der die Landessprache nicht verstände, durch
keinen Auftritt vernehmbar werden würde. Eine Stadt
wie Philadelphia, bewohnt von sechzigtausend Menschen,
ohne irgendeine Spur von Sicherheitspolizei, und den=
noch ruhig bis zur Abwesenheit des Lärms der Trun=
kenheit und der Scheltworte, ist für jeden neuankom=
menden denkenden Europäer ein auffallendes und an=
fänglich beinahe unbegreifliches Phänomen!

An Aufwand und Luxus aller Art wird Philadelphia
in Deutschland nur von Wien und Berlin übertroffen.
Es ist daher ein frappanter Gedanke, wenn man sich
vorstellt, vor einhundertzwanzig Jahren war es hier noch
dichter Wald. Man glaubt nicht, daß Menschen so
schnell umschaffen können. Der Wohlstand ist allgemein
und hat sich vorzüglich während des Kriegs sehr ver=
mehrt. Die Ausfuhr von Philadelphia allein belief
sich im Jahre vom October 1790 bis October 1791

auf 3,436092 spanische Dollars und im Jahre 1794 bis 1795 auf 11,518260 Dollars. Eine verhältniß= mäßige, gleichstarke Vermehrung hat in den übrigen Handelsstädten stattgefunden, und dies ist vorzüglich dem Umstande zuzuschreiben, daß der westindische Handel beinahe ganz in amerikanische Hände gefallen ist. Die Ausfuhr ist zugleich an Werth gestiegen. Eine Tonne Mehl, die vor dem Kriege 5 Dollars kostete, gilt jetzt 13—15 Dollars. Amerika bereichert sich durch die Unruhen in Europa. Und wiewol ein schneller Friede in allen Seestädten der Vereinigten Staaten viele Häuser, die zu sehr auf die Fortdauer des Kriegs speculirt haben, zu Grunde richten würde, so hat der wirth= schaftliche Wohlstand der Nation im ganzen während der drei letzten Jahre doch außerordentlich gewonnen und läßt sich durch einige Bankrotte nicht entwerthen.

Ich erwähne dies, weil einige Reisende, vorzüglich Franzosen, die wegen ihrer besondern Lage, und weil sie die Landessprache nicht verstehen, sich hier im Durch= schnitt sehr elend fühlen, glauben, daß aller Wohlstand hier nur eingebildet und sehr precär sei, ja mit dem Frieden zusammenstürzen müsse. Laßt euch in Deutsch= land durch Verbreitungen dieser Art nicht irren, sie sind ungegründet.

Da die Unruhen in Europa für uns so angenehme

Folgen gehabt haben, so war es ein Gegenstand von der äußersten Wichtigkeit, die Neutralität zu erhalten. Alle Amerikaner sind hierin einverstanden. Könnte uns die Neutralität nur durch einen Freundschaftstractat mit England, wie den, den man gemacht hat, erhalten werden, so ist der Tractat als ein geringeres Uebel gut. Man konnte keinen bessern machen, behaupten die Föderalisten. Die Antiföderalisten behaupten das Gegentheil. Das britische Ministerium führte zuverlässig während der Negociation eine drohende trotzige Sprache. Man hat wahrscheinlich in der Verhandlung selbst einen Fehler gemacht, indem derselbe Mann zu derselben Zeit Genugthuung für erlittenes Unrecht fordern und freundschaftliche Verbindung schließen sollte; zwei Dinge, die ihrer Natur nach unvereinbar sind. Zu dem, der mich beleidigt hat, von Freundschaft sprechen, heißt kriechen und seine Obergewalt eingestehen. Er wird nur schlechte Genugthuung geben, und seine Freundschaftsbedingungen werden hart sein — dies ist der Fall gewesen. Ob es dem britischen Ministerium mit den Drohungen Ernst war, oder ob dasselbe nur Furcht einjagen wollte, darin liegt die Entscheidung. Es befinden sich gegen sieben Millionen Pfund Sterling englisches Eigenthum in den Vereinigten Staaten und die Vereinigten Staaten sind gegenwärtig der Hauptmarkt englischer Manufacturwaaren. Man rechnet, daß ein Drittel aller in England verfertigten Waaren hierher verschickt wird. Aber die Amerikaner haben vermöge des westindischen Handels gleichfalls große Summen in England ausstehen; ihre Handelsschiffe sind in allen Meeren, und sie haben bisjetzt keine einzige Fregatte, sie zu beschützen. England ist überdies in Lage und Stimmung, alles aufs Spiel zu setzen. Den Credit der Vereinigten Staaten in Ansehung ihres Finanzsystems zu erhalten und fester zu gründen, war ein wichtiger Punkt. Alles daher zusammengenommen, ist's vermuthlich am besten, wie es ist.

Die Debatten im Congreß über diesen Gegenstand sind während der letzten Sitzung sehr lebhaft gewesen. Sie betrafen vorzüglich zwei Punkte: 1) Hat das Haus der Repräsentanten ein Recht, über den Werth des Tractats Untersuchungen anzustellen und die erforderlichen Geldbewilligungen nach Gutbefinden zu geben oder zurückzuhalten? Die Constitution läßt diese Frage streitig. Mit schlichtem Glauben gelesen, verneint sie sie; aber man kann's drehen und wenden. Daß sie sie verneint, ist vermuthlich ein Mangel der Constitution. Allgemeine Vernunft und politische Gründe scheinen ihre Bejahung zu fordern. Viel Scharfsinn und Gelehrsamkeit wurde für und wider aufgeboten in einer

drei Wochen langen Discussion. Die Opposition gewann in dieser Frage eine Mehrheit von zwanzig
Stimmen. 2) Ist es rathsam, die nothwendige Summe
zur Vollziehung des englischen Tractats zu bewilligen?
Eine Mehrheit von drei entschied für die Bewilligung
wider die Opposition. Das kaufmännische Interesse
war vorwiegend. Die Nation übte durch zahlreiche
Petitionen einen beträchtlichen Einfluß auf die Verhandlungen. Der Tractat war einmal gemacht; Washington's Popularität allein gab ihm bei vielen Gewicht.
Ein Verwerfen wäre nicht einmüthig gewesen. Innere
Trennung hätte die Feinde stark gemacht. Die Frage
war bei vielen nicht: „Ist der Tractat gut?" sondern:
„Kann Washington, der Patriot, der Staatsmann,
unrecht thun oder sich irren?" Wäre der Tractat
daher schlechter gewesen, als er wirklich ist, ein denkender Amerikaner konnte ihn verwünschen, aber da er
einmal da war, mußte er ihn anerkennen.

Die Haupteinwendung wider den Tractat war nicht
auf seine unmittelbaren Vortheile oder Nachtheile gegründet. Man haßte nähere Verbindung mit England
überhaupt. Man fürchtete, daß sein geheimer Einfluß
zu groß würde und politische Corruption in die Vereinigten Staaten bringe. C'est s'attacher à un ca-
davre! dachten viele.

Die nähere Verbindung mit England ist übrigens
die natürlichere. Sprache und Sitten sind dieselben.
Ob sie der politischen Selbständigkeit der Vereinigten
Staaten nicht nachtheilig ist, ist eine andere Frage.
Die übelmeinende Mutter wird schwerlich jemals eine
gute Hofmeisterin, noch weniger eine gute Freundin
werden, und gar nichts mit ihr zu thun zu haben,
wäre vermuthlich besser, um völlig allein zu gehen und
eigenen Kräften vertrauen zu lernen. Auf alle Fälle
scheint man für den Augenblick das Beste errungen zu
haben, und für die Zukunft? England liegt in einer
gefährlichen Krise; ersteht es rüstig und kraftvoll, dann
ist's gut, damit befreundet zu sein. Geht es zu Grunde,
dann ist's leicht, davon loszukommen.

Im allgemeinen möchten viele warme Föderalisten
gern eine erbliche, limitirte Monarchie, viele Antiföderalisten gern eine mehr demokratische Republik
haben. Die große Masse und ruhige Vernunft hängen
der Constitution, wie sie ist, an. Da die Parteien
mit ziemlich gleichen Kräften in entgegengesetzten Rich-
tungen ziehen, da die meisten Ruhe wünschen und keine
Art von Corruption in die öffentliche Versammlung
eingeschlichen ist, so scheint mir die Verfassung der
Vereinigten Staaten so fest zu stehen, wie eine republikanische es nur immer kann.

Washington's Popularität hat durch den Tractat viel verloren. Seine Präsidentur geht mit diesem Jahre zu Ende. Ob er wiedergewählt wird? einstimmig, wie bisher, wol nicht, durch eine Majorität, zuverlässig. Wird er, weniger ehrenvoll, das heißt nur durch eine Majorität erwählt, die Präsidentur annehmen? Man sagt: nein! Aber die Gewalt ist anziehend, ist fesselnd, darum bin ich dieser Meinung nicht.

Jefferson ist der Held der Opposition, der Freund der Franzosen. Er lebt auf seinen Gütern in Virginia und scheint sich um nichts zu bekümmern. Sein Buch beweist, daß er ein Mann von umfassendem Geist ist. Auf einer Reise ins Innere, die ich in wenigen Tagen anzutreten denke, werde ich ihn näher kennen lernen. Jefferson, der gegenwärtige Vicepräsident Adams, der Vater des Gesandten zu Holland, und der Negociateur Jay haben, nach Washington, die größte Anwartschaft auf die Präsidentur.

Washington ist ein großer, starkgebauter, schöner, rüstiger Mann. Der Ausdruck seiner Gesichtszüge und seines ganzen Aeußern verräth viel Kälte und Festigkeit. Klugheit, Vorsicht, Behutsamkeit sind die hervorstechenden Züge seines Charakters. Er ist mehr verschlossen als offen, mehr wirklich gut als rein, als liberal und großmüthig, mehr bedacht, nie etwas Un=

rechtes als etwas Ausgezeichnetes zu thun. Er ist ohne Leidenschaft, dies alles, wie's scheint, aus Grundsätzen. Er ist tugendhaft, nicht groß, sehr vernünftig, ohne ein hervorstechendes Talent, trocken und abgemessen, nicht sehr liebenswürdig, aber Hochachtung fordernd. Washington ist gemacht für den Posten, den er bekleidet. Rathfragend, sinnend, aber nie hingerissen, selbstbestim= mend und selbstentscheidend.

Washington ist Lafayette's warmer Freund. Aber was kann derselbe bei einer Lage wie die oben geschil= derte thun? Oesterreich ist es, das Lafayette gefangen hält, und die französischen Republikaner bekennen sich wenigstens als seine Freunde nicht. Was soll die amerikanische Politik nun thun?

In Dankbarkeitsangelegenheiten, vorzüglich wenn sie einen einzelnen Mann betreffen, über kleinliche po= litische Calculs mit republikanischer Größe wegsehen? Das klingt schön! Ob's weise ist, weiß ich nicht; wenigstens liegt's nicht in des Präsidenten Charakter. Man thut, was man füglich thun zu dürfen glaubt. Das ist nicht viel.

Das wird nichts helfen. Lafayette's Sohn ist beim Präsidenten im Hause; daß er ihn an Kindesstatt an= genommen hätte, ist unbegründet. Dem amerikanischen Publikum ist Lafayette's Namen heilig, ohne Unter=

schieb der Parteien. Aber dennoch sind oder scheinen
wenigstens die Antiföderalisten wärmer; theils ver=
muthlich, weil alle Minorität wärmer, brüderlicher
ist; theils weil Lafayette, der Gegenstand nur schwacher
Hülfleistungen, dem Gouvernement ein Vorwurf wird,
während er der Opposition selbst als Vorwurf will=
kommen ist; theils weil Lafayette der Freund Englands
nicht ist und nie sein kann, ein Umstand, der freund=
schaftliche Gefühle für ihn auf der einen Seite anfachen,
auf der andern abkühlen muß. Es gibt einzelne, aber
nur wenige, die ihn kaum gern hier sehen! Ich selbst
habe vom Publikum im allgemeinen und vom Präsi=
denten insbesondere, oder, eigentlicher zu reden, nicht
vom Präsidenten, sondern vom General Washington
mehr Aufmerksamkeit und Wohlwollen erfahren, als
vermuthlich irgendeinem neuankommenden Fremden
noch zutheil wurde. Es wird aber, nach neuern
Gesetzen, ein fünfjähriger Aufenthalt erfordert, um
amerikanischer Bürger sein zu können.

George Lafayette ist ein siebzehnjähriger sanfter
junger Mann, dem's nicht an Geist fehlt. Wir haben
uns oft gesehen. Er fühlt sich unglücklich, für seinen
Vater so gar nichts bewirken zu können.

Seine Existenz ist gegenwärtig vom General Washing=
ton abhängig, aber die Nation würde sich seiner an=

genommen haben, wenn dieser nicht erklärt hätte, „er würde es ihm an nichts fehlen lassen". Mr. Frestel, ein interessanter, kluger, rücksichtsvoller Mann, der mit Lafayette von Frankreich hierher kam, ist noch jetzt bei ihm als Gouverneur und Gefährte.

Die Gegend um Philadelphia herum ist schön, vorzüglich in Entfernung von einer deutschen Meile. Der Boden ist an den meisten Orten fruchtbar. Das Grün ist merkwürdig heiter, bestehend aus einigen zwanzig untereinander vermischten Baumsorten, die ihr mannichfaltiges Laubwerk und ihr vielfaches Grün herr= lich vermischen. Hügel und Thäler, Bäche, Wasserfälle die Menge.

Wohlstand strotzt uns überall entgegen, Elend ist nirgends. Keine Hütte so klein, vor deren Thür sich nicht eine zahlreiche gesunde junge Brut im üppigen Leben herumtummelt. Alles ist Treiben und Gedeihen! Menschen und Vieh sind wohl. Der größtmögliche innere Genuß hier ist das Vorgreifen in die Zukunft und das geistige Betrachten der Dinge, die bevorstehen. Nie hatte irgendein Volk eine solche Kindheit, nie vereinigten sich solche und so viele Bestandtheile künf= tiger Größe, so sparsam untermischt mit künftiger Zwietracht. Nie wirkten dieser Zwietracht so manche zusammenhaltende Bande entgegen. Nie arbeiteten

Natur und Menschenvernunft so groß, so glücklich zu=
sammen! Welches Schauspiel wird das männliche
Alter dieser Nation darbieten, wenn ihr Aufsprossen
von so einzigen und merkwürdigen Umständen begleitet
ist? Man fühlt sich zuweilen geneigt, an dem allmäh=
lichen Fortschreiten der Menschheit im ganzen zu zwei=
feln. Wenn man bedenkt, was Amerika unter den
gegebenen Umständen in zweihundert Jahren nothwendig
werden muß, so kann man nicht umhin, den schönen
Gedanken einer zur Vollkommenheit fortschreitenden
Menschheit mit verjüngter Zuversicht wieder zu beher=
bergen.

Glauben Sie nicht, daß ich verschönere, ich lasse
Amerika nur Gerechtigkeit widerfahren. Das geistige
Betrachten der Zukunft ist wirklich hier seelenerhe=
bend, in Europa oft melancholisch niederdrückend.
Aber Sie haben Eins in Europa, was hier fehlt,
die aufgehäufte Arbeit von Jahrhunderten. Wir fühlen
das zu Hause nicht, aber denken Sie nach, es sagt
viel!

Wassergräben, Hecken, Dämme, Brücken, alles da,
ist schon lange dagewesen, daran haben Väter und
Großväter gearbeitet; diese Dinge haben etwas Festes,
Gesetztes, sie tragen die Physiognomie ihres Alters,
hier ist alles wie von gestern. Was Menschen machen,

überlebt sie oft, und die Nachkommenden schaffen wie=
der, darum ist in Europa ein Schattenreichthum, eine
Menge von Möbeln, Geräthschaften aller Art u. s. w.,
den man hier nicht findet; Anlagen aller Art, Gärten,
Festungen, Thürme, Gemäuer, Ruinen selbst rufen
eine Vorwelt und ihre Geschichte ins Gedächtniß zurück.
Und nun vollends diese Denkmale der Wissenschaften
und Künste, Bibliotheken, Alterthümer, Statuen, Ge=
mäldesammlungen! Es ist traurig, daß wir den Werth
der Dinge am meisten fühlen, wenn wir sie entbehren.
Europa ist wie ein altes Haus, bröckelig hier und da,
nach keinem guten Plan gebaut, in seinen Geräthschaf=
ten oft selbst olmig und hinfällig, aber reich angefüllt
und voll versehen mit allem, was nützlich, angenehm
und bequem ist. Amerika ist wie ein neues Gebäude,
nach einem herrlichen Plan aufgeführt. Aber umher
ist's wild und unaufgeräumt, und innen noch so un=
wöhnlich. Wenige Möbeln verlieren sich in weiten
Gemächern, die Wände sind nackt, die Winkel springen
einem so entgegen, die Luft ist feucht; um sich zu
gefallen, muß man Hand anlegen und den Kopf voll
haben von Einrichtungen und Verbesserungen, Verschö=
nerungen; ruhig niederzusitzen, nur ums Erhalten be=
kümmert und seiner zu genießen, dazu ist's nicht.

Ein anderer Vorzug, den Europa hat, ist dieser

beständige Zufluß neuer Ideen von allen Seiten her!
Kurz, in beiden Ländern ist viel Gutes, in Amerika
vorzüglich wenig Böses. Amerika ist keine Wüste, kein
Paradies. Das letzte kann's aber werden. Wohlstand,
Unabhängigkeit, größtmögliche Gleichheit, und was
von diesen Dingen eine Folge ist, dies sind moralisch;
üppige Vegetation, Mannichfaltigkeit der Gewächse,
Heiterkeit des Grüns, Größe der Naturscenen, dies
sind physisch die hervorstechenden, glänzenden Züge im
Anblicke dieses Landes.

Mehr, wenn ich mehr umhergekommen bin und
mehr weiß.   J. Erich Bollmann."

Diesen Briefen war noch das Tagebuch einer Reise
nach dem Westen hinzugefügt, das, so interessant es
für Nordamerikaner sein mag, da es Zustände, Gegenden, Menschen, wie sie im Jahre 1796 waren, schil-
dert, uns doch von dieser Erzählung zu weit abführen
würde, das wir daher fortlassen, bis auf ein Bruchstück,
das den Schauplatz künftiger Begebenheiten beschreibt.

Unser Freund Bollmann war einer der ersten
Männer in Nordamerika, welche die Idee faßten, den
asiatischen Handel über Nordamerika zu leiten. Er
hatte vermöge seiner naturwissenschaftlichen Kenntnisse
lange vorher, ehe der Columbiafluß entdeckt wurde,

den Ausspruch gethan, daß die Felsengebirge, welche das
Wasser dem großen Strome Missouri geben, in ähn=
licher Weise eine Masse Gewässer nach dem Osten sen=
den müssen, und daß der Mensch diesen von der Natur
geschaffenen Wasserstraßen folgen müsse, um eine Ver=
bindung mit dem Stillen Ocean herzustellen. Er
sprach diese seine Ansicht namentlich gegen den Präsi=
denten Jefferson, als er diesem seine Aufwartung machte,
aus, der sich lebhaft für die Entdeckung eines
Wegs nach der Ostküste interessirte und den kühnen
Ledyard aus Connecticut, als dieser von seiner ersten
Entdeckungsreise nach den Nilquellen zurückgekehrt war,
veranlaßte, nach Sibirien und Kamtschatka und der
Beringsstraße zu reisen, von da nach Amerika überzu=
setzen, um die Ströme, welche sich in das Stille Meer
ergössen, zu erforschen, und an dem Strome, der etwa
dem Missouri gegenüber in den Stillen Ocean sich
ergieße, hinauf und an seinen Quellen das Felsengebirge
zu übersteigen. Der Amerikaner wurde aber, da er
ohne Erlaubniß der Kaiserin Katharina das asiatische
Rußland zu bereisen anfing, trotz der Empfehlungen des
Barons Grimm als Spion verhaftet und aus dem
Lande geschafft.

Bollmann drang auf seiner ersten Reise nach Westen
nicht weit über den Ohio hinaus vor.

Ueber Pittsburg bemerkte er in seinem Tagebuche: „Ich fitze hier in einer jungen Stadt, welche die schönste Lage und die größte Zukunft hat in der ganzen Union, und welche einst den Welthandel mit dem Stillen Ocean und Asien vermitteln wird, wie sie schon heute den Handel nach den Seen und dem Westen wie Süden ver= mittelt.

„Pittsburg liegt zwischen zwei majestätischen Flüssen, dem Monongahela und Alleghani, welche durch ihren Zusammenfluß den Ohio bilden. Von dem Fenster, woran ich sitze, sehe ich auf den ersten dieser Flüsse, der etwa so breit ist als die Themse bei London. Das Ufer an dieser Stelle ist hoch, aber horizontal und eben mit kurzem Grase, so wie es die Schafe lie= ben, bedeckt. Es ist von einer Reihe von Kokosbäu= men begrenzt. Das Ufer an der andern Seite ist eine Kette von Hügeln, dicht mit Eichen und Walnußbäu= men beschattet. Der Fluß fließt eben und ruhig. Boote gehen jetzt hinüber; eben jetzt kommt eins von Illinois herauf, mit Fellen beladen. Die Leute am Bord tragen Kleider von wollenen Bettdecken gemacht; sie singen und lachen, nach Art der Franzosen, obwol roth wie Indianer und beinahe Gegenfüßler unsers Vaterlandes.

„Von hier bis zur Mündung des Ohio sind eintausend= zweihundert Meilen, und dreitausend Meilen bis zur

Mündung des Mississippi — wie ungeheuer und wie schön, das Reich der Freiheit und der gesunden Vernunft errichtet zu sehen in so weiten Gegenden, den Anfang zu bemerken von guten Grundsätzen und das Streben nach großer Vollkommenheit, den Unternehmungsgeist zu betrachten, wie er wirkt nach einem großen Plane, der im Verhältnisse zu sein scheint mit dem, welchen die Natur selbst befolgt hat; und endlich die künftige Größe und den Wohlstand zu ahnen, welcher diesem wachsenden Staate bevorsteht.

„Bisjetzt hat noch kein Fuß eines Weißen die Felsenkette überschritten, die uns von Californien trennt. Aber die Union wird sich diesen Weg bahnen und ihre Herrschaft bis zu dem äußersten Westen ausdehnen.

„Welches Reich dann, ein Reich der Freiheit, Vernunft und Selbstregierung, welches dem in Despotismus versunkenen alten Europa vielleicht die Freiheit wiedererringen hilft.“

Achtes Kapitel.

——

Olga.

Als Olga die nächtliche Reise am Hochzeitsabende antrat und Eleonore, der Engländerin, gegenüber in die Wagenecke gedrückt saß, fühlte sie sich am ganzen Körper wie zerschlagen, und in ihrer Seele wogte ein Sturm von Gedanken des Hasses, des Abscheus und Widerwillens gegen den aufgezwungenen Gemahl. Wie sollte sie, das zwanzigjährige Mädchen, das von der Welt nicht mehr kannte als Schloß und Park in Heustedt, sich aus den Banden, in welche Mutter und Vormund sie geschmiedet, befreien? Sie wußte freilich, daß sie dem Hassenswürdigen nicht angetraut war, sie hatte ihren entgegengesetzten Willen so laut und entschieden ausgesprochen, als ihr körperlicher Zustand zuließ. Aber der Prediger hatte ihr Nein nicht gehört oder nicht hören wollen, der Trauungsact war äußerlich vollzogen. Zwar hatte sie noch in der Kirche den Trauring wieder vom Finger gestreift, er mochte zertreten sein von der Menge; allein würde die Welt, würden die geistlichen Oberbehörden ihr oder dem Prediger Glauben schenken?

Der Prediger sagte, ihr seid vor Gott und den Menschen zusammengegeben, seid Mann und Weib; er hatte vielleicht schon in diesem Augenblicke ein Zeugniß der geschehenen Trauung niedergeschrieben und ein Kirchensiegel dabeigedrückt.

Sie sah, daß sie vor der Welt des Grafen Gattin war und bleiben, wenigstens so scheinen müßte, bis sich die Umstände günstiger gestalteten. Von der Mutter wie von dem Vormunde, von ihnen hatte sie weder Hülfe noch Trost zu erwarten, sie selbst aber, so schrieb der Jurist, bei dem sie Hülfe suchte, hatte nicht einmal das Recht, vor Gericht aufzutreten, sie war ja minderjährig.

Aber er wußte, daß sie Nein gesagt hatte, er mußte es gehört haben, ihm gegenüber wollte sie ihre Mädchenehre hochhalten und ihm nur Verachtung und Haß zeigen.

Eins tröstete sie: daß sie wenigstens nicht in eine Wohnung des Grafen zu ziehen brauchte, daß sie in dem eigenen mütterlichen Palais einen Flügel eingeräumt bekommen hatte. Sie kam jetzt einen, mindestens zwei

Tage früher als Gemahl und Mutter nach Hannover, und sie nahm sich vor, ihre Gemächer so zu scheiden, daß sie seine Nähe zu jeder Zeit vermeiden könne.

Aber wo wollte sie die Kraft hernehmen, das zu ertragen, was ihr bevorstand? Die Mutter, die Schwägerin, der Majoratsherr wie ihr Vormund hatten ihr in den letzten Tagen genug vorgesprochen von den Festivitäten, die in Hannover ihrer warteten, wenn sie dem Hofe erst vorgestellt sei.

An der Seite des Verhaßten sollte sie bei allen Geheimräthen und Excellenzen, die nicht etwa schon bei der Hochzeit zugegen gewesen waren, Visite fahren, sich als Gräfin Schlottheim vorstellen und beglückwünschen lassen, den Tod im Herzen ein freundliches Gesicht machen, und ahnen, wie in jedem Flüstern zweier Personen in einer Gesellschaft die Scene mit der Filler= Martha zum Gesprächsstoffe diene. Sie, der jede Heuchelei verhaßt war als die schlimmste aller Sünden, sie sollte verdammt sein, wer weiß wie viele Jahre lang, vor aller Welt eine Lüge durchzuspielen?

War es nicht besser, gleich zu sterben, als sich unter solchen Verhältnissen durch das Leben zu lügen? Ja, sie wollte sterben, sie wollte sich ins Wasser stürzen, Sobald der Wagen der Weser nur wieder näher käme, wollte sie in die Weser springen.

Der Wagen hatte indeß längst die Geest erreicht
und knirschte im hohen Sande zwischen Föhren und
verkrüppelten Eichen auf unwegsamen Bahnen zwischen
den Dörfern Eistrup und Gandesbergen der Stadt
Nienburg zu. Es war dunkel geworden, der Wind
peitschte schwere Regenwolken vor dem Monde her.
Man kam durch ein düsteres, in einen Eichsünder ge-
bautes Dorf, in den Häusern schimmerten trübe Lam-
pen, Menschen sah man nicht. Kurz hinter dem
Dorfe fuhr man aber bergab und dicht an den Ufern
eines Wassers her, in dem der Mond sich spiegelte.
Olga hatte wol eine Viertelstunde, wie betäubt, mit
geschlossenen Augen in der Ecke des Wagens gelegen,
sorgsam beobachtet von der schweigsamen Engländerin;
das Kammermädchen saß oben bei dem Kutscher auf
dem Bocke. Ein Stoß des Wagens rüttelte sie aus
ihrer Betäubung auf, sie hatte in der letzten Viertelstunde an den Tod gedacht, sie hatte aber auch an den
Geliebten gedacht, dem sie Liebe und Treue gelobt.
Was sollte aus ihm werden, wenn sie ihm auf diese
Weise Wort hielt? Sie hatte an den Augenblick gedacht, da sie von Karl schied, und sein Bild hatte
den ersten Sonnenstrahl in die Trübniß ihres Herzens
zurückgeworfen. Jetzt blinzte ihr, die wie aus einem
Traume erwachte, der Mond auf einmal so lachend

aus der dunkeln Flut empor. Der Todesgedanke ge=
wann neue Stärke, sie sprang auf, den Wagenschlag
nach der Seite des Wassers zu öffnen, das freilich
nicht die Weser selbst war, sondern nur ein alter
Weserarm, oft sehr seicht, heuer aber angeschwollen
durch den regnichten Sommer. Aber Eleonore hatte
sie überwacht und zog sie in ihre Arme. Sie sagte,
zum ersten mal das Ceremoniell, das sie sonst auf
das strengste beobachtete, verlassend und sich der deut=
schen Sprache bedienend: „Ich will dir, liebe Olga,
mütterliche Freundin sein, du arme, arme Waise, die
du nie eine Mutter gehabt“, und sie küßte Olga zärt=
lich, setzte sich zu ihr in den Rücksitz des Wagens und
nahm sie wie ein Kind auf ihren Schos.

Olga schlang ihre Arme um Eleonorens Hals, brach
in heftiges Weinen aus und rief unter Hunderten von
Küssen, die sie auf den schmalen, blassen Mund der
Gouvernante drückte: „Versprich mir, nein, schwöre
mir, daß du mich nie im Leben verlassen willst und
nie allein lassen mit ihm, den ich verachte und hasse,
schwöre mir, mich zu schützen, wenn er es wagen sollte,
je in meine Gemächer zu dringen.“

„Ich schwöre es“, sagte Eleonore.

Olga's Haupt sank an ihre Brust, sie athmete
leichter.

„Glauben Sie nicht, gnädige Gräfin", fuhr Eleonore in ihrer Muttersprache fort, „daß in dieser dürren Brust kein Herz schlüge. Auch ich habe geliebt, liebe vielleicht noch; ich glaubte wiedergeliebt zu werden, wurde aber schnöde betrogen." Und sie erzählte nun eine lange Liebes= und Leidensgeschichte, deren Wiederholung uns zu weit abführen würde.

Sie erreichte aber ihren Zweck. Die in etwas ge= tröstete junge Gräfin machte sie zur Vertrauten ihrer Liebe zu dem Jugendfreunde, die jener kein Ge= heimniß mehr war. Wer weiß, was es heißt, in jun= gen Jahren sein Herz an dem Busen einer Freundin ausschütten zu können, welche Erleichterung das schafft in Trübsal, welche Steigerung der Freude in freudigen Tagen, der wird glauben, daß, als der Wagen in Nienburg vor der Post hielt, und Eleonore nach eng= lischer Art Thee bereitete und Weißbrot röstete, wäh= rend Johanna, das Kammermädchen, die Eier schälte, der Neuvermählten, welche seit dem Lunch keine Nahrung zu sich genommen, Thee und Sandwichs vortrefflich schmeckten. Die eigenen Pferde wanderten von hier nach Heustedt zurück, Extrapostpferde wurden vorge= spannt, der Jäger mußte sich vom Hintersitze neben den Postillon setzen, Johanna bekam einen Platz im Wagen und wußte nun Hunderte von kleinen Anekdoten

zu erzählen, die vor und während der Hochzeit im
Kreise der Dienerschaft gespielt hatten.

In Neustadt am Rübenberge, wo man spät nachts,
oder vielmehr früh morgens kurz vor Aufgang der
Sonne ankam, konnte man. keine Pferde bekommen.
Die Gräfin legte sich auf Eleonorens Bitten in ein un=
gewohntes Federbett zur Ruhe, während diese und das
Kammermädchen sich im Vorzimmer auf dem so=
genannten Kanapee und Stühlen niederlegten. Die
Natur forderte ihr Recht. Bald schlief die Abgemat=
tete und Geängstigte unter der Last eines ungeheuern
Federbettes so süß und sanft, wie sie seit Wochen nicht
geschlafen, und schlief, bis es hoch Mittag war und
Eleonore mit der Chocolade vor ihr Bett trat.

Man gelangte erst gegen Abend nach Hannover,
und Olga fand, daß schon die gnädige Mama für eine
solche Absonderung der Gemächer des jungen Ehepaars
gesorgt hatte, daß ihr in dieser Hinsicht nichts zu wün=
schen übrigblieb. Die Einrichtung war auf das mo=
dernste und geschmackvollste nach englischem Comfort
und Mode. Nichts fehlte. Zwei Schlafzimmer, nur
durch eine schwere Portière von rothem Sammt ge=
schieden, wurden von der jungen Frau und ihrer Gesell=
schafterin eingenommen, in einem Vorgemache war
Johanna postirt und ihr anbefohlen, bei Strafe so=

fortiger Entlassung, dem Gemahl nie ohne besondere
Erlaubniß der Gräfin die Thür zu öffnen.

Am dritten Tage kamen die Mutter, die drei Grafen
Schlottheim und sonstige Räthe und Geheimräthe von
Heustedt zurück. Nun begann die peinliche Zeit der
Besuche und Vorstellungen, dann die der Festivitäten.
Die Familie der Schlottheims begann mit einer Reihe
von Diners, Soupers, Bällen, andere Excellenzen folg=
ten, die Berathungen über die Anzüge nahmen kein
Ende.

Man gewöhnt sich an alles. So hatte sich auch Olga
daran gewöhnt, neben ihrem Gemahl in dem Wagen
zu sitzen, Visite zu machen, zu empfangen, sie hatte
sogar einmal mit ihm tanzen müssen auf Befehl der
Mutter.

Als aber an diesem Abend der Gatte sie um die
Erlaubniß bat, ihr nach dem Balle in ihren Apparte=
ments Gute Nacht wünschen zu dürfen, erklärte sie mit
fester Stimme:

„Meine Zimmer sind abends und nachts dem Lieb=
haber der Filler=Martha auf immer verschlossen.“

Graf Schlottheim machte dann den Versuch, Jo=
hanna durch Geschenke und durch Zärtlichkeiten zu
gewinnen. Aber diese hatte der guten unglücklichen
jungen Frau im Innern ihres Herzens Treue geschworen,

sie haßte den Grafen, der ihr schon in Heustedt nach=
gestellt und einen ernstlichen Zwist zwischen ihr und
dem Geliebten, dem Jäger Kuno der jungen Gräfin,
hervorgerufen hatte. Außerdem würde die Wachsam=
keit Eleonorens und die Eifersucht Kuno's auch jeden
Versuch, den Befehlen ihrer Herrschaft zuwiderzu=
handeln, vereitelt haben.

Otto von Schlottheim selbst aber, so dreist und
keck er andern Frauen gegenüber war, die Gemahlin
hatte ihm zu imponiren gewußt, die stolze feste Stellung,
die sie gegen ihn beobachtete, ohne auch nur ein Haar
breit von dem abzuweichen, was der äußere Anstand
und die Schicklichkeit erforderte, hatten ihn nebst seinem
Schuldbewußtsein in die Stellung eines von der Gattin
Abhängigen gebracht.

Der eigene Vater sah in solcher Stellung nur Heil
für die Ausschweifungen des Sohnes. Die eigentliche
Herrschaft über den übermüthigen Grafen führte aber
die Schwiegermutter. Sie war durch die „fatale
Affaire" viel schmerzlicher berührt, als sie gestand, sie
war an ihrer empfindlichen Seite getroffen, sie wußte
aber auch den Grafen selbst an der empfindlichsten
Seite zu treffen, das war der Geldpunkt.

Am Tage nach der Hochzeit eröffnete sie ihm, wie
sein Betragen ihr bewiesen habe, daß er noch nicht

einmal verstehe, vor der Welt den Anstand zu be=
wahren, die erste Tugend jedes Cavaliers. Unter
solchen Umständen werde sie den stipulirten Beitrag
zu den Ehelasten in die Hände ihrer Tochter gelangen
lassen, um dieser eine Gewähr zu geben, nicht etwa
seiner Treue, an der derselben hoffentlich nicht viel
liege, sondern sich so zu betragen, wie es eine Gräfin
von Wildhausen verlangen könne.

Da nun aber die Gnädigste vorläufig sämmtliche
Ausgaben für den Lebensunterhalt des jungen Ehe=
paars bestreiten mußte, so kam der verschwenderische
und leichtsinnige Schwiegersohn dadurch in die demüthi=
gende Lage, monatlich von seiner Gemahlin gleichsam
sein Taschengeld zu empfangen, seine Diener von seiner
Gemahlin besolden zu lassen, den Haushofmeister von
der jungen Frau die Gelder zur Bestreitung des ge=
sammten Hauswesens empfangen zu lassen.

Das gab dieser denn einen Rückhalt, ein solches
Uebergewicht über den gehaßten Gemahl, daß sie eine
gewisse Befriedigung nicht verbergen konnte.

Sie drückte der Mutter ihre Dankbarkeit für
diese Anordnungen herzlicher aus, als sie seit lange
sich ihr gegenüber geäußert, und sprach dabei die
Bitte aus, die Mutter möge ihr die Schwester
Heloise senden, sie entbehre Anna und Heloise so sehr,

daß alle Geschenke, alle Festivitäten ihr nichts seien gegen
die Anwesenheit Heloisens. Die Gräfin=Mutter schlug
das aber kurz und fest ab: „Du hast deinen Mann
und Cavaliere, die dir den Hof machen, Heloise ist
ein Kind."

Der leichtsinnige Ehemann wurde durch diese Maß=
nahmen aber nicht gebessert, wozu auch der Umstand
beitrug, daß er über ein Vierteljahr lang das lächer=
lichste Glück im Spiel hatte, wie er selbst es bezeich=
nete. Seine Kasse war nie leer, er brauchte der Ge=
mahlin nicht zu kommen, und wenn ihn diese aus ihren
Appartements zurückwies, so wußte er, wo er gern ge=
sehen war.

Da der Campagne in Frankreich wegen der Hof
in Blankenburg und Wolfenbüttel öde war, so hatte
ein Trupp französischer Komödianten und Sänger Er=
laubniß erhalten, im kurfürstlichen Opernhause spielen
zu dürfen. Die erste Liebhaberin, Demoiselle Pauline,
wußte Otto's Eroberung zu machen, und wenn er spät
nachts vom Spieltische aufbrach und die Taschen voll
Gold klimperten, dann fand er weiche Arme, in denen
er seinen Rausch ausschlief.

Das Wetter fuhr fort abscheulich zu sein, und als
der Monat kam, der ein Recht hat zu stürmen, Regen
und Schnee zu ergießen, als alle Welt darüber klagte,

fing auch Otto von Schlottheim über Unwohlsein zu
klagen an, und die Krankheit nahm schnell zu und
fesselte ihn an das Haus. Einer der damals berühm=
testen Aerzte Europas, der sich selbst mindestens für
den berühmtesten hielt, der Geheime Hof= und Medi=
cinalrath Ritter Zimmermann, behandelte den Kranken
und erklärte, als im Monat Januar des Jahres 1793
die schlimmste Krisis überstanden war, daß nur ein
Aufenthalt im südlichen Frankreich oder Savoyen die
Gesundheit des Genesenden auf die Dauer herstellen
könne.

Seine Angetraute freute sich dieses Ausspruchs, sie
hoffte auf diese Weise einige Jahre von dem verhaßten
Gatten getrennt zu leben. Allein die Mutter hatte es
anders beschlossen. „Man darf“, sagte sie, „dem Skan=
dal, welchen die Trauung erregte und den die Krank=
heit Schlottheim's fortsetzt, die Krone nicht aufsetzen,
wie es durch eine solche Trennung geschehen würde.
Wir haben für deinen Gemahl, nachdem seine Gesund=
heit durch einen ein= oder zweijährigen Aufenthalt in
Nizza gestärkt sein wird, die Stellung eines Attaché
bei der englischen Gesandtschaft in Neapel erwirkt. Dir
wird ein stiller Aufenthalt in dem milden Klima Nizzas
wohlthun, und du kannst mit dem Gedanken dich in
der Einsamkeit trösten, demnächst in der schönsten Stadt

der Welt, an dem lebenslustigsten Hofe, wo es einer
Schönheit wie du nie an standeswürdigen Anbetern
fehlen wird, zu leben. Glaube mir, das Leben mit
seinen Reizen wird sich dort dir erschließen, und du
wirst die Bagatellen des Lebens verachten, die Kate=
chismusvorurtheile abwerfen lernen. Das scheinst du
freilich schon früher gelernt zu haben, als ich es ahnte,
das Joujou, das ich im chinesischen Pavillon fand, sagt
es mir.

„Sei klug, meine Tochter, lerne den Schein be=
wahren, darin besteht die ganze Lebenskunst. Es ist
besser für dich, wenn du Hannover verläßt, es ist zu
klein, zu klatschsüchtig. Schlottheim ist zu unvorsichtig
und jugendlich unbesonnen. Er hat dir dadurch aber
so große Vortheile über sich eingeräumt, daß er auf
immer dein Sklave ist. Ich werde dich pecuniär un=
abhängig stellen. Italien wird dir Gelegenheit bieten,
dein Leben zu genießen."

Was sollte die Tochter antworten? Sollte sie sich
gegen die Anschuldigungen der Mutter, die sie erst
heute zu verstehen anfing, vertheidigen?

Der Schein war gegen sie, und der Schein regierte
ja die Welt in den Augen der Menschen wie ihrer
Mutter; den äußern Anstand aufrecht erhalten, war
Tugend; Religion nur des gemeinen Volkes willen er=

funden. Eine Liebe, wie sie sie für Karl hegte, wäre ihrer Mutter höchstens lächerlich gewesen, warum sollte sie das Einzige, was ihr eigen geblieben war, vor so profanen Ohren, wie die der Mutter, entheiligen?

Aber sie hatte den Muth, noch allerlei Bedingungen zu stellen, sie verlangte, auf der Reise schon ganz getrennt zu fahren. Eleonore wie Johanna und ihr Jäger Kuno sollten in ihrem Gefolge bleiben, sie wollten geschieden leben, soweit es der Anstand irgend erlaubte.

Es wurde ihr noch mehr zugestanden, als sie verlangte, weil die Krankheit des Grafen eine Trennung bedingte, wovon jene indeß keine Ahnung hatte.

Im südlichen Frankreich war es nicht geheuer; die Engländer hatten Toulon genommen, und Royalisten und Republikaner stritten in Aix und Avignon um zeitweise Herrschaft; dagegen war das italienische Land diesseit der Seealpen von Frankreich erobert und schon beruhigt.

Eine Reise aus Norddeutschland nach Nizza war damals mit ganz andern Schwierigkeiten verbunden als in unsern Tagen, und dauerte Monate; man mußte den vollen Frühling abwarten, um den Uebergang über den Mont-Cenis eis- und schneefrei zu haben; der Graf konnte lange Touren nicht ertragen, so kam man erst

15*

nach Ostern in jenes blaue Ländchen des ewigen Frühlings. Olga, die auf dieser Reise eigentlich die ersten Berge kennen lernte, war voll Entzückens, als sie die Alpenkette zuerst erblickte; sie wurde voll Staunen und Furcht die Bergpässe hinangetragen, und sie jauchzte auf wie ein Kind, als ihr jenseits das blaue Meer und die Kette der Seealpen entgegenstrahlten.

In der mittlern Vorstadt — die untere bildete damals noch nicht jene Chiaja Nizzas, die sich meilenweit nach Nordwesten hinzieht — fand man bald eine geräumige Villa nicht allzu weit vom Meeresstrande und doch inmitten reizender Gartenanlagen und schattiger Olivenhaine.

Graf und Gräfin Schlottheim richteten sich hier in gewohnter getrennter Weise ein, ein italienischer Koch und einige untergeordnete Dienerschaft wurden zu den mitgebrachten Dienstleuten engagirt, ein Arzt consultirt, und die Cur des Grafen begann.

Die Villa lehnte an einem Felsen, der Graf bewohnte die untern Räume, seine Gemahlin die mit einem breiten Balkon versehenen obern Räume, aus denen sie sofort zu einer Gartenterrasse gelangte, die in vier übereinanderliegenden Plateaux zu Gartenanlagen ausgebaut war.

Das Leben, welches die jungfräuliche Frau hier

bis zum Winter führte, war das stillste und einfachste, das man sich denken konnte. Sie bestieg das Plateau hinter ihrer Villa, um hier unter dem Schatten von tausendjährigen Olivenbäumen, umgeben von hohen blühenden Myrten und Geranien, Pfirsich = und Mandelbäumen, Riesencactus und Aloës, die sich an den Felsen hinaufarbeiteten, von Citronen und Orangen, zu träumen. Man konnte da stundenlang sitzen im Nichtsthun, die Stadt links zu Füßen, das Meer vor sich so klar und weit, daß man die Küsten der Provence zu schauen glaubte, die immer glänzende goldige Sonne am wolkenlosen Himmel.

Sie dachte an ihre Kinderjahre zurück, dachte der Milchschwester Anna, die schon im kühlen Grabe auf dem feuchten Kirchhofe zu Eckernhausen neben ihrer treuen Anne Marie schlummerte, dachte an ihre liebe Schwester Heloise, an ihren Karl. Es waren Mädchen= träume, die vor ihrer Seele vorüberschwebten. Abends ging sie mit Eleonore an den Ufern des Meeres spa= zieren. Eleonore hatte einige ihrer englischen Lieblings= dichter, namentlich Milton, Olga selbst einige Lieblings= stücke von Lessing, Goethe und Schiller mitgenommen; allein man kam seltener zur Lektüre, als man glauben sollte, nur Goethe's „Tasso" schien Olga zu der Natur= stimmung zu passen, sie fand darin so manche Be=

ziehungen, die ihr die eigene Lage gleichsam er-
läuterten.

Von ihrem Gemahl sah sie wenig, er pflegte lange
zu schlafen, nach dem ersten Frühstück ging er fischen
oder spielte mit französischen Offizieren in der Stadt
Billard, gegen Abend badete er und setzte sich dann
zum Spiel. Er sah blaß und krankhaft aus, und die
Medicinflaschen drängten eine die andere, ohne daß die
Medicin oder das köstliche Klima Hülfe zu bringen
schien.

So war das Jahr zu Ende gegangen, drüben in
Deutschland und gar in der nordischen Heimat an der
Weser war es Winter geworden, sie merkte davon
nichts. Die Sonne und die Tauben, welche sich mit
größter Genauigkeit um die Frühstückszeiten und zur
Mittagszeit vor der Villa einzustellen pflegten, um ihr
Futter zu erhalten, waren das Einzige, was Olga an
die Veränderung der Zeit erinnerte.

Nach Neujahr 1794 änderte sich dieses Leben plötzlich. Eine der benachbarten Villen, welche im Sommer
und Herbst leer gestanden, wurde von einer englischen
Familie bezogen, die viel Leben um sich verbreitete
und sich schon dem Aeußern nach als Originalfamilie
ankündigte. Lord Harrington war eine langaufge-
schossene vertrocknete Gestalt, der ohne sein Jahres-

einkommen von 40000 Pfund schwerlich irgendwo in
der Welt eine Rolle gespielt haben würde. Aber
40000 Pfund jährlich, die konnten in Nizza kaum
verbraucht werden, zumal der Lord selbst sehr wenig
brauchte; er trug das ganze Jahr denselben Rock, den=
selben Haarbeutel, und that nichts als fischen, vom
Mittage bis in die Nacht bei Fackelschein. Seine
Gattin Miß Karoline war ihrerzeit um die Mitte
des Jahrhunderts eine Löwin gewesen, die den Löwin=
nen aus der ersten Hälfte, der Lady Petersham, Eli=
sabeth Rochefort und andern nachgeeifert hatte in galan=
tem Leben und Abenteuern.

Lord Harrington, ein excentrischer Sonderling, hatte
Miß Karoline nur darum geheirathet, weil Casanova
in einem vertrauten Kreise junger Wüstlinge in Paris
von ihr gerühmt hatte, er habe die süßesten Augen=
blicke in ganz England an ihrer Seite verlebt, und sie
sei die einzige Engländerin, die würdig sei, in Venedig
geboren zu sein, sie sei Venetianerin. Die Lady war
jetzt Methodistin, nachdem sie ihre Tochter Katy zur
Löwin herangezogen und im Glanze der Triumphe
derselben noch einmal jung geworden war. Miß Katy
hatte viel gelebt, viel geliebt, viel getanzt. Da sie
aber von schwächlicher Gesundheit war, hatte sie sich
die Schwindsucht ertanzt und sollte jetzt, kaum zwanzig

Jahre alt, an südlichen Lüften die kranken Lungen
stärken.

Miß Kath hatte mit ihrem scharfen Glase Olga
und Eleonore auf der Terrasse sitzen sehen, die von der
eigenen Terrasse nur durch eine Schlucht, in die jetzt
das sparsame Wasser eines Baches herabfiel, getrennt
war. Sie erklärte der Mutter, sie müsse die Bekanntschaft dieser reizenden Dame machen. Obgleich
es nun im Hause des Lords keinen Willen gab, der
mehr auf Befriedigung seiner Wünsche rechnen durfte
als den der kranken Tochter, wurden doch die ersten
Regeln englischen Lebens nicht außer Augen gesetzt,
man erkundigte sich zuerst genau nach Stand und Abstammung der Deutschen. Als aber Miß Karoline,
welche die hannoverischen Stammbäume beinahe so genau kannte als die der englischen Peers, erfuhr,
daß Otto der Sohn eines Geheimraths und Grafen, Olga die Tochter jener Melusine von Alvensleben sei, die am Hofe des Prinzen von Wales groß
geworden, da mußte der Lord dem Grafen seine Aufwartung machen und die Karten der Gemahlin und
Tochter mit einer Einladung überbringen.

Die Bekanntschaft war gemacht, und bei der Vereinsamung der drei Damen schlossen sich diese enger
aneinander, als das sonst bei Engländern und Nord-

deutschen der Fall gewesen sein würde. Die Lady hatte,
wie alle englischen Damen ihres Kreises, eine gründliche
literarische Bildung, und sie pflegte eine halbe Bibliothek mit sich herumzuführen, von methodistischen Ge-
sangs= und Betbüchern bis hinauf und wieder herab
zu französischen oder englischen Moderomanen. Sie
griff heimlich gern noch einmal zu den Romanen, die
sie in ihrer Jugend entzückt hatten, wenn auch die
Bibel, oder vielmehr eine Prachtausgabe des Neuen
Testaments, immer auf ihrem Schreibtische lag. Ueber-
haupt lebte und webte sie noch gern in der Zeit, wo
die Journale täglich die eine oder andere Tollheit von
ihr zu erzählen wußten und Dutzende von Anbetern
zu ihren Füßen schmachteten, die gegenwärtige Frömmig=
keit war mehr Modesache.

Katy, die blasse kranke Schönheit mit den Schwind=
suchtsrosen auf den Wangen, schmiegte sich an Olga
wie eine Rebe um den Weinstock, sie machte sie zur
Vertrauten ihrer Liebe zu dem blonden Lord Camalford
und dem wilden Marquis von Waterford, die sie noch
immer mit gleicher Leidenschaft liebte. Sie, die Miß,
weihte die Freundin, die jungfräuliche Frau, erst ein
in die Geheimnisse des Frauenthums.

Die Gräfin, welche das Leben bisher nur aus
Dichtungen kannte, die nie einen frivolen Roman in

Händen gehabt hatte, und der das Verständniß für
viele Dinge, welche Kath von früher Jugend kein Ge=
heimniß gewesen, noch gänzlich fehlte, wurde hier zur
vornehmen Dame nach damaligen Begriffen erzogen,
sie empfing die Lehren, welche die Großen als ihr
Privilegium ansahen. Die Methodistin predigte die
Gleichberechtigung der Frauen oder richtiger ihren Be=
ruf, die Männer zu beherrschen; sie wollte Olga glau=
ben machen, daß Treue eine Chimäre sei, kein Mann
sei treu, sei die Frau es, so sei das nur Dummheit.

Ohne daß diese ihr Verhältniß zu dem Gemahl
jedem Fremden offenbart hatte, ahnten es die erfahre=
nen Engländerinnen, oder sie wußten sogar noch mehr als
die unerfahrene Frau selbst. Wäre es nach dem Willen
der Lady gegangen, so hätte sich Olga, um sich an
Schlottheim zu rächen, in den ersten besten hübschen
französischen Offizier verlieben müssen, der in Nizza,
Piazza Vittoria, oder Piazza Reala und dem Corso
oder am Strande herumspazierte, denn sie war nicht
nur berechtigt, ihren Gemahl zu hassen, sondern ver=
pflichtet, ihn zu strafen. Alle diese guten Lehren waren
aber nicht im Stande, aus dem Herzen Olga's die
Dreieinigkeit: Glaube, Liebe, Hoffnung, die sich an
den Namen Karl knüpften, zu verdrängen, es mußte
die bäuerliche Milch der Mutter Anne Marie sein,

welche den vornehmen Lehren keinen Raum in Olga's Kopfe und Sinnen gaben, während vielleicht die Milch der Mutter der dahingeschiedenen Milchschwester das leichtlebige Blut gegeben hatte. Olga sah den wirklich schönen polnischen Offizier, der täglich zweimal sein Roß vor ihrer Villa vorbeilenkte, mit vollkommen gleichgültigen Augen, sie fütterte die aufgeschreckten Täubchen ruhig weiter, wenn er vorüber war, und dachte an den Nachmittag, wo Karl auf Wunsch ihrer Schwester vor ihr kniete und sie den Epheukranz um seine Stirn schlang.

So brachte sie beinahe zwei Jahre zu. Sie entwickelte sich hier zu jener üppigen des Aufspringens reifen Rosenknospe, die nur eines einzigen Sonnenstrahls aus lieben Augen bedurfte, um sich zu erschließen.

Der, welcher für ihren Gemahl galt, war endlich wiederhergestellt. Er sollte auf Rath seiner Aerzte als Nachcur die warmen Bäder des Nero gebrauchen. So kam Olga nach Bajä, und die meerentsprungene Aphrodite führte sie dort dem Manne ihrer Liebe in die Arme.

Der Gesandtschaftsattaché meldete dem Ritter Hamilton seine nahe Ankunft, und dieser hatte für denselben eine Wohnung unmittelbar neben der des Prinzen

Auguſtus und des Grafen Münſter miethen laſſen. Die Gärten waren nur durch eine niedere Mauer ge= trennt.

Die ſchöne deutſche Gräfin wurde bei Hofe vorgeſtellt, wo ihre Erſcheinung Epoche machte und den Neid der Lady Emma erweckte, die kurz zuvor es durchgeſetzt hatte, der Königin vorgeſtellt zu werden. Selbſt der jagbluſtige König machte dem Attaché Grafen Schlottheim Complimente über die Schönheit ſeiner Gemahlin, und ein alter Herr, der wegen ſeiner Freimüthigkeit und ſeines Witzes ſo gefürchtete Graf von Briſtol, Biſchof von Derry, erklärte ſich ſofort zu ihrem Ritter. Lady Emma Hamilton war damals ſchon Directrice der großen und kleinen Vergnügungen am Hofe. Wäh= rend der König in Begleitung des Ritters Hamilton auf Fiſchfang oder zur Wachteljagd nach Capri aus= fuhr, ergötzten ſich die Königin und ihre Damen mit Spiel und Tanz. Lady Emma wußte täglich neuen Wechſel in dieſe Vergnügungen zu bringen, durch ihre eigenen mimiſch=plaſtiſchen Darſtellungen wie durch die tollen Einfälle ihrer lebhaften Phantaſie. Das Haus ihres gaſtfreien Gemahls machte dem Hofe ſelbſt den Glanz ſeiner Feſtlichkeiten im Palaſt von Caſerta ſtreitig. Graf Schlottheim verliebte ſich am erſten Tage in die Lady, und ſie verſtand ihn,

beide waren Geistesgenossen, die sich bald fanden und
verstanden, wie die unverstandenen Genossen Heinrich
Heine's. Lady Emma war außerdem für den Augenblick frei. Sie war der Hofmacherei des Prinzen
August längst überdrüßig, dieser jetzt auch wieder seiner
Gemahlin zugewendet, die voll Eifersucht die Mutter
verlassen hatte und nach Neapel geeilt war. Lady
Emma's alter Bewunderer, der Graf-Bischof, wie man
ihn nannte, hatte sich der neuen Sonne Olga zugewendet. Nun kam aber noch gar eine zweite norddeutsche Nebenbuhlerin hinzu und machte ihr Concurrenz
auf Gebieten, die sie seit lange als unbeschränkte
Herrin besaß. Und diese Nebenbuhlerin mußte sie
schonen. Es war das die vielbenannte Gräfin von
Lichtenau aus Berlin. Lord Hamilton, den die unsinnige Verschwendung seiner Gemahlin schon zum
Verkaufe seiner ersten Vasensammlung an das Britische
Museum gezwungen, für 7000 Pfund freilich, hatte
dem Könige von Preußen jetzt durch die Lichtenau
seine zweite Vasensammlung zum Verkaufe anbieten
lassen, und die Lichtenau befürwortete diesen Ankauf,
natürlich nur im Interesse der berliner Porzellan-
manufactur.

Wenn sich Olga den größern Hofcirkeln und Fest-
lichkeiten nicht entziehen konnte, so wurde sie doch nicht

zu den kleinern vertrautern Cirkeln, die von der Königin, Lady Emma und der Gräfin Lichtenau arrangirt wurden, eingeladen, theils weil sie zu jung und schön war, theils weil zu denselben, mitunter wenigstens, Graf Schlottheim zugezogen wurde. Sie wurde dadurch Herrin ihrer Zeit und benutzte diese, um mit Eleonore die Kunstschätze Neapels zu studiren, wobei sich natürlich Karl und sein Freund Hellung, der Maler, regelmäßig als Führer und Erklärer fanden. Man wagte bald kleinere, dann größere Ausflüge zu machen, erst auf das Meer hinaus, dann nach Pompeji, nach dem Pausilipp und selbst nach Bajä. Die Liebenden mußten ja den Myrtenhain und die Grotte, wo sie sich gefunden, noch einmal besuchen. Der Maler fand in Eleonore wenn nicht eine Kunstgenossin, doch jedenfalls eine eifrige Schülerin, und während das Liebespaar koste und tändelte, tauschten diese ihre Ansichten über Landschaftsschönheiten und Kunstwerke.

So verflog die Zeit; aus Monden wurden Jahre.

Der Maler wurde mit einigen jungen Nobili bekannt, die in geheimen Logenverbindungen den Grundsätzen der Französischen Revolution huldigten; man trug sich mit der Hoffnung, daß Frankreich bald ganz Italien befreien werde. Niemand theilte diese Hoffnung mehr als der Privatsecretär des Grafen

Münster, denn es knüpfte sich daran ein freilich noch
ganz nebelhafter Traum, daß sich bei diesem Act eine
Gelegenheit finden müsse, ihn aus seiner abhängigen
Stellung zu seinem Principal frei, ihn selbständig zu
machen und das Scheinband, das Olga an Schlottheim
knüpfte, zu zerreißen. Allein sobald sein Verstand
sich mit der Frage seiner künftigen Existenz zu beschäf=
tigen begann, schwanden die Nebelbilder. Denn wie
sehr er auch denken und sinnen mochte, eine Beschäf=
tigung, womit er die Existenz einer Familie in Italien
oder Deutschland gründen und erhalten würde, konnte
er nicht ersinnen.

Die Geliebte wollte von solchen Gedanken freilich
nichts wissen, sie war so glücklich in der Gegenwart,
daß sie an keine Aenderung oder Zukunft denken mochte,
daß das: „Mit dir auch in der kleinsten Hütte", der
Anfang und das Ende jeder Unterhaltung wurde, die
diesen Punkt berührte.

Da warf die Nachricht, daß Justus Erich Bollmann
nach Amerika übergesiedelt sei, den ersten Lichtblick einer
Zukunft mit der Geliebten als seinem Weibe ihm in
die Seele, und seit der Zeit dachte und träumte er
von Amerika, namentlich wenn Hoffeste oder kleine
Ausflüge, welche die Gräfin in Gesellschaft ihres Rit=
ters, des Graf=Bischof, machen mußte, dieselbe auf

einige Tage von ihm fern hielten. Er wollte Kauf=
mann, wollte Farmer werden; Olga, der er die Sache
mittheilte, war ganz entzückt bei dem Gedanken an die
amerikanischen Urwälder und ein idyllisches Farmer=
leben, sie bot sogleich einen von der Großmutter mütter=
licherseits ererbten Familienschmuck, der bei der jedes=
maligen Hochzeit der ältesten Tochter dieser übergeben
war, als Mittel zur Flucht und des Ankaufs. Allein
es kam doch ein Aber nach, das Karl bedenklich wurde
und ihm schwerwiegend erschien: „Aber meine Eleonore
muß dabei sein und Johanna würde ich auch schwer
vermissen.“ Es schwebte unserm Freunde auf der
Zunge zu fragen: „und Kuno?“ Da trat also die
Gräfin wieder hervor. In dieser Stimmung, zweifelnd,
ob diese und Amerika zusammen passen würden, zwei=
felnd an sich selbst, schrieb er an Vollmann. Der
Brief ist im Nachlasse desselben leider verloren ge=
gangen, aber aus der Antwort im vorigen Kapitel
können wir auf den Inhalt schließen. Obgleich die
Briefe durch den Gesandtschaftskurier nach England
befördert wurden, von wo der Verkehr mit Amerika
ein sehr lebhafter war, so verging doch eine sehr ge=
raume Zeit, ehe Karl auf Antwort rechnen konnte.

Das war eine Zeit der Unruhe und Ungewißheit
für ihn, in welcher er nach Beschäftigung gleichsam haschte.

Es war aber zugleich eine Zeit, in der sich in Neapel große Dinge vorbereiteten. Der französische Einfluß war seit dem Frieden von 1796 immer mächtiger geworden in Italien. Ueberall hatte sich die Zahl der Republikaner vermehrt, und in Neapel hatte der Druck und die Grausamkeiten, mit denen die Königin und Acton seit vier Jahren alle verfolgt, die nur den Schein einer Zuneigung zu neufränkischen Ideen auf sich luden, die Gemüther der gebildeten Stände durchweg erbittert.

Trotz aller Einkerkerungen entstanden täglich neue Geheimbünde und Logen, denen beinahe die gesammte gebildete Jugend angehörte. Die Siege Napoleon's in Oberitalien, die Belagerung Mantuas, der kühne Zug nach Bologna und Toscana wurden hier gefeiert und die Capitulation Wurmser's begrüßte man als den Anfang der Befreiung Süditaliens. Unsere Freunde wurden in diese Dinge beinahe wider Willen hineingezogen. Die Taverne Zum heiligen Januarius, in der sie mit Künstlern, Aerzten, Advocaten und jungen unbeschäftigten Nobili zu verkehren pflegten, war, ohne daß sie es ahnten, eine Art Loge. Als Protestanten hegten beide einen angeborenen Haß gegen das Regiment des Jesuitismus, wie es in Neapel in üppigster Blüte stand und durch den Beichtstuhl die Frauenwelt, durch diese wieder die Männer beherrschte; sie hatten sich häufig genug in solchem Sinne ausgesprochen, so= daß sie sogar von den Italienern wegen ihrer Unvor= sichtigkeit gewarnt waren. Nun bewegten sich minde= stens die untern Grade der geheimen Bündnisse mehr in einem politischen Dilettantenthume, man erörterte die Grundprincipien politischer und religiöser Freiheit, schwärmte für Payne's Menschenrechte. Die Italiener bedurften vor allem der Form, und so hatte man, nach dem Vorbilde freimaurerischer Bündnisse, namentlich einen Bund der Pythagoräer gegründet mit so allge= meinen, nicht wohl greifbaren, auf allgemeines Men= schenwohl, Selbstbildung, Erziehung zur Freiheit, Haß gegen die Tyrannei, Untergang des Jesuitismus gerich= teten Bestrebungen, daß die philosophisch gebildeten Deutschen da nichts mehr lernen, sondern höchstens als Lehrer und Muster dienen konnten. In diesen Bund nun wurden die Freunde ohne ihr Zuthun aufgenom= men. Man trug ihnen den Eintritt in einer Art und Weise an, die Ablehnung unmöglich machte. Die schon erwähnte Taverne lehnte an einem Felsen des Pausilipp; eines Abends, als die Deutschen im hintern Gemache, dessen Wand der Fels selbst bildete, zusam= mensaßen mit mehrern Bekannten, wurden die Lichter ausgelöscht — der Fels spaltete sich und zeigte einen

hellerleuchteten Saal, in den man die Freunde einführte.
Der größte Theil der Gäste trat mit ihnen ein, einige
blieben in dem alten Zimmer, vor dem sich der Fels
wieder zusammenschob, als Wächter. Nun wurde denselben eröffnet, daß man sie als würdig befunden, an
dem großen Werke mitzuarbeiten, es wurde ihnen ein
feierlicher Schwur abgenommen, die Formen und Sym-
bole des Bundes wurden ihnen mitgetheilt, ebenso die
Zeit der regelmäßigen Zusammenkünfte.

Das Spielen mit Formen und Symbolen verfehlte
seinen Reiz nicht, und Karl wie Hellung wurden recht
eifrige Pythagoräer, voll Sehnsucht, in den höhern
Graden, auf die man hinwies, tiefer in die Geheimnisse eingeweiht zu werden.

Um diese Zeit, im Anfange des Jahres 1798, kam
Lord Harrington und seine Gemahlin nach Neapel.
Die Tochter Kath war ihrem Brustleiden erlegen, und
Lady Karoline fand es langweilig, Methodistin zu sein.
Das lustige Leben am Hofe zu Neapel machte so viel
von sich reden, daß die alte Löwin sich sehnte, es ken-
nen zu lernen, auch sprach eine gewisse Sehnsucht nach
Olga, die sie sehr liebgewonnen, mit. Dem Lord
war es einerlei, wo er sich aufhielt, wenn er nur einen
Angelplatz fand. Er war nebst Gattin bald nach sei-
ner Ankunft am Hofe vorgestellt und nun der Dritte

im Bunde bei den Jagden und Fischereien des Königs.

Die Lady war zu alt für die wilden Vergnügungen der Königin, auch stieß sie das ganze Wesen der Lady Emma ab, es war ihr zu roh und nicht ladylike. So schloß sie sich wiederum ganz an die schöne Gräfin und war förmlich entzückt, als sie wahrnahm, daß diese die Lehren, die sie ihr in Nizza gegeben, praktisch befolgte. Daneben wollte sie aber Kunst und Alterthümer studiren, und da hatte ihr durch günstigen Zufall Graf Münster seinen Secretär als Cicerone empfohlen und gegen diesen den Wunsch ausgesprochen, daß er der Lady seine Aufwartung mache und seine Dienste anbiete. Karl, der gerade in einer sehr gedrückten Stimmung sich befand, stand im Begriff, die Gelegenheit zu benutzen, um seine Verhältnisse zu dem Grafen abzubrechen, war auf dem Punkte zu erklären, daß er sich nicht zum Cicerone für jede englische Lordschaft, die nach Neapel komme, verdungen habe, als ihm einfiel, den Namen Harrington aus dem Munde der Geliebten vernommen zu haben, und sich die Möglichkeit dachte, daß dies die Freundin aus Nizza sei, von der Olga so oft erzählte.

Als er nach einigen Tagen bei der Lady angenommen war, fand er Olga dort, die ihn als ihren

Jugendfreund vorstellte. Lady Karoline versicherte, das Patronat dieser Freundschaft mit Freuden zu übernehmen. Sie wollte ihre liebe kleine schwärmerische Freundin glücklich machen. Als ob das Olga nicht schon längst gewesen wäre?

Man fing nun von neuem die Kunststudien im Museo Borbonico an, zu denen selbstverständlich der Maler hinzugezogen wurde. Unter dem Schutze der Lady konnten Olga und Eleonore das Atelier desselben besuchen. Die Lady kaufte und bestellte Landschaften, und auch Olga wünschte ein Bild der Bucht von Bajä, und zu diesem Zwecke wurde von neuem eine gemeinsame Fahrt dahin verabredet und gemacht.

Monate verflogen wie im Traume, die Lady machte ihrer Patronessenschaft Ehre, sie wußte Olga und Karl in jeder Woche ein paarmal ein ungestörtes Rendezvous zu verschaffen, und bei Ausflügen in die Umgegend war sie es, welche die Aufmerksamkeit Hellung's und Eleonorens von dem Liebespaare ablenkte.

In diesen Himmel voll Wonne schlug nun der Brief Vollmann's mit seinen prosaischen ernüchternden Betrachtungen und Bezeichnungen wie ein kalter Blitz ein. Das Ehrgefühl Karl's, das durch Klima und seine Umgebung in Schlummer gelullt war, wurde wach gerufen, der volle Ernst der Situation trat vor

feine Seele, alle Romantik, alle Phantasiegebilde schwan=
den. Er beschloß in einer schlaflofen Nacht, nicht län=
ger blos Geliebter der Gräfin von Wildhaufen fein
zu wollen. Liebe Olga ihn, wie er fie liebe, fo müffe
fie ihm als Gattin nach Amerika folgen, fie müffe die
Gräfin in Europa zurücklaffen und nicht anftehen, die
Frau eines Journaliften zu werden. Der Freund, dem
er feine Gedanken mittheilte, billigte diefen Entfchluß.

„Was foll dabei herauskommen, wenn das fo fort=
geht?" fagte er. „Hier meine Hand, dein Freund
Vollmann ift ein Prachtmenfch, den ich kennen lernen
muß. Ich kann meine Studien am Potomac ebenfo
gut fortfetzen als hier, ich begleite euch, und wenn es
mir dort gefällt, fo hole ich mir meine Karoline aus
dem Paradiefe nach."

Man hatte einen Ausflug nach Capri verabredet.
Lord Harrington hatte dort einen Adler oder Lämmer=
geier gefchoffen, der im Begriff war, ein Ziegenböck=
lein, die einzige Habe eines armen Weinbauers, von
dem Felfen, worauf die Hütte deffelben als ein Neft
klebte, in die Lüfte zu führen, während die halbnackten
Kinder deffelben der Entführung des Spielgenoffen
voll von Thränen und Gefchrei zufahen. Die Lady
wußte den Lord zu bewegen, die Situation durch ein
Gemälde für feine Galerie in Harringtonhall verewigen

zu laffen, und Hellung hatte schon eine Skizze nach Anweisung des Lords entworfen. Um die Farbenskizze zu machen, sollten Lady, Olga, Eleonore und Karl den Maler begleiten. Auf dieser Fahrt wollte Karl seine Zukunft von Olga entschieden wissen.

Da in Capri ein Nachtquartier nicht zu haben war, brach man mit Aufgang der Sonne auf und erreichte die Felseninsel so zeitig, daß man, nachdem eine kleine niedere Bucht das Schiff in ihrem Hafen aufgenommen, die steilen Felsen mühsam hinaufkletterte, ehe die Augustsonne ihre Strahlen zu glühend herabsendete.

Der Maler begann sofort seine Arbeit, und auch Eleonore entwarf nach eigenem Plane eine Bleistiftskizze von der wie ein Nest auf dem Felsen klebenden Hütte. Die Lady unterhielt sich mit der Winzerin und entschädigte die Kinder derselben, zwei schwarzäugige Buben mit langem schwarzen Haare, reichlich für das Böcklein, welches bei dem Fall aus den Lüften das Leben eingebüßt hatte und längst verzehrt war. Die Liebenden saßen im Schatten einer Weinlaube neben dem Ziegenstalle auf niedrigen Holzbänken. Karl trug Olga kurz den Inhalt des Bollmann'schen Briefes vor und fragte, ob sie ihm als Weib nach Amerika

folgen und an der Seite eines Journalisten ein ein=
faches bürgerliches Leben führen wollte.

„Wenn ich nicht wollte, wie ich will, so müßte ich.
Dein Freund hat ahnungsvoll den Punkt genannt, der
mich zwingen würde", und sie senkte ihren Kopf tiefer
herab und flüsterte ihm einige Worte ins Ohr.

Karl hob sie in die Höhe, drückte sie in seine Arme
und rief laut: „Mein Weib! mein Weib, nun soll uns
nichts mehr trennen!"

Die Lady kam herbeigestürzt. Um der Geliebten
jeden Rücktritt abzuschneiden, theilte Karl sofort der
Lady mit, um was es sich handle.

Diese aber erwiderte: „Daraus wird nichts, meine
Kinder! Ich habe selbst schon über euere Zukunft
nachgedacht. Wozu hätte ich, wozu hätte der Lord so
viel Geld. Ich adoptire dich, liebe Olga, denn Kath,
die süße, ist todt, der Lord muß Karl adoptiren. Wir
reisen zurück, an der Grenze Schottlands wohnt ein
Schmied, der schon glückliche Paare zu Tausenden ge=
traut hat. Dann lebt ihr mit uns in Harringtonhall,
oder in London, oder in Paris."

„Von der Gnade fremder Leute zu leben, ziemt
keinem Mann, der etwas von sich hält, und dann
müßte auch Mylord wollen", erwiderte Karl.

„Sprechen wir nicht weiter davon", sagte die Lady,

„als bis ihr in Gretna=Green getraut seid und Harring=
tonhall gesehen habt; ob Ihr dann noch eine geborene
Gräfin von Alvensleben zu einem gemein=bürgerlichen
Leben in Amerika herabwürdigen wollt, und meine Kath,
so werde ich mein Adoptivkind nennen, ihre Mutter
verlassen will, um einem tyrannischen Manne zu fol=
gen, das wollen wir abwarten. Das Leben, mein
junger Freund, glauben Sie mir das, ist mächtiger
als Ihre moralischen Grundsätze von Ehre und Mannes=
würde."

Während dies auf dem höchsten Punkte des Fel=
sens, woran die Winzerhütte klebte, verhandelt wurde,
war der Maler mit Eleonore auf der andern Seite
herabgestiegen, um in einiger Entfernung einen Stand=
punkt zu gewinnen, der Perspective erlaubte und zu=
gleich Aussicht auf das Meer böte. Er faßte den
Felsblock mit seinem Winzerneste gleichsam aus dem
Profil, während Eleonore die Frontansicht, wonach der
Ort nur der höchstbelegene Theil eines armen Dorfes
war, das seine Hütten wie Nester auf jedem kleinen
ebenen Terrain angebaut hatte, mit dem Silberstifte
zu fixiren suchte. Beide saßen unfern voneinander im
Schatten zweier Oelbäume. Ersterer hatte in seinem
Malerapparat den Brief und die Tagebuchsblätter
Bollmann's mitgebracht, er zog sie jetzt hervor und

übergab sie Eleonoren: „Lesen Sie zu Hause, wie ein unbefangener Mensch das Verhältniß meines Freundes zu Ihrer Gräfin beurtheilt. So kann das nicht bleiben. Kann die Gräfin Stand, Geburt, Rang vergessen, will sie in kleinen bürgerlichen Verhältnissen als Gattin an Karl's Seite leben, so ist Amerika der einzige Ort, wo dies geschehen kann. Wollen Sie der Gräfin mehr als Freundin denn als Dienerin dahin folgen, so wird Karl Sie gern in seinem Hause aufnehmen. Es ist das ein großes Opfer, das Karl von der Gräfin verlangt, aber er muß es verlangen, seiner Ehre wegen. Wenn die Gräfin meinen Freund wirklich liebt, so wird ihr das Opfer leicht werden, sie wird durch Karl's Liebe für allen Tand, den sie ins Meer versenken muß, reichlich entschädigt werden."

„Glauben Sie denn, daß ich dies Verhältniß billige?" entgegnete Eleonore. „Zwar weiß ich, daß meine Schutzbefohlene dem Grafen Schlottheim nicht angetraut ist, daß schändlicher Mißbrauch getrieben wurde mit Gottes Wort und durch einen Priester, um sie als Schlottheim's Gattin erscheinen zu lassen. Ich selbst habe sie gehindert, die lästige Bürde mit dem Leben los zu werden, ich weiß besser als irgendjemand, wie rein Olga's Seele war, als sie dieses Land betrat. Aber die Lady ist ihr böser Engel, sie hat die Phantasie meiner Herrin

aufgeregt und vergiftet, sie, die heuchlerische Metho=
distin, ohne Glauben an Gott und an Tugend, hat
die Lehren, die ich selbst der Gräfin seit früher Kind=
heit eingeprägt, zunichte gemacht. Ich selbst bin viel=
leicht von Anfang an weniger streng und aufmerksam
gewesen, als ich es hätte sein sollen. Aber konnte ich
anders?

„Ich betrachte den Vorschlag, nach Amerika zu fliehen,
als ein Gnadengeschenk Gottes. Aus diesem Sodom
und Gomorrha je bälder je lieber zu entkommen, ist
schon lange mein sehnlichster Wunsch gewesen. Doch
habe ich meiner Gräfin geschworen, sie nie zu verlassen,
ich werde ihr nach Amerika, ja durch die ganze Welt
folgen, und werde alles aufbieten, sie zu bewegen, daß
sie den Weg einschlage, den die Vorsehung selbst zeigt,
um aus diesem Labyrinth herauszukommen.“

Ehe noch der Maler und Eleonore ihre Skizzen
vollendet hatten, kam die Lady mit den übrigen zu
ihnen herabgestiegen und trieb, das zweite Frühstück
einzunehmen, das die Dienerschaft inzwischen in dem
das königliche Jagdschloß umgebenden, jedem Besucher
geöffneten Garten in einer kühlen Grotte bereitet
hatte.

Man speiste frische Austern, von kurz vorher ge=
fangenen Fischen Cefalo und Lepole, Oelgebackenes aus

der Taverne nebst Capriwein. Das compacte Eis, wie es in Neapel in jeder Straße zu kaufen war, fehlte freilich, nicht aber Eiswasser und natürliches Eis selbst, dem feurigen Felswseine die richtige Kühlung zu geben.

Lady Harrington sprach mehr, als sie sonst zu thun pflegte, von den Schönheiten Englands, von Harringtonhall, seinem Parke, seinen Fischteichen, seiner Bildergalerie und Bibliothek, sie allein trug die Kosten der Unterhaltung.

Wie der König und seine Jagdgenossen hier öffentlich vor den Bauern zu speisen pflegten, und ein großer Theil der Einwohner sich um die Tafel sammelte, um die reichlich abfallenden Brosamen, die Reste von Geflügel und Wild, Wein und Eis zu erschnappen — der König liebte es, dann und wann eine gebratene Wachtel unter die Menge zu schleudern und diese sich darum balgen zu lassen — so hatten sich auch um die Grotte, in der unsere Gesellschaft speiste, einige Dutzend zerlumpte, halb oder ganz nackte Kinder, ebenso viel junge Mädchen, Frauen und alte Weiber, wie ein halbes Dutzend männlicher Tagediebe und Jungen versammelt. Die Lady ließ den Kindern und ältern Frauen reichlich von den Ueberbleibseln der Tafel auftragen, sendete ihnen Eiswasser und Wein, Fisch und Oelgebackenes. Die Vertheilung ging nicht ab ohne Streit und

Gezänk, und mancher Bube riß der Mutter das Lepole, mancher Mann der Frau das Gefäß mit Wein aus der Hand. Es war auch nothwendig, daß diese Umgebung die Aufmerksamkeit der Gesellschaft in der Grotte von sich selbst ablenkte, denn sonst würde man gefunden haben, daß eigentlich nur die Lady sprach, alle übrigen in eigene Gedanken versunken schienen.

Plötzlich sah man unter der Menge, welche die Grotte umstand, eine sich mit jedem Augenblicke steigernde Aufregung. Einige Knaben waren hinzugekommen, die im unverständlichsten Jargon und mit den lebhaftesten Geberden zu erzählen anfingen, und bald war die ganze Menge in wilder Bewegung, wie von einer Tarantel gestochen. Nachdem zuerst einige Knaben in vollem Laufe davongerannt, folgten die Männer, die Weiber, bis auf die Kinder. In der Grotte fing man an ängstlich zu werden, man glaubte, es sei in der Nähe Feuer. Aber mochten zehn oder zwanzig der elenden Hütten abbrennen, die Lady war so wohl gelaunt, daß sie heute die Abgebrannten reichlicher entschädigt hätte, als die armseligen Wohnungen mit ihrem Inhalte werth waren. Sie erzählte eben aus ihrer Jugend und wie viele ihrer Genossinnen aus der vornehmen Welt mit den Geliebten nach Schottland entflohen wären, um sich bei dem Schmied trauen zu lassen.

Da donnerten zwei Kanonenschüsse, und der Wider=
hall an den Felsen von Capri zeigte, daß dieselben in
großer Nähe abgefeuert waren. Die Gesellschaft flog
empor und eilte aus dem Parke auf die nächste Höhe,
von der man das Meer überschauen konnte. Hier
standen schon Hunderte von Menschen, schreiend, mit
Händen, Armen, Füßen gesticulirend, Flüche ausstoßend
und sich wie Unsinnige geberdend. Die jüngern Frauen
waren vorangeeilt, Karl und der Maler hatten die
Lady zwischen sich genommen und trugen sie den Felsen
hinan, denn ihre Glieder waren wie erstarrt. Oben
angekommen, sah man ein eigenthümliches Schauspiel,
ein kleines aber mit Kanonen wohlgespicktes Kriegs=
schiff, auf dessen Verdeck es von Turbanen und schwarzen
Gestalten wimmelte, verfolgte ein neapolitanisches Han=
delsschiff. Letzteres steuerte offenbar dem Hafen von
Sorrent zu und hatte alle Segel aufgehißt, dem See=
räuber zu entfliehen. Allein dieser war ihm auf den
Fersen. Zwei oder drei neue Kanonenschüsse zerrissen
die Segel des Neapolitaners und schmetterten den
Hauptmast nieder. Bald hatte der Korsar das Schiff,
das sich in sein Schicksal zu ergeben schien, erreicht,
und unter den Felsen Capris, im Angesicht Neapels
könnte man sagen, enterte der Korsar das Schiff und
zog bald darauf mit seiner Beute südwestlich weiter.

Das war vor siebzig Jahren etwa, wo die größten christlichen Staaten dem Dei von Algier und den Beis von Tunis und Tripolis Tribut bezahlten, um vor Seeräubereien geschützt zu sein. Das scheint uns heute unglaublich, und doch war es so.

Noch vor zehn Jahren hätte sich der König von Neapel nicht nach Capri gewagt, um dort Wachteln zu schießen, ohne die Begleitung von zwei Galeren, welche die Insel umschifften, um zu hindern, daß ein kühner Seeräuber den König selbst einmal kapere. Seit= dem waren mit Algier und Tunis Verträge geschlossen, und Neapel bezahlte ein sogenanntes jährliches Geschenk, um vor der Raubflotte beider Staaten gesichert zu sein.

Allein dem Bei von Tunis schien dieser Tribut, der nach gewissen monatlichen Raten bezahlt wurde, zu gering geworden, er forderte die Zahlung nach den kürzern mohammedanischen Mondjahren und für die Vergangenheit beträchtliche Nachzahlungen. Als man sich in Neapel besinnen wollte, kündigte er den Ver= trag; und die Seeräubereien begannen mit diesem küh= nen Attentat vor Capri, wahrscheinlich, um auf den König selbst den gehörigen Eindruck zu machen.

Da die englische Flotte im Mittelmeere kreuzte, um die französische Expedition nach Aegypten zu schä= digen, hatte man sich in Neapel vor Korsaren sicher

gehalten. Diese That beurkundete indeß nicht allein
die alte Unsicherheit des Meeres, sondern der Inseln
und Küstenstriche selbst, von denen sich die Seeräuber
Beute wie Sklaven zu holen pflegten.

Die Einwohner von Capri, obgleich man ihnen
kaum etwas anderes nehmen konnte als ihr Leben oder
sie selbst, waren doch sehr erschrocken, sie verwünschten
den Geiz des Königs, der den geforderten Tribut nicht
voll bezahlen wolle.

Auch der alte neapolitanische Schiffer und sein
Sohn, welcher die Gesellschaft herübergefahren, zeigten
Furcht und Besorgniß und trieben zur zeitigen Abfahrt.
Dieser stand nichts im Wege. Die Heimfahrt war
minder belebt als die Hinfahrt. Man hatte sich im
Schiffe auf seine Teppiche und Kissen, deren die Lady
immer in Menge bei sich führte, hingestreckt, allein es
wollte lange kein anderes Gespräch in Gang kommen
als von den Seeräubereien der Barbaresken. Der
alte Schiffer am Ruder erzählte von furchtbaren Grau=
samkeiten, welche die Seeräuber in frühern Zeiten aus=
geübt hatten, wie keine Stadt und kein Dorf an der
Küste Calabriens vor Ueberfällen sicher gewesen sei.

Erst als man dem Golf von Neapel näher kam,
als Tausende von Villen am Fuße des Besuvs er=
glänzten im Abendsonnenscheine, und als der Rauch des

Vesuv in ihrem Rücken sich röther zu färben anfing,
schien noch einmal der Geist des Frohsinns aufzu=
tauchen.

Ein Diener der Gräfin langte das Dessert, das
man der Unterbrechung wegen noch nicht einmal aus
den Eisbehältern des Schiffes ans Land gebracht
hatte, hervor, Kuchen und Südfrüchte wurden vertheilt,
und der Maler entkorkte den in Eis gelagerten Cham=
pagner, den man aus Trinkschalen von pompejanischen
Formen schlürfte.

Der Schiffer und sein Sohn stimmten eine Barca=
role an, und als man bei der Riviera de Chiaja an=
legte, war die Seeräuberangst verschwunden. Der
Wagen der Lady wartete hier. Allein man wollte
nicht scheiden, ohne zuvor einen Becher jenes vortreff=
lichen Eises genossen zu haben, das man nur in Neapel
bereitet, so compact, daß es knirscht und dampft, wenn
man mit dem Löffel einbringt, oder einen Becher
Spumes, jenes gefrorenen Champagnerschaums.

Man wünschte sich Gute Nacht, die Damen wollten
Toilette machen und dann im Theater San=Carlo
eine neue Sängerin hören. Die Herren versprachen,
im Parterre zu sein. Als die Freunde durch das Ge=
tümmel des Molo ihrer Wohnung zueilten, wurden
sie von einem Unbekannten durch das Geheimzeichen

der Pythagoräer angehalten und ihnen der Befehl der geheimen Obern mitgetheilt, abends zehn Uhr am ge= heimen Versammlungsorte zu erscheinen; beide hätten den Abend viel lieber im Theater zugebracht als in den Kellerräumen der Pythagoräer, allein die Gesetze der letztern waren äußerst streng.

Olga und Eleonore strengten aus ihren Logen ver= geblich Augen und Gläser an, um den Geliebten unter der Menge im Parterre zu finden. Sie hatte eine sehr unruhige schlaflose Nacht. Ihr Verstand sagte ihr, daß ihr Glück nur als bürgerliche Gattin Karl's in Amerika blühe, ihre Phantasie malte ihr aber Bilder von Harringtonhall und Karl als Herrn desselben, Karl als Redner und Glanz des Unterhauses aus, und wenn sie in Schlummer sank, dann spannen sich diese Phantasien in langen Träumen weiter.

Am andern Morgen verbreitete sich durch ganz Neapel die Nachricht, man habe in der Taverne Zum heiligen Januarius in der Nacht funfzig Verschwörer, Pythagoräer, darunter zwei Hauptbösewichte, zwei Deutsche, gefangen und in die Kasematten des Castello dell' Uovo abgeführt.

Neuntes Kapitel.

Die kalenberger Nation und der letzte Reichskammergerichtsbote in Hannover.

Ein garstig Lied!
Ein leidig Lied.
Pfui! ein politisch Lied!
Goethe.

Am 2. August 1794 saßen in der Wohnung des Land- und Schatzraths, auch Hofrichters von Berlepsch an der Kalenbergerstraße der Legationsrath von Hardenberg, Drost von Stietenkron, Hofrath Heiliger und Advocat Ebeling um einen mit Speisen und leeren Flaschen gefüllten Tisch. Man hatte gut dinirt; Oskar Baumgarten, der Oberförster, hatte prachtvolles Wild aus Hessen gesendet und Hofrath Heiliger versicherte mit wohlgefälligem Lächeln, daß er seit Jahren nicht ein so delicates Birkhuhn gegessen, während Advocat Ebeling den Rest des Champagners aus hohem Glase nippte.

Es war abgedeckt, Kaffee wurde servirt, Taback

17 *

und Thonpfeifen vertheilt. Der Schatzrath selbst ging im Zimmer auf und ab, er wartete ungeduldig, daß der letzte Diener sich entferne. Als dies geschehen, stellte er sich vor den Tisch, an welchem seine Freunde rauchend saßen, und sprach: „Werthe Freunde und Mitstände! Lassen Sie mich auf das schon bei Tische besprochene Thema zurückkommen. Als im Mai vorigen Jahres es hieß, daß man noch mehr Truppen, als der Vertrag mit England erheische, nämlich das ganze Reichscontingent, nach Brabant schicken wolle, und in der Landschaft viele Stimmen sich erhoben, daß man an die Regierung den Antrag stellen müsse, die Trup= pen im Lande zurückzuhalten, da habe ich mich gegen diese Ansicht erklärt. Ich war der Ansicht, daß die Regierung zu Leistung alles desjenigen, was das Reich fordere, unbedingt verpflichtet sei, und daß es wahrlich nicht Sache der Landstände sei, die Regierung von ihrer Pflicht abzuhalten. Denn, meine Freunde, so schwach und schlecht auch der Reichsverband ist, er ist das Einzige, das uns gegen Frankreich schützt, denn England kann uns nicht schützen, will es wahrscheinlich auch nicht einmal.

„Die Stände haben meinen Rath damals ver= schmäht und sich die schnöde Antwort vom 10. Mai vorigen Jahres selbst zugezogen. Etwas anderes war es mit den Beschlüssen vom 8. August vorigen Jahres, denn damals sprachen wir aus, daß der Landschaft nach Verfassung und Herkommen das Recht zustehe, bei Rekrutenaushebungen gehört zu werden. Da habe ich von Herzen zugestimmt. Nun haben wir aber am 16. Februar dieses Jahres die Antwort erhalten, daß es uns keineswegs zukomme, in die Ausübung des landesherrlichen juris armatorum, belli et foederum mit Maßgebungen und Berathschlagungen hinzugehen.

„Aber wir hören jetzt täglich, wie schlecht es mit den Dingen in Brabant steht, unser Heer im englischen Solde ist beinahe aufgerieben, und die Tapferkeit, mit der sich Hammerstein und Scharnhorst aus Menin durch den zehnmal stärkern Feind durchschlugen, ändert an der Sache selbst nichts. Jetzt heißt es, die noch vorhandenen zehn Landregimenter sollen den kaum noch dem' Namen nach existirenden Feldregimentern incorporirt, das heißt im Interesse des Ministeriums Pitt wie die übrigen Truppen zur Schlachtbank abgeführt werden.

„Geschieht dies, so ist unser Land gänzlich wehrlos. Lassen wir das schweigend geschehen, so ist es mit dem Ansehen der Landschaft dahin, so ist es um unser Recht geschehen. Ich habe daher im Sinne, bei dem Ausschusse in den nächsten Tagen folgenden Antrag

einzubringen, und wollte Sie um Ihre Unterstützung
gebeten haben. Der Antrag geht dahin:

1) Mit den übrigen sieben Landschaften eine förm=
liche Coalition einzugehen, welche Beschützung des Vater=
landes zum Zwecke hat.

2) Eine gemeinsame Vorstellung an den König
zu entwerfen und darin zu verlangen, daß sämmtliche
Truppen wieder ins Land zurückberufen werden, wieder
wohl verstärkt werden, daß die übrigen wehrbaren
Mannschaften in Gemäßheit des Reichstagsschlusses
organisirt und alle Anstalten zur Vertheidigung des
Vaterlandes getroffen werden, zum Zweck einer bewaff=
neten Landesneutralität."

„Sie können recht haben, lieber Vetter", erwi=
derte der Legationsrath von Hardenberg, „die Stellung
Hannovers ist durch die Bündnisse mit England vom
4. März vorigen Jahres und 7. Januar dieses Jahres
eine sehr exponirte geworden. Frankreich muß in
Hannover einen speciellen Feind sehen, wenn dieses
England 22000 Mann Truppen zur Unterstützung des
Kampfes gegen Frankreich leiht. Auch mir scheint
es zweifelhaft, ob England Hannover, wenn es ange=
griffen würde, den nöthigen Schutz verleihen wollte,
wie es noch zweifelhafter, ob es solchen verleihen
könnte.

„Nicht zweifelhaft bin ich, daß den Ständen das Recht der Bitte und Beschwerde zusteht, wenn der Kurfürst von seinem Rechte der Armatur und des Krieges einen Gebrauch macht, der das Land mit augenscheinlicher Gefahr bedroht.

„Auch ich glaube, daß man die Landregimenter ohne ständische Zustimmung nicht in die Feldregimenter incorporiren darf." Er schwieg und zündete die Thonpfeife von neuem an.

„Im Lüneburgischen, Lauenburgischen, Bremischen ist man ganz derselben Ansicht", versicherte Berlepsch, „und der Schwiegervater meines Sohnes, Landrath von Vogelsang, schreibt mir, daß die hoyaische Landschaft gleichfalls beitreten würde."

„Aber", warf Hofrath Heiliger ein, indem er die Pfeife aus dem Munde nahm und sie auf den Tisch legte, „wie denken Sie sich denn eine solche Vereinigung sämmtlicher Landschaften, mein lieber Herr Schatzrath? Ich möchte wissen, was der alte Pütter zu einem solchen Gedanken sagte? Seit beinahe funfzig Jahren arbeiten wir, wie Sie wissen, an einer Vereinigung unserer Landschaft mit der göttinger und grubenhagener. Kommen wir vom Flecke? Und wie wollen Sie acht Köpfe unter Einen Hut bringen?"

„Ja, der alte Pütter", erwiderte Berlepsch, „kennt

nichts als die alte Reichsschablone, wir gehen aber neuen Zeiten entgegen; wenn es Georg nicht thut, so müssen wir selbst aus den acht Fürsten= und Herzog= thümern und Grafschaften ein Reich, ein Hannover bilden."

Drost von Stietenkron meinte: man könne es ja versuchen; wenn man die übrigen Landschaften oder nur ihre Ausschüsse bestimmte, sich der Petition anzu= schließen, so werde dieselbe in London offenbar mehr ins Gewicht fallen, als wenn sie nur von der kalenberger Landschaft käme.

Advocat Ebeling zog es vor, keine Meinung zu äußern.

„Uebrigens", sagte Berlepsch, „verspreche ich mir von einem solchen Schritte viel weniger Wirkung in England als im übrigen Europa. In England herrscht nicht Georg III., sondern Pitt, und ihm ist alles daran gelegen, daß der Landkrieg mit Frankreich fortdauert, weil er dadurch allein sein Ministerium erhält.

„Wenn aber Hannover das Beispiel gibt, und auf Frieden mit Frankreich in Form auch nur bewaffneter Neutralität bringt, so wird es bei allen kleinen Reichs= fürsten Anklang finden, und auch in Berlin wird man schnell folgen. Ich weiß aus den besten Quellen, daß die Friedenspartei in Preußen von Tage zu Tage mehr

Einfluß gewinnt und Haugwitz gar nicht mehr im Stande ist, gegen Lombard und Lucchesini im Cabinet und Möllendorf im Felde seinen Subsidienvertrag vom 19. April aufrecht zu erhalten. Man nimmt freilich das Geld; 300000 Pfund Sterling und dann monatlich 50000 Pfund Sterling sind gewiß nicht zu verachten. Aber Möllendorf erklärt es für strategisch unmöglich, mit den Engländern und Holländern am Mittelrhein vereint zu operiren, und die Armee ist auf das höchste unzufrieden, in englischem und holländischem Solde zu stehen. Ich weiß vom Vetter Hardenberg, dem Staatsminister, daß er neulich in Frankfurt mit Lord Malmesbury hart aneinander gewesen und daß England gedroht, mit Zahlung der Subsidien aufzuhören. Der Subsidienvertrag hat im Parlament durch Fox, Sheridan und den Marquis von Landsdown harte Stöße bekommen, den stärksten versetzt ihm aber der alte Möllendorf durch seine Unthätigkeit.

„Sobald aber Preußen Frieden macht, steht der Weg nach Hannover den Franzosen offen, und wir sind von Truppen gänzlich entblößt, wenn wir die Landregimenter incorporiren lassen.“

Trotz aller Beredsamkeit konnte Berlepsch seine Gäste aber nicht dahin bringen, daß sie ihm ihre volle Unterstützung zusagten.

Um diese Verhandlung verstehen zu können, müssen wir einen Blick auf die politische Lage werfen.

Die Erfolge der ersten Coalition gegen die französische Republik waren die traurigsten gewesen. Hannover hätte als Reichscontingent ein Triplum, das heißt 2442 Mann zu Fuß und 1080 zu Pferde zu stellen gehabt, später sogar ein Quintuplum; allein es war den Reichsbeschlüssen nicht nachgekommen und es krähte kein Huhn und kein Hahn danach, daß dies geschähe. Dagegen schloß König Georg III. von England mit sich als Kurfürsten Georg von Hannover einen Vertrag, wonach letzterer sich verpflichtete, ersterm funfzehn Bataillone Infanterie, acht Regimenter Cavalerie und ein Detachement Artillerie zu dem Kriege gegen Frankreich zu stellen, welche England in Sold nahm. So kam es, daß Friedrich Schulz, wie wir sahen, in Menin gegen Vandamme und Moreau kämpfte. Die hannoverischen Truppen hatten aber harte Verluste erlitten und schon 1793 waren von 22000 Mann nicht mehr als 8000 Mann geblieben, und da die Werbungen nicht mehr Mannschaften genug schafften, hatte Kurfürst Georg am 11. Februar 1793 ein Rekrutenaushebungspatent erlassen, wodurch über die Hannoveraner, ohne die verschiedenen Landstände zu hören, verfügt wurde wie über Eigenbehörige.

Was ging das aber Berlepsch, was überhaupt die vornehmen Leute an? Ausgehoben wurde nur der gemeine Mann, und es gab Mittel und Wege in Menge, die Aushebung zu umgehen; in dem Fürstenthum Göttingen brauchte man nur nach Bovenden, Eddiehausen oder sonst einem hessischen Dorfe zu gehen und sich während der Aushebungszeit aufzuhalten, so war man frei; und wer dem Drosten oder Oberhauptmann ein gutes Wort oder sonst etwas gab, der wurde auch nicht ausgehoben. Warum also ein solches Geschrei? Ich will das zu erklären suchen, weil es zu meiner Geschichte gehört.

In Hannover gab es unter dem Adel zwei Parteien, diejenigen, welche an der Herrschaft waren, welche im Geheimrath, im Kammercollegio u. s. w. die weichgepolsterten Sitze innehatten, und diejenigen, welche sich mit dem Abfalle begnügen mußten, mit Stellen zwar, aber Arbeitsstellen und nur mäßig hoch besoldeten, oder als Offiziere im Heere dienten.

Zu diesem Theile des Adels gehörte Berlepsch, obgleich seine Mutter eine geborene Gräfin Hardenberg gewesen, und sein Stiefvater Excellenz Geheimrath von Bobenhausen. Hätte dieser nur wenige Jahre länger gelebt, oder hätte Prinz Ernst der schönen Schwester des spätern Fürsten von Hardenberg nicht zu sehr den

Hof gemacht, so wäre Berlepsch von selbst unter die Herrschenden gekommen. So war er nur Hofrichter und Landrath der kalenbergischen Landschaft, was seinen Ehrgeiz nicht befriedigte, wie wir das schon früher sahen.

Berlepsch war einer der wenigen, die, nachdem man den Göttingern Spittler, Schlözer und andern den Mund verstopft, noch offen über die Französische Revolution anders zu sprechen wagten als Burke und Rehberg. Berlepsch galt im Jahre 1792 für so gefährlich, daß in geheimer Berathung bei Gräfin Melusine von Wildhausen beschlossen ward, das nicht ungewöhnliche Mittel anzuwenden, den aufgeweckten Kopf auf die Seite der herrschenden Kaste zu ziehen. Er selbst war zu störrisch und zu alt, aber man wollte suchen, seinen Sohn, dem man schon den Drostentitel und das einträgliche Amt Herzberg mit seinem schönen Herzogssitze gegeben, mit der herrschenden Klasse zu verbinden. Melusine hatte sich opferbereit erklärt, die Hand ihrer jüngsten Tochter Heloise dem Drosten von Berlepsch zu geben. Dieser war deshalb wie früher zu den Jagden und Zusammenkünften des Adels, so auch zu Olga's Hochzeit geladen. Die engere Adelskette, die man dort zu schließen beabsichtigte, sollte durch die Verlobung der dreizehnjährigen Heloise mit dem jungen Berlepſch dem alten Demagogen von Vater, wie man ihn nannte, den Mund ſchließen. Ein Vertrauter hatte den Auftrag, den Droſten auf Heloiſens Schönheit, Reichthümer und Verbindung mit dem herrſchenden Adel aufmerkſam zu machen. Dies geſchah, allein der Droſt gefiel Heloiſen nicht, die durch die Mutter auf ihn aufmerkſam gemacht und aufgefordert war, recht freundlich gegen ihn zu ſein. Heloiſe war recht eigenwillig, ſie that das Gegentheil von dem, was die Mutter gewünſcht hatte, ſie war beinahe kindiſch ungezogen gegen den Droſten. Dieſem war die noch unentwickelte Heloiſe zu ſehr Kind, ungezogenes, wie es ihm ſchien dazu, ſeine Blicke waren ſchon am erſten Tage auf die ſchöne, in üppigſter Fülle blühende Ida von Vogelſang gerichtet, ſie hatte ihn in ihrem Banne, und ehe er Heuſtedt verließ, war er mit ihr verlobt. Im Hauſe des Landraths herrſchte aber große Antipathie gegen die Gräfin und ihre Familienverbindung. Der Majoratsherr und ſeine Gattin hatten ihren ganzen Hochmuth gegen den Landadel Heuſtedts ſpielen laſſen, die Scene in der Kirche hatte wie ganz Heuſtedt, auch den jungen Berlepſch empört, und ſo war der Plan der Gräfin zerſtört. Sie erinnerte ſich, wie ſie ſelbſt der Bardenfleth wegen vor zwanzig Jahren vom Vater des Droſten verſchmäht war; jetzt war Ida von

Vogelsang ihrer Heloise vorgezogen. Das erheischte Rache.

Der Hofrichter Berlepsch ahnte nicht, woher eine Menge kleiner Unannehmlichkeiten, die ihm, dem sehr Reizbaren, das Leben verkümmerten, kamen; er fühlte sich zurückgesetzt und kalt behandelt. Man zog sich in herrschenden Kreisen von ihm zurück, er war anrüchig als Demagoge, als Verehrer des Neufrankenthums. Selbst seinem Einflusse in der Landschaft suchte man durch den Geheimen Kanzleisecretär und Licentinspector Rehberg die Spitze abzubrechen. Im eigenen Collegio sogar betrug sich ein hochadelicher Assessor gegen ihn, den Dirigenten, unangemessen, und es gelang ihm nicht, die verlangte Genugthuung zu bekommen.

Herr von Berlepsch brachte nun zwar wenige Tage darauf den Antrag, über welchen er zu seinen Freun= den gesprochen hatte, in die Landschaft, allein es war beschlossen, erst weiter abzuwarten. Man versah indeß die Mitglieder des Engern Ausschusses in Hannover und die Hannover nahe Wohnenden mit Vollmacht cum libera, wegen der Sicherheits= und Vertheidigungs= anstalten das Nöthige bei königlicher Regierung durch dringende Vorstellung zu besorgen.

Diese Dinge, welche dem Geheimrathscollegio nicht verborgen geblieben, hinderten dieses in seiner Omni=

potenz nicht, den betretenen Weg fortzuwandern. Am 25. October erschien das landesherrliche Incorporations= edict, wodurch die vorhandenen zehn Landregimenter, durch die Rekrutenaushebung des Vorjahres verstärkt, in die Feldregimenter einverleibt wurden, das heißt um gegen englischen Sold in den Niederlanden gegen Frank= reich zu fechten. Den Landständen wurde das Incor= porationspatent am 1. November nur zur Nachricht mitgetheilt, da die Regierung sich vollkommen überzeugt hielt: „daß die löbliche Landschaft nach ihrer Wohl= meinung und Einsicht in diesen zum Besten und zur Sicherheit des Landes getroffenen Anordnungen das devotionsvolle Vertrauen auf Sr. königlichen Majestät höchste Erleuchtung und landesväterliche Sorgfalt für die Wohlfahrt und Ruhe Ihrer getreuen Lande und Unterthanen gänzlich befestigt finden werde.‟

Berlepsch war nun nicht der Mann danach, sich „im devotionsvollen Vertrauen‟ sogleich zu ergeben, und wenn man die ganze Maßnahme der Incorpora= tion richtig deutete, so war sie geschehen, um sämmt= liche noch im Lande vorhandenen Truppen nach den Niederlanden senden zu können und so die gefallenen Söldlinge zu ersetzen; er berief daher die Mitglieder des Größern Ausschusses der kalenberger Landschaft zu einer Deliberation, in der er dreizehn Sätze proponirte,

die auf den Zweck hinausgingen, die Stände sollten
sich gegen einen Krieg mit Frankreich erklären und auf
Landesneutralität bringen.

Der Größere Ausschuß ging nur auf Eine dieser
Propositionen ein, indem er eine Declaration des In=
corporationspatents in dem Sinne verlangte, daß es
nicht die Absicht des Königs sei, die Regimenter nach
Brabant marschiren zu lassen, sondern daß dieselben
lediglich zur unmittelbaren Defension des Vaterlandes
bestimmt seien, und setzte die Berathungen der weitern
Propositionen bis zum nächsten Landtage aus. Dieser
Landtag war auf den 6. Januar 1795 berufen.

Berlepsch hatte zur Begründung seines Antrags
ein ziemlich umfassendes Promemoria geschrieben, ein
seine Propositionen rechtfertigendes und erläuterndes
Votum. Es war das nicht verlesen, sondern nur auf
den Tisch des Hauses gelegt, und wenige Herren Ritter
und sonstige Landstände hatten sich Zeit genommen,
auch nur einen Blick hineinzuwerfen. Derselbe ver=
langte aber, daß die kalenbergische Nation erklären solle,
keinen Krieg mit der französischen Nation zu wollen,
und zu wünschen, daß diejenigen Bündnisse, welche der
Kurfürst mit sich als König von England geschlossen,
ohne Einwilligung und Zustimmung der Stände ge=
schlossen seien, und daher der Krieg nicht als ein von

der kalenbergischen und hannoverischen Nation geführter
Krieg anzusehen sei, sondern nur als ein Hauskrieg
im Interesse der Dynastie, und beantragte daher, daß
das bei der englischen Armee in Brabant befindliche
hannoverische Hülfscorps zurückberufen werde.

Die Stände waren indeß schon in dem devotions=
vollen Vertrauen so weit gekommen, daß sie die meisten
der Verlepsch'schen Anträge ablehnten und sich darauf
beschränkten, nochmals um eine Declaration des In=
corporationspatents in ihrem Sinne zu bitten, jedoch
dem Antragsteller für sein mit Sachkenntniß, Sorgfalt
und Mühe ausgearbeitetes Promemoria ihren Dank
votirten.

So standen die Sachen, als der Baseler Friede
geschlossen wurde. Georg III. nahm als Kurfürst von
Hannover dazu eine zweideutige Stellung ein, und die
kalenbergischen Stände baten wiederholt durch ihre
Ausschüsse, dem Baseler Frieden beizutreten, die in
englischem Solde stehenden Truppen zurückzuberufen,
die Besetzung von Bremen aufzuheben, die Emigranten
aus dem Lande zu schaffen und die Convention mit
Oesterreich wegen Stellung (oder eigentlich Nichtstel=
lung) des Reichsarmeecontingents aufzuheben. Georg
hatte lediglich seine „Acquiescenz" zu dem Baseler
Frieden ausgesprochen, Frankreich aber zeigte unver=

hohlen Luft, in die hannoverischen Lande einzufallen. Der preußische Gesandte von Dohm wurde nun nach Hannover gesendet, um einen festern Zusammenhalt der hinter der Demarcationslinie liegenden Länder anzubahnen; allein in Hannover nahm man ihn lau auf, und auch die Vermittelung des Herzogs von Braunschweig führte nicht weiter, aber ebenso wenig kam man den Forderungen der Landstände nach. Das Geheimrathscollegium fürchtete schon damals Preußen mehr als die Franzosen und lehnte die angebotene Hülfe der Preußen gegen etwaige französische Angriffe unter allerlei Vorwänden ab. So war verwirklicht, was Berlepsch erstrebt hatte, die kalenberger Nation hatte ihre Neutralität, nur nicht kraft eigenen Handelns, sondern durch Preußen.

Berlepsch hatte sein Votum mehrern Freunden in Abschrift mitgetheilt, so dem Hofrath Heiliger, dem damaligen Schöngeist Hannovers, der mit allen Dichtern, Schriftstellern und Künstlern mehr oder weniger näher befreundet war, wie denn alles, was den Ideen von einem Fortschritt der Menschheit damals huldigte und daran mitzuarbeiten sich berufen fühlte, entweder in enger persönlicher Freundschaft, oder durch Orden und Freimaurerei verbunden war, und allen, die das Alte conserviren wollten, feindselig gegenüberstand. Zu

ben sich so feindselig gegenüberstehenden Größen ge=
hörten aber seit 1792 der Ritter Zimmermann auf
conservativer, der Freiherr von Knigge auf illumina=
tischer Seite, damals schon, obwol noch nicht vierzig
Jahre alt, ein kranker, gebrochener Mann, der als
Oberhauptmann die hannoverischen Hoheitsrechte in
Bremen vertrat.

Dem Verfasser des Buchs „Ueber die Einsamkeit
und den Nationalstolz" war die Eitelkeit etwas sehr
zu Kopfe gestiegen, seitdem er an das Krankenbett
Friedrich's des Großen gerufen war, und das hatte
dann Knigge, den allezeit Federfertigen, bewogen, den
Ritter, den er als Bekämpfer der Aufklärer außerdem
nicht liebte, in einer kleinen Flugschrift: „Ueber Friedrich
Wilhelm den Liebreichen und meine Unterredung mit
ihm, von J. H. Meywerk, kurhannoverischem Hosen=
macher", lächerlich zu machen. Da Knigge derzeit noch
in Hannover lebte, so erbitterte sich der Streit durch
Zwischenträgereien, erreichte aber seinen größten Gipfel=
punkt, als Kotzebue unter Knigge's Namen sein schmu=
ziges, lästerliches Pasquill: „Bahrdt mit der eisernen
Stirn, oder die deutsche Union gegen Zimmermann",
drucken ließ. Denunciationen und Angriffe Zimmer=
mann's in der „Wiener Zeitschrift" gegen den Volksauf=
wiegler Knigge, die diesem zu neuen Satiren: „Des

18*

seligen Schaftopfs Papiere", sogar zu einem bis zur Quadruplik geführten Injurienprocesse Veranlassung gab, spielten vom Anfange bis in die Mitte des letzten Jahrzehnts des vorigen Jahrhunderts.

Hofrath Heiliger kannte natürlich wiederum Groß= mann, den damaligen Theaterdirector, und hatte diesem das Belepsch'sche Votum mitgetheilt.

Im Anfange des Jahres 1795, vor Abschluß des Baseler Friedens, war man nun aber in Hannover vor einem Einfalle der Franzosen sehr bange; alles Silbergeschirr und alle Kostbarkeiten bei Hofe waren eingepackt, die Geheimräthe von Beulwitz und Stein= berg hatten ihre Sachen schon aus der Stadt trans= portiren lassen, Excellenz Schlottheim und Melusine von Wildhausen wollten auch einpacken lassen. In dieser aufgeregten Zeit nun hatte Großmann die Un= vorsichtigkeit begangen, bekannte Persönlichkeiten, den Herrn von Knigge, die Herren von Münchhausen und von Sirach auf dem Theater in einer Posse vorzu= führen. Man glaubte Großmann verhaften zu müssen, und das Gerichtsschulzenamt wurde mit einer Unter= suchung beauftragt. Dieser ließ den unter dem Namen Baron Mühlenschwamm bekannten Advocaten Reineke ins Gefängniß rufen, um wegen Abwendung einer Un= tersuchung die Vertheidigung zu übernehmen, und gab ihm bei dieser Gelegenheit ein versiegeltes Packet an den Hofrath Heiliger. Reineke vertraute den Brief aus Bequemlichkeit dem Gefängnißwärter zu weiterer Besorgung an, der dann nichts Eiligeres zu thun hatte, als ihn dem Gerichtsschulzenamte zu übergeben, das den Brief öffnete und das Berlepsch'sche Votum fand. Es zog dies indeß anfangs keine andern Folgen nach sich, als daß Großmann inquirirt wurde, wie er zu dem Papiere gekommen, und darauf Hofrath Heiliger von der Justizkanzlei vernommen wurde, ob das Großmann'sche Anführen ein richtiges sei. Heiliger bestätigte dies, erklärte auf weiteres Befragen, er habe Großmann das Manuscript deshalb mitgetheilt, weil sie als beiderseitige Literatoren sich manches mitgetheilt hätten, was ihnen merkwürdig erschienen sei. Auf die ihm vorgelegte Frage: „ob Großmann damals bei Verstande, oder blödsinnig gewesen sei?" erwiderte er, er könne darauf nichts Bestimmtes antworten, da er kein Arzt sei.

Inzwischen hatte der Schauspieldirector sich nicht begnügt, das fragliche Votum einfach zu lesen, er hatte davon eine Abschrift genommen und diese seinem Sohne geschickt, der in Altona in der Verlagsbuchhandlung conditionirte, welche den „Genius der Zeit", von Hennings, verlegte. Im Anfang November 1795

erschien nun das längstvergessene Votum in dieser
Zeitschrift und machte in Hannover von sich reden.

Das war denn Wasser auf die Mühle der Gräfin
Melusine, sie hatte jetzt eine Handhabe gegen Berlepsch.
Dieser wurde im Januar 1796 von der Regierung
aufgefordert, binnen drei Wochen Erklärung abzugeben,
ob er sich zu dem Aufsatze und dessen Bekanntmachung
bekenne, und wie er die unerhörten Anstößigkeiten, mit
welchen derselbe erfüllt sei, zu rechtfertigen gedächte.
Berlepsch antwortete würdig. Er, wie die Landschaft
selbst, welche gleichfalls zum Berichte aufgefordert war,
baten, die Sache in den loyalen Weg Rechtens zu ver-
weisen, wenn die Regierung sich mit der Erklärung
des Schatzraths nicht begnüge. Es erfolgte statt dessen
ein Decret des Inhalts: „Se. Majestät hätten sich
entschlossen, den Herrn Hofrichter aus Ihrem Dienst zu
entlassen, und der Regierung befohlen, ihm seine Entlassung anzukündigen; ebenmäßig werde demselben seine
Entlassung als Land= und Schatzrath ertheilt." Zugleich
wurde an die Ritterschaft des Fürstenthums Kalenberg
das Verlangen gestellt, „an seiner Stelle ein anderes
tüchtiges Subject, das unseres Vertrauens würdig ist,
zum Land= und Schatzrath in Vorschlag zu bringen".
Das Rescript und Postscript war ausgeheckt im neuen
Schlosse zu Heustedt, datirt aber von Saint=James,

den 13. Mai 1796, und gezeichnet George R. und
C. von Lenthe.

Der Große Ausschuß der Landschaft reichte nun zwar
bei dem königlich-kurfürstlichen Ministerium am 6. März
1797 eine unterthänigste Vorstellung in den devotesten
Ausdrücken ein, in welcher er bat, die ergangenen
Rescripte dahin zu declariren, daß bei der Entlassung
des Herrn von Berlepsch nicht der Gedanke vorgewaltet
habe, als sei eine einseitige Dimission des Landesherrn
hinreichend, sondern daß man keine andere Meinung
gehegt, als es werde sich die kalenbergische Ritterschaft
mit dieser Entlassung zuvor einverstanden erklären,
mithin auch ihrerseits das demselben zum Land- und
Schatzrath ertheilte Mandatum zurücknehmen; ferner
um die Erklärung bat, daß nur eine dimissio simplex
et honesta ertheilt sei, endlich sich sicherzustellen suchte
bei eintretenden Weiterungen und etwaigen gerichtlichen
Contestationen, indem Ihre höchste Person (Georg III.)
das periculum litis übernehmen möge.

Wenn also geschehe, werde die getreue Ritterschaft
aus bewegenden Ursachen das dem Berlepsch ihrerseits
ertheilte Mandatum als Schatz- und Landrath gleichfalls zurücknehmen.

Das Ministerium ergriff diese Gelegenheitsmacherei
mit beiden Händen, erklärte, daß Se. Majestät die

Bezeigung der Devotion und Anhänglichkeit mit wohl-
gefälliger Satisfaction aufgenommen habe, daß nur
eine ehrenvolle Entlassung beabsichtigt und ein verfas-
sungsmäßiger Beitritt der Landschaft keineswegs ausgeschlossen sei, sowie daß Se. Majestät ihre getreue
Landschaft gegen einen etwaigen anmaßlichen gerichtlichen Anspruch kräftigst zu schützen und vertreten ver-
sprächen.

Die Gräfin Melusine hatte bei der ganzen von
ihr eingeleiteten Operation aber einen doppelten Zweck
im Auge: es galt nicht nur Rache an Berlepsch, es
galt zugleich, einen passenden Mann für Heloise zu
finden. Diese war jetzt siebzehn Jahre alt und hatte
sich zu einer Selbständigkeit entwickelt, welche der Gräfin
gefährlich schien. Heloise, bei der Verheirathung Olga's
erst ein dreizehnjähriges Kind, hatte aber dennoch ein
Verständniß davon, daß ihre geliebte Schwester den
auch ihr verhaßten Grafen Schlottheim nur gezwungen
heirathe und sich sehr unglücklich fühle; sie ahnte so
etwas von der Liebe derselben zu Karl, den sie selbst
Schlottheim vorzog. Durch die Entfernung Eleonorens,
der englischen Gouvernante, war Heloise gänzlich in
die Hände der kleinen Französin gefallen, die durch
ihre Gespräche und Romane schon Anna verderbt hatte.
Heloise war aber klüger und eigenwilliger als jene.

„Mir soll die Mutter keinen Bräutigam aufbringen“,
hatte sie schon damals sich gesagt, als sie von der
Schwester Abschied nahm. Diese hatte ihr von Nizza
lange Briefe geschrieben und ihr die Wunder der Welt,
welche sie auf ihrer Reise gesehen, ausführlich beschrie=
ben. In allen diesen Briefen wehte ein Ton düsterer
Schwermuth und Resignation, nur für die Schwester
allein schien sie noch Herz und Sinn zu haben. Des
Gemahls war in keinem Briefe erwähnt. Jetzt hatte
Heloise auch schon zwei Briefe aus Neapel bekommen,
in denen ein ganz anderer Ton herrschte, die in hei=
terster Laune geschrieben waren und auf volle Zufrie=
denheit mit der Gegenwart hindeuteten, ohne jedoch
Karl's zu erwähnen. War es blos der köstliche Him=
mel Neapels, die schöne Natur und die ewig lachende
Sonne, die sich in den Briefen Olga's widerspiegelten?
Heloise bezweifelte das; in einer Gesellschaft, der sie
jüngst beigewohnt hatte, war davon die Rede gewesen,
daß Prinz August und Graf Münster noch immer in
Neapel weilen, und da hatte sie in ihrem Köpfchen sich
zurechtcombinirt, daß ihre Schwester und Karl Haus
sich in Neapel auch wol gefunden haben möchten. Sie
hatte seitdem viel über das Glück der Liebe nachgedacht,
und da die Mutter in jener Zeit gerade einen wunder=
schönen jungen Jäger in Dienst genommen, mit diesem

eine kindlich=unschuldige Liebelei angefangen. Der eifer=
süchtige Blick der Mutter hatte diese frühzeitig entdeckt,
der Jäger ward entlassen und die Gräfin dachte daran,
für die Tochter eine passende Partie zu suchen. Nun
hatte Rehberg als Nachfolger des Hofrichters und Schatz=
raths einen jungen Mann in Vorschlag gebracht, der
einer alten reichbegüterten Adelsfamilie angehörte, den
damals in Wetzlar als Assessor befindlichen Herrn von
Bremer, Bruder des Geheimen Kammerraths von
Bremer, und dieser erschien der Gräfin zugleich als
eine passende Partie. Denn für Bremer war das,
was bei Berlepsch nur das Ende seines langjährigen
Dienstes war, nur ein Anfang und Uebergang. War
Bremer wirklich ein so befähigter Mann, als Rehberg
ihn schilderte, so war ihm recht bald ein Sitz im
Geheimrathscollegio sicher. Der Reichskammergerichts=
assessor von Bremer ward also zum Hofrichter ernannt
und meldete sich zugleich zu den Stellen eines Land=
und Schatzraths der kalenberger Landschaft. Melusine
beliebte daher, daß die Ritterschaft gedrängt wurde,
die Präsentation eines andern Land= und Schatzraths
vorzunehmen.

Berlepsch seinerseits überreichte dem Ausschusse einen
Protest, worin er erklärte, daß er sich seiner Aemter
keineswegs für dimittirt ansehe, und gegen jede Neuwahl

feierlichst protestirte. Der Ausschuß weigerte sich, dem Landtage vorzugreifen und sogleich eine neue Wahl auszuschreiben, und beschloß, den Rath einer auswärtigen Juristenfacultät einzuholen. Die Facultät entschied sich nicht im Sinne des Geheimrathscollegiums, sie rieth der Landschaft dringend, darauf anzutragen, daß der Weg Rechtens gegen Berlepsch eröffnet werde, und sich eventuell an die höchsten Reichsgerichte zu wenden, bis dahin Berlepsch in dem Besitze seiner bisherigen Aemter zu belassen, sich auch der Präsentation eines andern Land= und Schatzraths zu enthalten.

Als man in dem Kreise der Geheimräthe von diesem Gutachten hörte, erschrak man, denn man war gewohnt, der Stimme des Rechts, wenn sie namentlich von einer Facultät von Professoren und Doctoren beider Rechte abgegeben war, mehr Gehör zu schenken, als man das heutzutage thun würde. Es wurden nun die Stimmen genau erwogen, welche man für und gegen sich haben würde, bei der Gräfin=Witwe, bei dem Reichsgrafen Platen=Hallermund steckte man die Köpfe zusammen und berieth, wie man Hülfstruppen herbeordere. Die Gräfin hatte den klugen Einfall, daß man vom Cordon (der Demarcationslinie des Baseler Friedens) alle stimmfähigen Offiziere, namentlich den

Hauptmann von Stockhausen, Hauptmann von Uslar, Major von Reden, Major von Scharnhorst herbei= citire. Graf·Platen aber schickte in der Nacht vor der Abstimmung noch seine sechsspännige Staatskutsche, um den Gohgrefen Schaf am 18. Februar zur Abstimmung zu bringen, eine That, worüber sogar eine eigene Bro= schüre: „Ein Traum", erschienen ist. Den schlauesten Einfall hatte aber der Geheime Kanzleisecretär Rehberg gehabt. Der Hofrath Häberlin zu Helmstedt hatte im Interesse des Herrn von Verlepsch eine Broschüre über 'dessen Dienstentlassung geschrieben, die neben dem Gutachten der erlanger Juristenfacultät ein großes Gewicht in die Wagschale des Hofrichters zu legen bestimmt war. Rehberg bestellte nun, ob durch Ver= mittelung Pütter's oder direct, in den „Göttinger ge= lehrten Anzeigen" eine recht derbe Abfertigung dieser Schrift bei Herrn Professor Berg. Dieselbe sollte am 16. Februar, zwei Tage vor dem Landtage, erscheinen und dann durch expressen Reiter nach Hannover ge= bracht und unter die Landstände vertheilt werden, am Tage vor der Wahl. Einem jüngern Grafen von Har= denberg, der sich in Göttingen aufhielt, war es indeß gelungen, einen Abdruck dieser Recension schon Anfang Februar zu erhalten, und ehe das Stück der göttinger gelehrten Zeitung nur ausgegeben war, hatte der

federfertige Häberlin eine Antikritik geschrieben und
drucken lassen, sodaß zu großer Verwunderung der
Landtagsmitglieder Kritik und Antikritik am gleichen
Tage vertheilt wurden.

Inzwischen war es zu spät, als daß Gründe des
Rechts und der Billigkeit einwirken konnten. Jeder
hatte Partei ergriffen, der eine aus diesem, der andere
aus jenem Grunde, der General = Reichsgraf von Wall=
moden=Gimborn z. B. lediglich, „weil er überall
nicht wollte, daß freisinnig gesprochen und schwabro=
nirt würde". Dreiundzwanzig gegen funfzehn Stim=
men beruhigten sich bei der Entlassung Berlepsch's
in der Voraussetzung, daß diese eine ehrenvolle,
und die Concurrenz der Stände dabei vorausgesetzt
werde, die Minorität wollte Verweisung in den Rechts=
weg.

Jetzt ging Berlepsch das Reichskammergericht an,
und dieses, o Wunder über Wunder! dieses faßte schon
am 20. Juni 1797, vier Wochen nach der ersten Ein=
gabe, den Beschluß gegen Georg III. als Herzog von
Kalenberg: „bis zu des kaiserlich königlichen Gerichts
weiterer Verordnung mit allem Verfahren gegen von
Berlepsch einzuhalten", wie der mitbeklagten Ritterschaft
des Fürstenthums Kalenberg aufgegeben ward, mit der
Wahl eines neuen Land= und Schatzraths nicht weiter

vorzuschreiten. Wohl war das Documentum sub
Aquila ausgefertigt, allein der Reichsabler hatte schon
keine Kraft mehr bei den Fürsten und Corporationen,
er war flügellahm. Die kalenbergische Ritterschaft
wählte am 22. Juni, an demselben Tage, an dem ihr
das Decret insinuirt war, den Hofrichter von Bremer
auch zum Schatz- und Landrath. Derselbe wurde von der
Regierung bestätigt und in das Schatzcollegium eingeführt.

So weit war also der Plan Melusinens gelungen.
Jetzt setzte sich derselben aber ein Hinderniß entgegen,
an welches die Gräfin am wenigsten gedacht hatte.
Heloise von Wildhausen war innig befreundet mit
der ältesten unverheiratheten Tochter des Landraths
von Münchhausen zu Schwöbber und hatte von der
Mutter, die in Hannover mit ihren Intriguen genugsam
beschäftigt war, die Erlaubniß bekommen, in Schwöbber den Frühsommer zuzubringen. Der Landrath von
Münchhausen war nun aber ein eifriger Anhänger des
Entsetzten. Hier fand Heloise nicht nur die ganze
Broschürenliteratur in der Berlepsch'schen Sache, sondern sie traf eines Tages den Helden selbst, welcher
mit seinem Freunde Drost von Stietenkron auf Schwöbber einen Besuch machte. Berlepsch war seit der Zeit,
wo wir ihm auf Haus Berlepsch begegneten, sehr alt
und weiß geworden und hatte das Unglück gehabt,

das linke Auge durch eine Verwundung zu verlieren. Heloise hatte einen demokratischen Zug, vielleicht vom Vater, in sich, sie hatte großes Mitleid mit den Leiden der Menschheit, für die es ja in jenen Tagen besondere Annalen gab, in denen auch Berlepsch seine Stelle gefunden hatte. Obgleich sie vom Rechte wenig verstand, so sagte ihr das Gefühl, daß man einen landschaftlichen Beamten, der von der Landschaft gewählt und von der Regierung nur bestätigt war, nicht einseitig entlassen könne. Aber auch materiell hielt sie Berlepsch im Rechte, denn sie liebte die Neufranken schon darum, weil sie eine Coalition von ganz Europa, von England, Oesterreich, den Niederlanden, Preußen und dem Deutschen Reiche zurückgeschlagen hatten, und sie verachtete die Emigranten, die seit vier bis fünf Jahren schon ihre Mutter umlagerten und immer nach Geld, Geld und abermals Geld dürsteten, die voll großer Worte waren, aber wenig von Thaten.

Das Land Hannover war bis zum Baseler Frieden von ihnen wie von einer Landplage überschwemmt gewesen.

Sie selbst war sich gegen den Sohn Berlepsch's eines persönlichen Unrechts bewußt, hatte sie doch, freilich noch als Kind, als ihr von der Mutter bei Olga's Hochzeit befohlen war, recht freundlich gegen den Drost von Berlepsch zu sein, ihn unartig behandelt.

Genug, Heloise wurde in Schwöbber eine eifrige Vertheidigerin der Sache Berlepsch's, eine Feindin aller Rehbergianer, wie man die Freunde der Regierung nannte. Als nach ihrer Rückkehr die Mutter sie darauf vorzubereiten anfing, daß eines Tages der junge Hofrichter, Land- und Schatzrath von Bremer kommen könne, um ihre Hand anzuhalten, erklärte sie: „einem Jüngling, der einen alten, klugen und edeln Mann wie Berlepsch aus seiner Stellung verdrängt habe, nun und nimmer die Hand reichen zu wollen". Sie hielt der Mutter, die sie nur von Rehberg aufgestachelt wähnte, eine lange moralische Vorlesung über das Berlepsch angethane Unrecht, versicherte, die erste Gelegenheit, wo sie mit dem neuen Hofrichter zusammentreffe, zu benutzen, ihm das alles ins Gesicht zu sagen, wie ihrem Vormunde, dem Geheimrath von Schlottheim, desgleichen.

Die Mutter wußte mit dem Kinde nichts aufzustellen, sie wurde nach Heustedt geschickt nebst französischer Gouvernante, wo Tante Hulba, ein altes krummes Mütterchen, noch immer im vereinsamten Schlosse weilte, um Flickdecken zusammenzunähen.

Inzwischen hatte der unermüdliche Berlepsch und sein

noch unermüdlicherer Anwalt Häberlin am 30. Januar
1798 von dem kaiserlichen Reichskammergerichte sowol
ein mandatum sine clausula gegen Georg III., als
gegen die kalenbergische Landschaft erlangt, worin den
Beklagten aufgegeben wurde, gegen Berlepsch nicht
factisch und willkürlich, sondern justizmäßig im Wege
Rechtens 'zu verfahren, ihn sofort in die bekleide-
ten Aemter und den Genuß seines Diensteinkommens
einzusetzen und innerhalb gesetzter Frist Anzeige zu
thun, daß dem kaiserlichen Mandate geziemend nach-
gelebt sei.

Wenn man ein solches Urtheil gegen die Majestät
und eine Ritter- und Landschaft, die schlechthin mit
Du angeredet wurde, sah, so mußte man glauben, so
ein Reichsgericht sei eine herrliche Sache. Das glaubte
mindestens der kaiserliche Kammergerichtsbote Heinrich
Hauenschild aus Wetzlar, als er sich am 13. Februar
desselben Jahres mit dem Land- und Schatzrathe Berlepsch, der die Expedition des Mandats selbst betrieben
hatte, in Wetzlar in dessen Kutschwagen setzte und
nach zwei Tagen wohlbehalten in München anlangte,
wo ihn der Herr Schatzrath verließ und er in der
ordinären Post weiter fahren mußte. Heinrich Hauenschild war schon weit im großen Römischen Reiche herum-

gekommen, er hatte schon manchem Grafen und Fürsten, manchem Bürgermeister und Rath Mandate des Gerichts behändigt, auf keine Reise hatte er sich aber so sehr gefreut als auf diese Reise nach Hannover. Denn es waren jetzt mehr als sechsundzwanzig Jahre vergangen, seit seine einzige Schwester, die im Dienste des Kammergerichtsraths Buff gestanden, mit der ältesten Tochter Lotte, welche nach Hannover geheirathet, fortgezogen war, und er hatte sie seitdem nicht wiedergesehen. Er war damals noch ein Junge gewesen, eben confirmirt, der bei den Herren Assessoren allerlei Dienstleistungen verrichtet. Er erinnerte sich noch sehr wohl des jungen Frankfurters, für den er so unzählige Briefe an Lotte Buff bringen mußte, des seitdem so berühmt gewordenen Goethe, er hatte auch Jerusalem gekannt, der sich todtgeschossen, und viele andere Männer, die seitdem zu hohen Ehren und Stellen gekommen waren. So kannte er auch recht wohl den Ehemann Lottens, den jetzigen Hofrath und Vicearchivarius Johann Christian Kestner.

Als Hauenschild daher einen Brief Berlepsch's an dessen Sachführer und Notar Reischauer abgegeben hatte, eilte er in die große Aegidienstraße, wo im jetzigen Cruse'schen Hause Kestner und seine Lotte wohnten. Lotte hatte damals schon so viele Kinder, als diese

Geschwister gehabt, ihr ältester Sohn war seit einem
Jahre als Auditor bei dem Archiv angestellt, während
ihr zehntes Kind (der in Rom verstorbene Legationsrath Kestner) mit den beiden Schwestern Charlotte
und Klara noch in der Kinderstube spielte.

Lotte liebte ihre treue Magd Barbara Hauenschild,
die ihr von Wetzlar gefolgt, die alle ihre Kinder gepflegt, gar sehr und nahm den Bruder wohl auf, als
dieser am 19. Februar gegen Abend bei ihr einsprach.
Demselben wurde ein gutes Essen bereitet, eine Flasche
Wein vorgesetzt, und Lotte Kestner setzte sich selbst,
während er aß, mit in die Küche und ließ sich von ihrer
Vaterstadt und der Lahn erzählen. Ob der alte Dom
noch stehe, ob die Buche noch vorhanden, unter der
sie mit Goethe und ihrem Manne so oft gespeist, wer
in den letzten Jahren in ihrer Straße geboren sei, das
alles mußte Hauenschild erzählen. Lotte bedauerte
nichts mehr, als daß ihr Hofrath auf ein paar
Tage nach Celle gereist sei in Begleitung des Au-
ditors.

Da wurde laut und heftig an die Thür gepocht,
es erschienen drei Männer mit rothen Röcken und
großen dreieckigen Hüten, wie sie schon nicht mehr Mode
waren, die sich als Regierungsbote Tubbe, als Kanzlei-

bote Sprenger und als Consistorialbote Ringe kund-
gaben und begehrten, den sogenannten Reichskammergerichtsboten Hauenschild, der sich hier aufhalten sollte,
zu sprechen.

Die Frauenzimmer, Lotte wie Hauenschild's Schwester, waren natürlich sehr erschrocken, und begab sich
nun folgende Haupt- und Staatsaction in der Küche.
Der Regierungsbote zog ein großes Schreiben mit Siegel
und der Unterschrift des Geheimraths von Kielmannsegge hervor, stemmte die eine Hand auf den großen
Bambusstock und las den Befehl der Geheimräthe,
der dahin lautete: „Dem allhier sich eingefundenen
Kammergerichtsboten Hauenschild werde damit zur Nach-
achtung bedeutet, daß das von ihm überbrachte insinuandum in Sachen u. s. w., in welchen das kaiserliche
und Reichskammergericht offenkundigermaßen incompe-
tent sei, von Se. Majestät dem Könige nicht angenommen werden könne, dermalen ihm befohlen würde,
sich aller heimlichen und öffentlichen Insinuation davon,
als welche ein für allemal hierdurch cassirt und für
ungültig und unstatthaft erklärt werde, bei unangenehmer
Verfügung zu enthalten und sich sogleich aus Seiner
Majestät hiesiger Residenz hinwegzubegeben.“

Unser kaiserlicher Reichskammergerichtsbote aber
warf sich in die Brust, wies auf seinen kaiserlichen

Adler vor derselben und meinte, er sei doch kein Spitz=
bube, als welcher er hier überfallen und behandelt
würde, sondern ein kaiserlicher Bediensteter, und der
Kaiser stehe über Reich und Königen. Und das meinte
seine Schwester Barbara erst recht, und fuhr auf den
Regierungsboten Tubbe, den sie niemals hätte belei=
digen mögen, los, daß diesem für seine Augen bange
wurde. Lotte Kestner suchte zu begütigen und meinte,
morgen komme ihr Mann wieder, und der werde das
schon ausmachen, für heute sei Hauenschild ihr Lands=
mann, ihr Gast, und man möge hier ihn nicht weiter
belästigen. Tubbe aber war in seiner Würde als Re=
gierungsbote angegriffen, er befahl dem Hauenschild,
bei Strafe sofortiger Verhaftung insinuandum und
sonstige Papiere vorzulegen. Und als die ängstlich ge=
wordene Barbara das in Riemen geschnürte Actenpacket,
das neben dem Hute und Rocke des Bruders lag, her=
vorholte, hing Tubbe dasselbe dem Reichskammergerichts=
boten um, befahl seinen Begleitern, denselben unter
den Arm zu nehmen, und so führte man den Mann,
der die Befehle des Kaisers und Reichs ausführen
sollte, aus dem Hause zum Aegidienthore heraus.
Hauenschild protestirte fortwährend, und als man in
die Vorstadt kam, bat er, ihn, da er ein alter Mann
sei, der in der Nacht und bei dem schlechten Wetter

nicht gehen könne, daselbst zu lassen. Allein man schleppte den Reichskammergerichtsboten bei Nacht und Nebel durch Koth und Dreck bis an die Grenze des Stifts Hildesheim, wo man ihm bei Gefängnißstrafe das Kurfürstenthum zu betreten verbot. Der Reichs= kammergerichtsbote brachte die Nacht im Fieber auf der Landwehrschenke zu, setzte am andern Morgen ein großes Promemoria auf, daß Se. kaiserliche Majestät und das hohe Kammergericht in seiner Person in Hannover beschimpft sei, und begab sich dann nach Hildesheim, wo er durch die kaiserlichen Notare Albrecht und des statt zweier Zeugen subrequirirten Notars Firnhaber das Originalmandat vom 29. Januar 1798 der könig= lichen Landesregierung wie auch der kalenbergischen Landschaft durch die Post insinuiren ließ.

Da Hauenschild grubenhagensche und göttingensche Landestheile noch berühren mußte, um nach der Hei= mat zurückzugelangen, vertauschte derselbe vorsichtiger= weise seinen kaiserlichen Livreerock mit einem bürgerlichen Kleide, und da er nicht wagte, die ordentliche Post zu benutzen, und sich fürchtete, weil er dennoch heimlich insinuirt hatte, in Haft genommen zu werden, kam er nach großen Mühseligkeiten und Beschwerden im Hes= sischen, im Hause Verlepsch an, wo der Gerichtshalter Seutheim und Justitiar Rausch über seine Behandlung in Hannover ein gerichtliches Protokoll aufnahmen, das sich in der „Sammlung sehr wichtiger Actenstücke in der Verlepsch'schen Sache", so 1798 in Frankfurt und Leipzig erschienen, Seite 7—17 abgedruckt findet. Das war der letzte kaiserliche Reichskammergerichtsbote, der das Land Hannover betrat.

Zehntes Kapitel.

Gefangenschaft.

Wir haben Karl Haus und seinen Freund, den Maler, in den Kasemattengefängnissen des Castello dell' Uovo verlassen. Das Gerücht von ihrer Verhaftung drang zuerst zu Eleonore durch die Dienerschaft, die immer mehr von den persönlichen Beziehungen der Herrschaft zu wissen pflegt, als diese vermuthet. Olga fuhr sofort zu Lady Harrington, welche bei dem englischen Gesandten, bei dem Grafen Münster und dem Graf-Bischof die nöthigen Schritte zur Befreiung zu thun versprach und wirklich that. Karl Haus stand unter dem Schutze der englischen Gesandtschaft, und Graf Münster erklärte, daß die Verhaftung seines Privatsecretärs nur auf einem Irrthum beruhen könne, und daß er dessen Freigebung sofort verlange.

Derselbe wurde denn auch schon nach vierundzwanzig Stunden aus dem Castello dell' Uovo entlassen, während

es den gemeinsamen Bestrebungen des Lords Harrington
und des Graf-Bischofs erst am folgenden Tage gelang,
auch den deutschen Maler zu befreien, denn Deutsche
fanden im Auslande noch selten Schutz. Karl sagte
dem Grafen Münster für seine Befreiung Dank und
erklärte seine Verhaftung durch den Umstand, daß einige
italienische Maler, mit denen Hellung, sein Freund,
bekannt geworden, sie in eine angeblich nur humanistische
Gesellschaft, die der Pythagoräer, ohne daß sie selbst
Veranlassung dazu gegeben und irgendeinen politischen
Charakter geahnt, eingeführt hätten. Kurz nach ihrem
Eintritt in die Taverne des heiligen Januarius habe
auch schon die Verhaftung stattgefunden.

Der Graf sagte artig: „Sie werden begreifen, daß
meine Stellung mir nicht erlaubt, einen Mann in
meinen Diensten zu haben, auf dem auch nur entfernt
der Verdacht ruht, mit der französischen Propaganda,
die sich hier stark zu rühren anfängt, in der leisesten
Verbindung zu stehen. Ich hege nicht den geringsten
Verdacht, daß dies der Fall ist, muß indeß selbst den
Schatten eines Scheins meiden. Mein Aufenthalt
wird außerdem hier von der kürzesten Dauer sein, denn
die Fortschritte der Republikaner in Oberitalien und
Rom lassen das Schlimmste befürchten. Sie werden
eine Depesche von mir nach London bringen, und ich

hoffe, daß sich in der deutschen Kanzlei eine Ihren
Talenten angemessene Stellung finden wird. Ich habe
deshalb an Excellenz Lenthe geschrieben, wie Sie selbst
diesen Brief dem Geheimen Hofrath Best übergeben
werden, der Sr. Majestät am nächsten steht."

Karl hatte mehrmals den Grafen unterbrechen
wollen, um zu erwidern, daß dieser seinen eigenen
Wünschen nur zuvorkomme, da er nach Nordamerika
überzusiedeln gedenke, allein die Art und Weise, wie
sich Münster seiner Person zu entledigen suchte, war
so nobel und des Wesens eines Edelmanns würdig,
daß er nur seinen Dank für die Güte herausbringen
konnte.

„In Syrakus", fuhr der Graf fort, „liegt eine
Fregatte segelfertig nach England, ein neapolitanisches
Schiff wird Sie dahin führen, machen Sie sich bereit,
übermorgen abreisen zu können."

Karl war entlassen.

Jetzt galt es, rasche Entschlüsse zu fassen. Er eilte
zu Lady Harrington, um auch ihr seinen Dank abzustatten für das, was sie für seine Befreiung gethan.
Er fand dieselbe in der übelsten Laune. Mylord hatte
seit ihrer Verheirathung zum ersten mal gewagt, den
Mann und Herrn zu zeigen. Sie hatte in ihrer Angst
um Karl und seinen Freund, die sie zu protegiren sich

capricirt, den Gemahl nicht nur angegangen, bei seinem Jagd= und Fischcumpan, dem Könige, directe Schritte zur Befreiung der beiden Deutschen zu thun, sondern war unvorsichtigerweise ohne Vorbereitung mit dem Adoptionsplan hervorgetreten.

Da aber zeigte Mylord ganz den Earl, den Peer, den Engländer. Seine Verachtung gegen alles, was nicht englisch war, namentlich gegen Deutsche, und nun gar gegen einen Hannoveraner war so eingefleischt, daß sich seine sämmtlichen Nervenfasern, die ihn sonst jahrelang nicht incommodirten, in Empörung gegen den Gedanken regten, den Secretär eines Grafen Münster zu adoptiren. Er erlaubte sich nicht nur, Karl einen französischen Revolutionär und Sansculotten zu nennen, sondern an dem gesunden Verstande Myladys selbst zu zweifeln.

Es fand eine Ehestandsscene statt wie noch niemals; die beinahe fünfundzwanzigjährige Herrschaft der Lady war auf einmal gebrochen, das wilde Thier, das eigentlich in dem Lord wie in jedem der berechtigten Zehntausend steckt, und nur durch Blasirtheit und Langeweile zur Ruhe gelangt war, sprang in seiner ganzen ungezähmten Wildheit aus ihm heraus.

Die Lady war nur froh, daß sie nicht auch von Olga und ihrer Verbindung mit Karl gesprochen, wie es ihr, um den Gedanken der Adoptirung Karl's durch den Lord näher zu motiviren, auf der Zunge gelegen hatte.

Karl Haus befreite sie durch die Nachricht, daß er als Kurier des Grafen Münster in drei Tagen nach England reisen müsse, aus der peinlichen Situation, in der sie sich nach so viel Redens über die Adoption befand. Er bat, auch während seiner Abwesenheit die Patronschaft über Olga und seine Liebe zu ihr zu führen, und sobald es möglich sei, dieselbe auf einem amerikanischen oder englischen Schiffe nach Amerika überzuschiffen, und den Plan, welchen er in der Nacht ausgedacht habe, zu unterstützen.

Dieser Plan war einfach folgender: Hellung sollte in der Gegend von Sorrent oder Meta für sich und Olga nebst Eleonore eine einsame Villa miethen, dahin sollte die Gräfin heimlich die nöthigsten Kleidungsstücke und Sachen schaffen, dann sollten Olga, Eleonore und Hellung eine Lustfahrt nach Capri unternehmen und an dem Felsen vor Capri scheitern und umkommen. Eine Barke von Sorrent sollte sie in einiger Entfernung von Capri auf dem Meere in Empfang nehmen und nach Sorrent bringen, während der Schiffer seine Barke, die ihm zum Doppelten des Werthes bezahlt werde, an den Klippen von Capri scheitern lassen, sich selbst durch Schwimmen retten und in Capri wie später in Neapel verbreiten sollte, die Gräfin und ihre englische Gesellschafterin wie der deutsche Maler mit dem langen Barte und den langen Locken seien verunglückt.

Der Lady gefiel dieser Plan außerordentlich; er war romantisch, und sie liebte alles Romantische, sie versprach Karl für den Abend ein Rendezvous mit Olga, und dieser eilte zu dem aus den Kasematten entlassenen Freunde, um sich mit ihm zu besprechen und denselben anzuspornen, nach Sorrent zu eilen und in dessen Nähe eine einsame Villa mit Dienerschaft zu miethen.

Er selbst bereitete dann seine Reise vor, packte, lief nach den Hauptspediteuren Neapels, um zu erkunden, ob in der nächsten Zeit ein amerikanisches Schiff in den Hafen einlaufen würde. Man gab ihm den Trost, daß in Messina ein Amerikaner liege, der in Neapel Ladung nehmen wolle, sich aber wegen einiger französischer Kreuzer noch nicht aus dem Schutze englischer Kanonen herauszubegeben gewagt habe.

Als man am Abend bei der Lady zusammentraf, hatte der Maler eine Villa gemiethet, Olga war mit allem, was Karl vorschlug, einverstanden. Sie bestand aber darauf, daß er den größern Theil ihrer Diamanten und sonstigen Schmuck, namentlich die seit drei Generationen vererbten Perlen mit nach England nehme und dort verkaufe. Den kleinern Theil, Ohrringe, Broschen und einige einzelne kostbare Perlen, habe Eleonore schon in den Unterkleidern vernäht.

Man unterhielt sich von der Zukunft. Die Lady Harrington versprach, ihren Bären von Gemahl im nächsten Jahre spätestens zum Fischen an den Potomac zu führen, dann wolle man miteinander die Wasserfälle des Niagara besuchen, kurz es wurden verschiedene phantastische Plane für die Zukunft entworfen.

Am dritten Tage früh morgens segelte Karl Haus ab. Die Trennung von Olga war ihm unendlich schwer geworden, tausend Schwüre und Küsse waren gewechselt und die Lady Harrington selbst hatte die Liebenden trennen müssen.

Vor dem Ausgange des Golfes begegnete ihm eine nach Neapel eilende englische Fregatte. Sie brachte die Botschaft von der Vernichtung der französischen Flotte bei Abukir. Die königliche Familie in Neapel, ja der größere Theil des neapolitanischen Volkes fühlten sich aus der Klaue des Löwen gerettet, denn der französische Gesandte in Neapel, Bürger Gerrat, hatte, wie Lord Hamilton an das englische Ministerium geschrieben, schon eine Sprache geführt wie ein Straßenräuber. Auf allen Gesichtern, die der wenigen Carbonari, Pythagoräer und anderer Verschworenen, die nicht im

Kerker schmachteten, ausgenommen, lachte Frohsinn; man
gab sich den ausgelassensten Freudenbezeigungen hin,
unter die Lazzaroni wurde Geld vertheilt, und sie
zogen durch die Straßen, jeden des Liberalismus nur
halb Verdächtigen mit dem Tode bedrohend.

„O tapferer Nelson, Gott schütze und segne dich,
wackerer Befreier, o Sieger, o Retter!" schrie, sang,
jauchzte man auf den Straßen. Improvisatoren sangen
die Vernichtung der französischen Flotte und sagten den
Untergang der fluchwürdigen Republik, den Tod aller
Königsmörder durch die Rache des Himmels vorher.

Diesen Tag des Schwindels benutzte der Maler,
Olga zu entführen. Der Plan glückte in ausgedachter
Weise.

Während man in Neapel die Gräfin Olga von
Schlottheim als verunglückt betrauerte, während die
Lady Harrington Trauerkleider anlegte und großes
Geschrei erhob ob des Unglücksfalles, lebten diese und
Eleonore mit Hellung in einer reizenden Villa in Sorrent unter fremden Namen. Der Graf Schlottheim
tröstete sich leicht über den Tod seiner Gemahlin, oder
vielmehr es wurde ihm dadurch eine Last abgenommen.
Er ließ die Aussagen des Schiffers über den Untergang des Schiffes von einer neapolitanischen Behörde
zu Protokoll nehmen, von Lord Hamilton beglaubigen

und schickte mit dem nächsten Gesandtschaftsberichte die Urkunde über London an die Gräfin Melusine und bemerkte dabei, daß die zweite Rate seines Heiraths= guts, das ihm vertragsmäßig auch nach dem Tode Olga's ausbezahlt werden mußte, fällig sei, und er solche durch Anweisungen auf die Gräfin einziehen lassen werde.

Nelson wurde gedrängt, nach Neapel zu kommen, wo man am 1. October seinen Geburtstag feierlich begehen wollte. Eine Ahnung warnte ihn; sein Ruf wäre unbefleckter geblieben, wenn er derselben gehorcht hätte. Allein eine aus London erhaltene Depesche, noch abgegangen vor der Ankunft der Siegesnachricht von Abukir, befahl ihm den speciellen Schutz der königlichen Familie in Neapel und zugleich, dem Prinzen August und Grafen Münster ein Kriegsschiff zur Ueberfahrt nach England zur Disposition zu stellen sowie eine Depesche dem letztern persönlich zu überreichen. So fuhr Nelson seinem Verderben zu, das dem Sieger in der reizenden Gestalt von Emma Hamilton sich in Gegenwart des Gatten, des Königs und der Königin in die Arme stürzte. — Die Königin Karoline bedurfte der Anreizungen, welche geheime Depeschen an den englischen Gesandten brachten, und der Anreizung durch ihre Busenfreundin Emma nicht, um zu einer neuen

Coalition gegen die gottverdammten Königsmörder die
Hand zu bieten. Neapel versprach achtzigtausend Mann
zu rüsten, und Oesterreich schickte Mack als Feldherrn
dieser Armee.

Die Vorbereitungen zu dem neuen Feldzuge waren
in Sicilien kein Geheimniß geblieben, und der in Messina
liegende amerikanische Schoner zog es, obgleich das
ganze Meer von französischen Kreuzern rein gefegt war,
vor, seine Ladung in Neapel im Stiche zu lassen, in
Messina und Syrakus Südfrüchte einzunehmen und die
Straße von Gibraltar zu suchen, damit er vielleicht
auf der Rückfahrt ein französisches Handelsschiff kapern
könne. Sämmtliche amerikanische Handelsschiffe waren
damals nämlich zur eigenen Sicherheit gegen algierische,
tunesische und tripolitanische wie französische Kaper
stark gerüstet, hatten zu gleicher Zeit aber in Gemäßheit des Gesetzes vom 9. Juli 1798 Kaperbriefe vom
Präsidenten, wonach die gemachten Prisen für ihr Eigenthum erklärt wurden. Der Kapitän, ein echter Yankee,
calculirte nun, daß im Atlantischen Ocean französische
Kauffahrer infolge der Vernichtung der französischen
Flotte ziemlich schutzlos wären, und daß es leicht sein
würde, eine Prise mit lyoner Seide oder andern kostbaren französischen Waaren in den Hafen von Neu-

york mitzubringen, daß dies jedenfalls vortheilhafter sei als eine Fracht aus Neapel.

Inzwischen schürten Nelson und Lady Emma in Neapel das Kriegsfeuer, England versprach Geld, denn dies fehlte sehr in den Kassen, Thugut schickte wenigstens einen General, den besten, den Oesterreich außer seinen Erzherzogen habe. Man rüstete ziemlich offen, sodaß der französische Gesandte endlich am 21. November Erklärungen über diese Rüstungen forderte. Am folgenden Tage erließ Ferdinand IV. ein Kriegsmanifest, und Mack rückte mit dreißigtausend Mann der schönsten Truppen, die es in Europa gab, wie er selbst sagte, gegen den Kirchenstaat. Sein rechter Flügel wurde zwar von den Abruzzen zurückgeworfen, allein er selbst zog Anfang December in Rom siegreich ein, Championnet hatte Rom aber freiwillig geräumt, hielt nur die Engelsburg besetzt und zog seine Streitkräfte zwischen Civita=Castellana und Civita=Ducall hinter Rom am Ufer der Tiber zusammen. Als Mack aber angreift, wird er geschlagen und flieht ohne Rast bis unter die Mauern von Capua. Am 11. December ist von dem schönsten Heere der Erde nicht viel mehr übrig. Der König ist in Caserta eingetroffen, der Hof und die Königin halten sich in Neapel nicht mehr sicher. Angst und Schrecken überall am Hofe, alles

in Verwirrung, Acton hat den Kopf verloren, die Königin ist in innerster Seele beängstigt, dem Könige ist
der letzte Schein königlichen Anstandes abhanden gekommen, nur Lady Emma hatte den Kopf oben behalten. Sie veranstaltet, daß man den König in ein
Zimmer einschließt, ihm reichlich zu essen und zu trinken und Netze zu flechten gibt. Dabei vergißt er seine
Sorgen. Lady Emma leitet die Flucht, ihr Gemahl,
hauptsächlich besorgt um seine noch nicht in Sicherheit
gebrachten Sammlungen, seine Antiken, Vasen, Torsos,
geschnittenen Steine, Gemmen, hatte solche schon einpacken und auf englische Schiffe bringen lassen, als
der Krieg zu drohen anfing. Sie gingen Ende September mit demselben Schiffe ab, das Prinz Augustus
und Münster nach England brachte.

Jetzt wurden die königlichen Schätze, das baare
Geld, die schönsten Kunstwerke der Museen, die Kron-
juwelen, Dinge, deren Werth Nelson auf 60 Millionen
Francs schätzte, des Nachts in die Wohnung Hamilton's geschafft, dort am Tage unter Emma's Aufsicht
verpackt, als wären es die Sammlungen ihres Gemahls, und auf das Linienschiff Vanguard gebracht.

In Neapel herrschte der Pöbel. Das Gerücht, der
König wolle mit seiner Familie entfliehen, hatte sich

verbreitet. Volkshaufen mit Waffen aller Art lagerten auf dem Schloßplatze, man wollte keinen Verkehr zwischen dem Schlosse und dem englischen Schiffe mehr dulden. Ein Cabinetskurier, der dennoch an Bord des Vanguard gehen wollte, wurde am Hafendamme ermordet und an den Füßen vor die Fenster des Balkons geschleppt, wo man glaubte, daß der König sich aufhalte. Lady Emma holt den König aus seinem Verschlusse und bringt ihn auf den Balkon. Hier schwört er dem Volke, Neapel nicht zu verlassen, und bittet es, auseinanderzugehen. Die Lazzaroni glauben dem Schwure. Allein der König benutzt einen unterirdischen Weg zum Hafendamme, und am 21. December abends erreichen er und seine Familie, Lord Hamilton und seine Emma, Graf Schlottheim und alles, was vom Hofe in die Flucht eingeweiht war, den Vanguard, den Samniter oder den Archimedeus. Die Flotte Nelson's konnte wegen Sturmes aus dem Golf nicht vor dem 23. December auslaufen. Am ersten Weihnachtstage starb der junge Sohn der Königin, Prinz Albert, in den Armen der Lady Emma; am 26. ankerte man vor Palermo, wo das Volk den König mit großem Jubel empfing. Nelson ließ indeß drei neapolitanische Linienschiffe, eine Fregatte und einige Corvetten in Brand stecken, damit sie den Franzosen nicht in die

Hände fielen. Bis auf einige Kanonenboote gab es eine neapolitanische Kriegsflotte nicht mehr.

Der zum Stellvertreter des Königs ernannte Fürst Francisco Pignatelli übergab Capua am 10. Januar 1799 den Truppen Championnet's und entfloh. Neapel wurde von diesen vor der Wuth seines eigenen Pöbels gerettet, wobei die in den Castellen sitzenden Gefangenen den Franzosen zu Hülfe kamen.

Der französische General fand das Mittel, das Blut des heiligen Januarius fließend zu machen, und seitdem begann das abergläubische Volk an sich selbst zu glauben; die Parthenopeische Republik war verkündigt. Alle Wohlhabenden waren aus Selbsterhaltungstrieb Republikaner, denn die Lazzaroni und der sonstige Pöbel verlangten nach ihren Gütern; die meisten Nobili waren es aus Princip; man schuf ein Directorium, eine Nationalgarde, bildete aus den Kanonierschalupen eine Art Marine, deren Commando Fürst Caracciolo übernahm, suchte ein freiwilliges Cavaleriecorps und einige Infanterieregimenter zu bilden. Alle Neapolitaner von Bildung thaten das Möglichste, das Dasein der jungen Republik, die in dem Landvolke und den niedrigsten Klassen des Volkes allein ihre Feinde hatte, zu stärken.

Das war denn keine gute Zeit für unsere Flüchtlinge, in Sorrent die Ankunft eines englischen oder amerikanischen Schiffes zu erwarten.

Die Villa, welche Hellung gemiethet hatte, lag nicht an dem steilen Felsen der Stadt, an der sich die Geburtsstätte Tasso's aus dem Meere aufbaut, sondern am Ende des Piano, da, wo dieses sich nach dem Monte San-Angelo erhebt und durch eine Reihe von Villen beinahe mit Meta verbindet. Sie lag ziemlich hoch und gewährte eine der schönsten Aussichten der Welt. Die Villa war Eigenthum seines Lehrers, des Malers Hackert, der sie für sich selbst zur Villeggiatura erbaut hatte, aber wenig nutzte und namentlich zu der Zeit, wo er mit Bestellungen des Königs über das Parademanöver „der herrlichsten Armee der Welt" überhäuft war, schon gegen seinen Schüler den Wunsch ausgesprochen hatte, dieselbe an einen Engländer zu vermiethen. Der Maler, welcher sich auf den Namen eines Mr. Bott nebst Gemahlin und Gesellschafterin einen englischen Paß zu verschaffen wußte, hatte für diesen Mr. Bott die Villa auf ein halbes Jahr ge= pachtet und im voraus bezahlt. Eine frühere italie= nische Köchin Hackert's nebst Tochter und Sohn hiel= ten dort Villa und Garten in Ordnung, sorgten auch für Speise und Trank. Die Villa war lange nicht so prächtig wie Hunderte, die heute in jener Gegend stehen, aber sie war äußerst zweckmäßig eingerichtet, sie hatte sogar zwei Zimmer mit Kaminen und in der ersten Etage fand man einen bedielten Fußboden, während nur zu ebener Erde Estrich war, mit Teppichen belegt. Dieselbe hatte nach Nordosten eine von Epheu und wildem Wein umrankte Loggia mit der Aussicht auf einen Orangenwald, über den hinweg man Castelamare, Torre dell' Annunciata, den Vesuv und die Tausende von Landhäusern vom letzten Orte bis Portici am Golf von Neapel sah. •

Gegen Nordwesten war ein Balkon der Insel Prociba und Ischia zugerichtet, sodaß man nicht nur den ganzen Meerbusen von Neapel, die unzählige Häusermenge dieser Stadt, sondern auch den Busen von Bajä übersah, ja neben dem Vesuv hinweg im fernen Hintergrunde die schneebedeckten Abruzzen erblickte.

Gegen Osten erhob sich der Monte San-Angelo mit seinen zerklüfteten Felsenpartien. Im Süden war der Eingang zur Villa, hier lehnten sich breitästige, grünlaubige Orangenbäume an die Villa und reichten ihre goldenen Früchte zu den Fenstern der ersten Etage hinauf. Hier war auch der Garten mit einigen hohen schlanken Palmen und schattengebenden Bananen geziert. Der Garten war von einer hohen Myrtenhecke eingezäunt und Granatbäume, die jetzt freilich nicht

blühten, wie Lorber- und krummästige Feigenbäume,
fand man überall. Obgleich es jetzt am Ende December war, blühten die Rosen in schönster Pracht,
überhaupt sah man dem Garten an, daß hier ein
Deutscher und ein Künstler die Anlagen gemacht
hatte.

Dem Garten vorüber führte eine Straße von
Westen nach Osten dem Monte San-Angelo zu. Von
der Höhe aus Südosten strömte ein Bach nach Nordwesten, der unfern der Villa von einer hohen Brücke
mit sehr schmalen Bogen in schiefer Form überbaut
war. Der Waldbach stürzte cascadenartig unter dieser
Brücke hervor, er hatte sich hier wie weiter hinauf
ein tiefes schluchtartiges Bett gegraben, und erst weiter
nach Nordwesten nahm er im breitern Bett einen ruhi-
gern Lauf an. Diese Brücke, mit Schlinggewächs,
Epheu und wildem Wein von unten bis oben überzogen, gewährte einen malerischen Anblick, zumal sich
rechts die Anhöhe in Felszerklüftungen emporzog, links
davon eine reizende Villa lag, die ihre Balkonseite dem
Garten der Hackert'schen Villa zuwendete. Aus den
Felsenritzen nach Osten schossen zahllose junge Palmen
mit ihren zitternden Blätterbüscheln empor neben steifen
stacheligen hohen Aloës und rauhen Cactus. Wo man
bei uns am Wege Disteln und Nesseln sieht, schossen

Myrte und Buchsbaum, Rosmarin und Lorber hervor.
Gleich wenn man die Brücke überschritt, quoll aus dem
Felsen ein Born mit antikem Schmuck, einer mosaik=
umfaßten Nische, und sprudelte in eine große Marmor=
muschel. Alle Esel= und Ochsentreiber, die von Osten
oder von der Stadt kamen, hielten hier an dem Brun=
nen, um ihre Thiere zu tränken, selten ging ein Wan=
derer vorüber, ohne auf der Marmorbank neben dem
Brunnen, von einem Kastanienbaume beschattet, aus=
zuruhen, und aus dem Blechgefäß, welches an einer
Kette in der Nische hing, zu trinken.

So bot die Passage über die Schlucht immer ein
belebtes Bild.

Die schöne Villa jenseit der Brücke war das
Eigenthum des berühmten neapolitanischen Arztes Crilli,
der einen großen Theil derselben der kranken Frau
eines amerikanischen Schiffskapitäns, die ihm von einem
Freunde aus Rom dringend empfohlen war, vermiethet
hatte. Der Winzer und seine Frau wohnten in einem
Nebenhäuschen und besorgten die Aufwartung der Frem=
den. Die Amerikanerin war eine kleine blasse Dame,
die mit ihrem vierjährigen Knaben beinahe den ganzen
Tag auf dem Balkon der Villa sitzend las. Sie hatte
zwei Schwarze zu ihrer Bedienung, dem Anschein nach
Mann und Frau, die ihre Herrin sehr zu lieben schienen.

Die Hackert'sche Dienerschaft wohnte gleichfalls neben
der Villa in einem kleinen Häuschen nebst Ziegenstall,
wie es für eine italienische Familie hinreicht. Die
Mutter war eine Frau von funfzig und einigen Jahren,
berühmt durch ihre Kunst, einen Steinbutt zu braten,
überall Fischgerichte zuzubereiten und Oelgebackenes
zu fertigen. Ihre Tochter Maria Rosalia war eine
siebzehnjährige Schönheit, mit langen schwarzen Haar-
flechten, schwarzen feurigen Augen und gebräuntem Gesichte. Sie saß vom Morgen bis zum Abend vor der
Thür des kleinen Hauses, die Spindel hoch zum
Dache hinaufschleudernd und wieder auffangend, um sie
von neuem in die Höhe zu werfen. Sie sprach,
eine Ausnahme bei Südländern, sehr wenig, sang aber
reizende melancholische Volkslieder. Ihr Bruder Filippo, ein funfzehn- bis sechzehnjähriger Knabe, wollte
Marinajo werden, er war mehr auf dem Meere als
zu Hause, und war er dort, so kauerte er zu den
Füßen seiner Schwester, flickte oder strickte Netze. Der
Vater beider Kinder war vor einigen Jahren bei einem
Streite mit einem Kameraden von diesem erstochen worden. Das Leben, welches auf dieser Villa für Olga
begann, war ein gänzlich neues und ungewohntes. Sie
galt hier als Mrs. Bott, Frau eines englischen Malers, die Gräfin war todt, obgleich die zungenfertigen

Italiener sie noch immer mit der Eccellenza überschüt=
teten. Trat auch die Arbeit noch nicht an sie heran,
brauchte sie sich nicht als Hausfrau um Küche und
Haus zu bekümmern, brauchte sie nicht Strümpfe zu
stricken, oder irgendeine grobe Arbeit zu verrichten,
drängte sich auch die Sorge noch nicht zu ihr, denn
sie hatte der Ducati noch in großer Menge, so war
doch das Wegfallen einer zahlreichen Dienerschaft, das
Angewiesensein auf sich selbst und die nächste Umgebung,
diese Einsamkeit gegen das Geräusch Neapels, in dem
sie beinahe drei Jahre gelebt hatte, ein solcher Wechsel,
daß sie darauf anfing, über sich selbst mehr nachzu=
denken, als sie es bisher gethan hatte. Die Trennung
von dem Geliebten und wahren Gatten, die Sehnsucht
nach ihm, das bange und doch wonnige Gefühl, bald
Mutter zu werden, das alles stimmte sie ernst und
melancholisch, wenigstens in den ersten Wochen ihres
Aufenthalts in der sorrentinischen Villa. Aber es ist
beinahe unmöglich, in diesem Paradiese sich unglücklich
zu fühlen. Sobald die Gräfin nur gelernt hatte, sich
zu beschäftigen, und sie mußte es lernen, war sie wieder
lebensmuthig. Sie lernte unter Eleonorens Anweisung
nähen, und nähte kleine Hemdchen, Röckchen, Jäckchen
für den zukünftigen Weltbürger. Sie nahm ihre Pastell=
stifte, die jahrelang geruht hatten, wieder hervor; nach

Gegenständen, welche der Abbildung würdig, brauchte sie nicht lange zu suchen. Sie ging auch häufig in die Küche, um zu sehen, wie die Sorrentinerin ein Gericht Maccaroni zubereitete, einen Fisch kochte oder buk, ein paar junge Täubchen briet, oder Kartoffeln kochte. Alles, was sie von der gesammten Kochkunst bisher verstand, war, daß sie Thee aufgießen konnte und wußte, wann das Wasser kochte; wie man Kartoffeln koche, sah sie hier zum ersten mal. Sie glaubte jetzt, als künftige Frau eines Bürgers sich in etwas um die Küche bekümmern zu müssen, wenn sie auch die Handschuhe noch nicht auszog und sich fürchtete, ein Kochgeschirr anzufassen, weil es schmuzte.

Neben diesen nützlichen Beschäftigungen gab es noch zwei Spielereien, die zu ihrem Zeitvertreib dienten; Hellung hatte einen großen schwarzen Hund, Nero genannt, der nach seinem Herrn Olga am meisten liebte, ihr Begleiter auf Spaziergängen war, in der Loggia zu ihren Füßen lag, ihr, was sie wünschte, apportirte, der ihr keinen Bettler, und an ihnen fehlt es in Italien nirgends, nahe kommen ließ. Daneben machte sie aber die Entdeckung, daß sie eine außerordentliche Katzenfreundin sei. Seit ihrer Kindheit hatte es ihr an Gelegenheit gefehlt, ein Kätzchen liebzuhaben, es streicheln und hätscheln zu können, weil es in den Schlössern

und Paläſten, die ſie zu bewohnen pflegte, keine Katzen
gab. Hier hielt aber Mutter Doralice eine reizende
ſchwarz=grau getigerte Katze, die ſehr bald erkennen
lernte, daß es in der Villa beſſere Speiſen gab als
in dem Nebenhäuschen. Sie fühlte aber das Bedürfniß,
gut und viel zu freſſen, denn ſie trug eine noch un=
beſtimmte Anzahl Junge bei ſich. Vor Nero zeigte
ſie keine Furcht, hatte vielmehr bald Freundſchaft mit
ihm geſchloſſen. Der Würdige fühlte ſeine Beſtimmung
als Schützer und Wächter des Hauſes und Gartens,
und ſo ſtand auch Mieschen als zum Hauſe gehörig
unter ſeinem Schutze. War er auch zu ernſthaft, um
auf die Spielereien, die Mieschen mit ihm beginnen
wollte, einzugehen, ſo ließ er ſich doch ihre Neckereien
ruhig gefallen und ging zuweilen ſelbſt darauf ein,
indem er ſie anbellte und ſie oft in Schrecken ſetzte,
daß ſie auf Olga's Schos ſprang.

Was gab das aber erſt für eine Wonne, als eines
Tages Mieschen ihre Jungen, die ſie drei Wochen
wohl verſteckt gehabt hatte, eins nach dem andern aus
dem Verſtecke hervorholte und zu Olga's und Nero's
Füßen legte, ein ſilbergraues, ein ganz ſchwarzes und
ein ſchwarz=weißes Kätzchen, die ſo allerliebſt aus den
runden klaren Aeuglein ſchauten und ſolche reizende
roth=weiße Mäulchen hatten, daß Olga nicht umhin

konnte, sie abzuküssen, und selbst Nero die Kätzchen zu
lecken begann. Nachdem die Kleinen mit Menschen
und Hund bekannter geworden, dauerte die Spielerei
vom Morgen bis zum Abend, wenn Eleonore die Katzen
nicht etwa einsperrte, damit die Menschen Ruhe vor
ihnen hätten.

Der Maler hatte sich vorgenommen, recht fleißig
zu sein, um das, was er in einem dreijährigen Bummel=
leben versäumt hatte, möglichst nachzuholen. Hackert's
Atelier lag oben neben dem Balkonzimmer, nach Nor=
den über der Loggia. Daneben war sein Schlafcabinet
und ein Raum für Malergeräthschaften, Modelle und
dergleichen, noch gefüllt mit Dingen, die Hackert eigen=
thümlich gehörten. Er stand zeitig am Morgen auf
und brauchte einige Zeit, sich zu rasiren. Er hatte
vor der Flucht aus Neapel seinen urwäldlichen Bart
zum ersten mal abgeschoren bis auf einen kleinen
Schnurrbart, um den Mr. Bott besser spielen zu kön=
nen; jetzt sich um Kinn und Wange glatt zu erhalten,
machte ihm täglich Mühe. War diese schwierige Ope=
ration abgethan, so wurde die lange Türkenpfeife an=
gesteckt und eine halbe Stunde auf dem Balkon hin=
und hergegangen. Man hätte hier Stunden und Tage
zubringen können, so himmlisch war die Aussicht, und
es kostete Hellung oft Mühe, sich loszureißen; aber wenn

der letzte Zug des türkischen Krauts verraucht war, eilte er zur Staffelei.

Wenn er an dieser anderthalb bis zwei Stunden gesessen, wurde es auf dem Balkon lebhaft, Nero wollte aus dem Atelier, die Hausgenossen bereiteten auf dem Balkon das Frühstück, Thee, Butterbrot, Eier und mitunter ein Stück Braten. Das zweite Frühstück fiel hinweg, man aß statt dessen gegen zwei Uhr zu Mittag, einfach, wie es die Verhältnisse mit sich brach=ten. Eine Bouillon oder Fleischsuppe war eine Selten=heit, da in Sorrento nur jeden Freitag ein Ochse ge=schlachtet zu werden schien, aber Filippo brachte täglich frischen lebenden Fisch aus dem Meere, er brachte Muscheln und Austern, fing Wachteln und Täubchen. Die goldigen Orangen pflückte man sich selbst, Doralice verstand es vortrefflich, Pinienkerne auszurösten, Dat=teln gab es in Menge.

Das Mittagsessen wurde selbstverständlich in der Loggia eingenommen, dann erhielt der Besitzer eine Tasse afrikanisch zubereiteten Mokka und die Erlaubniß, seine türkische Pfeife zu holen oder durch Nero holen zu lassen, und die Gräfin, weil sie in Voß' „Luise" es als eine bewunderte Tugend der deutschen Hausfrau hatte preisen hören, ließ es sich nicht nehmen, den braunen goldberandeten Kopf mit dem feingeschnittenen

duftigen Kraute zu füllen. Dieses Dolce far niente
mit der Aussicht auf den Vesuv und die Marmor=
städte, die sich meilenlang an seinem Fuße hinziehen,
bis zu dem unübersehbaren Häusermeere von Neapel,
ward oft ganz schweigend genossen, jeder dachte Ver=
schiedenes.

Olga's Gedanken beschäftigten sich mit Karl und
der Frage, ob er glücklich durch die Meerenge von
Gibraltar gekommen, ohne von französischen Kreuzern
oder Kosaren belästigt zu sein. Der Maler versetzte
sich in der Phantasie nach seinem bescheidenen Para=
diese bei Jena und der bescheidenern Gärtnerwohnung,
die sein Liebchen barg. Eleonore, die keine Vergangen=
heit hatte, an die sie mit Freude hätte zurückdenken
können, genoß allein ganz und ungetrübt die schöne
Wirklichkeit, die sie umgab.

Während Hellung dann noch einmal zu seinem Atelier
hinausging, um einige Stunden zu arbeiten, suchten
die Frauen nebst Nero Schutz gegen die Decembersonne
im Orangenwäldchen oder am Ufer des Baches, wo
dieser aus seiner Schlucht heraus mehr in die Ebene
trat und selbst den Charakter des Piano mehr an=
nahm.

Der Maler streifte auch wol, je nach seiner Laune,

einen Tag in den Schluchten des Monte San-Angelo
oder stieg ganz über das Gebirge hinüber zu Pasitano
und dem Meerbusen von Salerno. Daß man gegen
Abend eine Promenade am Meeresstrande machte, oder
daß Filippo und der Maler die Damen selbst in
das Meer hineinruderten und dann dem Fischfange
Filippo's zusahen oder die Sterne betrachteten, ohne
den Kopf zu heben, da sie im spiegelglatten Wasser
so deutlich wahrzunehmen waren wie am Himmel,
oder daß man die Dampfsäule des Vesuvs bewunderte,
war selbstverständlich, der Trieb nach Abwechselung
bedingte das.

So war das letzte Jahr des Jahrhunderts gekommen; an schattigen Hängen blühten die Veilchen, die
Rosen dufteten, wie bei uns im Juni, der Weinstock
fing an Spine zu bekommen. Hellung hatte ausge-
funden, daß die Partie vor dem Garten, der Waldbach
mit seiner Schlucht und die Brücke darüber, dahinter
rechts der antike Felsbrunnen, links die von Palmen
und Platanen überschattete Crilli'sche Villa mit ihrem
schönen Balkon, darüber hinaus im Hintergrunde der
mächtige Monte San-Angelo sich vortrefflich zu einem
Landschaftsbilde eignen und daher beschlossen, ein solches anzufertigen, es nach Deutschland erst zur Ausstel-

lung in der dresdener Akademie, dann seiner Braut
zum Andenken zu senden.

Eleonore hatte Hellung beigestimmt, Olga aber be=
hauptete, es würde ein vorzügliches Bild geben, wenn
man sich oberhalb der Brücke am linken Bachufer auf=
stelle und die Villa zur Rechten, dagegen dann den
Vesuv als Hintergrund habe. Nachdem man eines
Morgens während des Frühstücks über den Fall ge=
stritten, machten sich alle drei daran, das Landschafts=
bild zu fixiren. Der Maler selbst nahm seinen Stand=
punkt auf einer Erhöhung im Garten der Hackert'schen
Villa selbst, sodaß er den schiefen Bogen der Brücke
und den Weg zu derselben als Vordergrund hatte;
Eleonore hatte denselben Standpunkt gewählt, aber
näher der Brücke, weil sie für ihre Silberstiftzeichnung
des größern Details bedurfte. Die Gräfin hatte sich
ein Bild, halb Wahrheit, halb Phantasie ausgedacht,
sie wollte deshalb den Vesuv als Hintergrund, um
einen Vesuvausbruch, wie ihn die Pastellblätter und
Aquarellen, die in Neapel unzählig feilgeboten werden,
zu haben pflegen, bei Mondscheinbeleuchtung anbringen
zu können. Hellung saß im Schatten eines Orangen=
baumes, die Engländerin hatte sich einen silbergrünen
Oelbaum als Standpunkt ausgesucht, Olga einen großen
Malerschirm aus Hackert's Malerkammer ausgespannt.

Hund Nero wußte nicht, was diese Trennung der sonst
Verbundenen bedeute, er ging von seinem Herrn zu
Eleonore, von dieser zu Olga, von dieser wieder zu
seinem Herrn, gleich als wolle er den Vermittler unter
drei Erzürnten spielen.

Im Garten der Villa Crilli spielte indeß der vier-
jährige Robert, oder Bob genannt, mit dem schwarzen
Cäsar Verstecken und Kriegen, und seine Mutter mit
der Frau Cäsar's, Dido, saß auf dem Balkon und
schaute auf den Golf, und freuten sich der muntern
Spiele des Knaben mit dem Schwarzen. Der Garten
von der Villa Crilli fiel bis zu der Schlucht etwas
abwärts, wie auch auf der andern Seite von Hackert's
Villa bis zum Bache der Boden sich senkte. Der
Garten war durch ein Fenz von Myrten und Buchsbaum gegen die Bachseite abgeschlossen, während nach
der Straßenseite ein eisernes Geländer den Eintritt
wehrte. Das Spiel des Knaben mit dem Neger hatte
sich von selbst immer mehr der Fenz zugezogen. Als
nun Cäsar sich wieder umdrehte, um nicht zu sehen,
„wo Bob sich verstecken", blieb diesem für sich eigentlich
gar kein Platz zum Verstecken mehr übrig, als die
Buchsbaum- und Myrtenhecke selbst, die undicht und
wohl geeignet zum Verbergen waren. Als Bob aber in

21 *

der Hecke war, oder halb hinter, halb in derselben, sah er zugleich ein neues Gebiet vor sich, das er in dieser Weise nicht kannte, er hörte den Bach durch den Brückenbogen rauschen oder cascadenartig fallen; er sah die Schlucht vor sich. Das Ufer derselben war oben mit Cactus und Aloë bewachsen, dann fiel es auf dieser Seite noch steiler herunter als auf der andern. Bob näherte sich dem Ufer, um auch das Wasser, das er rauschen hörte, zu sehen, und hatte nicht Ohr, wenn Cäsar auf englisch rief: „Bob, wo bist du? Wo ist mein Böbchen, ich finde ihn nicht, Bob, Bob!"

Cäsar hatte schon immer so gerufen, auch wenn er recht wohl wußte, hinter welchem Busche oder Baume Bob zu finden war. Auch diesmal rief er zuerst mechanisch noch halb im Umdrehen begriffen, als er aber Bob nicht sah, ergriff ihn Schrecken, er ahnte, daß der Knabe die Fenz durchkrochen hatte, und er kannte die Gefahr. Er drang durch die Hecke, in demselben Augenblicke stürzte aber Bob den Rand der Schlucht hinab, und der unglückliche Cäsar sah sich außer Stande, irgendwie zu helfen. Die Schlucht war hier mindestens sechzehn Fuß tief bis zu dem schäumenden Wasserspiegel und etwa sechs bis acht Fuß breit. Man konnte von oben nicht einmal in die Tiefe hineinsehen, wenn man sich nicht überbeugte. Cäsar lief, „Jesus! Jesus!" schreiend, neben dem Ufer und der Hecke her, und es fehlte nicht viel, so wäre er selbst hinabgestürzt. Die zeichnenden Frauen hatten den Unfall deutlich bemerkt und schrien gleichzeitig laut auf, wodurch auch der Maler veranlaßt wurde, die Palette hinwegzuwerfen und zum Gartenthore dem Ufer des Baches zuzuspringen. Die Gräfin ermannte sich zuerst, sie rief dem Hunde zu: „Nero such!" und dieser stürzte das Ufer entlang, die Brücke und Eleonore vorbei an die Schlucht, dahin, wo er den Knaben hatte herunterfallen hören. Nero stürzte sich in die Schlucht, doch sprang er nicht gerade herunter, sondern etwa die Hälfte der Schlucht auf das jenseitige Ufer herab, wo ein hervorstehender Fels- block wenigstens einen augenblicklichen Halt gab, von hier erst ließ er sich, mit allen Füßen an die Epheu- und Schlinggewächse der Felswand sich anklammernd, in den Strom selbst fallen. Dieser war nur etwa zwei Fuß tief und machte viel mehr Lärm und Geräusch, als er Wasser hatte. Die Tiefe reichte aber hin, einem Knaben wie Bob den Tod zu geben, denn die Macht des abtreibenden Wassers bewies sich zu groß. Bob war auch schon einige Fuß den Bach hinuntergetrieben, als ihn Nero im Nacken bei den Kleidern faßte und mit dem Kopf über dem Waſſer emporhielt, ſich ſelbſt mit ſeiner Beute von dem Waſſer nach unten forttreiben laſſend. Hellung, als er eine Ahnung von dem erhalten, was vorgegangen war, eilte dem untern Theile der Schlucht zu, wo dieſe gleichſam ausmündete und der Orangenwald begann, und trat in den Bach, Nero entgegengehend und ihn durch Pfiff und Zuruf ermunternd. Er hatte den Hund erreicht und ihm ſeine Beute abgenommen, als auch Cäſar ſchon in die hier nur noch wenig Fuß hohe Schlucht ſprang und ſeinen Bob in Empfang nehmen wollte. Dieſer, noch immer ohne Beſinnung, aber nicht leblos, war an Händen und Armen wie im Geſicht geſchunden, da er ſich bei dem Falle an dem ſcharfen Geſtein zu halten geſucht hatte. Dadurch kam er aber nicht mit dem Kopfe zuerſt ins Waſſer, ſondern mit den Beinen auf den ſteinigen Boden zu ſtehen. Nur durch einige über ihn hinwegſprudelnde Sturzwellen hatte der Knabe mehr Waſſer geſchluckt, als ihm zuträglich.

Als die Mutter und die heulende Dido hinzukamen, hatte Bob ſchon wieder die Augen aufgeſchlagen und lächelte ſeine Mutter an, und am andern Tage war er der alte muntere Bob, nur mit einigen Schrammen, blauen und rothen Flecken.

Durch dieses Ereigniß bildeten sich in kurzer Zeit vertrauliche Beziehungen der beiden Villenbewohner, welche für unsere Freunde von größter Bedeutung wurden.

Die Nordamerikanerin, Frau Decatur, war nämlich Gattin des Kapitäns eines amerikanischen Kauffahrtei= schiffes, die ihren Gemahl auf einer Reise nach Livorno und der Levante hatte begleiten wollen, getrieben von einer unwiderstehlichen Sehnsucht, Italien zu sehen.

Es war damals die Zeit, wo die junge nord= amerikanische Republik anfing eine Marine zu begrün= den, um ihrem Handel Schutz gegen afrikanische und europäische Piraten zu gewähren. Unter den gebildeten Ständen wurde der Drang zum Seedienste beinahe Manie. Die ganze Familie des Kapitäns war auf der See thätig, sein ältester Bruder Lieutenant in der Marine, zwei andere Seecadetten, seine Frau die Schwester eines Kapitäns. Trotz der damit verbun= denen Gefahr (Nordamerika befand sich im Kriege mit Frankreich), gehörte eine Seereise wenigstens zum guten Tone, und auch die Frauen drängten dazu. So hatte Decatur, da sein Handelsschiff zugleich neun Kanonen führte und mit einem Kaperbriefe versehen war, sich bewogen gesehen, seinen vierjährigen Sohn und sein muthiges Weib mit auf Reisen zu nehmen. Ohne jedes

Hinderniß kam er nach Livorno, das damals mehr den Charakter einer englischen als einer toscanischen Stadt trug. Das Handelshaus, mit dem Decatur in Verbindung stand, hatte schon vorher zu einer Reise nach Rom französische Pässe erwirkt, sodaß der Amerikaner und seine Frau nicht nur Florenz mit seinen Kunstschätzen, sondern auch die Ewige Roma besehen konnten. Da man aber nur vierzehn Tage Zeit hatte, so hetzte man sich auf der Reise ab. Arabella, die Frau Decatur's, hatte sich erkältet und wurde in Rom sehr elend an einem Fieber, das dort epidemisch herrschte. Der Arzt empfahl Seeluft und rieth zu einem Aufenthalt in Sorrent, wo er die Villa Crilli's, seines Freundes, der ihm selbst solche zur Verfügung gestellt hatte, empfahl, oder vielmehr der kranken Frau seine Rechte daran abtrat. Der Kapitän hatte sein Schiff an die toscanisch-römische Grenze beschieden, man eilte, das Meer zu erreichen, und schiffte sich in Porto de Stefano ein. Decatur brachte seine Frau nach Sorrent in die Villa Crilli, da deren Besitzer in Neapel viel zu eifrig mit Politik beschäftigt war, als daß er an eine Villeggiatur hätte denken können.

Das Jonische wie das Adriatische Meer, geschützt von der vereinigten türkisch-adriatischen Flotte, war damals, nach der Schlacht von Abukir, frei von franzöſiſchen Piraten. Decatur hatte in Trieſt und den Joniſchen Inſeln Ladungen abzugeben, er fuhr dahin ab und wollte nach zweimonatlicher Abweſenheit zurückkehren. Seine Frau und ſeinen Sohn ließ er unter dem Schuße zweier Hausſklaven, die er zur Bedienung mitgenommen, treuer, anhänglicher Seelen, die ſchon vor der Geburt ſeiner Frau in deren Familie geweſen waren.

Arabella erwartete Ende Januar bis Mitte Februar die Rückkehr ihres Gemahls. Sie ſehnte ſich nach Hauſe, ſie fühlte ſich zu einſam hier. Der Zufall, welcher ſie die Bekanntſchaft in Hackert's Villa machen ließ, verſcheuchte dieſe Sehnſucht und gab ihr die geiſtige Freudigkeit zurück, deren ſie bis dahin entbehrt hatte. Denn da ſie nur engliſch ſprach, die Dienerſchaft in Crilli's Villa nur italieniſch, ſo hatte ſie über zwei Monate nur mit ihrem Bob und mit den beiden Schwarzen ſprechen können. Den Bewohnern der Hackert'ſchen Villa war es gleichfalls lieb, dieſe Bekanntſchaft gemacht zu haben, da dieſelbe Ausſicht auf ſichere Schiffsgelegenheit und angenehme Reiſegeſellſchaft bot.

Das amerikaniſche Schiff blieb aber länger aus, als man erwartet hatte. Hellung rüſtete indeß alles zu ſeiner Abreiſe, er brachte das fertige Bild von der

Villa Crilli, das seiner Braut bestimmt war, nach
Neapel, und da seine Freunde, die Pythagoräer und
andere Geheimbündler, damals die Herrschaft in der
Parthenopeischen Republik innehatten, war es ihm leicht,
sich neben seinem englischen auch noch einen französi=
schen Paß zu verschaffen auf den Namen Bontemps,
Citoyen de Paris; es war das eine Vorsicht franzö=
sischer Piraten wegen.

Als so alles vorbereitet war, steigerte sich die Un=
geduld nach Ankunft des Amerikaners auf beiden Villen
von Tag zu Tag, denn es fing an auch in diesen
friedlichen Thälern unruhig zu werden.

Cardinal Ruffo, Generalvicar des Reichs, brachte
die Calabresen zum Aufstande; das Kreuz in der einen
Hand, das Schwert in der andern, kündigte er einen
neuen Kreuzzug an gegen die Ungläubigen, die Fran=
zosen und ihre Anhänger, und bildete ein sogenanntes
Christenheer aus Banditen und abergläubischen Land=
leuten, mit denen er in die Ebene zog und Neapel zu
belagern drohte. Alles räuberische Volk, an dem es
im Reiche Neapel, dank der Fürsorge der Mönche
und Pfaffen aller Art sowie der bourbonisch=spani=
schen Dynasten, niemals gefehlt hat, ließ sich eine so
gute Gelegenheit, das Räuberhandwerk unter dem Titel
der Legitimität, des Patriotismus und der Religion zu

betreiben, nicht entgehen. Die Oper „Fra Diavolo", die jedermann kennt, spielt in jenen Zeiten. Auch in dem Piano von Sorrent ließen sich Räuberbanden, wenn auch nur nächtlich, sehen und beunruhigten namentlich alle von Engländern, Franzosen, Deutschen bewohnten Villen, sodaß man schon auf der Villa Hackert sowol als der Villa Crilli bewaffnete junge Leute von den Marinari, die durch Filippo geworben waren, wachen ließ. Von beiden Villen beobachtete man den Meerbusen, ob sich nicht ein Schiff, das dem Decatur's ähnlich sähe, auf der See zeige.

So ging der prächtige Frühlingsmonat Februar und Anfang März in Angst und Sorgen vorüber, in Sorgen namentlich für Olga, die täglich mehr ein zweites Leben in sich erwachen fühlte.

Endlich, beinahe Ende März, sah man ein Schiff in den Golf von Sorrent steuern, das Arabella sofort für das ihres Gemahls erkannte und zu dessen Begrüßung sie auf der Villa Crilli das amerikanische Sternenbanner an der hoch am Dache befestigten Stange wehen ließ. Es war das eine Verabredung. Man hatte sehr bald auf dem Amerikaner die Flagge, nach welcher der Kapitän ausgelugt hatte, bemerkt, und es erfolgten Salutschüsse vom Schiffe aus. Nun wurde alles in Bewegung gesetzt, um Gepäck und Menschen hinab nach der Stadt und dem Meeresstrande zu schaffen. Filippo und seine Kameraden, die treuen Wächter, reich belohnt, und Ochsen- und Eseltreiber thaten das Ihrige. Als man am Strande ankam, wurde die Situation noch erfreulicher. Eine englische Fregatte kreuzte vor dem Golfe, man war also vor französischen Ueberfällen sicher.

Der Abschied von dem Paradiese, das man verließ, war nicht so schmerzlich, als er zu jeder andern Zeit gewesen sein würde, denn die Angst der letzten Tage war groß gewesen, da eine nur eine Stunde nach Meta zu belegene Villa, von der kranken Familie eines französischen Offiziers bewohnt, ausgeraubt und sämmtliche Franzosen, meist Frauen und Kinder, getödtet waren.

Decatur nahm selbstverständlich Mr. Bott nebst der hochschwangern Gattin und Gesellschafterin, die ihrem Sohne das Leben gerettet, zuvorkommend auf. Nachdem er alles, was geschehen, in allen Einzelheiten erfahren, war es indeß Nero, welcher auf dem Schiffe das meiste Ansehen nach dem Kapitän selbst genoß. Gehätschelt von Bob, geliebkost von Arabella, beinahe vergöttert von den beiden Schwarzen, die aus der Schiffsküche stahlen, was sie konnten, es dem Lieblinge zu bringen, geliebt auch von allen Matrosen, die ihrem

Kapitän und dem vierjährigen jungen Republikaner zugethan waren, hatte Nero ein Hundeleben, glücklicher wahrscheinlich, als es sein kaiserlicher Namensvetter einst in Rom, Capua, namentlich in Bajä und Capri geführt hatte.

Der Commandant der englischen Fregatte war ein Freund des Kapitäns Decatur, der ihm früher in Amerika das Leben gerettet; er hatte versprochen, das amerikanische Schiff sicher in den Hafen von Palermo zu bringen, ja wenn Nelson es gestatte, bis Minorca oder Gibraltar zu geleiten.

Die wenigen Tage, deren man bei gutem Winde und günstigem Wetter nach Palermo bedurfte, waren für alle auf dem Schiffe Befindlichen höchst selige.

Man nahm in Palermo frisches Wasser und verschie= dene Südfrüchte ein. Arabella schrieb ein Danksagungs= schreiben an den Arzt in Rom, die Wiedervereinigung hatte mehr gewirkt als Seeluft und schönes Klima. Olga war sehr traurig, daß sie niemand auf der Welt hatte, an den sie schreiben konnte, für Mutter und Schwester war sie todt, wo der Geliebte weilte, wußte sie nicht, sie war voll banger Ahnungen und unbestimmter Befürchtungen vor einem bevorstehenden Unglücke, und weinte an Eleonorens Busen heiße Thrä= nen. Nelson konnte die Fregatte nicht entbehren, er hatte seine ganze Aufmerksamkeit um diese Zeit nicht dem Feinde gewidmet, sondern er beobachtete mit der Eifersucht eines Engländers das Thun eines Freundes und Bundesgenossen, der Russen nämlich.

„Diese Leute", schrieb er dem Ministerium, „scheinen mir mehr damit beschäftigt, Häfen am Mittelmeere zu gewinnen, als Bonaparte's Armee zu vernichten. Wenn sie sich jemals in Korfu festsetzen, hat die Pforte dort einen argen Dorn im Fuße. Merkt denn der gute Türke diese Gefahr nicht einmal?"

Nelson war von England aus aufgegeben, die Belagerung von Malta so lebhaft wie möglich zu betreiben, denn Paul I. von Rußland hatte als Nachfolger des letzten Großmeisters der Johanniter, Barons von Hompesch, den Titel eines Großmeisters angenommen, und machte neuerdings an diese Insel Ansprüche, welche England indeß nicht anerkannte. Denn als Kaiser Karl V. die Verwaltung der Inseln Goppo und Malta an den Johanniterorden abtrat, geschah dies unter der Bedingung, daß die Inseln in demselben Augenblicke, wo der Orden aus irgendeinem Grunde aufgehoben werde, an die Krone und den König von Sicilien, als ihren frühern Lehnsherrn, zurückfallen sollten.

So erklärte denn Nelson König Ferdinand IV. für den rechtmäßigen Herrscher und befahl, die neapoli=

tanifche Fahne da aufzupflanzen, wo die Engländer die Franzofen vertrieben. König Ferdinand war davon fehr wenig erbaut, was nützte ihm, deffen Flotte erft durch die Engländer verbrannt war, die Feftung auf dem kahlen Felfen?

Sie legte ihm nur die Laft auf, diefelbe, wenn fie den Franzofen abgenommen, zu befetzen. Der ruffifche Gefandte kannte die Abneigung gegen das aufgedrun= gene Gefchenk; er veranlaßte den Kaifer, Lady Emma zum Ritter des Malteferordens zu ernennen, um fo durch fie auf Nelfon einzuwirken. Allein Nelfon blieb diesmal gegen die Bitten und Schmeicheleien der Ge= liebten ftandhaft. „Ich haffe die Ruffen", fagte er feiner Emma, „ihre Plane find weitgreifend, Malta ift der Schlüffel zum Schwarzen Meere und ihren Zukunftsidealen, zur Eroberung Konftantinopels behufs ihres Vordringens nach Indien. Will König Ferdinand Malta nicht, fo mag er es an England abtreten, eine ruffifche Fahne wird dort mit meinem Willen nie aufgepflanzt."

Und als Emma fchon zu fchmollen anfing, zog er einen koftbaren Diamantring, ein Gefchenk der Königin, vom Finger, fteckte ihn an den Finger der Kleopatra und fagte: „Sei klug, Kind, es muß fo fein, der König hat deinem Gemahl fchon verfprochen, ohne die Ein=

willigung Englands die Inseln an niemand abzutreten. Die Wiedereroberung Neapels wird ein würdiger Kaufpreis sein, und für dich, mein Kind, fällt dann der Schmuck, der zu diesem Ringe gehört und jetzt noch im Besitze der Königin ist, ab. Verbirg den Ring bis dahin." Lady Emma Hamilton war solchen mit Thaten begleiteten Worten zugänglich.

So wurden die Geschicke Hannovers in weiter Ferne von politischen Gedanken und politischen Weltcombinationen im Kopfe eines Engländers und seiner Maitresse bestimmt, denn wir haben gesehen, daß die Besetzung Hannovers Folge der Nichterfüllung des Friedens von Amiens, der Nichtherausgabe Maltas war.

Decatur fuhr in Begleitung der englischen Fregatte nur bis Marsala, wo jene östlich, er selbst westlich weiter segelte. Der Wind war ungünstiger geworden, man mußte laviren und der Nordküste von Afrika sich näher halten, als es dem Kapitän lieb war. Indeß hatte man die Höhe von Sardinien passirt und war der Höhe von Minorca nahe, als man ein verdächtiges Segel bemerkte. Das Schiff, dem Anscheine nach eine große Schebecke, näherte sich mit einer kleinen Brise von Nordwesten, welche dem Amerikaner gerade entgegenstand. Eine Umkehr war nicht möglich, Marsala war der nächste Hafen, wo man Sicherheit finden konnte, denn alle englischen Schiffe lagen entweder in Palermo, oder in Syrakus, oder waren bei der Belagerung Maltas beschäftigt. Als das Segel näher kam, glaubte Decatur, der es durch gute Gläser beobachtete, dasselbe als ein afrikanisches Kauffahrteischiff betrachten zu müssen, es zeigten sich nirgends Kanonenluken, nur auf dem Verdeck bemerkte man zwei sehr lange Kanonen. Diese pflegte aber mindestens jedes Handelsschiff damals zu führen. Man hatte selbst neun Carronaden, einundzwanzig Mann Matrosen, den Steuermann, Kapitän und Mr. Bott, wie er in die Schiffslisten eingetragen war. Decatur ließ indeß alle nöthigen Vorsichtsmaßregeln treffen, er schickte die Damen, den Sohn, die beiden Schwarzen nebst dem Hunde Nero in seine eigene Kajüte, ließ Waffen vertheilen, die Carronaden laden, und machte auf dem Verdeck alles zum Kampfe bereit. Die ohnehin schlaff herabhängenden Segel wurden eingerefft bis auf den großen Mars, und in ängstlicher Spannung harrte man der Annäherung des fremden Segels. Decatur hatte das Sternenbanner aufgezogen, das von Westen kommende Schiff zeigte keine Flagge, man sah darauf keine Bewegung und hielt es für ein Handelsschiff. Als man auf Kanonenschußweite sich genähert hatte, öffnete das feindliche Schiff auf seiner Breitseite plötzlich neun

Kanonenluken, der Halbmond wurde aufgezogen, und das Verdeck des Schiffes begann plötzlich von Schwarzen und von Turbanen zu wimmeln.

Der Amerikaner war von einer an Geschütz und Menschen überlegenen Macht angegriffen. Die beiden langen Kanonen auf dem Verdeck des Korsaren begannen das Feuer. Decatur ließ den Briggschoner des Ungläubigen, als welcher er sich jetzt in der Nähe herausstellte, noch etwas näher kommen, bis er das Verdeck mit seinen Kanonen bestrich und arge Verwüstung unter den Schwarzen anrichtete. Allein die Türken ließen sich nicht irremachen, sie drangen auf den Amerikaner ein, bald fielen die Enterhaken in das Schiff, und der Anführer der Korsaren sprang, ein Pistol in der einen Hand, ein Enterbeil in der andern, auf den Amerikaner. Decatur stellte sich ihm gegenüber, erhielt aber, als er im Begriffe stand, dem Korsaren das Haupt zu spalten, einen Schuß in die Brust, der ihn kampfunfähig machte. Der Maler schoß den zweiten Türken, der in das Schiff sprang, nieder und griff zur Pike, um den nächstüberspringenden zu spießen. Allein schon wimmelte es auf dem Amerikaner von Schwarzen. Im Einzelkampfe wurden die Amerikaner bald besiegt, auch Hellung erhielt eine scharfe Hiebwunde in die linke Schulter von einem sarazenischen Degen.

Während oben auf dem Verdeck so der Kampf
wüthete, hatte sich einer der Korsaren zu der Kajüte
des Kapitäns geschlichen, um dort zu rauben. Hier
hatte sich indeß eine andere Scene begeben. Olga war
von einer Frühgeburt überrascht, allein sie hatte leicht
und schnell ein lebendiges Mädchen geboren. Die Gat=
tin des Kapitäns und die Engländerin waren um die
Gebärende beschäftigt, Cäsar hatte sich, Bob auf dem
Schose haltend, in einen Winkel verkrochen; seine Frau
lief geschäftig ab und zu, um dieses und jenes zu holen,
so war die Thür zu der Kajüte offen geblieben; aber
vor ihr lag Nero, der, als ob er verstände, was über
ihm vorginge, mit funkelnden Augen die Thür bewachte.

Als nun der diebische Mohr eintrat, sprang er ihm
mit solcher Wuth nach dem Halse, daß dieser sofort
zu Boden sank und seinen Säbel fallen ließ. Kaum
sah dies Cäsar, als sein Muth erwachte; er setzte Bob
zu Boden, sprang auf den Sarazenen zu und gab ihm
mit dem eigenen Dolche den Tod.

Da trat der Anführer der Türken in die Kajüte,
der Anblick der in Ohnmacht gesunkenen Olga, des nack=
ten, eben geborenen Kindes, der Leiche, auf der Nero als
seiner Beute ruhte, erschütterte sein rauhes Herz. Er
befahl, das Frauen= und Dienstpersonal in des Kapi=
täns Kajüte nebst dem Hunde ungestört zu lassen und

nur die Leiche des Mohren zu entfernen. Das war leichter gesagt als gethan; denn Nero wollte nicht von seiner Beute lassen, nicht dulden, daß die Leiche des Tür= ken unter seinen eingeklammerten Krallen hinweggezogen würde.

Sein Herr, dem er unbedingt gehorchte, war ge= fangen und auf das Korsarenschiff gebracht, Olga, der er gleichfalls gehorchte, lag im bewußtlosen Zustande, endlich war es Bob, der ihn zu sich lockte. Der kluge Hund schien zu begreifen, daß es seine Pflicht sei, den Knaben, dem er das Leben gerettet, auch zu schützen.

Elftes Kapitel.

—◦—

Untergang des Kurfürstenthums Hannover.

Verlepsch hatte auf dem Rastadter Congreß vergeblich seine Sache gegen den Kurfürsten von Hannover zu verfechten gesucht. Es war dort statt zum Frieden, zu neuen Streitigkeiten zwischen Oesterreich und Frankreich gekommen, welche durch die von österreichischen Husaren geschehene Ermordung der französischen Gesandten nur noch erweitert wurden. Ehe aber das besiegte Oesterreich den Frieden von Luneville geschlossen hatte, mußte Hannover zum ersten mal die mit seiner geographischen Lage verbundenen Unzuträglichkeiten tragen. Obgleich Georg III., als Kurfürst von Hannover, an dem Friedensschlusse von Basel nicht theilgenommen, wurde doch eine Form gefunden, dem Frieden „zu acquiesciren", und nun stand Hannover von der Zeit an unter Preußens Schutz. Ein geheimer Vertrag des Baseler Friedens, der England gewiß nicht unbekannt war, verpflichtete aber Preußen, Hannover zu besetzen, wenn dieses die Sperrung der Elbe und Weser nicht ins Werk setze.

Konnte aber der Kurfürst von Hannover sich als König von England die Mündungen seiner Flüsse verschließen?

Rechtlich war Georg III. daran nicht gehindert, denn die Engländer hatten, als die hannoverischen Stuarts-Welfen den englischen Thron bestiegen, ausdrücklich jegliche Gemeinschaft mit Hannover abgelehnt; allein englisches Handelsinteresse überwog zu gegentheiligen Handlungen.

Nun war der junge König Friedrich Wilhelm III. von Preußen mit Kaiser Paul von Rußland jenes Bündniß eingegangen, um das wahre Wort: „Frei Schiff, frei Gut", wieder zur Geltung zu bringen. Er besetzte im April 1801 Hannover, nachdem er am 30. März 1801 erklärt hatte: „daß er das Kurfürstenthum in Besitz nehme, um die Mündungen der Elbe, Weser, Ems zu schließen, weil England sich Bedrückung des neutralen Handels und der Schiffahrt erlaube."

Inzwischen hatte man von der russischen Charte, dem Meuchelmorde gegen den Tyrannen Paul, Anwendung gemacht. Alexander I. hatte den russischen Thron bestiegen, der nordische Bund fiel, England selbst zeigte sich zum Frieden geneigt, und noch ehe das neue

Jahr eintrat, und der Frieden von Amiens folgte, hatte Preußen seine 24000 Mann aus Hannover gezogen, und Hannover war wieder seiner Adelsherrschaft überlassen. Es hatte diese Besetzung Hannover täglich 6000 Thaler gekostet, die eigentlich England dem Lande hätte ersetzen müssen; allein man war nur erbittert gegen Preußen, Publicus kannte die geheimen Artikel des Baseler Friedens noch nicht und wußte nicht, daß Preußen von dem Ersten Consul gezwungen war, Hannover zu besetzen.

Warum eigentlich England die Bedingungen des Friedens von Amiens nicht erfüllte, das war eine Frage der orientalischen Politik, auf die wir in unserer Erzählung zurückkommen. Schon im Herbst waren die Beziehungen zwischen Frankreich und England erkaltet, und Bonaparte hatte dem französischen Gesandten Otto in London durch Talleyrand schreiben lassen: „Im Augenblick einer Kriegserklärung würde England blokirt, die Küsten von Hannover, Holland, Portugal, Italien bis Tarent von französischen Truppen besetzt sein."

Es war in Hannover, es war in England nicht unbekannt, daß schon das Directorium Georg III. in Hannover zu schädigen beabsichtigt hatte. Die Stimmung hatte sich zwischen England und Frankreich im

Frühjahr 1803 immer mehr erbittert. Duroc, im
März nach Berlin entsendet, hatte dort kein Hehl daraus
gehabt, daß im Fall eines Krieges Hannover besetzt
werden müsse. So ungern Preußen eine solche Besetzung Hannovers seiner eigenen zerstückelten Besitzungen wegen sah, so wenig dachte man in Hannover
und London daran, preußische Hülfe in Anspruch zu
nehmen.

In Hannover, der Quasiresidenz, sagte man an
allen öffentlichen Orten: „Lieber Franzosen als Preußen", und Georg III. hatte Graf Münster, der wegen
Austausch Hildesheims von den Preußen nach Petersburg geschickt war, ausdrücklich Auftrag geben lassen,
dem Mistrauen, das man in der deutschen Kanzlei
in London gegen Preußen hegte, Ausdruck zu verleihen
und zu verhindern, daß Preußen unter dem Vorwande,
die Occupation durch die Franzosen zu hindern, das
Land abermals besetze.

Während man so im Anfang April in der Stadt
Hannover Grund und Ursache hatte, sich um ernste
Dinge zu kümmern, beschäftigte man sich wochenlang
mit Lappalien. Am 4. April war die „Jungfrau von
Orleans" im Opernhause zu Hannover zum ersten mal
gegeben. Acht Tage sprach man am Hofe, in den
Salons des zweiten und dritten Ranges, bei den

Paraden, in den Gerichtsstuben, in Wein- und Kaffee-
schenken von nichts als „von dem trefflichen Stücke, der
gediegenen Aufführung" — werden die Leser denken,
nein, von einem unerhörten Verbrechen, welches bei
der Darstellung geschehen war, einem Verbrechen, das
zwar nicht durch die Peinliche Halsgerichtsordnung des
Kaisers Karl V., dem in Hannover geltenden Straf-
gesetzbuche, verpönt war, das aber so sehr gegen alles,
was in Hannover Sitte und Anstand heischte, verstieß,
daß man kaum die richtige Bezeichnung dafür fand.

Man denke auch, die Frau des frühern Juden-
schulmeisters, jetzt durch Rubloff's Gnaden Commissionsraths Crelinger hatte die Frechheit gehabt, in den
ersten Logenrang zu gehen und sich in der Loge nieder-
zulassen, wo die Gräfin von Wildhausen Excellenz
und Comteß Heloise saßen. Frau Crelinger war in der
Loge erschienen, nachdem der Vorhang schon aufgezogen
war. Sie hatte nicht ohne Grund gerade diese Loge
gewählt. Dieser Grund nöthigt uns zu einem kurzen
Rückblicke auf Neapel.

Es waren jetzt drei Jahre vergangen, da hatte die
Gräfin durch die englische Gesandtschaft in London
einen Brief ihres Schwiegersohns bekommen, der ihr
die Trauerkunde meldete, seine Gemahlin sei auf einer
Spazierfahrt nach Capri, die sie in Begleitung Cleo-

norens und eines deutschen Malers, Hellung, unternommen, verunglückt; die Felucke, Schiffer und Insassen derselben seien niemals wiedergesehen.

Der Graf hatte sich über den Verlust Olga's leicht zu trösten gewußt, suchte ihn doch Lady Emma, soweit die Eifersucht Nelson's dies gestattete, und selbst deren königliche Betschwester zu trösten. Er spielte bei allen Festen, die man zu Ehren der Wiedereroberung Neapels in Palermo feierte, als Mann etwa dieselbe Rolle, die Lady Emma als Frau dabei spielte, nur daß sie außerdem in der Regel die Kosten der Erfindung trug. Wenigstens hatte das eine Arrangement, welches bei der großen Maskerade am 3. September 1799 in den königlichen Gärten zu Palermo Schlottheim angeordnet, der Tempel des Ruhmes mit den Wachsstatuetten Nelson's, Hamilton's und Emma's, den Beifall der letztern nicht. Sie, die in der Lebensgröße als Venus in carrarischem Marmor in den Gemächern des Königs stand, hier im Tempel des Ruhmes in Wachs mit sammtenen und seidenen Flittern? Welche Geschmacklosigkeit! Nelson, statt auf dem Meere seine Schuldigkeit zu thun, lag in den Myrtenhainen Palermos als zweiter Rinaldo in Armida's Armen. Was kümmerte Nelson die Hungersnoth und der Mangel an allem, mit dem Troubridge um Neujahr des neuen Jahrhunderts in Malta kämpfte? Während in Neapel und Malta Tausende an Hunger starben, feierte man in Palermo die Meerfahrt der Kleopatra. Auf einem zwölfruderigen Boote fuhr Nelson mit seiner Kleopatra=Emma in das Meer, und Tausende von Booten folgten. Man besuchte zuerst den von Tomas Louis commandirten Minotaurus und nahm hier ein Früh= stück ein; dann fuhr man zu dem größten Kriegsschiffe, das Se. Majestät der König Georg III. im Mittel= ländischen Meere hatte, dem Foudroyant.

Dort waren alle Kanonen beiseitegeräumt, um Platz für Tische, die unter den Massen von Früchten, Chocolade, Austern, Eis und Wein zu brechen drohten, zu gewinnen.

Nachts wurden Orgien gefeiert, an denen auch die Königin Karoline zuweilen theilnahm, dann hohe Ha= zardspiele gespielt, bei denen Schlottheim Bank auf= legte und seinen Beutel füllte.

In England glaubte man dem Dinge ein Ende machen zu müssen. Hamilton wurde zurückgerufen, der Attaché Schlottheim erhielt seine Entlassung. Als Ha= milton's Nachfolger, Paget, in Sicilien angekommen war, fuhr die bisherige englische Gesandtschaft nach Livorno. Die Königin wollte die ihr lieb gewordene Gesellschaft nicht so bald verlassen, sie entschloß sich zu einem Besuche in Wien. Sie, Nelson, Lord Hamilton, Emma, die kürzlich von Paul von Rußland zum Ritter des Malteserordens geschlagen war, und der Witwer Graf Otto von Schlottheim, reisten über Florenz nach Ancona und schifften sich dann auf einer russischen Fregatte nach Triest ein.

Wie man auf dieser Reise lebte, kann man etwa schließen aus dem, was wir von der Fortsetzung dieser Reise, ohne die Königin und Schlottheim, die in Wien zurückblieben, aus dem Tagebuche der Mutter des Dechanten von Westminster kennen. Die Königin Karoline hatte Schlottheim eine Stelle am Hofe zu Wien versprochen, konnte aber ihr Versprechen nicht halten, weil Schlottheim Protestant war und nicht convertiren wollte. Derselbe machte in Wien aber die Bekanntschaft der Baronesse Flora von F., der um einige Jahre älter gewordenen Freundin Hyger's und Vollmann's, und der Finanzbaron hielt den norddeutschen Grafen für eine so werthvolle Acquisition für seine älteste Tochter, die trotz aller Liebebedürftigkeit noch keinen Mann gefunden, daß er über den zweiten Sohn hinwegsah und seine Einwilligung zur Verheirathung gab.

Diese hatte nun letzterer seiner Schwiegermutter in Hannover vor kurzem angezeigt und sie zugleich benachrichtigt, daß er wegen des Restes des ihm nach

den Ehepacten zukommenden Brautschatzes der Verstor-
benen einen Wechsel von 5000 Thalern Gold, nach Sicht
zahlbar, auf die Gräfin gezogen habe. Der Wechsel
war der Gräfin am Tage vor der obenerwähnten
Aufführung vom Herrn Commissionsrath Crelinger
präsentirt. Die Gräfin hatte zwar acceptirt, sich jedoch
zur Zahlung Frist auf einen Monat ausbedungen, bis
wohin die Ostergefälle und Meierabgaben eingegangen
sein würden. Herr Crelinger hatte diese Frist mit
dem verbindlichsten Danke gewährt, indeß nicht umhin
gekonnt, in seinem Hause bei Tisch davon zu erzählen.
Darauf hatte die Madame Crelinger den Plan gebaut,
einen Anfang zu machen, der Welt zu zeigen, daß sie
Geld hätte. Sie calculirte: die Gräfin ist meinem
Manne Verbindlichkeiten schuldig, sie wird ein Auge
zudrücken, wenn ich mich auf die zweite Bank ihrer
Loge setze, da werde ich aber vom Parket und den
gegenüberliegenden Logen aus besser gesehen als ganz
vorn, denn der Schein des Kronleuchters fällt mehr
dahin.

Als Frau Crelinger mit Geräusch in die Loge trat,
während unten auf der Bühne Johanna mit Pathos
declamirte: „Lebt wohl, ihr Berge, ihr geliebten Trif=
ten“, sah die Gräfin die ihr unbekannte Jüdin mit
einer Miene an, die andeutete, sie habe sich wol geirrt

in den Rängen. Allein als Frau Commissionsrath sich ungenirt des kostbaren Zobelmuffs entledigte, einen großen Operngucker aus demselben herauszog und es sich bequem machte, da erhob sich um Melusinens noch immer schöne Nase ein Muskelspiel, das von allen Gläsern aus den übrigen Logen, Parterre und Parket, die auf sie gerichtet waren, beobachtet wurde, und dessen Bedeutung nicht zu verkennen war. Kaum war der Vorhang nach dem Prolog gefallen, als die Gräfin sich geräuschvoll erhob und mit Heloise die Loge ver= ließ, um auf der andern Seite des Theaters bei einer Freundin Platz zu nehmen. Als sie dort erschien, wurde sie von den adelichen Offizieren im Parket ap= plaudirt.

Der hannoverische Adel sah dazumal noch den ersten Logenrang als ein ihm ausschließlich zustehendes hoch= heiliges Depot an. Ein gleichzeitiger Schriftsteller sagt: „Im alten Rom konnte es keine größere Consternation erregen, wenn etwa die Keuschheit einer Vestalin pro= fanirt worden war, als in Hannover, wenn ein Bürger= licher sich im Schauspielhause au premier ordre hatte erblicken lassen.“

Als die Gräfin zu Hause angekommen war, schrieb sie sofort an ihren Rentmeister. Sie hatte von der Freundin im Theater noch erfahren, daß „die freche

Person" Frau Crelinger sei, und sie befahl nun dem Rentmeister, à tout prix 5000 Thaler Gold mit der nächsten Post zu senden. Sie wollte den Wechsel nicht einen Tag länger in den Händen des Commissionsraths wissen.

Hannover hatte acht Tage etwas zu klatschen und im Geheimrathscollegium sogar mußte der Geheime Cabinetsrath Rudloff, der Generalsecretär des gesammten Ministeriums, wie wir heute sagen würden, von einer Excellenz ungewohnten Tadel hören, daß er den Mann einer solchen Frau zu dem Titel Commissionsrath empfohlen habe.

Rudloff fragte die Excellenz, ob er das Monitum zu Protokoll schreiben solle? und fuhr dann fort: „Dennoch werden wir nicht umhin können, dem Manne gerade jetzt den Titel Finanzrath zu geben. Nach der königlichen Botschaft an beide Häuser des Parlaments vom 8. März, welche die Nation unter Hinweisung auf Rüstungen in den französischen Häfen zu umfassender Beihülfe kräftiger Gegenmaßregeln auffordert, und der einstimmigen Zustimmung des Unter= wie des Oberhauses ist der Krieg, wenn auch nicht unvermeidlich, doch mehr als wahrscheinlich, und da Wallmoden auf Zusammenziehung der Truppen und Einberufung der Beurlaubten drängt, so müssen wir Lieferungs=

contracte abschließen. Nach Rücksprache mit Heise ist Erelinger der einzige Mann, mit dem wir abschließen können, er verlangt aber eben Genugthuung für den vom Parket seiner Frau angethanen Schimpf."

Excellenz Graf Kielmannsegge räusperte sich; sein Sohn, der Kapitän, hatte sich zu Hause gerühmt, er sei es gewesen, der die That der Gräfin Melusine, ebenso groß als die der Jungfrau von Orleans, zu applaudiren angefangen. Excellenz hielt sich deshalb verpflichtet, etwas ungewohnte Opposition gegen die Vorschläge des Leiters aller Dinge zu machen, und glaubte diese sogar mit einer Spitze versehen zu können.

„Herr Abt", begann er. Rubloff fühlte die Spitze und wurde roth. Um dem beständig in finanziellen Schwierigkeiten befindlichen Geheimen Cabinetsrathe eine Subvention zukommen zu lassen, hatte man ihn nicht nur zum Archivarius, sondern auch zum Abt von Bursfelde, einem säcularisirten Stifte in der Nähe von Münden an der Weser, gemacht. Die Anrede sollte daher den Mächtigen daran erinnern, daß der Kammerpräsident noch mächtiger sei.

„Excellenz befehlen", fuhr Rubloff auf, legte die Feder, mit der er das Protokoll über die Geheimraths= sitzungen führte, beiseite und sah den Grafen groß an.

„Herr Geheimer Cabinetsrath", lenkte dieser ein,

„wissen doch, daß der englische Gesandte Jackson in
Berlin sich gegen Graf Schlottheim vertraulich dahin
geäußert hat: er schmeichle sich noch immer, daß das
französische Gouvernement vernünftigen Vorstellungen
Gehör geben werde, um die obwaltende Discussion
auf freundschaftliche Weise beizulegen, und daß College
Lenthe uns aus London geschrieben, die Minister glaub=
ten nicht an Krieg, die königliche Botschaft und die
Beschlüsse des Parlaments seien mehr Demonstration,
den ersten Consul einzuschüchtern.

„Auch werden der Herr Geheime Cabinetsrath sich
noch des Inhalts der Depesche des Reichskanzlers
Woronzow in Petersburg an den russischen Gesandten
Grafen Mankow in Paris erinnern, aus der erhellt,
daß der Kaiser Alexander den Willen hat, die Ruhe
in Europa wiederherzustellen und zu erhalten, und daß
der Bruder des Kanzlers in London unsern Collegen
Lenthe versichert hat, das nördliche Deutschland habe
nichts zu besorgen, weil der Kaiser nicht zugeben werde,
daß dessen Ruhe durch Frankreich oder Preußen gestört
werde."

„Ich weiß, Excellenz, ich weiß aber auch, daß Tal=
leyrand am 12. März an Lord Whitworth eine Note
gerichtet hat, daß, sobald Rüstungen in England statt=

fänden, der Erste Consul ein Lager an der hannove=
rischen Grenze bilden würde, und ich weiß, daß Duroc
seit dem 20. vorigen Monats nicht umsonst in Berlin
ist, sondern Preußen vorbereiten soll auf die Besetzung
Hannovers durch Frankreich."

„Meine Herren", hub Claus von der Decken,
Staats= und Cabinetsminister, an, „lassen wir das
Streiten, warten wir das Collegialschreiben aus London
ab, das unterwegs sein muß. Herr Geheimer Cabinets=
rath wird uns zeitig avertiren, wenn es angekommen,
und das Cabinet zusammenberufen. Excellenz von der
Wense hat das Präsidium des Oberappellationsgerichts
dem Vicepräsidenten übertragen und in dieser schweren
Zeit seinen Wohnsitz hier aufgeschlagen, wir können also
täglich zusammenberufen werden. Heben wir für heute
die Sitzung auf."

Kein Vorschlag war im Geheimen=Raths=Collegium
zu allen Zeiten lieber gehört und angenommen als
der, die Sitzung zu schließen. So auch heute.

Das erwartete Schreiben kam erst am 19. April,
es hatte zur Reise von London nach Hannover elf
Tage gebraucht. Es war eine königliche Anweisung
an die Minister, daß bei der unverkennbaren Gefahr
für das Land die jetzige Exercirzeit benutzt werde,
die Beurlaubten einzuberufen und die Anstalten zu

einem Uebungslager zu treffen, um ohne Aufsehen die Regimenter zusammenzuziehen und wenigstens den Fall zu vermeiden, daß die zerstreuten Garnisonen plötzlich abgeschnitten werden könnten.

Uebrigens war auch hier im Eingange auf die Hülfe Rußlands, das um die Sicherheit des Kurfürstenthums angegangen sei, Gewicht gelegt.

Ein gleiches Rescript empfing der Feldmarschall Graf von Wallmoden-Gimborn, es enthielt indeß noch den Zusatz: „Man muß sich vor jetzt lediglich auf diese Vorsichtsmaßregeln beschränken." Wallmoden war ein unehelicher Sohn Georg's II., also Bastardoheim Georg's III., achtundsechzig Jahre, kein Militärtechniker. Er war Gesandter in Wien gewesen, dann Oberstallmeister, dann hatte er als Vormund die Grafschaft Bückeburg verwaltet, aber er hatte in den Feldzügen von 1793 und 1794 Proben von persönlicher Tapferkeit und Führertalent gegeben, und er selbst glaubte in seinem Stabe ein eminentes Talent, den Obersten von Löw, als Chef zu haben, während alle Militärs von Kenntniß diesen Mann für einen dummen Esel erklärten. Es war die Stimmung im Militär gegen Löw im Jahre 1803 etwa eine ähnliche wie die gegen den Tschirschnitz im Jahre 1866. Aber Wallmoden war rührig, er hatte das Herz auf

23 *

dem rechten Flecke und ging von dem Grundsatze aus, den er gegen den König selbst aussprach: „daß einem Feinde gegenüber, der sich alles erlaubte, der Furcht= same und Wehrlose immer am meisten unter die Füße getreten werde."

An Wallmoden lag es nicht, wenn die Mobilisirung nicht energischer betrieben wurde. Es fehlte an allem, zum Theil ohne Schuld der Kriegsverwaltung, denn bei der preußischen Occupation von 1801 hatte das hannoverische Heer demobilisirt werden müssen, und die Pferde waren verkauft. Das Cabinetsministerium zö= gerte, denn es wiegte sich noch immer in der Hoffnung, daß es nicht zum Kriege komme, oder daß Rußland zu Gunsten Hannovers interveniren würde.

Herr Rudloff war jetzt auf die Seite des Minister= präsidenten getreten und schrieb dem Feldmarschall im Auftrage des Cabinets: „daß man zur Zeit vermeiden müsse, was Ombrage und Aufsehen erwecken könnte, und dadurch etwas zu attiriren vermögend wäre."

Dagegen war Herrn Crelinger der Titel Finanzrath verliehen. Ob das dem „kleinen hannoverischen Kau= nitz" ein goldenes Extradouceur brachte, verschweigt die Geschichte.

Wallmoden nun hielt es wegen der Theuerung der Lebensmittel für zweckmäßig, statt Eines Lagers deren drei in Aussicht zu nehmen, bei Hannover, bei Hameln und an der Elbe.

Die Unentschiedenheit der Minister wurde aber durch die Unentschiedenheit Georg's III. selbst womöglich noch gesteigert. „Der König", schrieb Lenthe, oder ließ durch unsern Freund Best schreiben, „erwarte militärischen Widerstand nur insoweit, als er von Nutzen sein könne, nicht aber, wenn er ohne Hoffnung auf Erfolg unnöthiges Blutvergießen veranlassen, den Feind erbittern und zum härtern Verfahren gegen die Unterthanen reizen würde."

Inzwischen kam der 4. Mai, und nun begann sich eine größere Raschheit in den militärischen Vorbereitungen zu zeigen, die Armirung und Verproviantirung Hamelns wurde angeordnet, statt der verfaulten neue Palissaden angeschafft, Wallbüchsen von Herzberg nach Hameln gesendet, Reit= und Zugpferde angeschafft, sechs Kanonen von der Stadt Hannover erborgt. Die guten Hannoveraner fühlten sich schon dadurch geborgen, daß sie den Sohn Georg's III. in ihrer Mitte hatten. Die Consistorialrathsphantasie verstieg sich durch Consistorialrath Uhle auf der Kanzel zu dem kühnen Vergleiche des Herzogs von Cambridge mit dem Sohne Gottes, der sich selbst zur Erlösung von dem Franzosenübel dahingegeben. „Ja", hatte er mit

höchstem Pathos gesagt: „er ist der Messias, der dem
Volke noththut, aber er ist gekommen."

In Hannover, selbst in Saint=James trog man
sich noch immer mit der Hoffnung russischer Hülfe für
Hannover, nur daß man jetzt, da nach allen Nach=
richten öffentlicher Blätter die Franzosen in Holland an
der hannover=bentheimischen Grenze schon Truppen zu=
sammenzuziehen anfingen, doch daran dachte, daß, wenn
des Zaren Arm auch mächtig sei und weit reiche, er
die Invasion der Franzosen unmittelbar nicht werde
hindern können. Zum unmittelbaren Schutze war nur
Preußen geneigt, und Preußen hatte sich dazu in Eng=
land erboten, die Sicherheit Hannovers zu gewährleisten,
wenn England der preußischen Flagge die Neutralitäts=
grundsätze von 1781 gewähren wolle. Diese Anerbie=
tung hatte aber Rußland gegen Preußen erkaltet, denn
wie konnte Preußen für sich allein Handelsvortheile
erreichen wollen, die Rußland mit dem ganzen übrigen
Norden erst kürzlich aufgegeben des lieben Friedens
willen?

Münster's Mission, die anfangs nur auf Beistand
Rußlands zu dem Eintauschproject Hannovers in Be=
ziehung auf Hildesheim ging, wurde ausgedehnt, eine
Besitzergreifung Hannovers durch die Preußen zu
hindern.

Indeß fand Münster die Stimmung in Petersburg nicht so günstig, als der russische Gesandte in London sie geschildert; der Kaiser, obgleich er seiner Erziehung und seiner Individualität nach gern den großmüthigen Beschützer der Schwachen und den uneigennützigen Frie-densstifter spielte, wenn die Sache mit Phrasen und Noten abzumachen war, war nur zu bewegen, seine Vermittelung zwischen Frankreich und England anzu-bieten, höchstens die Garantie für Malta oder die Be-setzung desselben anzubieten.

So reiste Graf Münster denn nach Moskau zur Bärenjagd. Einige Bauern des Fürsten D. hatten einige Dutzend Bärennester auf dessen Gütern auf-gefunden und diesen Fund in üblicher Weise verkauft, das heißt, sie hatten aufgefunden, wo sich Bären im Schnee vergraben hatten, und sich dafür belohnen lassen vom Gutsinspector des Fürsten.

Während dieser Abwesenheit Münster's kamen den frühern entgegengesetzte Depeschen aus London. Man wünschte jetzt preußischen Schutz für Hannover. Allein als Münster am 26. April nach Petersburg zurückkam, waren die russischen Osterwochen eingetreten und der Kanzler sowol als der Kaiser jedem Geschäfte unzu-gänglich. Eine Audienz am 10. Mai überzeugte Münster, daß auf eine Unterstützung Alexander's nicht zu rechnen sei, und in Berlin, wohin sich zu spät das hannoverische Ministerium direct um Schutz gewendet, erklärte der russische Gesandte, eine Besetzung Hannovers durch Preußen werde geradezu gegen den erst eben in Deutschland hergestellten Frieden laufen.

Am 16. Mai hatte das Cabinetsministerium an die Obrigkeiten ein Ausschreiben erlassen, das durch ungeschickte Form im Inlande überall Bedenken, im Auslande Anstoß erregte. Es sollten die waffenfähigen Mannschaften aufgezeichnet und selbige, wie es hieß, feierlichst verpflichtet werden, im eintretenden Nothfalle zur Rettung des Vaterlandes dahin, wohin sie zu solchem Zwecke gefordert würden, sich unweigerlich stellen zu wollen. Die Unwürdigen, welche diesem Befehle nicht gehorsamten, wurden mit Confiscation ihres Vermögens und ihrer künftigen Erbtheile bedroht.

Man deutete dieses Ausschreiben allgemein dahin, daß es auf einen Landsturm abgesehen sei und die waffenfähige Mannschaft sogar vorher beeidigt werden sollte.

Dieses Ausschreiben setzte viel böses Blut, und nicht allein die Obrigkeiten remonstrirten dagegen, auch die Landschaften fühlten sich veranlaßt, Vorstellung gegen solche Maßnahmen zu erheben.

Berlepsch war nicht mehr im Lande Hannover, er

würde seinen Triumph gefeiert haben, denn nun trat das ein, dem er hatte vorbeugen wollen.

Wir sehen bei dem Hofrath Heiliger eine Zahl Anhänger der Berlepsch'schen Auffassung aus dem Ausschusse der kalenberger Landschaft versammelt, die sich in einer Vorberathung über die Lage des Landes ergehen.

„Meine Herren Collegen", sagte Hofrath Heiliger, „wir sind von England und König Georg auf das schändlichste verrathen und verkauft, es scheint, als wenn das englische Ministerium mit aller Gewalt Hannover los sein wolle, obgleich dieses in gar keiner Verbindung zu England steht. Der König ist dem Ministerio gegenüber gänzlich machtlos in dieser Frage, weil Ministerium und Parlament Eins sind. Ich weiß aus den sichersten Quellen, daß das englische Ministerium es gehindert hat, daß bei dem Frieden von Amiens Hannover mindestens formell dem Baseler Frieden, dem es nur acquiescirt, beitrat. Die Minister haben dem Lord Cornwallis ausdrücklich verboten, irgendetwas von deutschen Angelegenheiten in die Verhandlungen zu mischen. Als es dem Erbstatthalter galt, da hatte England Geld, Schiffe und hannoverische Truppen; ja derselbe wurde, als Holland an Frankreich abgetreten, auf deutsche Kosten entschädigt."

„England will uns nicht nur nicht helfen, obgleich

es ja durch seinen Bruch der Bedingungen von Amiens die einzige Schuld am Kriege trägt", sagte Stietenkron, „es kann uns nicht einmal helfen. Es ist ebenso machtlos auf dem Continent als kräftig zur See. In allen Landkriegen hat es allein durch deutsche, namentlich hessische und hannoverische Truppen zu wirken vermocht. Es bleibt uns nur Preußen und Rußland!"

„Ja, aber Rußland ist weit, und die Franzosen sind nahe", sagte Hardenberg, „und in Berlin weiß man nicht, was man will, man hat das Gelüst nach Hannover nicht aufgegeben und sieht vielleicht gar nicht ungern, wenn Frankreich dasselbe in Besitz nimmt, um es so aus zweiter Hand zu erhalten."

„Was können wir aber thun?" frug Heiliger, „was wollen wir morgen im Ausschusse vorschlagen? Ich wüßte einen Ausweg, der kann aber nicht von der Landschaft vorgeschlagen werden, der müßte Georg III. durch die richtige Person insinuirt werden. Allein welches ist die richtige Person? Unser Kaunitz ist viel zu klug und vornehm, als daß er einen Gedanken, und wäre er noch so vortrefflich, der nicht von ihm selbst ausgeht, irgend befürworten oder adoptiren sollte, und die Geheimen Räthe sind salva venia sämmtlich alte Weiber, die nichts thun ohne ihn."

„Heraus mit dem Gedanken!" sagte Advocat Ebeling.

„Nun, ich dächte, er läge so auf der Hand, daß ich mich wundere, wie noch kein gescheiter Mensch darauf gekommen ist. Unser ganzes Unglück beruht darin, daß wir mit England einen und denselben Regenten haben, obwol wir außerdem mit England nicht das mindeste Gemeinsame haben und die Engländer Hannover als unnützen Ballast ansehen, der je eher desto lieber über Bord geworfen werden muß. Wenn unsere Flüsse mit ihren Mündungen in die Nordsee nicht wären, und unsere Soldaten, die ihnen wo nöthig als Söldner dienen, sie hätten den Ballast schon über Bord gewor= fen. Nun frage ich, wozu hat der liebe Gott König Georg mit einer so großen Reihe Söhne gesegnet?

„Könige von England können sie nicht sämmtlich wer= den, denn wenn der Prinz von Wales heirathet, und seine Frau auch nur ein Mädchen gebiert, so erbt die Krone in deren Stamm weiter und die Herzoge und Prinzen gehen leer aus, bis auf die Apanagen. Warum trennt sich Georg III. also nicht von dem Kurfürstenthum, das er selbst doch wenig achtet, denn er hat noch nie sein Geburtsland — bitte um Verzeihung, er ist ja in England geboren, wollte sagen «Geburtsland seiner Väter», mit einem Besuche beehrt. Warum stiftet Georg nicht eine Secundogenitur und entsagt zu Gunsten eines seiner jüngern Söhne, sei es der fünfte oder sechste? Ich sollte glauben, England hätte an vier Prinzen für alle Zeiten genug, denn daß die Welfen unfruchtbar wären, hat noch niemand behaupten können. Sobald der König von England zu Gunsten eines seiner Söhne dem Kur= hute entsagt, fällt für Frankreich jeder Grund zu einem Kriege fort, dann steht Hannover im Schutze des Reichs= friedens. Was meinen die Herren Collegen?"

„Der Calcul ist richtig, wenn es dem Ersten Consul überall auf einen Rechtsgrund ankommen könnte", sagte Hardenberg.

„Ja, dann müßte Preußen aber als Schützer der Demarcationslinie eintreten", erwiderte Heiliger, „und dem Kaiser Alexander würde jeder Vorwand, unter welchem er die eigentlich zugesagte Intervention jetzt ablehnt, unter den Füßen weggezogen."

„Die einzige Person, die hier helfen könnte", sagte Stietenkron, „ist hier die Gräfin Melusine von Wildhau= sen. Ich weiß durch ihre eigene Tochter, daß sie ungemein erbittert auf Rubloff und die ganze Sippschaft ist, weil man dem Juden zu dem Profit der Lieferungsgeschäfte den Titel Finanzrath gegeben hat. Auch fehlt es ihr nicht an Lust zu intriguiren, und alles, was sie hinter dem Rücken des Ministeriums thun kann, wird sie gern thun. Es muß aber nicht nur hinter dem Rücken des Ministeriums, sondern auch der deutschen Kanzlei in London gehandelt

werden, denn mit dem Herrschen und Regieren, das jetzt
von hüben und drüben geschieht, ist es vorbei, sobald
wir einen selbständigen Kurfürsten haben. Die Gräfin
Melusine steht, wie ich weiß, noch leiblich zur Königin wie
zu Best. Nun muß die Insinuation entweder durch die
Königin selbst oder durch Best in einer Weise geschehen,
daß Georg glaubt, es sei sein eigener Gedanke."

„Nun wohl, ich will mit der Gräfin reden", sagte
Heiliger, „ich habe einige Beziehungen zu ihr, da ich
den Concurs über das Vermögen ihres weiland Ehe-
mannes geleitet habe, ich werde noch heute gehen und
Ihnen morgen vor der Sitzung das Resultat der Con-
ferenz mittheilen."

Gräfin Melusine ging mit großem Interesse auf die
Sache ein, sie versprach, sofort zu schreiben und die Briefe
dem Herzoge von Cambridge, bei dem sie und die Tochter
soupirten, zur Besorgung zu übergeben. Sie wollte an die
Königin und an Best schreiben. Die Gräfin überlegte bei
sich, welchen günstigen Einfluß es auf ihre Stellung in
Hannover haben könne, wenn sie diese Umwälzung veranlaßte; sie würde dann wieder Oberwasser bekommen,
und der königliche Prinz, welcher Kurfürst würde, müßte
ihr sein Leben lang Dank wissen, daß sie den Gedanken
der Secundogenitur gehabt. Ihre Gedanken gingen aber
weiter. Die Gräfin kannte die drei jüngsten Prinzen ziem-

lich gut, sie sämmtlich hatten längere Zeit in Hannover
verweilt. Der älteste, Herzog von Cumberland, war
eigenwillig bis zum Eigensinn. Er war schwer zu lenken,
er war dem Vater, und der Mutter vorzüglich, kein Liebs=
ling, in das englische Parteigetriebe stark verwickelt, bei
dem Volke äußerst verhaßt. Den wählte man in London
nicht. Der Herzog von Sussex hatte den dummen Streich
gemacht, sich mit Augusta Murray zu verheirathen. War
diese nun auch ebenbürtiger, als es die d'Olbreuse gewesen,
die Großmutter Georg's II., so hatte doch der König die
Heirath für null und nichtig erklärt, und es wurde schwer,
eine Prinzessin für ihn zur Gemahlin zu finden, und
schon die Existenz eines Nachkommen von Augusta hätte
zu einem Streite über den Thron führen müssen. Da
man weder zu Eduard, Herzog von Kent, noch zu Wilhelm,
Herzog zu Clarence, noch viel weniger zu dem zweit=
ältesten, Friedrich von York, heraufgreifen konnte, so blieb
nur Adolf, Herzog von Cambridge, übrig, und er war
auch der beste, das heißt der leitsamste. Melusine ge=
dachte schon heute Abend ihn selbst vorzubereiten, um
ihm gegenüber als Erfinderin des Planes dazustehen.

Die Stadt Hannover bot in dieser Zeit ein Bild der
traurigsten Verwirrniß, überall, wohin man kam, wurde
raisonnirt und deraisonnirt, wie man damals sich aus=
drückte, überall fehlte es aber an Einsicht und Muth.

Die jüdischen Geschäftsleute trugen durch allerlei Gerüchte, die sie auf außerordentlichem Wege erhalten haben wollten, nicht wenig dazu bei, die Gemüther noch mehr zu ängstigen. Jede Stunde wurden neue Gerüchte, neue Ansichten verbreitet. Cohn, der Bankier, verbreitete am Morgen des 22. Mai, er habe eine Depesche aus Amsterdam, wonach Lucian Bonaparte mit Friedensvorschlägen nach London gesendet sei; mittags wußten Meier oder Moses, daß der Krieg förmlich erklärt sei, nachmittags war ein Kurier aus Berlin gekommen mit der Nachricht, Preußen habe in Paris erklären lassen: sobald ein Franzose hannoverischen Boden betrete, würden 50000 Mann Preußen in Hannover einrücken. Am andern Morgen hieß es, die Franzosen seien in Bentheim eingerückt. Dann tauchten wieder Friedensnachrichten auf. Die Rekruten versammelten sich nach und nach, an einigen Orten kam es bei der Aushebung zu Krawallen. Das Ministerium declarirte am 24. Mai das Ausschußschreiben vom 16. dahin, daß es nicht um Landsturm, sondern nur um Aushebung von Rekruten für die wirklichen Regimenter zu thun sei.

Wenn der Bediente des hannoverischen Kaunitz mit dem Kasten von einem Geheimrathe zum andern lief, um eine Sitzung des Geheimrathscollegiums anzusagen, dann wurde er auf der Straße von Neugierigen umdrängt,

welche wissen wollten, welche Nachrichten Kriegsrath
von Ompteda aus Berlin geschickt habe, oder ob Kaunitz
ein freundliches oder finsteres Gesicht mache. Die Silber=
kammer werde eingepackt und nach Stade geschickt, hieß
es, eine Menge Adelicher wurde täglich genannt, die
bei Nacht eingepackt hätten und davongefahren wären.
Auch Melusine war mit Heloise nach Heustedt abgereist.
Gewißheit, daß der Krieg verkündet, die Franzosen in
Hannover eingerückt seien, erhielt man erst am 26. Mai.
Aber nicht das Ministerium erhielt die erste Nachricht,
sondern Finanzrath Crelinger.

Schlimmer als in den höhern Ständen sah es in
den niedern Ständen aus, denn dort konnte man den
Zusammenhang der Dinge gar nicht begreifen. Man
fühlte aber auch die Wirkungen eines Krieges am
nächsten. Die untern Stände waren es, aus denen
die 15000 Mann Rekruten, die man in den letzten
Tagen des Mai aushob, ohne sie mit Kleidung und
Waffen versehen zu können, und die nur als eine schwere
Last an den Regimentern hingen, zusammenbrachte. Wir
werden diese Art der Auffassung am besten kennen lernen
aus den Brieffragmenten, welche Friedrich Schulz an
seinen Bruder Heinrich schrieb:

Nienburg, 30. März 1803.

Lieber Bruder!

Wie gern ritte ich hinüber nach Grünfelde, mein Brauner würde mich in zwei Stunden hintragen, um Dich zu umarmen, Deine liebe Frau zum ersten mal von Angesicht zu Angesicht zu sehen, meinen kleinen Pathen zu küssen. Aber der Dienst! Ach das ist ein erschreckliches Wort, danke Gott, daß Du das Wort in seiner ganzen Bedeutung nicht kennst.

Wir rücken gegen den Feind. Mit welchem ganz andern Gefühle geschah das vor zehn Jahren. Du siehst heute auch nicht ein freudiges, sieggewisses Gesicht, — alle, Offiziere und Gemeine, sehen finster, mürrisch und verdrossen drein. Wahrlich, als wir in Menin von einer zehnmal größern Menge eingeschlossen waren, sah man nicht ein einziges Gesicht der Art.

Unsere Artillerie ist seit dem 26. März marschfertig, und meine Batterie an diesem Tage schon ausgerückt, vorgestern nach Neustadt — gestern nach hier, wo wir Rasttag hatten, um morgen über die Weser mit der Avantgarde vorgeschoben zu werden. Unsere leichten Dragoner stehen schon bei Lemförde. Das Commando des vorgeschobenen Corps hat General Hammerstein.

Das ist ein Trost für mich, aber auch der einzige, denn unser Alter ist besser als ein Dutzend der andern, und ich möchte nur, daß er statt des Generalfeldmar= schalls commandirte, dann wären wir wahrlich schon concentrirt, während jetzt ein paar Regimenter bei Stade, andere bei Hameln, einige bei Stolzenau stehen, und wir nach Sulingen den Franzosen ent= gegen sollen.

Was sollen wir aber dort mit vier Bataillonen, sechs Schwadronen und einer Batterie?

Wir können doch Mortier nicht aufhalten!

Hier sieht es aber klatrig aus. Wenn unser Scharnhorst das sehen könnte! Nienburg soll eine Festung sein, Scharnhorst würde es in vierzehn Tagen dazu gemacht haben. Allein es sind nur zwei Kanonen hier, Dreipfünder. Die Flesche vor der Weserbrücke ist unvollendet, keine Bettung, keine Schleßscharten für Kanonen in ihr.

Hart an der Flesche der Weserbrücke steht ein Haus, aus dem die Franzen die Leute in der Flesche mit Bequemlichkeit niederschießen können. Nur wenig weiter nach Lemke, links am Steinwege, ist das Weghaus und ein großes Wirthshaus, welches das Bestreichen des Steinweges mit Kanonen hindert; bis dicht vor Nienburg das ganze Marschterrain mit Knicken ein=

gehegt, unter deren Schutze die Feinde bis an die Weser kommen können, und dann der Wall in Nienburg ohne Brustwehr, durch nichts geschützt als die Linden. Nur eine einzige elende Embrasure ist auf dem Walle neben dem Hasberg'schen Hause angelegt, bezweifle aber, daß sie nach den Regeln des Vauban den Graben der Flesche bestreicht! Unsere erste schwere Batterie steht noch eine Stunde hinter Nienburg bei Meinekensburg auf der Höhe des Grinderwaldes.

Was sollen wir in Sulingen, wenn wir die Weser nicht einmal halten können?

Borstel, 1. Juni.

Wir sind heute bis hierher vorgeschoben, die Hälfte des Weges nach Sulingen etwa. Der Herzog von Cambridge hat das Commando der Armee übernommen, er wurde heute in Nienburg erwartet, als wir abfuhren. Eine Deputation aus Hannover, Hofrichter von Bremer, Oberstlieutenant von Bock und Herr Brandes, haben sich in das Hauptquartier Mortier's, welches schon in Diepholz ist, begeben. Heute kam auch der preußische Cavaleriegeneral Blücher hier durch und ging ins Lager zu Hammerstein, dann weiter zu den Franzosen. Es ist ein braver Deutscher; ob sich sein Herz nicht umdreht, wenn er sieht, wie wir von

Preußen und dem Deutschen Reiche verlassen, hier gegen eine Mehrzahl kämpfen sollen? Ach nein, nicht kämpfen! Bruder, ich weiß, Du siehst das nicht gern, aber ich muß fluchen. Ich möchte, zehntausend Granaten schlügen die feigen Buben zusammen, da bekommen wir eben Generalordre, nicht zu schießen! Schockschwerenoth, wozu sind wir denn hier? Wozu habe ich meine Kanonen mit Kartätschen laden lassen? Wahrhaftig, es wäre nicht zu verwundern, wenn die Geheimräthe in Hannover auch der Infanterie den Befehl zugehen ließen, von dem Bajonnet mit Moderation Gebrauch zu machen. Hole sie alle der Teufel!

Borstel, 3. Juni.

Gestern habe ich mir noch ein Extraplaisir gemacht, mit dem Postmeister bis in die Nacht hinein dessen beste Weine vertilgen helfen. „Wie will 'nen Trinken, dat ist better, als wenn de Franzose 'n utföpt", meinte der brave Mann, und da haben wir denn unser Möglichstes gethan.

Hatten übrigens am Tage auch so eine kleine Freude. Die Franzosen kamen von Sulingen her, wo unterhandelt wird, und machten hinter Sieben halt, während Lieutenant Krauchenberg vom 10. leichten Dragonerregiment auf der Höhe von Borstel nach

Campen zu stand und unsere Batterie etwa tausend
Schritt hinter ihm dicht vor dem Dorfe nach Westen.
Wir sahen einen Trupp Infanterie und ein Piket
Reiter aus den Fuhren kommen und hörten, wie auf
den Krauchenberg'schen Posten geschossen wurde, dem
zwei Pferde getroffen wurden. Nun sollten wir nicht
schießen! Krauchenberg ging also mit seinen neun
Pferden auf die mindestens dreimal so starken franzö=
sischen Chasseurs los und hieb dieselben zusammen.
Der französische Offizier wurde im Einzelkampfe vom
Pferde gehauen, vier oder fünf Chasseurspferde irrten
reiterlos im Felde umher. Krauchenberg schwenkte nach
der südlichen Dorfspitze zu seinem Regiment ab, als
ein halbes Bataillon Infanterie auf den Kampfplatz
zueilte. Die andere Hälfte des Bataillons kam auf
der Landstraße direct auf uns zu — wir standen zum
Feuer bereit, und ich blickte auf unsern Lieutenant
Tieling. Ich wußte, er durfte kein Feuer commandiren,
als die Franzosen uns aber näher und näher kamen,
ließ ich drei Kanonen mit Kartätschen vorfahren und
zwei auf die Infanterie, eine auf die Chasseurs ab=
protzen. An beiden Stellen schlugen die Kartätschen
ein, die Franzosen machten halt und kehrten um, sie
waren besorgt, etwas mehr auf den Leib zu bekommen,
und wahrhaftig, sie hätten es, denn kaum nach fünf

Minuten erschien Krauchenberg mit einer halben Schwa=
bron und er würde die Chasseurs in die Flucht ge=
trieben haben, wenn sie nicht schon hinter den Fuhren
Schutz gesucht hätten.

Ich kam mit einem nicht sehr ernstlich gemeinten
Donnerwetter von seiten Tieling's davon.

Abends.

Wir sollen zurück. Ob wir die Weser halten
wollen? Dann hätte Nienburg freilich in andern
Stand gesetzt werden müssen, und da, wie ich höre,
eine Abtheilung der Franzosen schon auf Hoya im
Marsche ist, so kann man uns umgehen und die Rück=
zugslinie an der Aller abschneiden. Wenn Mortier's
Corps in der That 50—60000 Mann stark ist, so
ist es allerdings Zeit, daß wir machen, an die Elbe
zu kommen. Ich gebe diesen Brief an unsern treuen
Postverwalter, der für seine Ueberkunft sorgen will.
Lebe wohl!

Essel, 6. Juni.

Wir sind im vollen Rückzuge über Haus Wölpe,
Steimke nach hier! Welche Wege! Ueber Wölpe,
Steimke, Bothmer hierher in drei Tagen. Der Herzog
von Cambridge hat das Obercommando nur einen Tag
gehabt; als er nicht losschlagen sollte, hat er dasselbe

niedergelegt. Die Unterhändler sollen bei Sulingen eine Convention geschlossen haben, die das ganze Land den Franzosen übergibt und uns den Rückzug hinter die Elbe gestattet. Wir sollen auf Soltau marschiren, also durch die Lüneburger Heide. S . . . Wirthschaft das!

Lüneburg, 8. Juni.

Ich habe diese Leute gesehen, vor denen wir reißaus nehmen! Wir waren hier in Lüneburg mit ihnen zusammen einen Tag einquartiert. Es sind zum größten Theile junge Conscribirte, die noch kein Pulver gerochen haben, kleine schwächliche Leute, vor denen unsere hoyaer und kalenberger Bauerburschen verdammt wenig Respect haben. Dürften wir nur über sie, wie wollten wir sie! Dazu schrumpfen die ganzen Mortier'schen 50000 Mann auf 17000 zusammen. Wären nicht feige Höflinge an der Spitze der Regierung, den Leuten hätten wir bei Stolzenau, das noch dazu ohne Brücke ist, bei Nienburg und Hoya wol den Uebergang über die Weser streitig machen können.

Es ist Sünde und Schande, vor solchen Leuten wie Feiglinge fliehen zu müssen.

Wir lasen hier zuerst im „Hamburgischen Correspondenten" die dreimal verdammte Sulinger Convention.

Könnte ich die Unterzeichner an einen Galgen hängen, ich selbst würde am Stricke ziehen.

Nun heißt es noch, man habe uns wieder an die Engländer verkauft, um uns nach Westindien einzuschiffen. Da kriegen sie Friedrich Schulz nicht hin, der hat einmal als englischer Söldner eine Kugel in den Rippen gehabt, verlangt nicht nach der zweiten und haßt jeden Söldnerdienst.

Lauenburg, 27. Juni.

Nun sind wir am rechten Elbufer. Ob wir endlich zum Schlagen kommen, wenn die Franzosen den Uebergang forciren? Der Wachtmeister vom 7. Dragonerregiment, mein alter lieber Kamerad vom 93., sagte mir, daß sämmtliche Offiziere der hier versammelten Cavalerieregimenter den Plan ausgedacht, auch ohne Ordre und gegen die Convention über die Elbe zu gehen, bei der Schwäche und der Zerstückelung der Franzosen über diese herzufallen und bis zur Weser reine Bahn zu machen. Was sich von Infanterie und Cavalerie anschließen will, soll mitgenommen werden. Bravissimo! Ich bringe meine Batterie mit, mitsammt unserm Lieutenant.

Gülzow, 1. Juli.

Der schöne Plan ist zu Wasser geworden, obgleich die verdammte Convention uns nicht mehr bindet, da Georg III. sie nicht ratificirt hat. Unser Alter hat abgerathen. Aus Feigheit ist das nicht geschehen, denn in Menin war er einer der Muthigsten von allen Muthigen. Aber Diplomatengesichter sind wieder in seiner Nähe, und das hannoverische Ministerium mit dem Kriegsschatze und sonstigem in der Eile Geretteten steckt in Schwerin, und Rudloff scheint wenig von einem Helden zu haben. Unsere Position ist unangreifbar, da das Ufer, an dem wir stehen, höher und steil abfallend ist, und wir das ganze linke Ufer beherrschen. Ich könnte sämmtliche Schiffe, welche die Franzosen drüben bei Artlenburg zusammengebracht haben, in Grund schießen. Ich begreife nicht, warum man zögert? Heute sind freilich wieder Deputirte des Landes, wie sie sich nennen, eigentlich aber Deputirte der Ritterschaften, angekommen, um von unnützem Blutvergießen abzumahnen. Auch der Oberstlieutenant von Bock treibt sich wieder im Lager umher.

Man hat uns benachrichtigt, daß die Berthier'schen Vorschläge vom Feldmarschall zurückgewiesen sind, und die Armee war voll Jubels. Warum schlagen wir aber nicht los?

Gützow, 8. Juli.

Oh der Schmach! nein besser, o! des schändlichsten
Verraths! Das Land Hannover wird den Männern,
welche zu der Elbconvention vom 16. Messidor des
Jahres 11 der französischen Republik die Veranlassung
gewesen, ewig fluchen. Sie übergibt das Land, auch
das diesseit der Elbe, bedingungslos den Franzosen.
Die Armee legt die Waffen nieder, gibt ihre Pferde
an die französische Armee und wird aufgelöst. Die
Truppen verpflichten sich auf ihr Ehrenwort, gegen
Frankreich und dessen Alliirte nicht eher die Waffen
wieder zu führen, als bis sie in gleichen Graden gegen
ebenso viel Truppen ausgewechselt werden, die im Laufe
dieses Krieges von den Engländern zu Gefangenen ge=
macht sein möchten.

Die Offiziere behalten ihre Degen und nehmen
Pferde und Effecten mit sich. Bis zur Rückkehr der
Truppen in ihre Heimat soll für deren Subsistenz
gesorgt werden.

Eine schöne Convention das! Nun, ich werde nicht
in die Heimat gehen, damit man mir dort mein Seiten=
gewehr abnehmen kann, ich werde dem Kriegsdienste
Valet sagen und ein freier Mann und Bürger werden.
Pereat das feige Geschmeiß!

Hamburg, 20. Juli.

Ade, lieber Bruder, Ade, liebe Aeltern und Geschwister. Ich schiffe mich heute noch ein, um nach England zu gehen und mein altes Handwerk wieder aufzunehmen. Ein Schulz muß Handwerker und Bürger bleiben.

Friedrich Schulz.

Druck von F. A. Brockhaus in Leipzig.

Hundert Jahre.

Vierter Theil.

Hundert Jahre.

1770—1870.

Zeit= und Lebensbilder aus drei Generationen.

Von

Heinrich Albert Oppermann.

Vierter Theil.

Leipzig:
F. A. Brockhaus.
1870.

Das Uebersetzungsrecht in fremde Sprachen bleibt vorbehalten.

Inhalt.

Viertes Buch.
Fremdherrschaft.

Viertes Buch.

Fremdherrschaft.

Erstes Kapitel.

———

Alte Bekannte.

Es ist Zeit, daß wir uns einmal nach unsern Freunden und Bekannten in Heustedt und Umgegend umsehen.

Fangen wir bei dem Rathskeller an, welcher doch immer der Mittelpunkt des Orts blieb, so war Frau Krummeier ihrem Gatten in das unbekannte Jenseits gefolgt, oder, wie es auf ihrem Leichensteine hieß: „Sie ist in dem Herrn entschlafen zur Wiedervereinigung mit dem theuern Gatten am Tage der Auferstehung." Ihre schielende Nichte Angelika war Universalerbin geworden und hatte den Oberkellner, den von den Stammgästen sogenannten Unterweseroberseelöwen, Herrn Harry Knickmeyer, geheirathet, der in die Kellerpacht eingetreten war. Sonst war alles beim alten geblieben, nur daß dem Kellerwirthe aufgebürdet war, für den Herrenclub außer dem „Hamburgischen Correspondenten" und dem

1*

„Hannoverschen Magazin" auch noch das „Frankfurter
Journal" zu halten.

Dem Rathskeller gegenüber im Hause des Land=
raths von Vogelsang hatte sich ein Großes ereignet.
Zum ersten mal hatte es einer der Söhne desselben
dahin gebracht, der älteste, ein Staatsexamen zu be=
stehen, Auditor und Amtsschreiber geworden zu sein.
Ohne die Repetitorien und sonstigen Beistand, den der
Schwiegersohn, Drost von Berlepsch, gewährt hatte,
würde das schwer geworden sein, denn seit länger als
einem Jahrhunderte waren Gutmüthigkeit, Gleichmuth,
aber auch ein gewisser Stumpfsinn charakteristische Eigen=
thümlichkeiten der Familie. Der Landrath hatte sich den
neuen Zuständen gefügt, er pflegte bei jeder Gelegen=
heit zu wiederholen: „Wäre man dem Rathe meines
Freundes, des Hofrichters und Schatzraths Berlepsch,
gefolgt, hätten die Landschaften Frieden geschlossen mit
der französischen Nation, als es noch Zeit war, so
würden wir unsere Selbständigkeit bewahrt haben. Wer
kann die jetzigen Zustände ändern? wer wird so thöricht
sein, daran rütteln zu wollen oder sich darüber zu
ärgern?"

Daß er selbst sich nicht ärgerte, das sah man seinem
Bauche an wie seinem vollen blühenden Gesichte. Die
Frau Landräthin hatte sich vortrefflich conservirt, war

eher etwas magerer als stärker geworden, war noch
immer glatt und ohne Falten im Gesicht und wohl zu=
frieden, daß der Himmel sie von ihrer Leibadvocatin
befreit hatte. Die zweite Tochter Adelheid war unver=
heirathet geblieben, obgleich sie guten Herzens und
ansehnlicher Gestalt war. Der zweite Sohn stand in
preußischen Diensten als Offizier, der dritte studirte
in Göttingen, ein vierter, Otto, ging noch in die Rector=
schule.

Anders sah es auf dem zweiten Burghofe aus.
Baron von Bardenfleth war zu einem dürren Männchen
zusammengeschrumpft, das voll Gift und Galle auf das
Franzosenthum war, das den Namen Erster Consul,
später Kaiser, nie aussprach ohne Fluch oder Beiwort,
das voll Sehnsucht nach der Vergangenheit dem Tode
zuging. Die Frau Baronin dagegen war in die
Breite gegangen; sie bewegte sich schwerfällig vom
Sofa in den Lehnstuhl am Fenster und von da zu=
rück. Sie liebte noch immer, geputzt zu sein, und ging
nach der neuesten Mode mit hoher Taille, welche für
die Büste kaum den nöthigen Raum ließ. Nach einer
guten Mahlzeit und einem Schläfchen hinterher liebte
sie eine Partie Whist leidenschaftlich.

Die Tochter Mimona war an einen Landjunker in
der Nähe verheirathet, der Bräutigam der zweiten, Adele,

war in Spanien als Offizier der Deutsch=Englischen
Legion gefallen, die dritte Tochter, Rosa, war verlobt
mit dem Amtsschreiber von Vogelsang, dem Sohne
ihres Nachbars. Nach dem Tode der Leibadvocatinnen
hatten sich die Eifersüchteleien zwischen den Nachbars=
familien gelegt, nur zwischen Adelheid und Abele bestand
noch einige Eifersucht, da letztere nur zu oft zu ver=
stehen gab: es gebe doch einen Vorzug, einen fürs
Vaterland gestorbenen Bräutigam besessen zu haben,
als gar keinen. Adelheid Vogelsang ließ sich das lange
ruhig gefallen, bis sie endlich zornig wurde und sagte:
„Was Vaterland! ist denn Spanien unser Vaterland?
Als Söldling im fremden Dienste ist dein Schatz ge=
fallen!" — Der Amtmann Steinbart war nicht mehr
der Neufranke von 1792, der Enthusiasmus für die
große Nation und gloriose Revolution war verschwun=
den, nachdem der Militärdespotismus des Kaiserthums
aus der Puppe der Republik ausgeflogen war.

Die sonstigen Honoratioren, die wir früher an Som=
mernachmittagen vor dem Rathskeller, im Winter im
Herrenclub versammelt fanden, waren sämmtlich ge=
storben oder versetzt, ihre Nachfolger aber, wie auch ihr
Name immer sein mochte, waren so ziemlich in ihre
Fußstapfen getreten, das Leben derselben bewegte sich
trotz der großen Revolution, welche die Welt umgestaltet

hatte, noch ziemlich in denselben alltäglichen Gleisen.
Zwar waren einige neue Ideen in die Gesprächsstoffe
geworfen, die Fragen nach dem spanischen Kriege waren
in Ermangelung anderer Kriege in den Vordergrund
getreten, man hörte auch wol ein Wort über die neuen
preußischen Organisationen in Westfalen; das Haupt-
gespräch drehte sich aber, wenn man unter sich war,
immer wieder um die Ungewißheit, was aus den nörd-
lichen hannoverischen Provinzen werden solle, wenn England keinen Frieden schließe.   Jahrelang in solcher
Ungewißheit zu sitzen, die wir Epigonen nur wenige
Wochen gefühlt haben, ist ein ganz abscheulicher Zustand.
Waren Frauen unter sich, so sprachen sie nur über die
Theuerniß aller Colonial- und englischen Waaren, ohne
die man einmal nicht leben konnte.   Vorbei!

Verändert hatte sich in der Ost- wie Weststadt in
baulicher Hinsicht wenig.   Nur neben dem neuen Hause
des alten Moses Hirsch war ein Neubau angebracht,
ein ziemlich stattliches Haus war an die Stelle zweier
abgerissenen Reihehäuser getreten.   Es wurde bewohnt
von dem jüngern Sohne des Moses Hirsch, dem Bankier
Hirschsohn, während im Hause nebenan das große Ge-
treide- und Wollgeschäft von Hirsch Moses blühte.
Beide Söhne waren feine Leute, sprachen Französisch
wie Platt.   Hirschsohn hatte das Bankiergeschäft bei

Simon in Hannover und in Berlin erlernt, Hirsch
Moses zog auf die Messen von Braunschweig und
Leipzig, sein Name hatte guten Klang an der Börse
in Amsterd'am, Bremen und Hamburg, war sogar in
England nicht unbekannt, wohin er regelmäßig Wolle
lieferte, wenn sich ein Schiff nach Helgoland fand.

Gehen wir weiter nach Westen, so finden wir in
Eckernhausen Claasing auf dem Dummeier'schen Voll-
meierhofe. Das Gestüt in Kirnberg war aufgehoben,
Hengste, Stuten und Füllen waren nach Frankreich
entführt, man hatte ihm seinen Titel belassen und von
Landesdeputations wegen eine mäßige Pension gegeben.

Aber was frug Claasing nach dieser Pension? Er
war ein reicher Mann und wurde täglich reicher.
Schon im Anfange des Jahrhunderts mußte er seine
Gelder in Hannover anzulegen suchen und machte so
die Bekanntschaft des Commissionsraths Crelinger. Als
dieser und der Oekonomierath Meyer auf Kolbingen
und Amtsschreiber Hartmann zu Kalenberg das Liefe-
rungs= und Verpflegungsgeschäft erst wegen der im
Lauenburgischen befindlichen hannoverischen Truppen
überkommen hatten, zog man Claasing als einen Mann,
der über viel baares Geld verfügen konnte, bei, und als
nun gar Meyer Generalcommissarius und Hartmann
Commissarius für die Lieferungen an die Franzosen

wurden, da blühte der Weizen für Leute wie Claasing und Heise, den sogenannten Verpflegungscommissar, erst recht.

Der Obergestütmeister galt für einen gemachten Mann, den Hirschsohn schon im Jahre 1806 auf mehr als 100000 Thaler schätzte, die Grundbesitzungen abgerechnet, und der Sohn von Hirsch Moses hatte einen scharfen Blick. Trotzdem war derselbe aus der Gesellschaft in Heustedt so gut wie ausgestoßen. Seit dem Duell mit Motz galt er allgemein als Mörder seiner ersten Frau, und über seine Herkunft und sein Leben in Dänemark hatten sich allerlei wenn auch nicht wahre, doch an Wahrheit anstreifende Gerüchte verbreitet.

Die zweite Frau mußte die Eitelkeit büßen, die sie aus einer Siebenmeierswitwe zur Frau Obergestütmeisterin gemacht hatte. Sie war getrennt von ihren Töchtern erster Ehe, denn so nahe Grünfelde auch lag, so gab es jedesmal Zank und rauhe Worte, wenn die Mutter ihre Tochter und den Schwiegersohn einmal besuchte. Agnes, die zweite Tochter, hatte während ihres Aufenthalts bei Baumgartens die Bekanntschaft eines hessischen Collegen von Oskar gemacht, der sich in sie verliebte und ihre Gegenliebe gewann. Da sie nicht die geringste Sehnsucht hatte, nach Eckernhausen zurückzukehren, so verzichtete sie mit Einwilligung des ihr pro forma gesetzten Vormundes gegen eine Abfindung von 2000 Thalern Gold und eine Naturalaussteuer, wie sie sich einer Siebenmeierstochter gebühre, Leinen und Drell in großen Mengen, Pferde und Wagen, Kühe und Rinder und Betten und Hausgeräth, Koffer und Lade, Schub- und Putzschrank, drei Wagen voll, auf alle Ansprüche an das väterliche und mütterliche Vermögen. Die Hochzeit wurde in Grünhagen auf dem Meierhofe gefeiert. Heinrich Schulz traute die Schwägerin, man lebte drei Tage herrlich und in Freuden, der Stiefvater zeigte sich als der liebenswürdigste Mensch, denn er hatte seinen Plan erreicht, sein Sohn war nun Erbe der Omeyer'schen und Emeyer'schen wie Dummeier'schen Güter.

Es waren das aber auch die letzten Tage, an welchen die Obergestütmeisterin Claasing vergnügt gewesen war, an denen sie ihre seidenen Kleider, ihre goldenen Ketten und Schmucksachen hatte glänzen lassen können.

Nach Heustedt wurde sie schon lange nicht mehr eingeladen; ihr Mann war freiwillig aus dem Herrenclub ausgetreten und wagte kaum noch, sich im Wirthszimmer des Rathskellers zu zeigen. Er hatte nur mit Roßkämmen, Juden, Lieferanten, Viehkäufern und Viehtreibern im Schwarzen Bären Verkehr, war wochen-

lang auswärts, um bald in dieser bald in jener Pro=
vinz die durchziehenden Franzosen, Spanier, Baiern
mit Vieh, Speck, Getreide zu versorgen. War er einmal
zu Hause, so war er roh und rübe gegen die Frau
und den eigenen Sohn, einen schwächlichen verzogenen
Knaben von etwa zehn Jahren, und schonte auch nicht
einmal die Frau, als sie ihm einen zweiten Sohn gebar.

Niemand haßte diesen Menschen so sehr als Katha=
rina Dummeier. Kaum war der Körper ihres Mannes,
den man bei Nienburg aufgefischt hatte, zur Erde be=
stattet, als sie nach Heustedt eilte, um einen Advocaten
anzunehmen, der gegen den dänischen Spitzbuben wegen
Herausgabe des Dummeier'schen Vollmeierhofes an
ihren Sohn, dessen Vormünderin sie geworden war,
Klage erheben sollte. Sie hatte hübsch beiseitegescharrt
und nahm einen großen Beutel feiner Kassengulden
mit, als Vorschuß für den jungen Bardeleben, den sie
sich als Advocaten ersehen. Der Vater desselben hatte
ihr vor Jahren schon explicirt, was hoyaisches Anerben=
recht sei. Der Vater, obgleich er seine Praxis nieder=
gelegt, sollte dem Sohne Rath und Anleitung geben.

Der Proceß hatte den Wortlaut des Gesetzes für
sich; wollte Hans Dummeier sich von der Wirthschaft
abthun, so kam dem Sohne zweiter Ehe der Vorzug
zu vor der Tochter erster Ehe. Allein dieser Sohn

war damals noch minderjährig und untüchtig, dem Hofe
vorzustehen. Das Gesetz erkannte aber nur für tüchtige
Söhne den Vorzug an. Dazu kam das Recht der
Gutsherrschaft, der damals noch ein unbestrittenes Ober-
eigenthum zugestanden wurde. Da saßen die Haken
des materiellen Rechts, die gegen die Klage eingeschlagen
werden konnten; aber wie viel Haken des formalen
Rechts gab es außerdem! Ueber wie viele sogenannte
verzögerliche Einreden wurde in drei Instanzen gestritten,
ehe es zu einer Entscheidung über die Sache selbst kam!
Zehn Jahre hatte man über Formalien gestritten, jetzt
im dreizehnten Jahre kam die erste Entscheidung der
unterrichterlichen Instanz des Amts Hoya über das
Recht selbst; die Klage wurde in angebrachter Maße
zurückgewiesen.

Aber welche Geldmassen hatte diese Klage bis dahin
verschlungen? Das Uebergesparte Katharinens hatte
kaum für zwei Jahre ausgereicht, dann fing man
an, mit obrigkeitlicher Erlaubniß und gutsherrlichem
Consense Geld auf Hypotheken auf die Jochen Dummeier zugefallene Brinksitzerstelle zu leihen. Man fand
lange bereitwillig einen Juden als Herleiher, der aber,
sobald die Obligation in seinen Händen war, an Claasing
weiter cedirte. Ehe Jochen noch volljährig war, wurde
seiner Vormundschaft angezeigt, daß die Forderungen

an den Gestütmeister und von diesem an Herrn Com-
merzienrath Crelinger cedirt seien, welcher letztere das
Geld kündigte. Nun war die hypothekarische Schuld
schon so groß, daß in den begonnenen Kriegszeiten das
Geld nicht anzuschaffen war.

Der Proceß nahm freilich seinen Fortgang; Jochen
Dummeier erhielt das Armenrecht, und Advocat Bardeleben, der viele Hunderte von Thalern verdient hatte,
führte den Proceß weiter, aber nicht mehr mit der alten
Energie. Während er bisher niemals zu Fristgesuchen
seine Zuflucht genommen hatte, wetteiferte er jetzt mit
Claasing's Advocaten in dieser Branche.

Jochen hatte vom Vater wie von der Mutter ein
angeborenes Selbstbewußtsein und eine eigene Festigkeit,
welche durch die schlechte Erziehung, die ihm von der
Mutter geworden war, in Eigensinn, Trotz, Wider-
spenstigkeit ausgeartet waren. Er konnte nicht gehorchen, konnte sich nicht unterordnen, das schien ihm
unmännlich. Hatte er doch von seiner Confirmation
an mit der Mutter nur in Einem Streite gelebt, in
welchem er Sieger geblieben war. Katharina, die den
männlichen Hans Dummeier überwunden, mußte sich
vor dem eigenen Sohne beugen, ihm seinen Willen
lassen. Die Versuche, denselben in Eckernhausen oder
sonst als Knecht unterzubringen, an Ordnung und

Gehorsam zu gewöhnen, waren sämmtlich fehlgeschlagen, nach wenig Wochen war er überall fortgejagt. Beim Spiel und Tanz, auf Hochzeiten und Kirmessen spielte er aber den Anführer, und wo eine Schlägerei in Eckernhausen und der Umgegend war, da konnte man sich darauf verlassen, Jochen hatte nicht gefehlt; war scharf geschlagen, so sagten alle Jungen: „Dat hett Jochen dahn, hei harre sin Kniep glick ut der Börsentasche.“

Jochen wäre ein guter Soldat geworden; wie es eigentlich kam, daß er es nicht wurde, ist uns noch immer ein Räthsel. Der Zufall spielte sein Spiel. Dagegen war er schon von Jugend an Wildschütz. Die großen herrschaftlichen Holzungen, die sich an den Sandhügeln des linken Weserufers, den Mooren und Brüchen hinzogen, bargen für die zahlreichen Wildschützen Rothwild wie Schwarzwild, wilde Enten, Becassinen, Birkhühner, Rebhühner und Hasen.

Um die Wirthschaft bekümmerte sich Jochen nur zur Zeit der Bestellung und der Ernte, er pflügte seine paar Morgen Land, bestellte es, fuhr die Saat ein, drosch sie mit der Mutter gemeinsam aus, für alles übrige mußte diese sorgen. Für Taschengeld sorgte die Wilddieberei und seine Ueberlegenheit im Kartenspiel. Nur in Einem Punkte war sein Leben lobenswerth, fand aber gerade den Tadel seiner Mutter: er war dem Mädchen seiner Liebe treu. Dieses Mädchen war freilich auch die schönste Erscheinung weit und breit in der Umgegend von Heustedt, es war die Tochter der Filler-Martha und des Grafen Otto von Schlottheim.

Der Filler, der auf seine Ehre mehr hielt als manche adeliche Familie damals auf die ihrige, hatte seine Tochter verstoßen, sein Wesen, das ihm erbeigen gehörte, verkauft und war aus der Gegend verschwunden. Martha war im Armenhause niedergekommen und befand sich in der bittersten Noth. Die Gräfin Melusine hatte ihren Rentmeister beauftragt, für die „Wahnsinnige", wenn sie etwa aus dem Gefängnisse entlassen werde, zu sorgen. Nun hatte das Schloß früher in der Feldmark Eckernhausen große Weiden gehabt, die, als der Graf Wildhausen sein Gestüt anlegte, mit herrschaftlichen Weiden an der Weser vertauscht wurden. Ein Hirtenhaus, bewohnbar auch im Winter, mit einigen Himptsaat Land und einigem Graslande, genug, eine Kuh durchzuwintern, stand etwas entfernt vom Dorfe leer. Der Rentmeister hatte es noch niemals verheuern können, weil die eckernhäuser Bauern sich verabredet hatten, einem etwa dahin ziehenden Häuslinge weder Arbeit zu geben noch Land zu verpachten, ohne welches eine Familie nicht leben konnte. Der Rentmeister wies

nun dieses Haus der Filler-Martha als unentgeltlichen
Wohnsitz an, stattete sie mit einem Bette und den
nothdürftigsten Möbeln aus, schenkte ihr aus eigenen
Mitteln eine Ziege und schützte sie bei dem Amte gegen
die eckernhäuser Bauern, welche ihre Aufnahme wei-
gerten. Das Amt nahm sich ihrer an, es entschied,
das Hirtenhaus gehöre nicht zur Gemeinde, sei adelich
exempt und werde daher die Martha niemals der Gemeinde, sondern nur dem neuen Schlosse zur Last fallen.
Martha's Stolz und Trotz war durch die Ereignisse
niedergebeugt; daß ihr Vater sie verstoßen hatte, schmet-
terte sie nieder, sie ließ alles mit sich machen, und der
Amtmann Steinbart, der sich ihrer von Anfang angenommen hatte, überredete sie leicht, das Gebotene
nicht zu verschmähen.

So lebte Martha schon seit sechzehn bis siebzehn
Jahren still und zurückgezogen in ihrem Hause. Sie war
sehr geschickt im Korbflechten. Sie flocht aber nicht nur jene
gewöhnlichen Körbe von grünen Weiden zum Gebrauche
für das Haus und die Ackerwirthschaft, sondern mußte
auch kleine zierliche Handkörbchen für Damen anzufertigen,
und ernährte sich und ihre von Heinrich Schulz in
Grünfelde als Anna getaufte Tochter ehrlich und gut.

Anna Schlottheim, so war die Tochter nach dem im
Kirchenbuche angegebenen Namen des Vaters getauft,

mußte ihren Confirmationsunterricht in Grünfelde nehmen. Auf dem Wege dahin wurde sie häufig von
Jochen Dummeier, dem vierzehn Jahre ältern Jungen,
begleitet, der sich ihr durchaus gefällig und dienstbar
erwies, sie über Schmuz und Pfützen, an denen es auf
dem Wege nicht mangelte, hinwegtrug, böse Dorfhunde
verjagte, sie gegen die unartigen Buben in Eckernhausen
schützte. Ich muß nämlich, nicht gerade zum Lobe der
Eckernhäuser, gestehen, daß ein siebzehnjähriges untadel-
haftes Leben nicht vermocht hatte, den Widerwillen der
Bauernschaft gegen die Niederlassung Martha's in diesem
Orte zu heben, sie wurde im Dorfe nie anders als Filler-
Martha genannt, ihre Anna fand keine Spielgenossen,
wurde vielmehr von den Kindern verhöhnt und das
Grafenkind genannt. Das Leben in diesen Jahren war ein
Leben voller Qual, und die Verlassene wäre Menschen-
feindin geworden, wenn nicht zwei Dinge sie hochgehalten
hätten: die Liebe zu ihrem Kinde und die Tröstungen
der Religion, welche sie vom Ideale ihrer Kindheit, dem
Pfarrer in Grünfelde, empfing. Sie ging sonntäglich
zur Kirche nach Grünfelde, und als Anna sieben Jahre
alt geworden, mußte diese sie begleiten. Nach der Confirmation des Mädchens stellte sich Jochen Dummeier
erst wie zufällig, dann öfter, später als regelmäßiger
Begleiter bis vor die Kirchthür ein. Die Mutter, welche

von Anna gehört hatte, wie Jochen in ihrer Kindheit der
einzige gewesen, der sie beschützt habe, die Verstoßene,
welche in der ganzen Woche mit niemand sprach als den
Männern, die ihr Weiden verkauften oder Mehl, Kar=
toffeln und Gemüse brachten, war auch ihr die Begleitung
nicht unangenehm. Das hübsche Kind hatte schon früher
den Verkauf der feinen Korbwaaren in Heustedt besorgt.
Sie war eine so eigenthümliche, liebliche Erscheinung, daß
jeder gern kaufte, wenn sie Körbe anbot, selbst die Damen.
Schlank und schön gewachsen, mit kleinen aristokratischen
Füßen und Händen, den schwarzen, in langen Flechten
herabhängenden Haaren der Mutter, hatte sie vom Vater
den zartesten weißen Teint und schöne blaue Augen.
Auf einem dieser Kirchwege nach Grünfelde trat Jochen
mit dem Vorschlage hervor, sie möge ihn manchmal
nach Bremen begleiten, um dort Korbwaaren abzusetzen,
was ihr gewiß leicht gelingen werde. Er fahre alle
vierzehn Tage dahin mit leerem Wagen, um Waaren
dorther zu holen, und wie er im Vertrauen gestehen
wolle, für seine Genossen Colonialwaaren, verbotenen
Kaffee und Zucker einzukaufen, die von diesen einge=
schmuggelt würden. Die Waaren, welche er auf seinem
Wagen zurückbringe, würden aber versteuert.

Jochen wußte der Mutter so viel von dem Reich=
thum in Bremen zu erzählen, und wie leicht es Anna

dort werden würde, einen ganzen Wagen voll feiner
Korbsachen alle drei bis vier Wochen zu verkaufen, daß
diese sich zu einem Versuche entschloß. Sie wollte selbst
mitgehen, allein Jochen wußte ihr das auszureden, und
die Sorge für ihre Kuh — sie hatte sich zu einer
solchen emporgearbeitet, die sie doch drei oder vier Tage
nicht ohne Pflege und ungemelkt lassen konnte —,
überwog endlich.

So zog man denn auf unwegsamen sandigen Wegen,
Chausseen gab es noch nicht, eines Tages über Marb-
feld, Schwarme mit einem Einspänner nach Bremen zu.
Auf dem Leiterwagen war für Anna Schlottheim ein
Vorsitz angebracht, Jochen ging meistens zu Fuß neben
dem Pferde her, und wenn man auf eine glatte Lehm-
heide kam, setzte er sich neben Anna und ließ den
Schimmel austraben. Man kam spät nachmittags in
Bremen an. Diese Stadt hatte sich, seitdem wir sie
nicht gesehen, äußerlich wie innerlich sehr verändert. Zunächst war sie durch den Reichsdeputationshauptschluß
von 1803 die hannoverische Intendantur, die Hoheit
des Kurfürsten in der Stadt selbst, los geworden, sie
war erst jetzt eine freie Stadt, abgesehen von der
französischen Herrschaft, die sich schon seit dem Napoleonischen Decret vom 21. November 1806, welches
England für blokirt, alle englischen Waaren für con-

2*

fiscirt erklärte, bedeutend fühlbar machte. Aber auch äußerlich war Bremen ein anderes geworden, man hatte angefangen, den Reifrock der Festungswälle mit der Mode, die von Reifröcken nichts mehr wissen wollte, zu entfernen. Auf dem Osterthorwalle war ein neues Schauspielhaus seit 1792 errichtet, die „Braut" war abgetragen, von allen Seiten drang mehr Licht und Luft in die Stadt. Perrüken, Zopf und frisirte Köpfe begannen eine Seltenheit zu werden, alles, was fein und nobel war, trug schwarzen Frack und weiße Piqué= weste, oder blauen Frack mit goldenen Knöpfen, gelbe Weste und Stulpenstiefel.

Jochen Dummeier pflegte seine Einkäufe bei dem uns wohlbekannten Hause Johann Karl Junker und Com= pagnie zu machen. Auch da war eine große Umwälzung geschehen. Der Rath hatte die Intendantur, das alte Palatium, für 27769 Thaler 30 Grote erkauft und abbrechen lassen, das Museum war an dieser Stelle im Bau begriffen und Junker's Haus war von der einen Seite bloßgelegt und von Baugerüsten und Bau= steinen verbarrikadirt, sodaß Jochen mit seinem Wagen nach der Straße fahren mußte, in die das Hinterhaus mündete. Jochen frug auf dem Comptoir an, ob er bis morgen eine Partie seiner Korbwaaren in den Lager= räumen niedersetzen dürfe. Man wies ihm einen Platz

dazu im Vorderhause an. Während hier Anna die
Körbe ordnete, die Jochen herzuholte, kam Johann Karl
Junker junior, der künftige Senator nach dem Willen
der Mutter, zur Zeit siebzehn= oder achtzehnjähriger
Student in Heidelberg, und sah der Thätigkeit des
schönen Mädchens zu, welches selbst den Zuschauer
nicht bemerkte.

„Aber schönes Kind", redete er die aufschreckende
Anna an, „sage mir, was soll denn das? soviel mir
bekannt, handelt die Firma Johann Karl Junker und
Compagnie nicht mit Korbwaaren."

„Aber ich", entgegnete diese keck und sah ihn mit
ihren großen blauen Augen an.

„Nun so zeig' mir deine schönsten Stücke", ent=
gegnete der Studiosus.

„Dieser da ist der theuerste, den hab' ich selber ge=
arbeitet, er kostet 2 Thaler, und dieser, den die Mutter
gemacht, ist der schönste, der kostet 1 Thaler 60 Grote."

„Warum kostet denn dein Korb mehr?"

„Weil ich noch einmal solange daran gearbeitet
habe als die Mutter."

„Hier, schönes Kind, ist ein Louisdor, ich behalte
beide Körbe, aber einen Kuß bekomme ich zu."

Der Student versuchte, Anna, die ihm die Körbe
hinreichte und das Goldstück in Empfang nahm, zu

umarmen, sie entzog sich ihm aber gewandt und wollte zu der offenen Thür hinausschlüpfen. Vor dieser stand aber der stille Compagnon, welcher, die Hände über dem Kopfe zusammenschlagend, ein halb heulendes Ge= schrei ausstieß: „Karl! Karl, Unglückskind, was muß ich von dir erleben! Das Geld, das deine Aeltern im Schweiße ihres Angesichts zusammensparen, das wirfst du mit Händen zum Fenster hinaus, oder was noch schlimmer ist, das schenkst du einer Zigeunerin!"

Ehe noch Johann Karl junior antworten konnte, trat Jochen mit einer neuen Last Körbe beladen und hinter ihm der Inhaber des Geschäfts selbst in den Raum, wo die Körbe gelagert wurden. Er hatte den schwarzen Frack an, trug seinen Zopf und seine ge= puderten Löckchen noch, wie im Jahre 1788, nur ging er viel gebückter.

„Sieh da Papa", sagte der Studiosus, der in dem Vater eine unvermuthete, aber erfreuliche Hülfe zu erblicken schien, und hielt ihm die gekauften Körbe entgegen, „ich wollte der Mama und der Cousine Breuer eine Ueberraschung bereiten. Da die Firma Junker einen neuen Geschäftszweig zu ergreifen scheint und zwar mit einem so niedlichen Kinde, denn es ist ein Kind, Vater, sieh sie nur an, so glaubte ich für die Ehre der Firma auch etwas thun zu müssen, indem

ich der erste Käufer war. Ich glaubte das unserm Hause
schuldig zu sein, denn nicht wahr, Papa: alles für die
Firma, nichts über die Firma! Und nun denke dir,
schreit Mama, ich schmisse das sauer erworbene Geld
mit Händen zum Fenster hinaus und verschenkte es an
Zigeunerinnen! — Und du, Mama, hast du schon
Zigeunerinnen mit blauen Augen gesehen? Sieh, dieses
schöne Körbchen hat das weiße Kind dort gearbeitet,
und dir schenke ich es, dies andere ist für Cousine
Meta."

Karl Johann Junker senior, welcher Anna mit
Wohlgefallen betrachtet und, da sie schüchtern zu Boden
sah, sie unter das Kinn faßte und ihren Kopf in die
Höhe hob, sagte: „Hast recht, mein Sohn, alles für
die Firma und nichts über die Firma."

Damit war der Sturm, der über den kühnen
Studiosus hereinzubrechen drohte, beschwichtigt. Anna
bedankte sich, versprach, morgen die Körbe abzuholen,
und entfernte sich mit Jochen, der ihr Bremen und die
Häuser zeigen wollte, wo sie wahrscheinlich auf Absatz
rechnen könnte. Jochen wußte in Bremen genau Be-
scheid. Am andern Tage hatte Anna ihren ganzen
Korbvorrath noch vor Mittag verkauft und trug in
ihrem Beutel so viel Geld, als sie noch niemals beisammen gesehen hatte.

Jochen hatte Continentalwaaren auf seinem Wagen, die verbotene Colonial- und englische Waare, die er erstanden, ging bei Nacht und Nebel die Weser hinauf. Auf der Heimfahrt, als das junge Mädchen unschuldigerweise erzählte, der junge Herr, der ihr die beiden Körbe für den Louisdor abgekauft, habe einen Kuß in den Kauf haben wollen, wurde Jochen ganz zornig und sagte, dann nehme er sie nicht mehr mit nach Bremen, und dem Laffen wolle er eins versetzen, daß ihm das Küssen vergehen sollte. Die wahre, rohe Bauernnatur, die Anna noch nie in der Weise gesehen hatte, denn gegen sie war Jochen immer wie ein Lamm, brach los und erschreckte sie sehr.

Martha war höchlich erfreut über das Resultat der bremer Reise, Mutter und Tochter gingen mit frischem Eifer an die Arbeit und versuchten, sich in Erfindungen neuer Muster zu übertreffen.

Einen schlimmern Stand hatte Jochen zu Hause, seiner Mutter war der Umgang Jochen's mit den „Fillers-Frauenzimmern" nicht entgangen, sie hatte dem Sohne schon hundertmal untersagt, in das Hirtenhaus zu gehen. Sie war Tochter eines Vollmeiers und Frau eines solchen gewesen und bildete sich darauf nicht wenig ein. Ihr ganzes Dichten und Trachten ging dahin, ihren Sohn wieder zum Vollmeier zu machen, und die Fillerstochter stand viel weiter unter ihr, als sie unter der Gräfin Melusine zu stehen glaubte. Daß Jochen Körbe bei der Martha aufgeladen und die Anna nach Bremen gefahren hatte, war dem ganzen Dorfe bekannt und blieb Katharina nicht verborgen; als daher der Sohn am Abend nach Hause kam, gab es eine Scene, die man bei dem dritten Nachbar hören konnte und die damit endete, daß Jochen alles Küchengeschirr, dessen er habhaft werden konnte, der Mutter in der Stube vor die Füße warf, tobend und fluchend gegen Mitternacht die Wohnung verließ, um nach einem zwischen Eckernhausen und Heustedt gelegenen Wirthshause zu gehen, wo er gewiß war, Kumpane zu treffen. Theils aus Eifersucht, theils um ähnlicher Auftritte überhoben zu sein, verschwieg er seine nächste Reise; die Frauen im Hirtenhause hatten noch nicht genug Vorrath gearbeitet, als daß sie hätten drängen sollen. Als er sich aber überzeugt hatte, daß der junge Laffe, wie er ihn nannte, Bremen wieder verlassen habe und auf der Universität sei, nahm er keinen Anstand, zur nächsten Reise Anna und ihre Körbe wieder mitzunehmen, nur war er vorsichtiger; er fuhr nach Mitternacht ab, als seine Mutter im festen Schlafe lag und das geschwätzige Dorf desgleichen. Man kam gegen Mittag in Bremen an, und Anna lagerte ihre Waaren wieder im Junker'=

schen Hause; der Studiosus war nicht mehr da, aber Senior selbst kam, sich die niedlichen Sächelchen zu besehen und einiges davon zu kaufen, das er heimlich ins Comptoir bringen ließ, einen geheiligten Ort, den der stille Compagnon nur betrat, wenn ein Fest nahte und das Scheuern erlaubt wurde. Er streichelte dabei Anna wieder das Kinn, hob ihr den Kopf in die Höhe, sah sie mit seinen kleinen Augen lange an und drückte ihr einen väterlichen Kuß auf die Stirn. Dann erkundigte er sich des längern und breitern über ihre Verhältnisse und schloß damit, es solle das letzte mal sein, daß sie mit den Körben selbst hausiren gehe, er wolle für einen Kaufmann sorgen, der die Waare in Commission nähme, und er selbst wolle es mit einer Quantität Körbe auf eigenes Risico nach Amerika versuchen. Zugleich zeigte er ihr einige größere mit amerikanischen Binsen und Reisstroh umflochtene Flaschen und frug, ob sie oder ihre Mutter dieselben wol ebenso fein umflechten könnten; sie sollten mit scharfem Essig aus der Brauerei von Vollmann in Hoya nach Südamerika geschickt werden. Anna versprach, einen Versuch zu machen. „Wenn der Versuch gelingt, mein Kind", sagte der Inhaber der Firma Johann Karl Junker und Compagnie, „so wird die Firma dir sehr dankbar sein und euch hinreichend beschäftigen. Für amerikanische

Binsen und Reisstroh werde ich dann in Zukunft sorgen; jetzt versuchet es mit dem Zeuge, welches ihr habt."

Anna verkaufte auch diesmal ihre Körbe recht bald, nur war es ihr lieb, daß es das letzte mal sein solle, denn sie war bei dem Hausirverkaufe schlimmern Zudringlichkeiten von jungen und alten Herren ausgesetzt als bei dem ersten Verkaufe im Junker'schen Hause. Aus dem Comptoir wurde, als Jochen und Anna fortfuhren, ein großer Korb mit Probeflaschen herausgetragen und Jochen ein Kronthaler eingehändigt, damit er den Korb und seinen Inhalt versteuern könne, was ihm von einem der Comptoirgehülfen auf die Seele gebunden wurde.

Anna erzählte Jochen, daß der alte Herr nicht wolle, daß sie ferner mit Körben hausiren gehe, und daß er der Mutter reichlichen Auftrag geben würde, Flaschen wie die in dem Korbe befindlichen zu umflechten. Als man aber nach Dreye kam an die Mauth und den Korb öffnen mußte, da fanden sich nicht nur die zwei Flaschen in demselben, sondern noch ein schwarzseidenes Kleid und eine sammtene Mantille, freilich nicht neu, und deshalb auch nicht steuerpflichtig, aber sehr wohl erhalten. Ein Zettelchen auf dem Packet enthielt die Worte: „Meta Breuer der schönen Korbflechterin."

Nun ging es im Hirtenhause an das Versuchen.

Es wurde zunächst das Ende der Umspinnungen der Probeflasche gesucht, und als solches gefunden, gelöst, und die Umspinnung mit großer Sorgfalt abgenommen, wobei Anna jede einmalige Umwindung, jede Drehung, jeden besondern Knoten auf Papier notiren mußte.

Dann begannen Mutter und Tochter die Nach= ahmung, die freilich erst nach einer Menge von Ver= suchen vollkommen gelang. — Die Proben, nach Bremen geschickt, fanden Beifall, und nun kam oben aus dem Lande eine ganze Schiffsladung solcher Flaschen und ein Wagen mit amerikanischen Binsen von Bremen, sodaß Martha mit ihrer Tochter gut bezahlte Arbeit für mehr als ein Jahr hatte. Waren ein paar Dutzend umflochten, so wurden sie zur Weser nach Hoya ge= schickt und wanderten dann mit starkem Weinessig ge= füllt wieder nach Bremen.

Der Wohlstand im Hirtenhause mehrte sich von Tage zu Tage, man hielt eine Magd, hatte eine Ge= hülfin angenommen zum Flechten der gröbern Körbe, die noch immer in Eckernhausen und Heustedt verlangt wurden. Selbst die größern Bauern fingen an, da sie den Erfolg sahen, ohne welchen es ihnen bei allen Dingen an Glauben fehlt, die Respectabilität von Martha und ihrer Tochter zu loben, und tadelten nicht, daß die letztere in dem geschenkten Seidenkleide und der

Sammtmantille zur Kirche ging. „Se hatt sek dat
sülbenst verdeent, un watt ener verdeent, da kann he
Staat met maken", sagten die Verständigen. Es würde
fortan der Mutter nicht schwer geworden sein, unter
den bessern Bauern Umgang zu finden, allein daß
Jochen der Anna nachging, das gereichte jetzt allein den
Bewohnern des Hirtenhauses zum Tadel. Jochen war
im ganzen Orte verrufen, er hatte in ganz Eckernhausen
keinen Freund und keine Freundin.

Seit Anna's Confirmation waren etwa zwei bis
drei Jahre vergangen, als über Katharina und ihren
Sohn das Unglück hereinbrach, dessen wir oben schon
erwähnten; das zur Bestreitung von Proceßkosten nach
und nach angeliehene Kapital war gekündigt und konnte
nicht angeschafft werden. Die Brinksitzerstelle kam zur
Execution, nachdem vorher Feld, Haus, Viehinventar
verkauft waren. Die bisherigen Besitzer wurden exmittirt. Dies konnte in Bezug auf Katharina, der ja
ein gesetzliches Leibzuchtsrecht an dem von ihrem Manne
hinterlassenen Vollmeierhofe, an dessen Stelle die Brinksitzerstelle getreten war, zustand, nur deshalb geschehen, weil sie, die als Vormünderin die Kapitalien
angeliehen hatte, sich zugleich für deren Sicherheit ver-
bürgt hatte. Eine Wohnung war für die Ausgetriebenen
in Eckernhausen nicht zu finden, da erbarmte sich Martha

derselben und nahm sie in das Hirtenhaus zu sich.
Jochen hatte einiges von seinem Vermögen gerettet,
indem er, als er merkte, daß die Dinge schief gingen,
theils einige Sachen beiseitebrachte, andere, namentlich
Wagen und Pferd, durch Scheinkauf dem Wirthe zur
Moorbrücke verkaufte, in dessen Interesse und Ober=
leitung der ganze Schmuggel betrieben wurde. Mit
den wenigen Kleidungsstücken und Betten, welche nach
der Executionsordnung jedem Schuldner gelassen werden
mußten, zogen Mutter und Sohn ins Hirtenhaus zur
Filler=Martha. Jochen wollte jetzt um Anna's Hand
anhalten, allein die Mutter verweigerte ihre unumgäng=
liche Zustimmung: „Solange unser Proceß nicht in
letzter Instanz unwiederbringlich verloren ist, solange
noch der schwächste Hoffnungsschimmer ist, daß wir
den dänischen Spitzbuben von dem geraubten Gute
vertreiben, so lange erhältst du meine Einwilligung nie.“

Jochen hatte es auf den Kirchgängen nach Grün=
felde oft zum Gegenstande des Gesprächs gemacht, wie
er auch von der Gräfin Melusine sein Recht und das
Recht Anna's, der Tochter ihres Schwiegersohns, er=
streiten wolle.

Es war Herbst, als Katharina und ihr Sohn
exmittirt wurden, der November mit Wind und Regen
kam. Während Anna und ihre Mutter und die Ge=

hülfin am Fenster saßen, um bei dem trüben Tages=
licht an ihren feinen Flechtwerken zu arbeiten, Katharina
bei dem Spinnrade oder in der Küche mit der Be=
reitung des Essens für die ganze Hausgenossenschaft
beschäftigt war, rekelte Jochen, wenn er nicht in seinen
Handels= und Schmuggelgeschäften nach Bremen war,
sich auf der Bank hinter dem Ofen, die in keiner
niedersächsischen Dönze derzeit wie heute fehlte. Hier
pflegen die Bauern im Winter ihre Schlachtplane aus=
zuhecken, Kniffe, wie sie ihrem Nachbar, wenn sie mit
ihm erzürnt sind, oder einem sonstigen Feinde einen
Proceß an den Hals werfen können; hier werden Ränke
des Eigennutzes und der Selbstsucht geschmiedet. Statt
die Stunden, welche schwere Dresch= und andere Arbeit
nicht in Anspruch nahmen, an Weiterbildung zu denken,
Nützliches oder auch nur Erheiterndes zu lesen, brütete
der niedersächsische Bauer, wenigstens zu der Zeit, von
der wir reden, Kriegsgedanken eines Privaten gegen
einen andern Privaten. So dachte Jochen Tage und
Wochen darüber nach, wie er die Gräfin Melusine zu
einer Erklärung veranlassen könne, von der Advocat
Bardeleben gesagt hatte, daß sie seinem Processe eine
günstigere Wendung geben würde, und wie er zugleich
die Einwilligung der Mutter zur Verheirathung mit
Anna Schlottheim erzwingen könne.

––––––––

Zweites Kapitel.

—◆—

Kassel.

Kaiser Napoleon hatte durch Decret vom 18. August 1807 das Königreich Westfalen geschaffen und es seinem Bruder Jérôme, dem Commis aus Baltimore, geschenkt, als dieser vierundzwanzig Jahre alt geworden. Ein Jahr westfälischer Herrlichkeit war schon vergangen, und Kassel stand sich nicht schlecht dabei. Hieronymus hatte sich mit allem Flitter und Tand, der einen Königsthron zu umgeben pflegt, in Kassel und auf Napoleonshöhe förmlich überladen. Er besaß einen Hofstaat nach brüderlich-kaiserlichem Muster, aus französischem und deutschem Adel bestehend, führte eine deutsche Fürstentochter als Frau heim, war er doch von der Amerikanerin Mary Patterson geschieden, er ließ Soldaten und Garden in glänzenden Uniformen, freilich, was den Althessen und Hannoveranern sehr misfiel, ohne Zopf, mithin ohne Ansehen und Würde, auf dem Friedrichsplatze Parade machen und die Wache be-

ziehen. Er hatte für sein aus zwanzig Fürsten=
thümern und Herrschaften zusammengewürfeltes Reich
aber etwas, das andern deutschen Staaten damals
noch fehlte, Reichsstände, Deputirte des Grund=
besitzes, des Handelsstandes, der Industrie, Deputirte
sogar der Wissenschaft.

Es hatte kaum zwei Jahre gedauert, da war das
aus den heterogensten Elementen zusammengefügte neue
Königreich ein wirklich einheitliches Reich. Zwar nur
ein Appendix des französischen Kaiserreichs, in welchem
Napoleon als oberster Herrscher befahl. Sein Augen=
winken in Paris wurde in Kassel wohl verstanden und,
soweit es sich nicht um die Interessen und Leidenschaften
der höchsten Person selbst handelte, streng befolgt.

Frankreichs Maß, Gewicht und Münzen waren ein=
geführt, und das hielt jedermann für ein Glück, denn
die zwanzigerlei Albus, Mariengroschen, Gute Groschen,
Kreuzer, Pfennige, Heller und andere Geldwirthschaft,
die in den Ländern existirte, die jetzt das Königreich
bildeten, waren erschrecklich gewesen. Der Code Napo-
léon war zum Gesetze erhoben und öffentliches münd=
liches Verfahren im Civil= und Criminalproceß an die
Stelle des alten schriftlichen Schlendrianprocesses ge=
treten, was Leuten, wie dem nun glücklicherweise in
England weilenden Geheimen Cabinetsrath Rudloff,

gegen den Executionen niemals zu vollziehen gewesen, freilich ein Greuel war. An die Stelle der altpatriar= chalischen Aemterwirthschaft mit Domanialpachtungen war ein strenges, geordnetes polizeiliches Präfecten= und Mairethum getreten; die Domänen bekamen freilich französische Generale als Dotationen, aber die Leib= eigenschaft wurde aufgehoben, Feudallasten und andere auf den Bauern lastende Beschwerungen verschwanden, der Bauer konnte, trotz der Grundsteuer, die an die Stelle der Contribution trat, und anderer neuen Steuern, freier aufathmen. Das Hypothekenwesen wurde neu geordnet und versprach für Realcredit eine gute Stütze zu werden, die Zünfte waren aufgehoben, die Nicht= meistersöhne brauchten nicht erst grau zu werden, ehe sie sich selbständig setzen konnten. Handel und Ge= werbe begannen, trotz der Continentalsperre und der hohen Preise von Colonialproducten Leben zu gewinnen. In Kassel wenigstens verdienten Kaufleute und Krämer, Handwerker und Künstler reiches Geld. Die Stadt Hannover freilich begann, seitdem Mortier am Ge= burtstage Georg's III., am 4. Juni 1803, eingerückt und die Minister mit dem Staatsschatze, allerlei Kost= barkeiten und Trödel aus Hannover entflohen waren, unter Zurücklassung von sämmtlichem Kriegsgeräth, aus einer Residenz zu einer unglücklichen Provinzialstadt zurückzusinken. Aller Adel hatte sich aus dem Staube gemacht, die Geheimräthe mit einem Theile der Wirklich Geheimen Cabinetsräthe und Secretäre flüchteten nach England. Aller übriger Adel, der sonst den Scheinhof zu Hannover repräsentirt hatte, lebte auf den Gütern, nur wenige Adeliche blieben im Landesdeputations= collegium, um die Dürbach'schen Anforderungen, die nicht kleinen, auf die Landschaften zu vertheilen. Die= jenigen Adelichen, welche keine Güter hatten und nicht etwa im Staatsdienste standen, oder mit der aufgelösten Armee nach England hinübergingen, waren am übelsten daran. Sie suchten Zuflucht bei den Vettern.

Melusine von Wildhausen hatte sich zeitig vor dem Einrücken der Franzosen nach Heustedt zurückgezogen mit ihrer Tochter und drei güterlosen Vettern, zweien von väterlicher Seite, einem von seiten ihres weiland Gemahls. Sie bedurfte eines solchen Gefolges, theils weil sie überhaupt ohne Unterhaltung nicht leben konnte, theils um zwischen ihr und Heloisen zu vermitteln. Seitdem die Nachricht gekommen war, daß Graf Schlott= heim sich in Wien mit der uns wohlbekannten Flora von B. vermählt habe, war das seit Jahren schon ge= spannte Verhältniß zwischen Mutter und Tochter zu wahrer Feindschaft ausgeartet. Die Tochter hatte die Mutter Mörderin der verkuppelten Anna wie ihrer

3*

Schwester Olga genannt, und diese, aus ihrer gewöhnlichen vornehmen Ruhe und Gleichmüthigkeit aufgerüttelt,
murmelte leise, aber voll Grimm, natürlich französisch:
Man merke es ihr doch an, daß sie das Blut einer
bürgerlichen Canaille in sich trage; aber die Tochter
hörte die Worte doch.

Heloise, die damals gerade volljährig geworden
war, durchschaute, von eigenen Beobachtungen und Rückerinnerungen an die Kindheit geleitet, die sie von andern erhalten, das Leben der Mutter hinreichend. Sie
gab dieser eine wahre, kurze, aber so scharfe und dolch-
artig zugespitzte Erwiderung, wie sie nur zwei Worte
in französischer Sprache ausdrücken können. Die Antwort traf, die gnädigste Gräfin sank in Ohnmacht.

Die Tochter schellte der Kammerfrau der Gräfin
und entfernte sich mit stolz emporgehobenem Kopfe.
Sie war also, wie sie das schon seit Jahren geahnt
hatte, die Tochter eines Bürgerlichen, sie trug den
stolzen Namen Comteß Heloise von Wildhausen mit
Unrecht, aber ohne eigenes Verschulden, durch eine
Sünde ihrer Mutter. Wer aber war ihr Vater?

Sollte es jener Mann sein, der zur Zeit ihrer
Geburt als Obergestütmeister nach Kirnberg gekommen
war, und den sie schon als Kind niemals hatte leiden
können? Sie erinnerte sich aus der Zeit, als Olga's

Hochzeit gewesen, ein Gespräch von Dienstboten be=
lauscht zu haben, in welchem der Gestütmeister ein ab=
gedankter Liebhaber ihrer Mutter genannt war. Der=
selbe galt aber, das hatte sie nach kurzem Aufenthalte
in Heustedt schon erfahren, allgemein als Mörder seiner
Frau, ihrer lieben, lieben, immer lustigen Anna, der
Milchschwester ihrer Olga, die sie wie die Schwester
selbst geliebt hatte. Das war ein gräßlicher Gedanke,
der sie Tag und Nacht peinigte. Der Obergestütmeister,
welcher in Heustedt von der guten Gesellschaft aus=
geschlossen war, der sich nur noch mit rüden Gesellen,
Roßkämmen, Lieferanten an die französische Armee
herumtrieb, hatte es gewagt, neulich der Mutter seine
Aufwartung machen zu wollen, allein er war nicht an=
genommen, sondern zum zweiten und dritten mal ab=
gewiesen. Das hatte der Tochter wieder Hoffnung
gegeben, nicht das Kind dieses Mannes zu sein. War
es auch möglich, daß die Natur einem Kinde Abscheu
gegen seinen Erzeuger einflößen konnte? Und Wider=
willen und Abscheu hatte sie gegen Claasing gehegt,
soweit sie sich seiner erinnerte, namentlich in der Zeit,
der sie sich vollkommen bewußt war, wo derselbe ihrer
Schwester und Anna Reitunterricht gab und ihr selbst
oft auf das Pferd helfen wollte. Sie sann und sann,
wie sie sich Gewißheit verschaffen könne, wer ihr Vater

sei, ob er noch lebe, ob sie ihn lieben könne. Allein
es wollte ihr kein Mittel einfallen, die Wahrheit, die
ja nur die Mutter selbst wissen konnte, zu erfahren.
Mit der Mutter hatte sie seit jener Scene kein Wort
gesprochen. Sie nahm ihr erstes und regelmäßig auch
ihr zweites Frühstück in ihren Zimmern ein, denselben,
die einst Olga und Anna bewohnt hatten, und erschien
nur beim Diner, zu dem außer den Vettern regel=
mäßig der Adel und einige der Honoratioren der Stadt
eingeladen waren, denn die Gräfin fühlte das Be=
dürfniß, ihre Autorität, welche durch die Zeitereignisse
und die geschwundene Ehrfurcht und Unterthänigkeit
vor dem Adel bedeutend erschüttert war, wiederherzu=
stellen, und sie wußte, welche Wirkungen ihre Diners
früher ausgeübt hatten. Hier wurde Heloise dann wol
„ma fille“ angeredet, und sie antwortete, wie es sich
geziemte. Sonst fanden Beziehungen nicht statt. Von
der Mutter konnte sie unter solchen Verhältnissen nicht
hoffen, die Wahrheit zu erfahren. Tante Hulda war
todt und hatte ihr zwei Steppdecken aus seidenen Flicken
als Erbe hinterlassen. Sie war auch zu unbefangen
dumm, als daß sie hätte Auskunft geben können. Die
alten Diener, die sie als Kind auf den Armen ge=
tragen, sie lagen alle begraben auf dem Kirchhofe der
Schloßkirche, es waren während der Zeit, die sie in

Hannover zugebracht hatte, lauter neue, ihr unbekannte
Gesichter in Dienst getreten. Ja der alte Haushof=
meister mit den seidenen weißen Strümpfen, schwarzen
sammtenen Kniehosen und großen Schnallenschuhen, der
seinen Zopf immer so schön gebunden trug, und dessen
gepuderte Locken wie der Schnee schauten, der ihr als
Kind die Menuet vorgetanzt und sie wie sein eigenes
Kind geliebt hatte, ein alter französischer Kammerdiener
des Grafen von Alvensleben, ihres Großvaters, der
wäre der einzige von der Dienerschaft gewesen, zu dem
sie Zutrauen gehabt hätte; aber in einem so delicaten
Punkte hätte sie sich auch nicht an ihn wenden können. Er
war lange Jahre todt. Der alte Rentmeister mit grauen
Haaren, Rock und Beinkleidern, den wir im Anfange
unserer Erzählung kennen lernten, war schon vor ihrer
Geburt gestorben, sein Nachfolger und Sohn war eine
ebenso hagere, schlanke Figur, als sein Vater krumm
gewesen, auch an ihm war alles grau, selbst die Augen,
er konnte sich, wie es schien, überhaupt nicht bücken,
nahte er sich aber der Gräfin, so bückte er sich tief.
Er war der Vertraute derselben in allen Geldverlegen=
heiten und hatte sie häufig aus eigenen Mitteln, die
aber für Mittel von Moses Hirsch oder seinem Sohne
galten, gegen gute Provision und Wucherzinsen aus
Schwierigkeiten gerettet. Heloise mochte ihn nicht,

wenn er auch Wissenschaft gehabt hätte, sie hätte ihn niemals, selbst nicht über eine weniger persönliche Sache, in das Vertrauen ziehen können, sie mistraute ihm.

Nur Einer Familie erinnerte sich Heloise aus ihrer Kindheit noch mit Liebe und Zutrauen, das war die Familie des Schlagtmeisters Schulz, die vor dem Schloßhofe an der Weserstraße wohnte. Sie hatte von den Spielgenossen der Schwester, den beiden Schulz'= schen Knaben Heinrich und Friedrich, nur eine dunkle Erinnerung, desto lebhafter tauchte die Erinnerung an Karl Haus auf, den von der Schwester Geliebten, den sie einst, kurz vor der Hochzeit der Schwester, bekränzt hatte. Sie mußte von dem Schicksal desselben Näheres erfahren, die Schwester hatte in der letzten Zeit so zufrieden, so glücklich von Neapel geschrieben, daß sie vermuthete, nur die Liebe könne solche Aenderung her= vorgebracht haben. Die Erzählung von dem Tode der Schwester bei einer Lustfahrt auf dem Meere war ihr mehrfach unwahrscheinlich vorgekommen, immer zu all= gemein und unbestimmt gehalten; erst die Wiederver= heirathung Schlottheim's hatte sie an den Tod der so sehr geliebten Schwester glauben gemacht. Sie ging, sobald sie es ermöglichen konnte, zu dem Schlagt= meister. Die Wohnung war die alte, aber sie war wohnlicher und traulicher eingerichtet seit Jahren. In einem großen Lehnstuhle saß Georg Schulz, den Haaren nach ein Greis, aber bei seinen 65 Jahren noch kräftiger, strammer Haltung; vor ihm stand ein wunderschönes neun- bis zehnjähriges Mädchen und zeigte dem Großpapa Bilder von Städten aus einer alten Chronik, die auf dem Tische lag. Die Mutter saß im Sofa und strickte, ihr Haar war noch schwarz wie in ihrer Jugend, die Augen noch so groß und schön wie zu der Zeit, wo sie bei der Bardenfleth Putz machte.

Man erkannte und bewillkommnete die gnädige Comtesse Heloise, und diese mußte sich zur Frau Schlagtmeisterin ins Sofa setzen, welche sofort auf Nachfrage Heloisens nach ihrer Familie in Frauenart zu erzählen anfing. Natürlich boten zunächst die Lebensschicksale ihres Lieblings Heinrich, des Pastors zu Grünfelde, des glücklich Verheiratheten, des Lieblings seiner Gemeinde, die ihm das Pfarrhaus vom Hügel auf den südlichen Abhang des Eichensünders gebaut, den reichsten Stoff. Sie erzählte, wie ihr Sohn sie in den Lehren der evangelischen Religion unterrichtet habe, wie sie convertirt sei und sich glücklich fühle, wenn ihr der Sohn das Abendmahl reiche.

Mit dem Lebenslaufe des zweiten Sohnes war Frau Schulz schon weniger zufrieden, er war Soldat geworden, war beim Ausfall in Menin verwundet, hatte dann lange an der Demarcationslinie gestanden und war nach der Capitulation von Artlenburg und Auf= lösung der Armee nach England gegangen, wo er in einer großen Maschinenbauerei Vorsteher irgendeiner Abtheilung war, welche die Mutter selbst nicht näher bezeichnen konnte.

Die Lieblingstochter war Klara, die Frau des Küsters Cruella, deren Tochter Veronika dem Großvater die Bilderchronik explicirte, sie hatte eine vorzügliche Stimme und mußte der gnädigsten Comtesse, die sie zu sich ins Schloß einlud, eine Bravourarie ohne Noten und ohne Klavier vorsingen.

Die jüngste Tochter Marianne, die Frau Oskar Baumgarten's, hatte Maria Schulz lange nicht gesehen, sie war am Ende des vorigen Jahrhunderts einmal mit ihren zwei Knaben und einem Mädchen die Werra und Weser herabgekommen. Ihr Mann war Ober= förster geworden, ob er aber jetzt, wo das alles dort oben westfälisch geworden, seinen Dienst noch bekleide, mußte sie nicht. Heloise erinnerte sich des großen hübschen Jägersmanns noch recht gut, er hatte sie als kleines Kind, so oft er sie im Park traf, aufgenommen und abgeküßt, einmal war es ihr sogar vorgekommen, als habe er Thränen dabei vergossen. Sie ließ die gute alte Frau so lange reden, als dieser der Stoff nicht ausging, als aber das Thema von den eigenen Kindern erschöpft war und Frau Schulz nun wieder von neuem von ihrem Sohne, dem Pastor in Grün= felde, und seinen Kindern zu erzählen anfangen wollte, unterbrach sie dieselbe mit der Frage: „Aber liebe Frau Schulz, was ist denn aus dem Jugendfreunde Ihrer Söhne, dem Dr. Karl Haus geworden, der hier Advocat war und, als Schwester Olga heirathete, Heustedt ver= ließ?"

„Ja, liebe Comteß, das weiß man nicht recht, darüber schwebt ein Geheimniß. Er soll in Hispanien oder wo er sonst mit dem Grafen Münster sich auf= hielt, ein Verhältniß mit einer vornehmen Dame ge= habt haben. Da erzählten nun die einen, er habe die Dame treulos verlassen und sei nach England oder Amerika gegangen, die andern sagen, der Ehemann der Dame habe ihn erst gefangen nehmen, dann als Fran= zosenfreund erschießen lassen. Ich glaube indeß, daß er noch lebt. Die alte Magd der Mutter desselben, welche auf der hintern Straße wohnte, hat mir vor ein oder zwei Jahren erzählt, der Kaufmann Bollmann in Hoya habe im Auftrage des in Amerika lebenden Dr. Haus dessen Bücher und Sachen abfordern lassen, um dieselben nachzusenden. Die Möbeln habe er ihr geschenkt. Die alte Magd ist vor kurzem gestorben, aber mein Sohn, der Pfarrer in Grünfelde, wird gewiß mehr von der Sache wissen, und wenn Sie es irgend wünschen, so laufe ich trotz meiner alten Beine noch heute nach Grünfelde. Ich thue das jeden Sonntag."

„Nein, liebe Frau, ich werde selbst den Herrn Pfarrer besuchen und meine Bekanntschaft aus der Kinderzeit erneuern."

Schon am nächsten Tage fuhr Heloise nach Grün-felde und fand die Familie des Pfarrers so liebens-würdig, daß sie recht häufig dort verweilen zu können wünschte. Heinrich Schulz konnte ihr aber genauere Auskunft über Karl Haus nicht geben; das Wenige, was er wußte, klang abenteuerlich, und er kannte nicht einmal die Quelle seiner Wissenschaft. Karl, hatte er gehört, war seit etwa dem Anfange des Jahrhunderts in Amerika als Redacteur einer deutschen Zeitung be-schäftigt und harrte vergeblich der Ankunft seiner Braut, die mit einem Freunde sich direct von Neapel durch die Meerenge von Gibraltar hatte einschiffen wollen, während seine Geschäfte ihn zwangen, erst nach England zu reisen. Nach einigen Jahren erst habe er erfahren, daß das amerikanische Schiff, auf welchem sein Freund und seine Braut sich in Sicilien eingeschifft, von tune-sischen Seeräubern gekapert sei und beide in Sklaverei schmachteten. Er habe sich deshalb einer Expedition, welche die nordamerikanischen Freistaaten gegen die Barbaresken ausrüsteten, angeschlossen, und seitdem habe man nichts von ihm gehört. — Der Pfarrer versprach indeß, nach Hoya zu reisen, um sich bei Bollmanns zu erkundigen, die in steter Correspondenz mit den Söhnen in Amerika ständen.

Diese Erzählung bereitete Heloisen mehr als eine schlaflose Nacht. Wer war die Braut Karl's? War er der Schwester untreu geworden, oder war die Schwester diese Braut und jetzt Sklavin in Tunis? Sie quälte sich Tag und Nacht mit dieser Frage, ohne eine Antwort zu finden. — Die Gnädigste hatte es für nöthig erachtet, gegen Frau von Vogelsang und Frau von Barbenfleth die frühere Vornehmthuerei und Eifersucht fallen zu lassen. Die Zeiten waren sehr schlimm für die großen adelichen Grundbesitzer, denn man lebte im Jahre 1808, und außer den an das Königreich Westfalen angeschlossenen Provinzen Göttingen, Grubenhagen, Hohnstein und Osnabrück waren die übrigen Provinzen des Kurfürstenthums noch immer in französischem Kriegsbesitze und wurden durch General Lasalcelle und von Grossiveau als receveur général des contributions du pays d'Hanovre, wie durch den kaiserlichen Generalintendanten Belleville gouvernirt, neben denen eine aus neun Mitgliedern der frühern

Provinziallandschaft octrohirte Executivcommisston be=
stand, welche die Kriegscontributionen und Natural=
lieferungen für das bunte Gemisch von Truppen aller
Nationalitäten, die man in das Land warf, Spanier,
Baiern, Cavalerie des Großherzogs von Berg, Fran=
zosen unter Marschall Brune und Herzog von Auer=
städt, von den Landschaften einzogen und auf diese ver=
theilten.

Der Adel und die bürgerliche Bureaukratie Heu=
stedts schienen sich damals zum ersten mal mit der
Gnädigsten auszusöhnen, der eine suchte einen Halt an
dem andern. Die Familie des Landraths wie des
Barons wurden fleißig zu der Gräfin eingeladen, auch
der Amtmann und die Amtsschreiber, und man erör=
terte dann ganz beiläufig, wie man die Last der Ein=
quartierung von den Gütern weg, die ja nach altem
Rechte, das die Franzosen nicht anerkannten, exempt
waren, auf die Bauern wälze.

Dieser wiedereröffnete Umgang war am heilsamsten
für Heloise, welche hier in den Familien des Landraths
und bei der Baronin einige Erheiterung und Zer=
streuung fand.

Die Gräfin selbst wurde dann von vielen Sorgen
belästigt, mehr als sie erwartet hatte. Sie gewann
erst jetzt einen vollen Ueberblick über die Schulden=

maſſe, welche ſie nach und nach auf ihre Güter con=
trahirt hatte. Als ihr Vater ſtarb, hatte ſie ein jähr=
liches Reineinkommen von 20000 Thalern, in den letzten
Jahren, die freilich durch Kriegsläufe, Remiſſionen
u. ſ. w. ſchwerer waren als andere, hatte ſie nach
Zahlung der Zinſen nur je 12000 Thaler übrigbehalten.
Mochte der Werth des Grundeigenthums ſich im Laufe
der Zeit und bei Frieden, denn es konnte ja nicht ewig
Krieg bleiben, heben, wie viel Meierbauern und Eigen=
behörige hatten ſich freigekauft, wie viel Zehnten waren
an die Pflichtigen ſelbſt veräußert! Dieſe Dinge kamen
nie wieder und die aufgenommenen Hypotheken blieben.
— Aber ſie hatte nur noch eine Tochter, und eine
ſolche, die ſie haßte, für ſie reichte ihr Vermögen aus,
mochte Heloiſe ſehen, wie ſie fertig würde, hatte ſie
doch das Ihrige gethan, ihr Verſorgung und Anſehen
durch eine Heirath zu verſchaffen.

So kamen Herbſt und Winter des Jahres 1808.

Da eines Tages ließen ſich bei der Gräfin melden
Frau Katharina Dummeier und Sohn und Anna
Schlottheim.

Katharina Dummeier? Die Gräfin wußte nicht,
wer die Perſon ſei. Sie konnte gehört haben, daß
Hans Dummeier nach dem Tode der Anne Marie
wieder geheirathet hatte, hatte es vielleicht auch nicht

gehört, jedenfalls war es ihr zu gleichgültig gewesen, darauf zu achten. Wer war Katharine Dummeier? Doch das war Bagatelle, wer wagte es, den Namen Schlottheim zu führen, wer wurde Anna Schlottheim genannt?

Sie befahl, die Leute eintreten zu lassen.

Die Scene, welche jetzt begann, war das Resultat des Kriegsplans gegen die Gräfin, welchen Jochen auf der Ofenbank ausgeheckt hatte. Katharina sowol als Jochen erschienen in ihrem Sonntagsputze, und Anna trug die ihr geschenkte Sammtmantille und das schwarz-seidene Kleid, was ihr wunderschön stand.

Das Gespräch wurde von seiten Katharinens und ihres Sohnes in Plattdeutsch geführt. Die Gräfin wie Anna sprachen Hochdeutsch.

Katharine eröffnete den Feldzug sofort mit dem groben Geschütze; wir übersetzen, was sie sagte:

„Gnädige Gräfin, wir kommen, die Frage an Sie zu richten, wie Sie es wagen konnten, gegen Gesetz und Recht, gegen das Sucessionsedict des durchlauch-tigsten Fürsten und Herrn Georg Ludwig mit Ueber-gehung meines Sohnes Jochen der Tochter meines Mannes Hans Dummeier die Vollmeierstelle in Eckern-hausen zu verleihen?"

Das klang in plattdeutscher Sprache nun noch viel

gröber. „Wagen?" sagte die Gräfin erstaunt auf-
blickend auf die Sprecherin, dann sah sie in den
Spiegel, gleichsam als wolle sie sich überzeugen, ob
sie noch sie selbst wäre. Katharinens Rede war ein-
geübt, allein sie sollte nach der Verabredung mit dem
Advocaten höflicher, mehr bittweise gehalten sein.

Selbst Jochen fühlte, daß sich die Mutter wieder
von der gewohnten Heftigkeit und der Sucht zu befehlen hatte hinreißen lassen. Er schnitt ihr daher die
Antwort auf das „Wagen?" der Gräfin ab, befürchtend,
daß diese Antwort noch derber und ungeschickter aus-
fallen mochte. „Nehmen's nicht vor ungut, Gnaden",
sagte er, „die Mutter wird immer leicht hitzig, wenn
sie auf das uns widerfahrene Unrecht zu reden kommt, besonders seitdem wir seit dreizehn Jahren bei den Gerichten
vergebens nach Recht gesucht haben. Der Proceß hat
uns zu Bettlern gemacht, wir sind von Haus und Hof
verjagt. Advocat Bardeleben sagt, daß Ew. Gnaden
ganz gewiß der Anna und dem Claasing die Stelle
nicht gegeben hätten, wenn Ew. Gnaden gewußt hätten,
daß ich, ein Sohn, am Leben sei. Anna Dummeier,
meine Stiefschwester, ist todt, die Leute sagen, der
dänische Spitzbube habe sie umgebracht. Der Däne
hat sich noch einen Siebenmeierhof und einen Voll-
meierhof in Grünfelde erheirathet, dazu hat er auch

noch den Hof, der mir von Gottes und Rechts wegen
gebührt! Unser Advocat sagt, wenn die gnädigste Guts=
herrschaft bescheinigen wollten, daß sie zu der Abgabe
des Hofes an die Tochter und ihren Bräutigam ihre
Zustimmung nur gegeben haben, weil sie nicht gewußt,
daß Hans Dummeier aus zweiter Ehe noch ein Sohn
geboren sei, so müßten wir den Proceß gewinnen."

Jochen griff Anna bei der Hand und führte sie der
Gräfin vor, auf welche das schöne Mädchen, das bis
auf die schwarzen Haare und Augenbrauen dem
jüngern Grafen von Schlottheim sehr ähnlich sah, einen
tiefen Eindruck machte. „Dies ist die Tochter Martha's
und Ew. Gnaden Schwiegersohns, des Grafen von
Schlottheim, sie ist auf seinen Namen in das städtische
Kirchenbuch eingetragen. Ich möchte sie heirathen, die
Mutter hält das unter meinem Stande, aber sie will
ihre Einwilligung geben, wenn Ew. Gnaden dadurch,
daß Sie die gewünschte Bescheinigung ausstellen, mir
zu meinem Rechte verhelfen. Ew. Gnaden sühnen da=
durch ein schreiendes Unrecht, das Ihr Schwiegersohn
an der Mutter meiner Braut verübt, Ew. Gnaden
machen zwei liebende Herzen glücklich, ich werde den
Segen des Himmels auf Ew. Gnaden erflehen, wenn
Sie meine Bitte erhören."

Auch diese Rede war vorbereitet, Bardeleben junior

hatte sie entworfen, Jochen sie auswendig gelernt und gut behalten. Anna kniete nun vor der Gräfin nieder und sagte einfach: „Gnädigste Gräfin, meine Mutter hat siebzehn Jahre in Noth und Sorge, Kummer und Betrübniß gelebt, der Sünden meines Vaters willen — es wird Ihnen so leicht, gut zu machen, was mein Vater verschuldet, thun Sie es meinetwegen, ich flehe auf meinen Knien darum."

Die Gräfin stand lange, viel zu lange unschlüssig, es regte sich in ihr ein besseres Gefühl, sie war einen Augenblick geneigt, der Bitte zu willfahren, sei es auch nur aus Haß gegen Claasing.

Katharina war ungeduldig, der Zorn funkelte aus ihren Augen, sie trat einen Schritt vor, erhob den rechten Fuß, um nach Bauermanier dem, was sie jetzt sagen wollte, durch derbes Niederstoßen des Fußes mehr Gewicht zu geben. Die Gräfin sah Katharina an und erschrak über die Züge derselben, sie erschien ihr wie ein Fischweib von Paris, das auf der Pike den blutigen Kopf eines Adelichen trug; das Gefühl, daß man sich von unterthänigem, eigenbehörigem oder meierpflichtigem Bauerpack so etwas im eigenen Schlosse nicht gefallen lassen dürfe, wolle man nicht um allen Respect kommen, überwog bei ihr. Sie faßte Anna

4*

bei der Hand, hob sie in die Höhe, sprang zum Glocken=
zuge und schellte heftig. Der Kammerdiener und der
Jäger traten in die Thür.

„Hinaus mit der unverschämten bäuerlichen Canaille,
treibt sie aus dem Schlosse, und ihr, ich rathe euch,
nie den Schloßhof wieder zu betreten.“

Nun brach die langverhaltene Furie in Katharina
los, sie stampfte mit dem Fuße auf den Boden, daß
alle Gläser, Nippes, Tische und Stühle in der Stube
erbebten: „Was? bäuerliche Canaille? selbst adeliche
Canaille!“ und nun folgte eine Flut von Schimpf=
worten. Als der Kammerdiener Katharina bei dem
Arme nahm, um sie aus der Thür zu schieben, faßte
sie ihn mit beiden Armen um den Leib, hob ihn hoch
in die Höhe und setzte ihn dann zu Boden mit einer
Vehemenz, daß der arme Mann glaubte, es sei ihm
keine Rippe heil geblieben. Die Gräfin schrie: „Mörder
und Diebe!“ Das ganze Haus lief zusammen, doch
mußte sich Jochen, der kein Wort sagte, nur seine
Fäuste zeigte, in der Rechten sein geöffnetes „Kniep“
haltend, unbelästigten Rückzug durch das Schloß und
den Schloßhof zu bahnen.

Melusine von Wildhausen war außer sich. Was
war das für eine Zeit? In Hannover wagt es ein
geputztes Judenweib, sich in ihre Loge zu drängen, und

in Heustedt wird sie in ihrem eigenen Schlosse von Bauerpack zur Rede gestellt?

Ein Brief Claasing's, der ihr auf silbernem Präsentirteller gebracht wurde, goß noch Oel in das Feuer. Er schrieb:

„Gnädigste Gräfin!

Nachdem ich dreimal vergeblich um die Ehre gebeten, Ihnen meine unterthänigste Aufwartung machen zu dürfen, erlaube ich mir, Sie von einer Thatsache in Kenntniß zu setzen, die zweifelsohne hinter dero Rücken geschieht. In dem gräflichen Hirtenhause zu Eckernhausen hat man seit Jahren die sogenannte Filler-Martha und ihr Kind aufgenommen. Jetzt hat diese Person ohne Auctorisation Ew. Gnaden die schlechteste Menschenrasse in Eckernhausen, eine Diebes- und Wildbiebsbande, Schmuggler, Mordbrenner, die mir zehnmal schon mit dem rothen Hahn gedroht, liederliches Bettelvolk, Jochen Dummeier und seine Mutter, aufzunehmen gewagt, nachdem sie mit Schimpf und Schande vom eigenen Hofe Schulden halber vertrieben sind. Die gnädigste Gräfin würde sich ein großes Verdienst um Eckernhausen erwerben, wenn sie diese Vagabundenbande sobald wie möglich aus dem Hirtenhause jagen ließe. Ich bin gern erbötig, dasselbe sofort nach Taxwerth zu kaufen.   Dero u. s. w."

Melusine befahl sofort den Rentmeister und frug diesen mit einiger Barschheit, wie er sich habe erlauben können, der Martha und ihrem H — — kinde die Hirtenwohnung in Eckernhausen als Wohnung zu geben?

„Gnädigste Gräfin scheinen vergessen zu haben, daß dies auf dero Befehl geschah, wenigstens wurde meinem Vater selig die Weisung, für das Unterkommen und Fortkommen der Marthe zu sorgen, damit der Skandal nicht größer werde, als er in der Kirche schon war. Mein weiland Vater glaubte diesem Auftrage am ent=sprechendsten nachkommen zu können, wenn er das un=vermiethbare Hirtenhaus in Eckernhausen zur Wohnung anwies. Andere Unterstützung hat Marthe nie begehrt und nie erhalten.“

Die Gräfin biß sich auf die Lippen und richtete sich stolz in die Höhe:

„Die Umstände haben sich verändert, die Person hat meine Gnade mißbraucht und ohne Ihre Erlaubniß hoffentlich jenes nichtsnutzige Vagabundenvolk, Jochen Dummeier, den Schmuggler und Wilddieb, nebst Mutter in das Haus aufgenommen, die mich heute in meiner eigenen Wohnung turbirt und gröblich beleidigt haben.

„Das Pöbelpack soll spätestens morgen aus dem Hause geworfen werden, das bis übermorgen an den Obergestütmeister Claasing verkauft werden soll. Ueber den Preis mögen Sie einig werden, brauchen nicht zu knausern."

Der lange Rentmeister bückte sich tief, seine kleinen grauen Augen schienen vor Devotion und Gehorsam noch nichtssagender zu werden, als sie schon für gewöhnlich aussahen, er sagte: „Zu Befehl, gnädigste Gräfin."

Am andern Tage, obgleich es ein kalter Decembertag war, wurden Marthe und Anna, die Gehülfin und die Magd, Katharine und Jochen aus dem Hirtenhause getrieben, das am Morgen dieses Tages an Claasing gerichtlich verkauft war. In der Vertreibung der Bewohner durch gerichtliche Hülfe lag der Act der Besitzergreifung für ihn.

Marthe und Anna mit ihren Sachen fanden vorläufig bereitwillige Aufnahme auf Reckmeier's Vollmeierhofe — Katharina und Jochen mußten aus Eckernhausen fortwandern; sie zogen eine Stunde westlicher, wo ein als Schafdieb verschrieener Verwandter ihnen Aufnahme auf seiner Stelle gewährte, die den Namen „Die Wüstenei" führte und die wir später näher kennen lernen.

Marthe und Anna hatten schon öfter von Junker die Einladung bekommen, ihren Wohnsitz in Bremen aufzuschlagen. Anna mußte an Junker schreiben, daß

und warum man jetzt im Winter von der Einladung
Gebrauch mache. Der Kaufherr wurde gebeten, dem
expressen Boten, der den Brief überbrachte, Nachricht
zurückzugeben, ob die Wohnung, von der Junker geschrieben, noch zu haben sei. Sie stand durch Zufall
noch leer.

Nach einer Woche führte ein großer Ackerwagen die
ganze Familie nebst Magd und Kuh nach Bremen, wo
man in der Vorstadt zur Neustadt eine angemessene und
bequeme Wohnung bezog. In der Weihnachtsnacht, als
alles in Heustedt in ruhigem Schlafe lag, erschreckte
Feuerruf die Stadt. Bald wurde von beiden Thürmen
Sturm geläutet; die sämmtlichen Wirthschaftsgebäude
des neuen Schlosses brannten, die Flammen waren an
drei verschiedenen Seiten aus den Dächern geschlagen,
und es war kein Zweifel, daß das Feuer angelegt war.
Reiche Vorräthe von Früchten, Heu, Geräthen verbrannten, unversichert in damaliger Zeit, das Vieh
wurde gerettet. Es war kaum ein Zweifel, daß nach
dem, was vorgegangen, Jochen der Thäter war, es
wurde deshalb auf ihn gefahndet, allein Dummeier war
aus der Gegend verschwunden.

War der Aufenthalt in Heustedt schon lange der Gräfin
unangenehm gewesen, so gab dieses Ereigniß den Ausschlag
zu einem Entschlusse, mit welchem sie länger umgegangen.

Graf Schlottheim, der Majoratsherr, dessen Ge=
sandtschaftsdienst in Berlin schon vor der Katastrophe
von Sulingen aufgehört hatte — man war in London
unzufrieden mit seiner Wirksamkeit, obgleich man Münster
in Petersburg beauftragt hatte, gerade das zu ver=
hindern, was Schlottheim jetzt, da die Noth näher
kam, bewirken sollte: die Besetzung Hannovers durch
Preußen — hatte sich unzufrieden auf seine Güter in
Westfalen zurückgezogen. Nach Errichtung des König=
reichs Westfalen war es Schlottheim, der reichste Guts=
besitzer im Osnabrückischen, dem die Huld des Königs
Jérôme zuerst lächelte. Er wurde an den Hof berufen,
wo er später eine einflußreiche Stellung im Staats=
rathe erhielt, dann einen Gesandtschaftsposten im Aus=
lande. Sein einziger Sohn und Erbe war wider Er=
warten noch zu einem kräftigen Jünglinge emporgewachsen
und diente als Rittmeister bei den westfälischen Garde=
kürassieren.

Der Majoratsherr hatte seinen Bruder, der in Wien
müßig lebte, herangezogen und ihm eine Sinecure als
Oberstallmeister in Kassel verschafft. Die Gemahlin
desselben glänzte am Hofe und zählte den König selbst
zu ihren Liebhabern. Da Jérôme von derselben Be=
gierde brannte, sich mit altem Abel zu umgeben, wie
sein Bruder in Paris, so hatte man durch Schlottheim

der Gräfin Melusine den Antrag machen lassen, als Staatsdame oder Palastdame, wie man in Kassel sagte, bei der Königin einzutreten. Melusine, welche sich ihrer intimen Beziehungen zu der Dynastie der Könige von England, ihrer Erziehung bei der Prinzessin von Wales, der Gunst, in der ihr Gemahl bei Georg III. gestanden, erinnerte, schwankte eine Zeit lang. Der Brand bestimmte sie, die gebotene Stellung anzunehmen.

Heloise aber weigerte sich entschieden, nach Kassel überzusiedeln, sie wollte im Schlosse zu Heustedt bleiben, oder wenn die Mutter ihr diesen Aufenthalt nicht gestatte, eine Zuflucht bei Landraths suchen.

Mutter und Tochter verhandelten die Sache schriftlich; die Mutter berief sich auf ihre Autorität und die gänzliche Mittellosigkeit Heloisens, deutete zum ersten mal an, daß ihr Vermögen durch mancherlei Unglücksfälle zerrüttet sei, daß Heloise nur durch eine günstige Verheirathung eine Aussicht für die Zukunft habe.

Das waren keine Gründe, Heloisens Entschluß umzustoßen, zumal sie selbst über ein kleines Kapital frei verfügen konnte. Allein es fiel ihr ein, hier ein Mittel gefunden zu haben, von der Mutter selbst die Wahrheit über den Gegenstand, der sie so entsetzlich quälte, zu erfahren. Sie schrieb also der Mutter, sie werde

ihr nach Kaffel folgen, sobald die Mutter ihr offen=
bare, wer ihr Vater sei.

Nach einer Stunde erhielt Heloise einen Brief der
Mutter, in welchem ein zweiter eingeschlossen war, oder
vielmehr, die Mutter schickte, ohne selbst ein Wort zu
schreiben, nur einen alten an sie nach Hannover adres=
sirten, in Heustedt zur Post gegebenen Brief des Inhalts:

Heustedt, 20. November 1788.

Hochgeehrte Frau Gräfin!

So oft Sie mich, gnädige Frau Gräfin, versichert
haben, daß ich bei Ihnen nie eine Fehlbitte thun würde,
wenn die Erfüllung meines Wunsches von Ihnen ab=
hänge, so werden Sie doch noch nie eine Bitte aus
meinem Munde gehört haben. Jahrelang konnte ich
von Ihrer Huld schwelgen, ohne einen andern Wunsch
in mir auftauchen zu sehen, als Sie ganz, Sie für
immer zu besitzen. Diesen Wunsch konnten Sie nicht
erfüllen, ja Sie vergaßen mich ganz. Aber ein Band
verbindet uns noch, wenn auch nicht vor der Welt, es
ist dies nach Ihrer Versicherung mein süßes Kind
Heloise. Nun denn, bei ihrem Namen bitte ich Sie,
zu bewirken, daß ich sobald wie möglich von hier ver=
setzt werde, so weit weg wie möglich.

Seitdem Sie mich, gnädigste Gräfin, verstoßen, habe

ich Trost und Vergessen gesucht in den Armen eines
lieben Weibes. Aber das, was sich hier erste Gesell=
schaft zu nennen wagt, hat meine theuere Marianne, hat
mich töblich beleidigt. Ich muß fort von hier. Ich
rechne nicht mehr auf Fortrücken in der höhern Carrière,
verwenden Sie, gnädige Gräfin, sich bei dem Ober=
forst= und Jagddepartement, daß ich im Harz oder
Sollinge oder im Göttingenschen recht tief im grünen
Walde leben und mich auch zuweilen vergangener Zeiten
zurückerinnern darf.

Ew. gräflichen Gnaden ergebenster
Oskar Baumgarten, Forstschreiber.

Heloise schrieb der Mutter:

„Ich folge nach Kassel. Der Brief Baumgarten's
hat mir eine große Last von der Seele genommen.‟

Im Anfang Januar 1809 zog Melusine in Kassel
ein. Der Graf Schlottheim hatte ihr in der damals
erbauten Neustadt, jetzt die französische benannt, eine
prächtige Wohnung in der Bellevue mit der Aussicht
über die Aue nach dem Niederkaufunger Walde und dem
Meißner zu gemiethet.

Heloise wurde am Hofe des lustigen Königs von
Westfalen von deutschen und französischen Herren sehr
bald die Cour gemacht, aber sie blieb kalt und unnahbar.

Drittes Kapitel.

───◆───

Georg Baumgarten.

Der Hof des Königs Hieronymus in Kassel war viel besser als sein Ruf; wie der König selbst als Herrscher es mit seinen Unterthanen besser meinte als alle die legitimen Hessenfürsten, die nach ihm auf demselben Throne gesessen haben.

Jérôme war jung, leichtsinnig, wie Südländer es sind, er liebte die Pracht, liebte es, schöne Weiber um sich zu haben, zog Vergnügungen langen Conferenzen mit den Ministern und langweiligen Staatsrathssitzungen vor. Aber er hatte persönlichen Muth, er hatte eine gewisse Ritterlichkeit. Jedenfalls wünschte er keinem seiner Unterthanen etwas Böses und fügte ihnen solches absichtlich und frivol niemals zu, wie das von seinen Nachfolgern mit Herzenslust geschehen ist. Er wünschte vielmehr das Wohlergehen seiner ihm von des Bruders und Gottes Gnaden geschenkten Unterthanen und wünschte den Druck von Paris zu Gunsten seiner und seiner Unterthanen Freiheit zu lindern.

Seine französische Umgebung, zum Theil ihm ge= geben von dem Bruder, zum Theil von ihm selbst schlecht gewählt, zum Theil sich ihm aufdringend, bei= nahe ohne Ausnahme nach Reichthum dürstend und Jérôme's Quellen als unerschöpflich ansehend, war die eigentliche Landplage.

Und doch war man nur in dem aufblühenden Kassel zufrieden, das übrige Land sehnte sich nach den alten gewohnten, wenn auch zum Theil schlechtern Zuständen zurück, oder hing vielmehr mit Liebe an der ange= stammten Dynastie, wie die Lohnschriftsteller von 1814 und 1815 sagten.

Nun, die Liebe zu dem Landgrafen war nicht weit her, es gab nicht eine Bauerfamilie, die nicht in Amerika einen Sohn verloren oder von dort als Krüppel zurückbekommen hätte; allein die Gewöhnung war zu mächtig bei den verdummten niedern Ständen. Jedes Neue wurde als Uebel betrachtet, die allen Deutschen anklebende Schwerfälligkeit, sich in Neues hineinzuge= wöhnen, zeigte sich bei den zusammengewürfelten Stäm= men vom Main bis an die Elbe. Und es wurde ihnen des Neuen auch sehr reichlich geboten, sodaß die Mehr= zahl auch gegen solche Dinge verbittert war, die besser

waren als das hessische, hannoverische, preußisch-halber=
städtische, harzerische, eichsfeldische, osnabrückische Alte,
gegen Dinge, welche die Principien von 1789 noch in
sich trugen, die demokratischen, freiheitsdürstenden.

Als aber der Kurfürst zurückgekehrt war und sieben
Jahre aus der Geschichte hinweggestrichen wurden, der
Zopf wieder zu seinem Rechte kam, da waren es kur=
fürstliche Soldschriftsteller, die eine systematische Ver=
leumdung des westfälischen Hofes betrieben.

Aus einem einmal genommenen Bouillon= oder
Rothweinbade machte man tägliche Bäder, alle Liber=
tinagen einzelner Großen wurden in der Person Jérôme's
centralisirt, alle Ausschweifungen, die man sich in der
aufblühenden, reichen Stadt erlaubte, wurden dem
Könige schuld gegeben. Man vergaß, daß es zum
größten Theile deutsche Frauen und Jungfrauen waren,
die um Jérôme's Gunst buhlten, daß deutsche Männer
ihre Weiber, Väter und Mütter ihre Töchter für
Aemter, Würden und Orden anboten, daß deutsche
Adelige, die den entthronten Dynastien für länger als
Jahrhunderte von ihnen genossene Begünstigungen Dank=
barkeit schuldeten, dem fremdländischen Herrscher zu
Füßen schweifwedelten. Die Hoffeste Jérôme's unter=
schieden sich in der äußern Form nicht von Festen
anderer deutschen Höfe, und über die kleinen Cirkel und

Orgien, die man für Jérôme veranstaltete oder die er selbst heimlich befahl, drangen nur sehr unbestimmte und übertriebene Gerüchte ins Publikum. Der Hof war lebelustig, und es lebte sich leicht und angenehm in Kassel. Selbst die Gräfin Melusine, jetzt bald sechzig Jahre alt, erklärte, daß sie nie so vergnügt gelebt habe. Die Königin war sehr gutmüthig, leicht zu täuschen und zu regieren; der Dienst als Palastdame war angenehm bei ihr.

Sie liebte nicht, wie der Gemahl, die rauschendern Vergnügungen, die Maskenbälle und öffentlichen Bälle, die Petit-Soupers mit den Nachttrinkereien, obgleich sie gern gut aß und trank; aber doch waren der Vergnügungen, denen sie sich nicht entziehen konnte, mannichfache.

Heloise hatte sich der Vorstellung bei Hofe nicht entziehen können, ebenso wenig den Einladungen zu den kleinen Cirkeln der Königin; den auf die Visiten folgenden Einladungen, namentlich denen bei den ungeliebten Schlottheims. Die alte Gräfin, die Frau des Majoratsherrn, hatte sie schon als Kind von dreizehn Jahren nicht leiden mögen, jetzt, wo dieselbe noch häßlicher geworden war, sich dagegen um so mehr mit modischem Schmuck umgeben hatte, war sie ihr widerwärtig. Die zweite Frau ihres Schwagers, Flora, überhäufte sie

freilich mit Artigkeiten, Schmeicheleien, Freundschaftsversicherungen; aber die nach Art aller Parvenus zu-
dringliche, leichtlebig-wienerische, nachgeahmt-pariserische
Art und Weise Flora's war Heloisens Natur gerade
zuwider, und sie mußte durch Zurückhaltung und Kälte
dieselbe fern von sich zu halten, was sich um so mehr
bewerkstelligen ließ, als Heloise alle öffentlichen Vergnügungen des Carnevals mied.

Dagegen war ihr ein Glück zutheil geworden, das
sie bisher noch nicht gekannt hatte, sie hatte eine
Freundin und einen Freund gefunden.

Eine Etage höher, in demselben Hause, wohnte ein
Geheimrath von Kitzow mit seiner Tochter, der, unter
dem Finanzminister von Bülow, dem westfälischen
Forstwesen vorstand. Er hatte früher in Halberstadt
seinen Wohnsitz gehabt und war im Frieden von Tilsit
gleichsam mit den Wäldern abgetreten. Er stammte
aus einem alten, aber verarmten märkischen Geschlechte.
Herr von Bülow hatte ihn in den westfälischen Dienst
herübergezogen, weil er seine strenge Rechtlichkeit, seine
reichen Kenntnisse, seinen Fleiß und Ordnungssinn
kannte. Herr von Kitzow wie sein Chef selbst waren
im Herzen preußisch und deutsch gesinnt, sie glaubten
ihre Gesinnungen aber nicht besser verwerthen zu können,
als wenn sie ihre Kräfte der neuen Staatsbildung

Westfalen nicht entzögen, vielmehr dahin wirkten, daß dieser Staat nicht ein bloßes Anhängsel Frankreichs würde, und daß der neue Staat trotz seiner französischen Sprache deutsch bliebe und auf deutsche Art verwaltet würde.

Herr von Kitzow hatte seine Frau früh verloren, die ihm nur eine Tochter, die jetzt achtzehnjährige Agnese, hinterlassen, ein schlankes, zartes, ätherisches Wesen mit blondem Haar und blauen Augen. Er konnte die Tochter nie von sich lassen und hatte ihr eine Gouvernante, später einen Hauslehrer gehalten, sie noch nicht in die Welt eingeführt, und wollte sie auch in die kasseler Welt nicht einführen.

Eine ältere Schwester seiner Frau, die bürgerlichen Standes gewesen, hielt ihm Haus und war bisher der einzige Umgang seiner Tochter Agnese gewesen.

Agnese faßte bei der ersten Visite eine so große Zuneigung zu Heloisen, daß sie sich sehr bald an diese mit aller Zärtlichkeit einer achtzehnjährigen einsamen weiblichen Seele anschloß. Da der Dienst der Gräfin öfter nicht nur am Tage, sondern auch häufig zur Nachtzeit ihre Anwesenheit in den Gemächern der Königin nothwendig machte, war Heloise beinahe ganz Herrin ihrer Zeit. Sie glaubte sich über die Zeit der Liebe hinweg; war ihr diese doch nie näher getreten,

denn was sie in der Jugend für jenen schönen Jäger
der Mutter gefühlt, war mehr ein Anstaunen männlicher Schönheit gewesen als ein geistiges Empfinden,
als der Drang, nur mit diesem Manne ein vereinigtes
Eheleben zu führen. Sie war in Hannover wie in
Heustedt überhaupt wenig mit Männern zusammen-
getroffen. Wenn dies aber geschehen war, so hatte der
früh ausgebildete Verstand immer kritisch gewirkt und
bald diese, bald jene Unvollkommenheit entdeckt, sodaß
das Gefühl nie zur Geltung gekommen war. Und
Heloise war stolz darauf, kein Liebesbedürfniß je zu
fühlen, denn Liebe, reflectirte sie, ist das Bewußtsein
unserer Schwäche und Halbheit, die Kraft und Ergänzung bei dem sogenannten stärkern Geschlechte sucht.

Dagegen war Heloise um so geneigter, für eine
liebebedürftige, schwache, weibliche Seele den Gegenstand
der Liebe abzugeben; sie konnte Agnese umarmen und
küssen, als wäre sie ihre Tochter, sie konnte sich von
ihr alle kleinen Herzensgeheimnisse erzählen lassen, konnte
trösten und ermuthigen. Und welches Mädchen von
achtzehn Jahren hätte nicht ihr kleines Herzensgeheimniß!
Agnese war kaum zwei Wochen lang die Freundin
Heloisens, als sie ihr anvertraute, daß sie einen jungen
Offizier, der mehrmals von ihrem Vater Briefe ab-
geholt oder gebracht habe, über alle maßen liebe'

obgleich sie ihn nie gesprochen, nicht einmal seinen Namen kenne, denn sie wage nicht, den Vater nach dem Namen desselben zu fragen.

Heloise versuchte, der Freundin klar zu machen, daß das keine Liebe sei, sondern ein reines Phantasie= spiel, eine pure Mädchenthorheit, oder das, wofür Heinrich Heine in spätern Tagen einen kräftigern Namen gefunden.

„Wie kannst du, kleine Närrin, einen Mann lieben, von dem du nicht weißt, ob er deiner Liebe würdig ist?"

Was helfen aber solche Reden einem verliebten Mädchen gegenüber? Sie barg das Köpfchen an Heloisens Busen, vergoß heiße Thränen und sagte: „Was kann ich denn dazu thun, daß seine Gestalt mir immer vorschwebt? Ach, ich glaube, ich habe mich lediglich deshalb in ihn verliebt, weil er dir so ähnlich sieht wie ein Bruder. Wenn ich vor meinem Fenster sitze und sticke, und die alte Tante mir aus ihrer Hei= mat Harzmärchen erzählt, so schrecke ich auf und sehe den Geliebten leibhaftig vor mir, wenn am Authore die Wache aufmarschirt oder ich den Klang der Jäger= hörner höre. Was soll ich thun, um diese Bilder los zu werden? Ich rufe sie nicht mit Absicht hervor, sie kommen von selbst, kommen wider meinen Willen, wie Träume. Ich habe dein Ebenbild jetzt seit vierzehn Tagen nicht gesehen, und das beunruhigt mich."

„Liebe Agnese, du sollst eben am Tage nicht träumen; am Tage wenigstens soll deine Vernunft die Herrschaft führen über dich und deine Phantasien, du mußt mehr arbeiten. Wir wollen sofort eine Arbeit beginnen. Ich habe bemerkt, daß du sehr wenig englisch verstehst, da du nicht einmal die Beschreibung der Schlacht von Salamanca in der «Times» lesen konntest; ich will dir Unterricht geben, du sollst täglich deine funfzig Vocabeln lernen und mir hersagen, und die Vocabeln sollen dir das Bild meines Ebenbildes, wie du sagst, aus dem Kopfe bringen. Willst du, mein Kind?"

„Alles, was du willst, geliebte Freundin."

Es war etwa die erste Woche des April, als die Mädchen sich also unterhielten. Der Frühling war in diesem Jahre zeitig gekommen; schon wurde der Rasen unten in der Aue grün, und der Flieder am Uferrande derselben, da wo ein Staket dieselbe von der Bellevue-straße trennte, breitete seine dicken Blätterknospen aus-einander, Rosenbüsche trieben Blätter und Primeln und Schneeglöckchen blühten.

Heloise wie Agnese hatten von ihren Stuben eine Aussicht über die ganze Aue. Es ist eine eigenthüm-

lfche Erscheinung, daß sich von der Fuldabrücke bis
zu der damaligen alten Kattenburg, und von da bis
zum Frankfurter Thore das linke Fuldaufer immer
steiler und steiler emporhebt, bis es am Frankfurter
Thore noch hoch über die in den Felsen gehauene Chaussee,
in jenen Felsen, der jetzt zu Bierkellern ausgebaut ist
und auf dessen Plateaux die vielgerühmten Biergärten
angelegt sind, nach Südwesten zu den Höhen von Wil=
helmshöhe gleichsam ausmündet. Schon da, wo jetzt
das schöne Auethor ist, liegt die Aue selbst, über hundert
bis hundertfunfzig Fuß niedriger als der Friedrichsplatz
und die Bellevuestraße, die von der Aue nur durch ein
Staket getrennt war. So lag denn die Aue wahrhaft
zu Füßen Heloisens, wenn sie aus ihrem Fenster sah,
sie konnte dieselbe ihrem ganzen Umfange nach über=
sehen, und jetzt, da die Bäume noch kahl dastanden,
konnte sie deutlich erkennen, wie die Fulda sich hinter
der Aue weg dem Forste zuschlängelte. Hinter der
Aue trat nach Nordost in ein bis einundeinhalb Stunden
Entfernung der Niederkaufunger Wald hervor, weiter
nach Südost über demselben der Meißner.

Die Morgensonne schien in Heloisens Schlafzimmer
und sie pflegte die dichten Damastvorhänge zurückschlagen
zu lassen, um zeitig durch die Sonne selbst geweckt zu
werden. Ohne Hülfe der Kammerfrau oder ihres

eigenen Zöfchens machte sie eine einfache Morgentoilette und erwartete die Freundin. Diese hatte sich im Frühling matt und krank gefühlt, der Arzt gab das der Frühlingsluft schuld, allein es war die unerwiderte Liebessehnsucht und der Kampf, den ihr Verstand unter Heloisens Führung über die Herzenswallungen kämpfte, der sie körperlich so angriff. Der Arzt hatte eine Milchcur empfohlen, und die beiden Freundinnen gingen jeden Morgen zur Meierei in die Aue und hatten zu diesem Zwecke vom Obergarteninspector den Schlüssel zu einer Thür empfangen, die ihrer Wohnung gegenüber durch das Staket in die Aue führte, sodaß sie den Umweg zum Auethore vermieden.

Auf geschlängelten Wegen eilten sie das steile Ufer herunter, fütterten bei dem ersten Teiche die Schwäne mit den „parifer Laiberchen", die auf der Frankfurter Straße delicater als in Paris selbst gebacken wurden, und von denen der Bediente ein Körbchen voll frisch gebackener jeden Morgen vor Heloisens Zimmer stellen mußte. War diese Fütterung vorbei, so wendeten sich die Freundinnen den unbesuchtern Alleen nach rechts zu, die an den hohen Ufern der Frankfurter Chaussee herführten. Hier mußte Agnese ihre funfzig englischen Vocabeln hersagen, erhielt Unterricht in der Aussprache des th und w u. s. w., es wurden dann die Vocabeln der frühern Tage repetirt, und wenn man in der Meierei ankam, mundete das Frühstück vortrefflich.

„Sobald die ersten Flieder blühen“, tröstete Heloise, „und wir im Freien sitzen können, werde ich dir englische Gedichte vorlesen, und wenn der Sommer kommt, lesen wir Shakspeare, und zwar «Romeo und Julie», damit du lernst, was wirklich Liebe und was würdiger Liebesschmerz ist.“

Der väterliche Freund, den Heloise fand, war der französische Ministerresident, damals noch Baron von Reinhard, der mit seiner zweiten Frau, der Schwester der ersten, unmittelbar neben der Gräfin wohnte. Reinhard war und blieb bis an sein Lebensende auch als Pair von Frankreich ein guter Deutscher, und war noch im hohen Alter, als ich ihn zuerst und zuletzt sah, bei dem Jubiläum der Georgia Augusta im Jahre 1837, ein schöner Mann, der, wenn er mit Alexander von Humboldt auf dem Altane des Dietrich'schen Hauses, meiner Wohnung gegenüber, stand, meine Aufmerksamkeit mehr fesselte als die bunten Züge der Studirenden, die den beiden Greisen Vivat zurufend und die Fahnen schwenkend vorbeizogen. Reinhard war es, der die erste Liebe Bollmann's, das gebildetste Mädchen Deutschlands, wie dieser sie nannte, die Tochter von Reimarus heirathete, während er als Resident bei den Hansestädten accreditirt war, und zur Zeit, wo Vollmann in Amerika eine Heimat suchte, hatte er seine junge Frau als Ge= sandtin nach Florenz geführt. Allein das neidische Schicksal raffte sie bald von seiner Seite, wie er, auf kurze Zeit, Minister der auswärtigen Angelegenheiten in Paris war. Die glühende Republikanerin fühlte den 18. Brumaire kommen und starb gern. Reinhard war einer der ausgezeichnetsten Männer seiner Zeit; den Beweis liefert, daß ihn, den vom Directorium Empor= gehobenen, Napoleon nicht entbehren konnte, daß ihn später Ludwig XVIII. an sich zog und Ludwig Phi= lipp ihn als Gesandten nach Dresden und an den Bundestag schickte. Er hatte zu der Zeit, als Heloise seine Bekanntschaft machte, einen sehr großen Theil der Welt schon gesehen; Gesandtschaftssecretär in London und Neapel, Gesandter in der Schweiz; dann gleichsam ins Exil, nämlich als Generalconsul und Resident nach Jassy geschickt, war er dort eben im Begriff, sich ge= müthlich einzurichten, seine aus Wien angekommenen Bücherkisten zu öffnen, als die Russen kamen und ihn nebst Familie nach Kamondschuk schleppten. Es war das ein kleines Misverständniß gewesen, was ihn die Reise zum Dnjepr machen ließ; sobald Kaiser Alexander davon erfuhr, ward Reinhard freigelassen und hatte sich auf sein Schloß Falkenlust bei Brühl zurückgezogen,

von wo Napoleon ihn zum Ministerresidenten am west=
fälischen Hofe in Kassel berief. Das war ein delicater
Auftrag, alle Welt supponirte den Zweck, und Reinhard
fühlte sich im hohen Grade genirt. Er selbst hat sich
Goethe gegenüber in sehr viel späterer Zeit (am 4. Juni
1829) einmal dahin ausgesprochen: „In Kassel ging
ich zwischen den feindlichen Brüdern durch meinen ge=
raden Weg, die Weiber rechts, die Intriguen links
lassend.“

Reinhard war von dem Leben im Hause Reimarus=
Sieveking, das schon Vollmann so entzückt hatte, ein
trauliches, gastfreies, geselliges Familienleben mit geist=
reicher Unterhaltung über Leben und Kunst, Wissenschaft
und Poesie gewohnt, wie er später denn als Gesandter
beim Bundestage in Frankfurt über Vereinsamung an
Geist und Gemüth klagte, da man wol drei= oder vier=
mal die Woche in Assembléen müsse, wo hundert oder
hundertundfunfzig Gesichter sich regelmäßig versammeln,
um sich eine Stunde lang anzugaffen und dann zwei
oder drei Stunden dem Boston, Whist oder L'Hombre
zu widmen, wo man aber keinen Vereinigungspunkt
finde, um über Literaturerzeugnisse oder Kunstgegen=
stände Gedanken auszutauschen.

Was sollte Reinhard an dem jungen, leichten, luf=
tigen, lustigen Hofe zu Kassel? Er that seine Schuldig=

keit, er fand sich zu den Cirkeln, die nicht zu vermeiden
waren, ein, er machte seine funfzig Bücklinge, erließ
seine funfzig Fragen nach Witterung oder Gesundheit,
erzählte, wenn nöthig, eine Anekdote, und sowie die
Rippenstöße begannen, sobald man sich zum Tanze schickte
oder zum Spiele, floh er nach Hause.

Bei der Frau des russischen Gesandten, Prinzessin
Repnin, allein traf man einen Kreis, gab es eine Ausnahme von der Regel des Tages in Kassel, bei ihr,
der Freundin Goethe's, durch Reinhard's Vermittelung,
gab es Abende, die in Goethe'scher Weise ausgefüllt
wurden, vor einem kleinen Kreise, dem auch Johannes
von Müller bis zu seinem baldigen Tode angehörte.

Hier hatte Heloise die Bekanntschaft des Ministerresidenten gemacht, sie hatte seiner Frau, sie hatte ihm
selbst gefallen, man fühlte sich gegenseitig angezogen,
und die unmittelbare Nachbarschaft der Wohnungen
vermittelte auch hier einen ungenirten, freundlichen Umgang, in welchen Heloise auch ihre neue Freundin
hineinzog.

In Reinhard's Hause oder bei der Prinzessin Repnin
war es, wo Reinhard der Gesellschaft, namentlich den
jungen Damen, praktischen Unterricht in deutscher Literaturgeschichte ertheilte. Reinhard kannte alle bedeuten-
den Mitlebenden persönlich, namentlich alle deutschen

Dichter von einigem Rufe. Am liebsten redete er von
Goethe und las aus seinen Schriften vor, weil er seine
Bekanntschaft erst vor zwei Jahren in Karlsbad ge=
macht hatte. Die Damen mußten selbst ein Stück
Farbentheorie mit hören und die Experimente, welche
der Baron dazu machte, anschauen. Aber auch der
andern Großen von Jena und Weimar, Wieland's,
Herder's, des zu früh dahingeschiedenen Schiller wurde
gedacht, und wenn die Prinzessin bat, las Reinhard
auch „Don Carlos", obwol ihm, der Napoleon ins Herz
schaute und wußte, was Herrschsucht war, vieles als
Phraseologie erschien, was die jungen Herzen mit Ent=
zücken erfüllte.

Reinhard's Gattin wußte vieles aus dem väterlichen
Hause zu erzählen, wie aus dem der Schwester Siebe=
king. Dort waren Jacobi, Klopstock, die Grafen Stol=
berg, Voß, Claudius, von Voght, Dr. Unger, Vollmann,
Perthes, Knigge und andere ein= und ausgegangen;
von ihrer Kindheit waren ihr noch aus dem großväter=
lichen Hause Erinnerungen, wenn auch nicht persönliche,
an Lessing geblieben, der von ihrem Vater höher gestellt
wurde als alle die neuern Dichter. Sie stritt darüber
mit ihrem Manne, der Goethe vergötterte, und be=
hauptete, daß kein Goethe'sches Drama ihrem „Nathan"
irgend gleichkomme; und Reinhard mußte zur Strafe,

wenn er seine Meinung vertheidigte, „Nathan" vorlesen. Es war natürlich, wollten Heloise und Agnese nur den Gesprächen, wie sie bei Reinhards und in den Appartements der Prinzessin Repnin geführt wurden, nachfolgen, so mußten sie selbst die Schöpfungen eines Lessing, Herder lesen und verstehen lernen.

Aber nicht nur Literaturgespräche füllten die Abende der kleinen Kreise, Reinhard war noch interessanter, wenn er von seinem Leben in Neapel oder Paris erzählte. Er hatte als junger Mann mit romanhafter Schüchternheit zu derselben Zeit von 1793—95 in Neapel gelebt, in welcher die Wogen eines Lebens voll Jubel und Ausgelassenheit dort höher schlugen als jetzt im Schlosse an der Fulda und der Napoleonshöhe. Heloise konnte nicht genug von Neapel erzählen hören, sie hoffte in jeder Beschreibung von Personen und Zuständen Aufklärung über das Schicksal ihrer Schwester zu finden.

Hatte Sulpice Boisserée eins seiner Dombilder fertig, die wir heute in Stein zur Vollendung geführt anstaunen, so war Reinhard der erste, der die Abdrücke zugesendet bekam. Nach damaliger Sitte theilte Boisserée dem Freunde Reinhard die Briefe, welche er von Friedrich Schlegel und Dorothea Schlegel und andern berühmten Leuten erhielt, mit, und diese wurden dann an Theeabenden vorgelesen, und man gewann so Einsicht

in Gemüthsstimmungen, Lebensanschauungen, innere
und äußere Wandlungen bedeutender Menschen, die
wieder Gelegenheit zu interessanten Unterhaltungen gaben.

Wenn die Mädchen die Gründe erörtern hörten, aus
denen Schlegel zur katholischen Religion übergetreten
war, so führte das auf ein Gebiet der ernstesten Wider-
sprüche, denn Reinhard's Gattin war eine Feindin alles
unklaren schwärmerischen Fühlens, während Reinhard
selbst auch die Romantik in Schutz nahm, die er auf
die Schelling'sche Philosophie zurückführte.

Kurz dieser Umgang bildete unsere Freundinnen in
einem halben Jahre mehr, als ihre Selbstbildung in
Jahren vermocht hatte.

Auch noch einen andern alten Bekannten fand Heloise in Kassel, das war der Staatsrath von Berlepsch.
Man hatte ihn herangezogen und hofirte ihm wegen
seiner Feindschaft gegen die Welfen und das nach England geflüchtete hannoverische Adelsthum; allein er war
nicht mehr der Held Heloisens, und da ihre Mutter
den alten Haß nicht vergaß, so waren gesellige Beziehungen zu ihm nicht angeknüpft, und man traf sich
blos bei dritten Personen.

Dieses befriedigende Leben, das ein kleiner Kreis
unter dem Geräusche des kasseler Carnevals führte,
sollte, ehe noch der Frühling ins Land trat, auf eine

tragische Weise gestört werden. Es bedarf aber eines Blickes auf die Lage Deutschlands und den Zustand des jungen Königreichs, um die Möglichkeit dieses Ereignisses erklärlich zu finden.

Schon seit 1808 ging ein revolutionärer Geist durch Deutschland, angefacht theils von den entthronten Fürsten, theils von den Patrioten, Denkern und Autodidakten.

Wissenschaftlich gipfelte sich das, was im deutschen Volke vorging, in Fichte's „Reden an die deutsche Nation" und Arndt's „Geist der Zeit"; die Praxis brachte es mit Hülfe der Freimaurerei zu dem Tugendbunde. Selbst in Oesterreich war ein neuer Geist erwacht, die Gebrüder Stadion machten den Versuch, im josephinischen Geiste unter einem Franz II. zu regieren, was mehr heißen wollte, als liberal-constitutionell mit dem Concordat zu regieren, wie heute Beust.

England war es, das unaufhörlich zu neuen Kriegen gegen Napoleon trieb, obgleich der Krieg in Spanien ihm ungeheuere Ausgaben verursachte.

Die Fürsten, welche sich gegen die Napoleonische Weltherrschaft auflehnten, hatten sämmtlich Sonderinteressen, und jeder wünschte sich die Ziele des Friedens anders. Graf Münster, wenn er überhaupt schon zu dieser Zeit an eine Abwerfung des Napoleonischen Joches

glaubte und an Befreiung Deutschlands von der Fremd=
herrschaft, hatte für die Welfen nicht blos die Wieder=
herstellung des kleinen Kurfürstenthums im Sinne,
sondern dachte an ein Welfenreich von der Elbe bis an
den Rhein und darüber hinaus. Er war aber überall
thätig, Oesterreich zu neuem Kriege zu entflammen,
Preußen hineinzuziehen und das übrige Deutschland zur
Erhebung zu bringen. Der verbannte Stein in Prag,
der Kurfürst von Hessen daselbst, der die Gelder für
die an England verkauften Unterthanen gerettet und
Rothschild in Verwahrsam gegeben hatte, der entsetzte
Herzog von Braunschweig=Oels daselbst, sie alle hielten
es an der Zeit loszuschlagen. Die Blücher, Gneisenau,
Scharnhorst drängten Friedrich Wilhelm III., gemeinsam
mit Oesterreich vorzugeben. Schon die Abwesenheit
Napoleon's aus Paris — er suchte den für seinen
Bruder in Spanien errichteten Thron zu stützen —
gab Muth. Oesterreich hatte ohne Reserve und Land=
wehr ein Heer von 400000 Mann auf die Beine ge=
bracht, es reizte die Tiroler zum Aufstande, es versprach
sogar, ein Armeecorps den Main herabzusenden, um
einer Insurrection in Westfalen die Hand zu bieten.
Graf Münster und Wallmoden wollten eine englische
Flotte in der Weser und Elbe landen lassen, um das
ganze Land bis zum Harze und zu den Quellen der

Leine an einem Tage zu insurgiren. Der Geist der Insurrection wurde hauptsächlich in den Forstleuten wach erhalten. Die Fäden liefen auch nach Alt-Hessen herüber; hier war es ein von Dörnberg, verheirathet mit einer Tochter des Grafen Georg von Münster-Meinhövel, also verwandt mit Wallmoden, Stein, Münster, der dieselben in der Hand hatte. Er war kein Jüngling mehr, sondern ein Mann von einundvierzig Jahren, und wie er von dem Landgrafen zurückgesetzt war, wurde er von Jérôme hervorgezogen, nachdem er, im Blücher'schen Corps in Lübeck in französische Gefangenschaft gerathen, aus dieser befreit und in westfälische Dienste gepreßt war, da seine Güter in Hessen lagen. Jérôme hatte ihn 1808 zum Obersten und Commandeur des in Marburg errichteten Elitebataillons der Jäger-Carabiniers ernannt. In dieses Bataillon wurden nur solche junge Leute aufgenommen, welche im Forstfache eine Anstellung suchten oder deren Väter dieser Branche angehörten. Er fand hier schon den ältesten Sohn des Oberförsters Oskar Baumgarten, Georg, als Unteroffizier, und da er die Brauchbarkeit desselben gewahrte, wurde derselbe durch Dörnberg's Vermittelung zum Offizier befördert. Das Corps war mit französischen Eindringlingen nicht untermischt, die Väter dieser Söhne waren mit wenig Ausnahmen ihren angestammten Herrschern mit Leib und Seele ergeben. Dörnberg mußte sich bald die Liebe seiner Leute im hohen Grade zu erwerben und einen patriotischen Geist unter ihnen anzufachen. Das Beispiel der Spanier wurde als Muster aufgestellt, der Franzosenhaß auf alle Art gepflegt. Georg Baumgarten wurde bald Dörnberg's Vertrauter, er beförderte die Verbindungen mit Scharnhorst und Gneisenau, die durch die Hand Kitzow's gingen, ohne daß dieser selbst von dem Inhalte der Briefschaften wußte, die unter dem Dienstsiegel von Magdeburg kamen und dahin zurückgingen.

Georg Baumgarten war der Ueberbringer der Briefe, er der Unbekannte, in welchen sich Agnese verliebt hatte.

Dörnberg hatte den abenteuerlich scheinenden, abe wohl ausführbaren Plan entworfen, den König in Kassel selbst aufzuheben und auf eins der Harzschlösser zu bringen und eine allgemeine Erhebung des hessischen Volkes zu veranlassen, den man indeß in Berlin nicht billigte. Zu seinem Unglück stieß er in seinen Bestrebungen, die einen allgemeinen deutschen Charakter trugen, mit denen eines Hessenbundes zusammen, der in bürgerlichen Kreisen gebildet und, aus alten Militärs und Offizieren ergänzt, nur die Restauration des Kurfürstenthums im Auge hatte, als wenn diese ohne gänzliche Befreiung Deutschlands möglich gewesen wäre.

Ein Friedensrichter Martin in einem kleinen Dorfe
bei der kleinen Stadt Homberg, und der Sousinspector
Berner in Kassel standen an der Spitze der sich ange-
stammt fühlenden Hessen, die sich unter gänzlicher Ver-
kennung der thatsächlichen Verhältnisse einbildeten, durch
einen Aufstand die Franzosen vertreiben und die Herrschaft Wilhelm's IX. oder vielmehr seit dem Frieden
von Luneville des Kurfürsten Wilhelm I. wiederher-
stellen zu können.

Die Landgrafen von Hessen hatten den Menschen-
handel an England bis 1796 fortgesetzt, wo noch
14000 Mann hessischer Truppen für England in den
Niederlanden fochten, und der Kurfürst hoffte, daß die
Zeiten noch wiederkehren würden, wo sich damit leicht
Geld verdienen lasse, denn seine Angestammten hatten
sich daran gewöhnt; er hatte bis 1806 ein unverhältniß-
mäßig starkes Heer auf den Beinen. Statt aber den
Preußen sich anzuschließen, wozu ihn Herzensneigung
trieb, schloß er in Mainz schnell einen Neutralitätsver-
trag und ließ dann sein Land mit Neutralitätspfählen
umgeben, die ihn nach der Schlacht von Jena-Auer-
städt jedoch vor der Ungnade des Imperators nicht
schützten. Die Franzosen besetzten Hessen in einer Nacht
von Holland und von Fulda her, der Kurfürst floh am
1. November, und die hessische Armee wurde aufgelöst.

6*

Eine Menge Offiziere und Soldaten, die nichts gelernt hatten außer dem Kriegshandwerke und die doch zu viel Gefühl des Hessenthums und Angestammtseins in sich trugen, um sich in französische Regimenter aufnehmen zu lassen, waren überall im Lande zerstreut und an dem mit Stolz getragenen Zopf und den weißgepuderten Löckchen leicht zu erkennen.

An Invaliden, seit der Zeit des amerikanischen Krieges bis zum Baseler Frieden, fehlte es nicht. Alte unbrauchbare abgesetzte kurfürstliche Beamte und Bedienstete waren überall vorhanden, und den Bauern mißfiel die Conscription und alles Neue. Diese Elemente, angestachelt von den Gerüchten von österreichischen Rüstungen, von den Uebertreibungen über den großen in Preußen gegründeten Tugendbund, der dem Gerüchte nach schon viel mehr Mitglieder, als Preußen zur Zeit Einwohner hatte, zählen sollte, von Gerüchten englischer Landungen und von der Bereitwilligkeit der Marschbewohner an Elbe und Weser, loszuschlagen, hatten sich im Winter 1808 näher verbunden und fanden im Stifte von Homberg, das nur von drei Stiftsdamen, die für eine Erhebung gegen das Franzosenthum über alle maßen schwärmten, besetzt war, einen Vereinigungsort.

Martin, ein phantastischer Kopf, fieberhaft nervös, ein wahrhaftiger Kirchthurmspolitiker, überschätzte sich,

seine Partei und die Hülfe, die etwa der Kurfürst in
Prag gewähren würde. Bei diesem hatte schon Dörn-
berg durch einen seiner Brüder, Fritz, anklopfen lassen,
die Truhe aber verschlossen gefunden. So groß die
Sehnsucht des Kurfürsten nach seinem Kassel, nach der
Karlsaue und dem Weißen Stein war, so wenig gern
trennte er sich doch von seinem Mammon und mochte
eines ungewissen Erfolges wegen kein Opfer bringen.
Er nahm es zwar dankbar an, daß Dörnberg und seine
Verbündeten Leben und Eigenthum für ihn in die
Schanze schlagen wollten, aber Geld? — Doch fand
er sich endlich bewogen, eine Anweisung auf Rothschild
über 30000 Thaler zu geben — aber erst zahlbar,
„wenn die Plane gelungen sind". Rothschild war ein
vorsichtiger Mann, auf diese Anweisung zahlte er nicht
1000 Thaler im voraus.

Dörnberg wartete auf die Kriegserklärung Öster-
reichs, ihm war die Zusage gemacht, daß man das
Corps des Erzherzogs Ferdinand durch Sachsen und
Franken an den Niederrhein senden wolle, daß England in Holland und an den Mündungen der Elbe
40000 Mann landen lassen werde, Schill und Katt
wollten das schwach besetzte Magdeburg nehmen. Indeß
drang Napoleon darauf, daß sein Bruder eine Division
Westfalen nach Spanien sende, und auch Dörnberg's

Elitecorps war dazu bestimmt. Viele Soldaten, welche den Marsch nach jenseit der Pyrenäen fürchteten und dort ihr Grab zu finden glaubten, desertirten, und es herrschte eine ziemlich große Unzufriedenheit mindestens unter den Gemeinen aller Regimenter. Das veranlaßte Martin, den Ausbruch des Aufstandes trotz aller Abmahnungen Dörnberg's schon auf den 15. Februar festzusetzen, weil er hoffte, die ganze nach Spanien bestimmte Division würde sich dem Aufstande anschließen. Der Ausbruch am 15. Februar wurde indeß noch in der Nacht abbestellt, die Truppen fingen an zu marschiren, man mußte das Unternehmen für jetzt aufgeben.

Dörnberg war mit seinem Corps erst bis Mainz gekommen, als er zurückgerufen und zum Commandeur des Garde=Jägerbataillons in Kassel ernannt wurde. Er mußte nun bei dem Könige die Nachtheile geltend zu machen, welche dem Lande durch Entziehung aller jungen Forstleute entstehen würden, und bewirkte die Zurückberufung des Jäger=Carabinierbataillons nach Kassel, wo es in die erste Division, die im Lande blieb, eingereiht wurde. Da verkündete endlich der Armeebefehl des Erzherzogs Karl vom 6. April: „Die Freiheit Europas hat sich unter unsere Fahnen geflüchtet, unsere Siege werden ihre Fesseln lösen", und am 10. April war schon ein Abbruck in Dörnberg's Händen und circulirte bald durch Vermittelung Georg Baumgarten's in Hunderten von Abschriften unter den Vertrauten in den verschiedenen Bataillonen.

Aus Preußen kam die Nachricht, nach dem ersten Siege der Oesterreicher werde die Armee sich erheben und den König auch gegen seinen Willen mit sich reißen.

Martin wollte aus Böhmen die Nachricht haben, daß der Kurfürst an der Spitze eines Heeres, begleitet vom Herzoge von Braunschweig-Oels, heranziehe.

Schill und Katt waren, wie aus Magdeburg ankommende Briefe meldeten, zum Losschlagen jeden Augenblick bereit.

Daß Jérôme Befehl erhielt, sein Hülfscorps statt nach Spanien nach Sachsen zu schicken, beförderte die Plane der Verschworenen, deren Anzahl seit Ausbruch des Kriegs sich in den verschiedenen Truppencorps verstärkt hatte. Man glaubte, außer auf die Jäger-Carabiniers auch auf das Garde-Jägercorps und die Kürassiere unter Oberst von Marschalk, die in Melsungen, Rotenburg, Homberg in Quartier lagen, sicher rechnen zu können, und Martin hatte eine Landsturmcolonne von mindestens 20000 Bauern, von alten Offizieren und Förstern angeführt, in Aussicht gestellt. Es wurde der 24. April zum Losschlagen bestimmt, die Verbreitung, welche die Sache durch Martin namentlich an der

Schwalm gefunden hatte, wo alle Gemeinden in den Erhebungsplan eingeweiht waren, ließ kaum eine längere Verschiebung zu. Nachdem Dörnberg vergeblich einen weitern Aufschub beantragt hatte, wurde der 22. April zur Ausführung bestimmt. Aber die Hast des Treibers Martin hatte schon am 21. abends und in der Nacht die Gegend von Ziegenhain, Treysa, Wolfhagen, Zierenberg durch Sturmglocken in Alarm gesetzt; an der Schwalm waren schon früh morgens Bauernhaufen im Marsche auf Homberg, tobende freilich, aber undisciplinirte, im Herzen muthlose. Die beiden Schwadronen des ersten Kürassierregiments, die am 22. auf dem Marktplatze zu Homfeld aufgeritten waren, schienen so unschlüssig, daß der commandirende Rittmeister von Weißen den Leuten, die sich an das Volksheer nicht anschließen wollten, wenigstens das Versprechen abnahm, in den nächsten Tagen nichts Feindliches gegen dasselbe zu unternehmen. Die Mehrzahl versprach das und ritt davon.

Am 22. April fand auch in Kassel eine Inspection statt, um die Marschbereitschaft der verschiedenen Truppen zu prüfen. Oberst Ducoudras, jetzt Graf von Benterode, hielt sie ab. Dörnberg war in seiner Nähe, es war mittags, und am Abend sollten die Sturmglocken auf allen Dörfern geläutet werden, während der Nacht wollten die Kaffelaner dann ihren Putſch verſuchen. Da erſchien ein Mitverſchworener, Hauptmann von der Gröben, an Dörnberg's Seite und flüſterte ihm zu, Martin habe ſchon morgens losgeſchlagen, und die Nachricht ſei ſoeben in Kaſſel angelangt, ſämmtliche Truppen würden alarmirt werden. Es erſchien auch unmittelbar darauf ein Adjutant des Königs mit der Meldung, es ſei im Lande Revolution ausgebrochen. Dörnberg erhielt Befehl, mit zwei Garde-Jägerbataillonen die Napoleonshöhe zu beſetzen; die Garde-du-Corps, Garde-Chevauxlegers, beide dem Könige treu ergeben, ſollten das Schloß, den Königs- und Friedrichsplatz beſetzen.

Da Dörnberg's Jäger nur zur Inſpection aufmarſchirt waren, ſo waren ſie mit ſcharfen Patronen nicht verſehen, und ſeine Bataillone hielten vor dem Hauſe des Miniſters von Waitz, dem ſogenannten Prinzenhauſe neben dem Opernhauſe, damit dieſe herbeigeſchafft würden. Dörnberg überlegte eben mit ſich, ob es zweckmäßig ſei, in dieſem Augenblicke die Verwirrung zu benutzen, ſeine Truppen zu haranguiren und ſich offen für die Revolution zu erklären. Es war zu ſpät, ſchon ſchwenkte eine Schwadron der Garde-Chevauxlegers von dem untern Theile des Friedrichsplatzes nach dem Schloſſe zu, um die Jäger-Carabiniers, welche an dieſem

Tage die Wache hatten, abzulösen, eine andere Abtheilung derselben Reiter ritt zum Frankfurter Thore, um
dort dasselbe zu thun; am Königsthore hatte Georg
Baumgarten das Commando der Wache, dieser mußte
nothwendig avertirt werden, ehe er abgelöst wurde.

Als Dörnberg noch überlegte, welchen seiner Leute
er am besten zu Georg sende, kam der Lieutenant von
Bothmer im schnellen Schritt über den Friedrichsplatz
auf Dörnberg zu, der ihm entgegeneilte, und flüsterte
ihm zu: „Oberst, fliehen Sie so schnell als möglich!
Der König weiß alles und ertheilt wahrscheinlich in
diesem Augenblick den Befehl zu Ihrer Verhaftung.
Soeben hat in meiner Gegenwart der Rittmeister von
Schlottheim dem Könige Ihren Namen genannt, dieser
hat ihm einen Befehl an Ducoudras zugeflüstert, den
ich nicht gehört, der sich aber auf Sie beziehen muß,
und ist ins Conseil gegangen. Unsere Jäger-Carabiniers
werden an allen Wachen abgelöst, was allein schon auf
Verrath deutet. Ich selbst werde mich bis morgen verborgen halten, um zu sehen, welche Hülfe von Homberg
kommt.“

Dörnberg hatte nicht lange Zeit zum Besinnen —
er mußte es aufgeben, in Kassel selbst den Aufstand
zum Ausbruch zu bringen, mußte dies den Mitverschworenen überlassen und selbst nach Homberg eilen,

um von dort mit den übergegangenen Truppen und den Bauern auf Kassel loszumarschiren.

Dörnberg rief Bothmer leise zu: „Benachrichtigen Sie Berner und sagen Sie ihm, daß ich morgen früh vor Kassel zu stehen hoffe. Er soll, sobald er von der Höhe der Knallhütte drei Raketen in die Luft steigen sieht, Sturm läuten lassen in allen umliegenden Dörfern, womöglich in Kassel selbst. Kann er das schwach besetzte Castell nehmen, Oberst Krupp und seine Invaliden werden ihm kein zu großes Hemmniß bereiten; wenn man die Wälle erreichen kann, so soll er das nicht versäumen!"

Dörnberg übergab das Commando dem Hauptmann von Malsburg, indem er diesen anwies, sobald die Patronen vertheilt seien, nach Napoleonshöhe zu marschiren und dort ihn selbst oder weitere Befehle zu erwarten, da er eine neue Ordre des Königs auszuführen habe.

Das schöne jetzige Königsthor oder Wilhelmshöher Thor am Ende der Königsstraße existirte damals noch nicht. Es wurden an demselben die beiden massiven Thorwachen gebaut und der große runde Platz geebnet und mit Akazien bepflanzt, wie die gerade Straße, welche von dort auf das Schloß der Napoleonshöhe und den Hercules darüber hinaus führt, erst in Angriff genommen wurde.

Der Weg nach Napoleonshöhe führte damals noch durch das Weißensteiner Thor, welches Königsthor genannt wurde, jene krumme Allee entlang, die jetzt den Namen Alte Wilhelmshöher Allee führt.

Dörnberg ritt in schlankem Trabe die Königsstraße hinauf durch die jetzt sogenannte Wilhelmshöher Straße, die man damals nur die Fünffensterstraße nannte, weil alle Häuser fünf Etagen hoch gebaut waren; und hielt vor der Thorwache. Als Georg Baumgarten herausgetreten, sagte er diesem: „Ungeschick und Verrath hat unsere heilige Sache in diesem Augenblicke in schlimme Lage gebracht. Martin ist schon gestern losgebrochen und die Nachricht vor kurzem angekommen. Man mistraut Ihren Jägern und wird sie ablösen. Ich eile nach Homberg und werde in der Nacht, spätestens morgen früh mit dem Volksheere vor den Thoren Kassels stehen. Halten Sie, lieber Baumgarten, den Muth der Getreuen inzwischen aufrecht und thun Sie für das Vaterland, wenn die Stunde schlägt, was Sie können. Ich vertraue Ihnen, auf Wiedersehen!"

Und er sprengte dahin auf dem Wege nach Napoleonshöhe, kreuzte die neue Anlage da, wo Jérôme eine mächtige Kaserne bauen ließ, um über Wehlheiden die Chaussee nach Frankfurt zu erreichen und dann später noch weiter zur Linken nach Homberg abzubiegen.

In Felsberg, das er schon ganz im Aufstande fand, nahm Dörnberg ein neues Pferd und gab seinen in Schweiß gebadeten Rappen dem Greben in Versorgung. So traf er erst gegen fünf Uhr abends in Homberg ein. Hier fand er alles in Verwirrung; die Bauern hatten mit den zu ihnen übergegangenen Kürassieren vom Morgen bis zum Abend auf das Wohl des Kurfürsten und Vaterlandes getrunken, recht schlechten hessischen Schnaps getrunken; jeder wollte befehlen, gehorchen niemand. Weder Martin noch die sonstigen Civilisten, nicht einmal sein Vater, der Metropolitan, vermochten sich Ansehen zu verschaffen, namentlich in Bezug auf die Zuzügler. Ohne Dörnberg's Hinzukommen wäre die ganze Geschichte von selbst aufgeflogen. Jetzt sammelten sich die Führer im Stiftsgebäude und beschlossen, den Sturm auf Kassel zu wagen.

Es geschah das in Erwartung nicht nur der Zuzüge aus Oberhessen, sondern man hoffte auch, wenn man von oben her in Kassel ankomme, von unten her, von der Diemel, von Karlshafen, Hofgeismar, Hombrexsen, wie von der andern Seite von Kaufungen, Witzenhausen, Allendorf, Eschwege Tausende vor der untern Stadt zu finden. Auch ·zweifelte man nicht, daß nicht nur die Jäger-Carabiniers, sondern auch die Garde-Jäger zu dem Volke übergehen würden, sobald sich Dörnberg nur zeige, und glaubte sogar bestimmt, daß die Soldaten der übrigen Regimenter auf das Volk nicht schießen würden. Es wurde noch einer der Acte, die bei einem Volksaufstande nicht fehlen dürfen und die der Sache in der That einen Anstrich von Würde verliehen, der ihr bis dahin gefehlt, in Scene gesetzt. Fräulein Karoline von Baumbach übergab Dörnberg eine roth=weiße Fahne mit der Devise: „Sieg oder Tod im Kampfe für das Vaterland", der Metropolitan Martin sprach ein Gebet, Dörnberg hielt eine kurze Anrede. Er hatte ein neues Pferd bestiegen, da er das seinige gestärkt in Felsberg zu finden hoffte, und gegen acht Uhr abends brach man auf. Eine schwere Dunkelheit hatte sich über die Erde gelagert, sodaß Männer mit Laternen dem Zuge vorangehen mußten. Mit Feuergewehren waren nur wenige bewaffnet, die Menge führte Dreschflegel, Mistforken, alte Spieße und Säbel. Man glaubte ziemlich allgemein, man brauche nur in Kassel einzuziehen und die Franzosenfreunde zu plündern, denn, flüsterte man sich geheimnißvoll zu, der Kurfürst sei in Kassel und Jérôme sitze schon im Castell.

In Kassel hatte man sich indeß von dem ersten Schrecken bald erholt, obwol es der hohen und geheimen Polizei nicht gelingen wollte, die Fäden zu finden. Erst der Oberstallmeister von Schlottheim leitete auf die Spur, spät nachmittags. Denn hatte auch schon der Rittmeister von Schlottheim gegen den König am Morgen den Namen Dörnberg ausgesprochen, so war damit der Oberst nicht gemeint, sondern das Dorf Dörnberg bei Wolfhagen, in dessen Nähe sich Aufrührer versammelt hatten. Das Entfliehen Dörnberg's war ohne Grund geschehen, weder Polizei noch König wußten um seine Betheiligung, als er sein Commando verließ. Erst diese Flucht führte durch einen jener Zwischenzufälle, die so oft große Dinge vereiteln, zur nähern Entdeckung.

Der Neffe des Oberstallmeisters, Lieutenant Franz von Gahl, war zur Zeit begünstigter Hausfreund bei dem Oberstallmeister Schlottheim. Die Flucht Dörnberg's, die erst nachmittags bekannt wurde, da dieser bei seinem Commando auf Napolconshöhe nicht eintraf; setzte ihn, den Mitverschworenen, in solche Angst und Verwirrung, daß er gleichfalls zu entfliehen beschloß, vorher aber Abschied von seiner Herzensfreundin Flora nehmen wollte. Bei dieser Gelegenheit benahm er sich so auffallend, daß es Flora leicht wurde, ihm den Grund seiner Angst abzufragen.

Flora erfuhr, daß Dörnberg, Gahl wie verschiedene Offiziere von einem beabsichtigten allgemeinen Aufstande

unterrichtet und ihnen das Versprechen abgenommen
habe, mit ihren Leuten zur heiligen Sache des Vaterlandes zu stehen. Nun hatte Dörnberg seit Mittag
die Flucht ergriffen, die Sache mußte also verrathen,
der Aufstand mislungen sein, Gahl fürchtete mit einem
Worte, daß sein Antheil an der Sache entdeckt sei,
wollte Abschied auf ewig nehmen und entfliehen. Flora
wollte aber ihren Herzensfreund nicht missen, sie veranlaßte ihren Gemahl, zum Könige zu gehen und diesem
unter der Bedingung, daß Gahl begnadigt werde, mitzutheilen, was Flora diesem entlockt hatte. Das war
nun freilich nicht viel. Dörnberg hatte viel von einer
Landung der Engländer an der Nordküste und einer
allgemeinen Erhebung gesprochen, er hatte bei einer
Bowle Gahl und zwei andern jungen Offizieren das
Wort abgenommen, der Sache des Vaterlandes gegen
die Fremdherrschaft zu dienen, und Gahl kannte eben
nur die Theilnehmer, welche damals zugegen gewesen
waren. Jérôme sagte Gahl Begnadigung zu und ließ
die von ihm verrathenen beiden Kameraden verhaften.

Die Polizei erhielt durch diese Anzeige die erste
Kunde, daß es sich nicht nur um einen Bauernaufstand,
sondern um Militäraufwiegelung handle, über deren
weitere Verbreitung die Kunde fehlte. In der Haupt-
sache war man aber beruhigt, man hatte aus Paris

längst Kunde, daß der Plan einer Landung von den Mündungen der Weser und Elbe an der Hartmäuligkeit Castlereagh's oder vielmehr an der englischen Handelspolitik gescheitert war, der mehr daran lag, die Marineetablissements und Seearsenalmagazine Napoleon's in Antwerpen zu zerstören, als Hannover und Norddeutschland freizumachen. Ebenso war die Kunde von Magdeburg angekommen, daß Katt's Corps zersprengt, er selbst gefangen sei. Von den treu gebliebenen Kürassieren unter von Marschalk, die von Homberg nach Melsungen zurückgekehrt, traf Nachricht ein, der Bauernaufstand sei unbedeutend, und Marschalk zeigte an, daß er im Fuldathale herabreiten und bei Zweeren die Straße nach Frankfurt erreichen würde, wo er gegen Morgen ankommen werde. Er rieth zugleich, die auf Kassel heranrückenden Bauern auf den Höhen des Habichtswaldes zu empfangen.

Man war nur darüber ungewiß, inwiefern der Geist des Aufruhrs unter den Truppen um sich gegriffen und wie viele Offiziere und Unteroffiziere von Dörnberg verführt seien. Der Nachfolger Dörnberg's im Commando der Jäger-Carabiniers wurde zum Commandeur der Garde-Jäger befördert, an seine Stelle trat der Prinz Ernst von Hessen-Philippsthal, Jérôme treu ergeben.

Morgens vier Uhr wurden die Jäger-Carabiniers, die aus Mangel an Kasernen bei den Bürgern im Quartier lagen, durch Alarmhörnersignale zum Sammelplatz beordert, die in den Kasernen liegenden Truppen waren schon am Abend consignirt.

Vor dem Friedrichsthore der Karlsaue brannten in eisernen, an Stangen vor der Wache erhöhten Körben Pechfackeln und Pech, ebenso vor dem Residenzpalais und dem Museum, und warfen in die Dunkelheit der Nacht ihr schmuziges rothes Licht und verbreiteten einen widerlichen Qualm über den Platz.

Die Jäger-Carabiniers hatten ihren Sammelplatz zwischen dem Auethore und der Bellevuestraße. Einer der ersten, der dort eintraf, war Georg Baumgarten, da sein Quartier in der nahen Frankfurter Straße lag und er selbst während der Nacht nicht im Bette gewesen war. Am Abend des vorhergehenden Tages war die ganze geheime und öffentliche Polizei in Thätigkeit gewesen, eine Zusammenkunft der Eingeweihten hatte nicht stattfinden können, er hatte vergeblich versucht, Werner oder einen der sonstigen Führer zu sprechen. In allen öffentlichen Localen sah man die verdächtigen bekannten Gesichter der Polizeispione. Die kasseler Bürger waren einem Aufstande nicht geneigt, nur in den untern Theilen der Stadt, in den engen, steilen,

schmuzigen Gassen der Altstadt vom Markte bis an die
Fulda herunter, und jenseit der Fulda in der untern
Neustadt hatte Berner in den niedrigsten Volksklassen
Anhänger für den Aufstand gefunden. Dörnberg und
die Höherstehenden waren über die eigentliche Stimmung
der Residenz im vollkommensten Irrthume befangen,
Enthusiasmus für eine Erhebung fand sich höchstens
bei einigen jungen Leuten, Gymnasiasten, die große
Mehrzahl des Volks war zufrieden. Selbst die sonst
zu Aufständen leicht geneigten Maurergesellen und Lehr-
linge sowie die Schneider hatten reichliche Arbeit und
guten Verdienst, erwuchsen doch Prachtbauten über
Prachtbauten und wurde großer Kleiderluxus getrieben.

Georg hatte mehrere ihm befreundete Unteroffiziere
besucht und von dem Anzuge eines Volksheers unter
Dörnberg's Führung gesprochen, aber nirgends großes
Vertrauen zu einem Erfolge gefunden. In Besorgniß,
verhaftet zu werden, war er viele Stunden in der Nacht
von der Bellevuestraße bis zum Bellevueschlosse spazieren
gegangen, jedesmal den Kopf zu den Fenstern hinauf-
wendend, aus dem ihm das Glück seines Lebens lachte,
wenn er das Haus, in welchem Heloise und Agnese
wohnten, passirte. Dort oben aber war alles dunkel.
Endlich, nach Mitternacht, als in den Straßen alles
still blieb, und die ganze obere Neustadt zu schlafen

7*

schien, war er in sein Quartier gegangen und hatte
sich niedergesetzt, um einen Abschieds= und Liebesbrief
an Fräulein von Kitzow zu schreiben. Er wohnte bei
dem Bäcker, von dem die pariser Laiberchen geholt
wurden, die die Freundinnen mit den Schwänen theilten,
er zweifelte nicht an dem guten Herzen seiner Haus=
wirthin, welche das Weißbrot verkaufte, daß sie den
Brief in das Körbchen practiciren würde, in welchem
der Bediente der Palastdame jeden Tag früh morgens
das frische Backwerk holte.

Aber wie schwer war ein solcher Brief zu schreiben!
Zehn Anfänge wurden verworfen, und als endlich ein
glücklicher Anfang gefunden war, erschallten die Signal-
hörner, die ihn zu seinen Jägern, vielleicht zum Kampfe
gegen seine Landsleute, gegen seinen väterlichen Freund
und Gönner riefen.

So erschien denn der Souslieutenant der erste
auf dem Alarmplatze, nach und nach sammelten sich
alle Kameraden von den Unteroffizieren und von den
frühern „gelernten Jägern“ um ihn. Von Offizieren
war außer Georg noch niemand anwesend; daß zwei
derselben, von Gahl verrathen, am Abend verhaftet
seien, wußte niemand. Georg hielt die Gelegenheit für
günstig, seine Freunde zu haranguiren. Er sprach von
dem großen Ziele der Befreiung des ganzen Deutsch-

lands, von der Franzosenherrschaft, der unerträglichen, von den ungeheuern Rüstungen Oesterreichs, von der Hülfe Englands, der Erhebung des ganzen Nordens vom Meere bis zum Harz und dem Brocken der Hessen, dem Meißner — er sprach von der Gesinnung des preußischen Heeres, das bereit sei, gegen den Willen des Königs aufzubrechen, vom Kurfürsten, der aus Prag schon auf dem Wege nach Kassel, endlich von den Zusicherungen, die man ausdrücklich oder still-schweigend dem geliebten Chef gegeben habe. Der junge Mann redete sich immer mehr ins Feuer, der Kreis, der sich um ihn gesammelt, vermehrte sich, einige auf-munternde Stimmen ließen sich vernehmen, da erscholl durch die Stille der Nacht plötzlich die laute Stimme des unbemerkt unter die Versammelten Getretenen, er donnerte: „Bataillon, Achtung! richt't euch!" und die Menge gehorchte mechanisch. „Feldwebel, zählen Sie die Leute."

Dann befahl Prinz Ernst von Hessen-Philippsthal — weiter:

„Lieutenant Fischer, lassen Sie vier Mann vor-treten."

Als dies geschehen war, donnerte der Prinz von neuem los: „Lieutenant Fischer, verhaften Sie sofort im Namen des Königs den Verräther, Souslieutenant

Baumgarten, und führen Sie denselben zu der Auethor=
wache." Georg mußte seinen Degen abgeben und wurde
zu der nahen Wache geführt, die von dem Wachtposten
schon herausgerufen war. Als der Gefangene abge=
liefert und Fischer mit seinen Leuten zurückgekehrt war
und sich in Reihe und Glied gestellt hatte, hieß der
Commandant den Hauptmann La Croix Marschcolonnen
formiren und das Bataillon vor das Frankfurter Thor
führen.

Es war indeß ein Pferd für den Prinzen gebracht,
das er bestieg, um sich mit den Commandeurs der andern
Truppen, die inzwischen auf dem Friedrichsplatze auf=
marschirt oder aufgeritten waren, zu verständigen.

Die Jäger=Carabiniers gehorchten lautlos, keine Be=
wegung verrieth, was sich vielleicht in den Herzen der
einzelnen regte, weil jetzt jeder einzelne als solcher
gleichsam zu existiren aufgehört hatte, und nur noch das
Ganze als eine Menschenmaschine dastand.

Vor dem Frankfurter Thore harrte schon eine Batterie
reitender Artillerie, oder vielmehr nur eine halbe Batterie,
da die eine Hälfte schon am Nachmittage mit einer Schwa=
dron Chevauxlegers und einigen Linientruppeu unter Ge=
neral d'Albignac nach Wolfhagen aufgebrochen war.

Die Artillerie fuhr voraus, dann mußten die Garde=
Jäger, die Jäger=Carabiniers unter dem Prinzen von

Hessen folgen; Garde-Chevaurlegers und endlich eine Schwadron polnischer Ulanen bildeten den Schluß.

Am Hofe herrschte aber namentlich im Kreise der Hofleute, der Schranzen und Zofen eine ungemeine Angst, man drang in die Königin, drang in den König, Kassel auf einige Zeit zu verlassen und in die Feste Magdeburg zu ziehen. Allein Jérôme erwies sich muthiger als seine Umgebung, er erklärte, er werde sich lieber unter den Trümmern seines Palastes begraben lassen, ehe er Kassel verließe. Sein Muth belebte den seiner Umgebung, und auch die Königin gab die schon beschlossene Nachtreise nach Strasburg auf, um solche am folgenden Morgen anzutreten.

Die Insurgentenschar Dörnberg's hatte sich zwar auf dem Nachtmarsche gelichtet, die meisten von denjenigen, die am Morgen zu laut geschrien und zu viel getrunken hatten, waren als krank und marode in den Dörfern, die man durchzog, liegen geblieben, allein es kamen auch frische Massen hinzu. Die Felsberger marschirten schon nach Guntershausen voran, dort hoffte man auch die Insurgirten aus dem Fuldathale, mindestens von Rotenburg her, zu treffen.

Die letzte Höhe auf dem Wege nach Kassel war erstiegen; wenn es Tag gewesen wäre, so würde man das Fuldathal sich nach rechts im tiefen Waldgrunde haben hinziehen sehen, zu den Füßen Kassel, zur Linken die Napoleonshöhe mit dem Hercules. Aber die Aprilsonne war noch nicht aufgegangen, es war etwa gegen 3½ Uhr, als der Vortrab auf der Höhe bei dem Gasthause zur Knallhütte (aus der die Frachtfuhrleute den Vorspann mit ihren Peitschen herauszuknallen pflegten) ankam. Hier wurde Rast gemacht, hier konnte man einen frischen Trunk haben; hier sollten die zahlreichen Nachzügler und der Zuzug aus dem Fuldathale erwartet werden.

Dörnberg selbst bedurfte einiger Ruhe. Die Aufständischen waren jetzt beinahe sieben Stunden marschirt, viele der eifrigsten waren beinahe achtundvierzig Stunden auf den Beinen.

Während die Ermüdeten Ruhe und Erquickung auf Heuböden, in Ställen und überall suchten, wo sie Raum fanden, sprachen die andern dem Schnapse und Biere zu, das sich hier in guter Qualität vorfand.

Die ersten Ankömmlinge wurden inzwischen von den Nachfolgenden verdrängt, und Dörnberg sah die Nothwendigkeit, jetzt, wo der Tag nahte, einige militärische Ordnung in die Sache zu bringen, und gab dazu die Befehle. Die übergegangene Cavalerie, die Kürassiere, sollten als Avantgarde vorgehen; ein zuverlässiger althessischer Wachtmeister führte sie.

Dann sollten die Felsberger und alle, welche aus der nähern Umgebung Kassels waren, folgen, voran die mit Feuergewehr Bewaffneten. Die Gewehre sollten geladen werden. Das Centrum bildete die Schar der Homberger mit der gestern übergebenen Fahne, ihnen sollten die sehnlichst Erwarteten aus dem Fuldathale und von Wolfhagen sich anschließen.

Während man so die wüsten Massen in der Dunkelheit zu ordnen suchte, war General Reubel mit den aus Kassel ausgerückten Truppen schon über Zweeren hinaus vorgedrungen und rückte den Berg hinauf zur Knallhütte.

Etwa zwanzig Chevauxlegers bildeten seinen Vortrab, dann folgten zwei Compagnien Garde-Jäger, dann zwei mit Kartätschen geladene Kanonen.

Ob die Sonne schon aufgegangen war, wußte man nicht, ein dichter schwerer Nebel, der nicht gestattete, sechs Schritt weit zu sehen, lagerte auf Thal wie Höhen, als die beiden Vortrupps aufeinanderstießen, beiden unerwartet. Es wurden einige Pistolenschüsse gewechselt, und beide Vortrabreiter zogen sich zurück.

Die Nachricht, daß Truppen, in welcher Stärke wußte man nicht, heranrückten, verbreitete unter dem Insurgentenheere einen ungemeinen Schrecken und eine kaum zu bewältigende Verwirrung. Alle schon ge-

troffenen Anordnungen fielen über den Haufen und es
würde schon jetzt die Flucht eine allgemeine geworden
sein, wenn Martin und die Führer nicht bemüht gewesen wären, der Masse dadurch Muth einzusprechen,
daß man sagte: man wisse ja noch gar nicht, ob die
Soldaten als Freunde oder als Feinde kämen, und
wenn auch vorläufig unter dem Commando feindlich
gesinnter Offiziere, ob sie nicht zu dem Volke über-
gingen.

Dörnberg rief Freiwillige vor, und als sich ein
paar hundert Förster, alter Soldaten, junger Leute,
mit Feuergewehren bewaffnet, vorangestellt hatten,
sammelte sich der Schweif wieder hinter denselben.

Reubel hatte indessen eine Compagnie Garde-Jäger
vorgehen lassen mit dem Befehle, wenn man auf die
Rebellen stoße, ein blindes Pelotonfeuer abzugeben,
damit kein Blut vergossen würde. Dörnberg hatte
seiner Stellung durch die Gebäulichkeit der Knallhütte
und durch einige vorgefahrene Fracht- nnd Mistwagen
einige Sicherheit zu geben versucht.

Als nun die Garde-Jäger heranrückten, und er die
Leute erblickte, die er vor vierundzwanzig Stunden noch
befehligt hatte, ritt er vor und winkte mit seinem Tuche
wie mit den Armen, die Leute zum Uebertritt symbolisch
ermahnend. Die Antwort war ein Pelotonfeuer. Als

aber niemand getroffen war, glaubte das Volksheer, die Garde-Jäger wollten absichtlich auf das Volk nicht schießen.

Da ritt General Reubel vor und forderte die Insurgenten auf, sich zu ergeben. Sofern sie ihre Anführer auslieferten, wurde ihnen Begnadigung zugesagt.

Kaum war der General, der keine Antwort erhielt, zurückgeritten, als eine Salve von seiten der Aufständischen erfolgte. Die vorgegangene Jägercompagnie antwortete diesmal scharf, schwenkte zu beiden Seiten der Chaussee ab, und die beiden Kanonen protzten einen Kartätschenhagel unter die Menge.

Es hatte sich ein Morgenwind erhoben, der den Nebel von den Höhen in die Thalebene trieb, man sah sich gegenseitig, und die Aufständischen sahen nicht nur wohlgeordnete Massen von Infanterie und Cavalerie auf der Chaussee den Berg heraufrücken, sondern, was ihnen noch gefährlicher erschien, von der Seite, von der sie Zufluß erwartet, vom Fuldathale her, rückten die treu gebliebenen Marschalk'schen Kürassiere, ihre Commandeurs an der Spitze, halb in der Flanke, halb im Rücken der Insurgenten, mit gezogenem Säbel den Berg hinauf.

Nun war kein Halten mehr. Ehe die Kanonen zum zweiten mal abprotzten, zerstieb das Volksheer nach allen

Seiten. Man ließ Todte und Verwundete liegen, wo sie lagen, man warf die Waffen fort und suchte in Bergablaufen nach Süden und in Erreichung des Waldes nach Westen Schutz.

Dörnberg und die Führer überzeugten sich, daß auch ihre Rettung nur in der Flucht bestehe.

Im Hause der Gräfin Melusine war am 22. April Festtag, d. h. die Gräfin hatte die Nacht vorher, den ganzen Tag bis nach dem Souper, also bis nach Mitternacht Palastdienst, und Heloise und Agnese waren „unter sich Maderchens", wie man in Kassel zu sagen pflegt, dazu Leseabend bei Reinhards, wo dieser die ersten vier Bogen eines noch nicht erschienenen Goethe'schen Werkes, das auch noch keinen Titel habe (Wahlverwandtschaften?) vorzulesen versprochen hatte.

Die jungen Damen waren bis zum Nachmittage äußerst vergnügt, man hatte den Anfang gemacht, „Romeo und Julie" in der Ursprache zu lesen, und die Mangelhaftigkeit Agnesens nicht blos in der Aussprache, sondern auch im Uebersetzen und im Verstehen des Sinnes gab zu manchem fröhlichen Lachen Veranlassung.

Heloise nahm ihr Mittagsmahl an diesem Tage bei Kitzows ein, wo der Bureaustunden wegen schon um ein Uhr auf einfach bürgerliche Weise gespeist wurde. Nach Tisch, als der Geheimrath ein Pfeischen schmauchte,

Kaffee trank und in westfälischen und pariser Zeitungen blätterte, die Siegesnachrichten aus dem Süden brachten, gingen die jungen Damen in den Salon Melusinens, um Federball zu spielen.

Das militärische Schauspiel am Morgen auf dem Friedrichsplatze hatte die Neugierde derselben nicht er= weckt, es war das etwas beinahe Alltägliches, Agnese wußte außerdem, daß die Jäger=Carabiniers die Wache hatten, und außer diesen waren ihr alle Uniformen gleichgültig, man lebte so isolirt durch die Lage, daß man von weitern Bewegungen nichts sah und hörte. Da brachte gegen Abend die Kammerzofe die Meldung. daß der Ministerresident bedauere, durch bringende Be= rufsgeschäfte behindert, den Leseabend für heute aus= setzen zu müssen.

Die Kammerzofe blieb, nachdem sie ihre Bestellung ausgerichtet, im Salon stehen, wie jemand, der noch einen Auftrag erwartet oder etwas zu sagen hat.

„Nun, Julie", sagte Heloise, „was hast du auf dem Herzen, heraus damit!"

„Ach, gnädigste Comtesse, es laufen dunkle Gerüchte in der Stadt, daß oben im Lande Wolfhagen, Felsberg, Homberg, ein Aufstand ausgebrochen sei, daß der Oberst von Dörnberg zu den Anführern gehöre und entflohen sei, sowie, daß man zwei Offiziere von den Jäger=

Carabiniers verhaftet habe und noch viele Offiziere und Unteroffiziere in dieser Nacht verhaften werde."

Agnese war einer Ohnmacht nahe und brach, als die Zofe das Zimmer verlassen hatte, in Thränen aus.

„Es lag mir seit Mittag schwer auf dem Herzen, als sei ein Unglück passirt", seufzte sie. „Jetzt weiß ich gewiß, daß solches geschehen ist. War Dörnberg nicht bis vor kurzem Commandant der Jäger=Carabiniers? Ich glaube erst ganz vor kurzem seine Ernennung zum Commandenr der Garde=Jäger gelesen zu haben, denn erst seit kurzem haben militärische Ereignisse ein In= teresse für mich.

„Nun, mein unbekannter Romeo ist Souslieutenant bei den Jäger=Carabiniers, und das erste mal, als ich ihn bei dem Vater traf, bestellte er Empfehlungen von seinem Obersten von Dörnberg und brachte Briefe, die der Vater nach Magdeburg einschließen sollte. Wenn Dörnberg in die Insurrection verwickelt ist, so, liebe Heloise, Ahnung sagt mir's, ist auch dein Ebenbild darin verwickelt."

„Dann werde ich mein Ebenbild daraus heraus= wickeln", entgegnete diese, „und es dir als Puppe in die Arme legen, denn dein Romeo ist und bleibt nichts als eine große Puppe deiner Phantasie. Ich werde dir am Abend etwas Lustiges vorlesen, «Minna von

Barnhelm», damit du lebendige Menschen in dein Köpf=
chen kriegst und die Gespenster und Phantasien ver=
trieben werden."

Auch die Gräfin Melusine schickte einen Hoflakai
und ließ sagen, daß sie während der Nacht im Palais
bliebe. Am Abend las Heloise das Lessing'sche Schau=
spiel, allein die Gedanken der Freundin waren nicht
dabei, ihr kamen die Alten=Fritze'schen Soldaten steif=
leinen vor, und Tellheim war ihr Souslieutenant.

Sie fand im Bett keine Ruhe, zu verschiedenen
malen mußte sie aufstehen, an das Fenster gehen,
dasselbe öffnen und ihren Blick nach Osten schweifen
lassen. Sie konnte bis zu dem erst 1811 abgebrannten
alten Schlosse, das da stand, wo heute die Ruinen
der Kattenburg ein Denkmal für Wollen und Nicht=
können eines geizigen Fürsten sind, sehen, und sah vor
dem Schlosse wie vor dem Auethore die unheimlichen
Pechfeuer. Es war ihr auch, als ginge unten am
Auestaket ein Mann hin und her und sehe zu ihr herauf.
Es war aber zu dunkel, um etwas da unten zu sehen,
dagegen hallte der Schall von Schritten in ihr Ohr
und das war genug, ihrer Phantasie das Bild Georg's
hervorzuzaubern, ein Phantasiebild, das diesmal mit
der Wirklichkeit stimmte.

Erst spät nach Mitternacht sank sie in einen un=

ruhigen Schlummer — sie träumte von Dörnberg, träumte von ihrem Unbekannten, sah, wie dieser über die Fulda hinaus an jenen unheimlichen Ort, den Exercirplatz der Artillerie, Forst genannt, geführt wurde, wie er niederkniete und erschossen wurde. Sie hörte die Schüsse! Nein, was sie hörte, waren die Alarm= hörner der Jäger=Carabiniers, sie täuschte sich nicht, seit Wochen hatte sie auf alle Signale gehört und sich von Kuno, dem gräflichen Jäger, der früher gleichfalls unter den „gelernten Jägern" gedient, dieselben erklären lassen. Nein, sie täuschte sich nicht, denn jetzt wurde dicht unter ihren Fenstern das Signal geblasen, und ein Echo vom Schlosse trug das Signal zurück. Sie sprang aus dem Bette, hüllte sich in einen Mantel und legte sich ins Fenster, von wo sie den Sammelplatz der Jäger=Cara= biniers übersehen konnte.

Die Pechfeuer vor der Auethorwache wurden von neuem angeschürt, aus der rothen Flamme schlug einige Augenblicke eine helleuchtende, gelbe Flamme hervor, welche den Zwischenraum bis zur Straße, in der sie wohnte, erhellte — sie sah ganz deutlich einen Offizier der Jäger=Carabiniers, sah, daß es ihr Unbekannter war, sie sah, wie sich um ihn nach und nach Unter= offiziere und Gemeine sammelten, jetzt war das nur ein Knäuel, sie glaubte aber seine Stimme zu ver=

nehmen, und in der That schallten die Worte Vaterland und Schmach der Fremdherrschaft mehrmals zu ihr herauf. Da trat aber auch ein höherer Offizier zu dem Kreise und hörte zu, was der Redende sagte. Aber daß er commandirte: „Bataillon, Achtung! richt't euch!" das hörte sie, sah, wie der Kreis auseinanderfiel und sich in Colonnen formirte.

Auch das sah sie deutlich, wie ihr Unbekannter hervortrat, den Degen abgab und nach der Auethorwache abgeführt wurde. Diese war herausgetreten, man hatte die Pechflammen abermals mit neuem Stoff versehen und zur größern Helligkeit aufgestachelt, sie irrte sich nicht, sie träumte nicht, Heloisens Ebenbild war Gefangener.

Agnese that einen lauten Schrei und sank ohnmächtig auf das nahestehende Bett, nach dem sie halb bewußtlos schon mit der Hand gegriffen hatte. Zum Glück hatte die Tante, die nebenan nach hinten in einer Kammer schlief, einen leisen Schlaf. Sie hörte den Schrei, indeß dauerte es in damaliger Zeit immer noch etwas lange, ehe mit Stahl und Stein Feuer geschlagen und ein Schwefelfaden angezündet wurde. Die Tante schloß das offen stehen gebliebene Fenster, brachte Agnese in das Bett und setzte sich daneben, um die Kranke, welche im Fieber phantasirte, zu bewachen.

Viertes Kapitel.

Die unerwartete Botschaft.

Agnese von Kitzow konnte in der Nacht das Bild des gefangenen, an die Auethorwache abgelieferten Carabinier-offiziers nicht los werden, sie hatte sich am offenen Fenster offenbar erkältet und war am andern Morgen so matt, daß sie das Bett nicht verlassen konnte. Der Vater eilte, da die alte Tante ihm diese Meldung machte, besorgt zu Heloisen hinunter, dieselbe um Beistand zu bitten.

Als Agnese am Busen der Freundin sich ausgeweint und ihr die nächtlichen Ereignisse, keine Visionen mehr, mitgetheilt hatte, sendete Heloise den Jäger der Mutter, Kuno, einen geriebenen Patron, nach der Auethorwache, damit er sich erkundige, was vorgefallen sei in der Nacht, und welchen Offizier man verhaftet habe.

Allein Kuno kam zurück ohne die gewünschte Auskunft ertheilen zu können, die Wache war von polnischen

Lanciers, die kein Wort Deutsch sprachen, bezogen, der Offizier war nicht sichtbar geworden.

Es hing noch immer ein schwerer Nebelmantel über der Aue, und der ganze Himmel war von grauen Wolken bedeckt. Plötzlich theilte die Sonne die Wolken, der Himmel trat erst streifenweis, dann in immer größerm Umfange blau hervor; die Sonne lächelte als Siegerin, die Nebeldecke über der Aue sank als Thau zur Erde. Zugleich erschallten vom Frankfurter Thore her lustige Jägerhörner. „Das sind die Hörner der Jäger-Carabiniers“, sagte Agnese in voller Aufregung, „bitte! bitte! öffne die Fenster und sage mir, was du siehst.“

Die Kranke hatte sich nicht getäuscht.

Die Jäger-Carabiniers hatten an dem Gefechte bei der Knallhütte keinen Antheil genommen, man hatte ihnen nicht getraut und sie als Reserve aufgestellt; jetzt bildeten sie die Avantgarde. Vor dem Frankfurter Thore angekommen, begann ihre Musik eine alte Harzweise, der man zu verschiedenen Zeiten die verschiedensten Texte untergelegt hat, zu spielen; damals war eine Hymne für Jérôme darauf gedichtet, als später Georg IV. sich einmal das Hannoverland ansah, feierte man ihn mit derselben Melodie, und unsere Zeitgenossen haben sie, von Fuhrmannspeitschen-Concerten

8*

der Harzfuhrleute unterbrochen, zu Ehren Ernst August's bei dessen Militärjubiläum gehört, und Georg V. ist nebst seinem Kronprinzen durch die treuen Harzer mit ihr angesungen, wie König Wilhelm angesungen werden wird, wenn er einmal die Bergstäbte besucht.

Die Jäger-Carabiniers zogen über den Friedrichs= plaß, wo sie an der Nordseite vor dem Museum zur Parade aufgestellt wurden.

Bald folgten die Chevauxlegers, die Garde=Jäger, während die Kürassiere den Gefangenentransport um die Stadt dem Holländischen Thore zu in die Altstadt führten.

Auch die in der Residenz gebliebenen Truppen, die theils aus der katholischen Kirche an der Karlsstraße kamen, theils von unten aus der Martinikirche, stellten sich auf dem Friedrichsplatze zur Parade auf. Es er= schienen, wie auch sonst sonntäglich, große Mengen von Kindermädchen mit Kindern, Jungen, Lehrjungen, Hand= lungscommis, Bummlern, Stußern, gepußten Damen. Die Musik der Garden erscholl. — Genug, der 23. April unterschied sich von andern Sonntagen nicht, nur daß die Zuschauermasse noch größer war, als sie sonst bei Sonnenschein um diese Jahreszeit zu sein pflegte. Die Sonne und die altgewohnte Parademusik übten auf die Nerven Agnesens eine größere Heilkraft, als die stärkste Valeriana=Dosis es vermocht hätte. Sie ließ sich an=

kleiben, legte sich zu Heloisen in das geöffnete Fenster und lauschte der Musik.

Mittags war große Cour im Schlosse, Hof-, Militär- und Civildienerschaft drängten sich zahlreicher als sonst herbei, um ihre Ergebenheit an den Tag zu legen. Die auswärtigen Minister und Gesandten, der Prinz von Repnin als Vertreter des Kaisers Alexander, Baron von Reinhard als Vertreter Napoleon's, der Vertreter Preußens (Oesterreich war des Krieges wegen nicht vertreten) und anderer kleinerer deutscher Potentaten brachten Jérôme ihre Glückwünsche. Dieser zeigte sich königlicher, als mancher König, der auf eine tausend- jährige Dauer seiner Dynastie sich berufen konnte, ge- than haben würde.

Er erklärte den ihn umringenden Offizieren: „Es widerstrebt meinen Gefühlen, zu denken, daß ein Soldat ein Verräther werden kann. Dennoch hat der Mann, den ich als Freund zu mir heranzog und mit Wohl- thaten überhäufte, bethört wahrscheinlich durch die Tücke jenes Unheil sinnenden Inselvolks, seinen Fahneneid und die Treue gegen mich verletzt. Meine Herren, sollte einer von Ihnen bereuen, sich durch den Eid der Treue an mich gefesselt zu sehen, der mag gehen, der mag sich offen meinen Feinden anschließen. Ich gebe Ihnen mein königliches Wort, daß niemand ihn daran hindern soll. Denn, meine Herren, ich halte es für besser, mit offenen Feinden zu kämpfen, als argwöhnen zu müssen, daß ich von Verräthern umgeben bin."

Keiner ging, die Offiziere der Garde wie der Linie leisteten vielmehr freiwillig dem Könige von neuem den Eid der Treue.

Nachmittags kam die Gräfin vom Palais zurück= gefahren. Die Königin war nach Strasburg abgereist und wurde erst nach einer Woche zurückerwartet, sie war des Palastdienstes für diese Zeit entbunden. Sie schien in die Vorgänge eingeweiht zu sein, allein sie äußerte sich nur der Tochter gegenüber dahin: „Der Rittmeister von Schlottheim wie der Oberstallmeister von Schlottheim haben wiederum dem Könige einen großen Beweis ihrer Treue und Anhänglichkeit gegeben, während Leute, die Se. Majestät der König aus ihrem Dunkel hervorgezogen und denen er eine Carrière er= öffnet, sich als Treulose und Verräther erwiesen hatten."

Die Gräfin murmelte etwas zwischen den Zähnen und sah so böse auf Heloise, als wenn diese den Ver= rath an dem Könige begangen hätte. Heloise glaubte wieder die Worte „bürgerliche Canaille" gehört zu haben, war aber bald der Meinung, daß sie sich ge= täuscht haben müsse.

Am folgenden Tage war Agnese noch so schwach,

daß sie das Haus nicht verlassen konnte; aber am 1. Mai war sie selbst es, die zu der Freundin herunterkam und diese daran erinnerte: „Was die Schwäne denken möchten, wenn sie die gewohnten pariser Laiberchen nicht mehr bekämen?"

Ihr war, wie sie selbst erzählte, so fröhlich und leicht zu Sinn, als wenn ihr etwas Gutes an diesem Tage passiren müsse.

Man eilte auf dem gewohnten Wege in die Aue, fütterte die Schwäne, man trank Milch und aß pariser Laiberchen dazu, man promenirte durch den größten Theil der Aue, aber man repetirte keine englischen Vocabeln an diesem schönen Maitage.

Als die Freundinnen gegen neun Uhr morgens wieder in ihre Wohnung kamen, stand beiden zwar eine große Ueberraschung bevor, aber keine erfreuliche.

Agnese fand oben im Zimmer ihres Vaters den Chef der geheimen Polizei, oder officiell den General-commissar der hohen Polizei, Herrn von Wolff, und einen Gensdarmeriekapitän, Dudon d'Envals, beschäftigt, die Papiere des Vaters zu durchsuchen. Beide Herren waren äußerst artig gegen das Fräulein von Kitzow, indem sie versicherten, es sei wahrscheinlich nur ein Misverständniß, durch welches eine Verhaftung ihres Herrn Vaters herbeigeführt sei, sowie der Auftrag, die

Papiere dieses loyalen und ehrenwerthen Beamten zu durchsuchen. Sehr wahrscheinlich beruhe die höhere Anordnung nur auf einer leider in solchen Tagen des Verraths häufig hervortretenden gehässigen, aus persönlichen Motiven herzuleitenden Denunciation. Sie hätten, wie sie versichern könnten, in den Papieren ihres Vaters nichts irgend Verdächtiges entdeckt, als einen versiegelten Brief an die Adresse des Obersten von Dörnberg, welchen sie mitzunehmen für geboten hielten. Das Fräulein werde sie verpflichten, wenn sie das über den Vorgang aufgenommene Protokoll unterzeichnen wolle; das Frauenzimmer, welches da in der Ecke sitze, sei von Anfang bis zu Ende bei der Procedur gegenwärtig gewesen. Agnese sah erst jetzt, daß die Tante in der durch die Stubenthür, durch die sie eingetreten, verdeckten Ecke der Stube saß, den Kopf in ihre weiße Küchenschürze gehüllt und laut schluchzend. Der Generalcommissar verlas das in französischer Sprache abgefaßte Protokoll, gegen welches Erinnerungen nicht zu machen waren. Es war in derselben wohlwollenden Weise abgefaßt, als sich Herr von Wolff gegen sie geäußert hatte, und Agnese unterzeichnete es.

Sie war über dieses Ereigniß viel weniger erschreckt als über die nächtliche Erscheinung, denn sie wußte aus hundertfachen Aeußerungen ihres Vaters, daß, so sehr er auch Deutscher war und Preuße insbesondere, er sich doch durch den Huldigungs= und Diensteid Hieronymus und dem westfälischen Staate verpflichtet fühlte, und nie zu einer Verschwörung die Hand geboten haben würde.

Eine andere Scene erwartete Heloise. Sie hörte im Empfangszimmer ihrer Mutter eine heftige Baßstimme reden, ohne die Worte, noch weniger die Antwort der Mutter verstehen zu können.

Da donnerte es von neuem los: „Nun denn, Frau Gräfin, so komme das Blut meines Sohnes über Sie!" Die Thür ward aufgerissen, und ein kräftiger Jägersmann mit grauen Haaren überschritt die Schwelle mit zornglühendem Antlitz.

Heloisen überkam eine Ahnung, sie sah zu dem Manne empor und erkannte in ihm Oskar Baumgarten.

Heloise faßte den Zornigen bei der Hand und zog ihn stumm in ihre Appartements, hier sagte sie: „Reden Sie, wenn die Mutter Ihnen nicht helfen will, ich, die Tochter, opfere alles, Ihnen in der Noth zu helfen!"

„Wie, sind Sie Comteß Heloise und Sie kennen mich?"

„Mehr als Sie glauben; darf ich wissen, warum Sie meine Mutter ansprachen?"

„Mein ältester Sohn, Georg, Souslieutenant bei

den Garde-Carabiniers, ist vor einigen Nächten verhaftet, weil er das Bataillon bei dem Ausmarsch gegen
die Rebellen zum Uebertritt zu diesen haranguirt hat.
Das Kriegsgericht hat heute sein Todesurtheil gesprochen
oder wird es sprechen, wie ich soeben vom Staatsrath
von Berlepsch, meinem Gönner, gehört habe. Ich bat
die Gräfin, sich für meinen Sohn, den verführten jungen
Mann, direct bei dem Könige zu verwenden, da die
Königin abwesend ist. Es muß aber sofort geschehen.
Heute schon ist der Lieutenant von Hasserodt auf dem
Forst erschossen, schon morgen vielleicht wird das Schicksal meinen Sohn treffen, den Augapfel seiner Mutter,
meinen Erstgeborenen."

„Beruhigen Sie sich, Herr Oberförster, ich selbst
werde Ihren Sohn fortan betrachten, als wäre er mein
Bruder, verstehen Sie, mein Bruder, und werde alles,
alles thun, was möglich ist, ihn zu retten."

Der Oberförster sah Heloise starr an, eine dunkle
Ahnung ging ihm auf, als er in das gleichsam um
Vaterliebe bittende Auge schaute, er breitete die Arme
aus und seine Tochter stürzte sich in sie, ihn mit Küssen
bedeckend.

„Vater", sagte sie, die heißen Thränen, die ihr von
den Wangen liefen, trocknend, „mein Herz sagt mir,
ich werde bei dem Könige keine Fehlbitte thun, ich werde

den Bruder, ich werde zugleich einer theuern Freundin
den Geliebten retten. Ich eile, Toilette zu machen
und mich durch meinen Freund, Baron Reinhard, bei
dem Könige einführen zu lassen. Erwarten Sie mich
zwischen zwölf und ein Uhr bei dem Staatsrath von
Berlepsch."

Als sich Oskar Baumgarten, nachdem er die
Tochter noch einmal in seine Arme gezogen, entfernt
hatte, kam Agnese herab, der Freundin ihr Unglück
mitzutheilen.

„Ich bin im Begriff, zum Könige zu gehen, um
mich ihm zu Füßen zu werfen und Gnade zu erbitten —
für deinen Geliebten. Es ist der Sohn eines mir aus
der Heimat bekannten sehr werthen Mannes, des
Oberförsters Baumgarten. Er ist deiner würdig, du
darfst ihn lieben und er wird dich lieben. Während
ich zum Könige gehe, eile du zu Bercagny und erbitte
dir die Erlaubniß, deinen Vater im Castell besuchen zu
können, ich hoffe zu Gott, du kannst dann dem Ge=
liebten selbst die Begnadigungsacte überbringen, ich werde
dich abholen.

Reinhard versprach, Heloisen in aller Maße gefällig
zu sein, er ließ anspannen, fuhr mit ihr im Palais
vor und erwirkte Audienz.

Hieronymus konnte niemand etwas abschlagen, am

wenigsten aber einer schönen jungen Dame, der Tochter
einer Palastdame.

Der König befahl sofort, den Grafen de la Ville
sur Illon, der sich schon zur Audienz hatte melden
lassen, vorzulassen. Dieser wohnte als Rapporteur du
Roi dem Kriegsgerichte bei und wollte eben dem Könige
über die Haussuchung bei Kitzow und dessen erstes
Verhör rapportiren. Der König ließ sich über das=
jenige, was gegen den Souslieutenant Georg Baum=
garten vorlag, berichten. Er hatte bekannt, von Dörn=
berg aufgefordert zu sein, an einer allgemeinen Erhebung
gegen die Fremdherrschaft theilzunehmen; dies habe er
seinem Chef versprochen, wie er glaube, daß auch
andere Offiziere und Unteroffiziere dazu bereit gewesen
seien, ohne solche nennen zu können, da Dörnberg nur
mit jedem einzeln verhandelt habe. In speciellere Plane
sei er nicht eingeweiht, von der Bauerninsurrection habe
er nichts gewußt. Es sei ihm unmöglich gewesen, gegen
seinen Chef, seinen Wohlthäter, dem er seine Beförde=
rung zum Offizier verdanke, zu Felde zu ziehen, und
so habe er in der Nacht vor dem Ausmarsche, von den
Ereignissen des Tages hoch erregt, zu den Kameraden
gesprochen. Welche Worte er gesprochen, erinnere er
sich kaum mehr, er habe aber an die Liebe zu Dörn=
berg erinnert und sei trostlos gewesen, daß gerade die

Jäger-Carabiniers, diese Schöpfung Dörnberg's, hätten ausziehen sollen, ihn zu fahnden und gegen ihn·zu kämpfen.

Das Kriegsgericht hatte Georg Baumgarten nicht zum Tode verurtheilt, sondern, in Erwägung seiner Jugend und der Verführung durch einen höhern Offizier, nur auf vier Jahre Festungsarrest erkannt. Jérôme milderte das Erkenntniß sofort auf zwei Jahre Festung und bestimmte Spangenberg als Detentionsort. Auch die Erlaubniß, daß der Vater den Sohn besuchen dürfe, erwirkte die schöne Bittstellerin, wie Bercagny der Freundin die Erlaubniß gegeben, den Vater, dessen Haft nur von kurzer Dauer sein würde, täglich zu besuchen.

Heloise holte diese in Reinhard's Wagen, den er ihr gern zur Verfügung stellte, von Haus, brachte dann Oskar Baumgarten die erfreuliche Nachricht über Urtheil und Begnadigung des Sohnes und fuhr von der Wohnung Berlepsch's mit beiden Glücklichen zum Castell. Major Krupp, Commandant des Castells, hatte die Comtesse Heloise mit eintreten lassen und ließ den Vater Agnesens und den Sohn Oskar's gleichzeitig in die Corridors führen.

Herr von Kitzow umarmte seine Tochter, Oskar Baumgarten stürzte auf seinen Sohn zu und schloß ihn in die Arme; aber Georg schien weniger Augen und Ohren für den Vater als für Agnese zu haben.

Der Oberförster selbst war zu aufgeregt, um dies zu beachten, aber Heloise, die Georg scharf ins Auge faßte, um ihr sogenanntes Ebenbild kennen zu lernen, sah, wie derselbe über die Schulter des Vaters hinweg ganz in Agnesens Anschauung versunken war. Der Souslieutenant war ein schöner Mann, und da sie ein Bewußtsein ihrer eigenen Gesichtszüge hatte, mußte sie sich allerdings sagen, daß er ihr bis auf den schwarzen Schnurrbart ähnlich sah.

Er wurde erst aus seiner halben Erstarrung aufgerüttelt, als sein Vater ihn bei der Hand ergriff, zu Heloisen zog und sagte: „Hier Georg, sage der Gräfin Heloise von Wildhausen, deren Bitte du die Erlassung der Hälfte deiner Strafe verdankst, deinen Dank." Während dieser, der bisher die Anwesenheit Heloisens nicht bemerkt hatte, derselben eine Verbeugung machte und einige unverständliche Worte des Dankes stammelte, hatte sich auch Agnese aus den Armen des Vaters losgemacht, war auf Heloisen zugegangen und wollte dieser das Papier, das den Gnadenact enthielt, zustecken, damit sie es selbst dem jungen Offizier übergäbe. Diese aber umfaßte sie und zog sie vor: „Fräulein Agnese von Kitzow — sie sollte Ihnen, an dessen Schicksal sie

den innigſten Theil genommen ſeit dem erſten Augen=
blick Ihrer Verhaftung, die ſie aus dem Fenſter anſah,
den Gnadenact überreichen; ich hoffe, Sie werden den=
ſelben aus der jüngern Hand ebenſo gern empfangen
und in mir für alle Zukunft eine mütterliche Freundin
ſehen.“

Beide jungen Leute errötheten tief, die Jungfrau
übergab das Papier ſtumm, aber ihre Augen ſprachen
und Georg's Augen erwiderten dieſe Sprache, als er
den Mund auf die Hand drückte, die ihm die Be=
gnadigungsacte überreichte. Auch beide Väter mußten
dieſe Sprache verſtehen.

Die Zeit zum Scheiden kam allzu bald. Der Major
Krupp öffnete die Corridorthür, die Gefangenen wurden
in ihre Zellen abgeführt, und Heloiſe fuhr mit dem
Oberförſter wieder zur Wohnung des Staatsraths
Verlepſch, der ihm Aufträge für das Haus Verlepſch
mitgeben wollte. Oskar Baumgarten eilte zu Haus,
denn ſeine Frau ſchwebte in Todesängſten, und ſein
Sohn Hermann erwarte ihn gewiß ſchon an der
Werrafähre.

Die Freundinnen hatten aber das Verſprechen geben
müſſen, daß, wenn der Vater Agneſens aus der Haft
befreit würde, ſie Baumgarten auf ſeinem Jägerhofe
beſuchen wollten, damit Heloiſe auch den Dank der

Mutter Georg's empfangen und diese, wie ihre Freundin Agnese, die dem Sohne so großes Mitleid geschenkt, sehen könne.

Selten war der Monat Mai für ein junges Herz so beglückend wie für die beiden Freundinnen. Heloise, welche ihre Mutter noch mehr mißachtete, seitdem sie ihrem Vater die Mitwirkung zur Befreiung Georg's abgeschlagen, hatte an dem Herzen eines Vaters gelegen, den sie hochachten konnte. Sie fühlte sich nicht mehr so einsam und verlassen in der Welt; sie betrachtete es als ihre Aufgabe, das Lebensglück der Familie ihres Vaters, ihrer Stiefbrüder und Schwestern, die sie näher kennen lernen mußte, zu gründen. Zum ersten male freute sie sich darüber, durch das Vermächtniß einer entfernten Verwandten, ihres Großvaters Schwester, die als Aebtissin in hohem Alter in einem Kloster gestorben war, ein kleines Vermögen zur eigenen Disposition zu haben.

Ihr war außerdem so leicht und froh ums Herz, wie ihr seit Jahren nicht gewesen, sie fühlte sich ordentlich jung. Herr von Kitzow war aus dem Gefängniß entlassen; man hatte keine Schuld an ihm gefunden, da ihm die Briefe an Dörnberg versiegelt neben den Dienstsachen zugeschickt waren, und der eigentliche wissende Vermittler nach dem verunglückten Katt'schen Unternehmen aus Magdeburg entflohen war. Kitzow hatte aber um Pensionirung nachgesucht, und diese war ihm in Gnaden gewährt. Er erwog jetzt, wo er seine Lebenstage zubringen wollte, ob in der Heimat, oder in Kassel, oder, wie Heloise im Scherze vorgeschlagen, ob er, um die Gesundheit des Töchterchens zu kräftigen, nach Spangenberg ziehen wolle.

Die Königin reiste von Strasburg in die Bäder von Spaa, und die Gräfin als erste Palastdame wurde dahin befohlen und war abgereist.

Zu dem allen kam noch der liebliche Mai, der seine Blütenpracht in vollem Maße vor freudigen Augen ausbreitete.

Es war am 30. Mai; Heloise war schon morgens fünf Uhr wach und schlürfte aus ihrem Fenster den Duft der Blüten, welchen ein leichter Ostwind zu ihr heraufwehte. Der hohe Uferabhang der Aue war mit dichtem Fliedergebüsch besetzt, das jetzt in üppigster Blüte prangte. Unten in der Aue standen die Kastanienalleen in weißen und rothen Blüten, ja es war keine Täuschung, der Wind, der zwischen Ost- und Nordost spielte, brachte, sobald er sich nur ein wenig nördlich wendete, Orangendüfte aus der Tiefe mit, denn die schlimmen Tage des Pancratius, Liberatius und Servatius waren vorüber, und die Orangeriegebäude hatten alle schon seit Landgraf Karl's Zeiten hier gesammelten Gewächse des Südhimmels aus ihrem warmen Winter= käfig entlassen und sie der lieben Gottessonne selbst ausgesetzt.

Unter den unendlich vielen Straßen in Deutschland, die den Namen Bellevuestraße führen, wird sich schwer= lich eine zweite an Lieblichkeit mit der kasseler dieses Namens vergleichen können. Zwar fehlt eine Aussicht auf Berge, wie die Staufen und der Unterberg, die sich hinter Salzburg ebenso viel tausend Fuß hoch erheben als die nächsten Berge bei Kassel hundert, auch ist die Fulda kein Rhein, keine Donau, nicht einmal eine Moldau und Elbe, aber die buchenwaldige Lieblichkeit des Hinter= grundes, mit der grünen Aue zu Füßen, ist zu reizend. Heloise wenigstens, die außer dem steifen Park von Herrenhausen und dem Wallmoden=Garten noch nichts gesehen hatte, fand sie entzückend.

Agnesens Schlafzimmer lag gerade oberhalb dem Heloisens, und da hatten die Freundinnen dann einen Drahtzug anbringen lassen, sodaß die zuerst Aufgestandene die andere wecken könnte. Heloise hatte schon zweimal geschellt und den Silberton der angezogenen kleinen Glocke in ihrem Zimmer gehört. Agnese mußte schwer schlafen oder süß träumen, daß sie sich nicht ermannen konnte; sollte doch heute die lange projectirte Reise zum

Försterhause jenseit der Werra vor sich gehen. Man hatte verabredet, wenigstens den Schwänen das Frühstück zu bringen, wenn man sich auch des weitern Weges zur Meierei enthalten wollte.

Endlich wurde das Fenster oberhalb Heloisens geöffnet, und das blonde Köpfchen Agnesens schaute daraus hervor und grüßte herunter. Dann brach auch sie in ein „Ach, wie herrlich heute!" aus und eilte zu der Weckerin.

Als die beiden Freundinnen die kleine Thür zur Aue, ihrem Hause gegenüber, geöffnet hatten, blieben sie erst lange auf der Höhe des Ufers, weil hier der Flieder zu süß duftete und auch schon einzelne Jasminsträuche ihre weißen duftenden Blütenkelche entfalteten. An den Uferabhängen, die zur Aue führten, fingen die Rosen schon an Knospen zu treiben, und weiß- und rothblühende Dornenbäumchen bildeten den Uebergang zu den hohen schattigen Kastanienalleen, den weiten Plätzen mit dem feinen sammtenen grünen Grase, den Teichen.

Die Schwäne hatten schon längst ihre Gönnerinnen, beide in so weißen Gewändern wie die Schwäne selbst, in Witterung und kamen in ihren langsamen majestätischen Bewegungen von dem entgegengesetzten Ende des Teiches angerudert, während ein Dutzend ausländischer

Enten, für die bei Gelegenheit immer etwas abzufallen pflegte, mit wüstem Geschnatter eine die andere zu überholen suchte.

Da das letzte „Laiberchen" vertheilt war unter Schwäne und Enten, schlug Heloise vor, statt nach Süden, wie sonst, nach Norden, nach dem Marmorbade und den Orangerien zu promeniren, um die süßen Düfte des Südens einzuschlürfen.

Als die Freundinnen so unter den Orangenbäumen wanderten, bemerkten sie, daß das Marmorbad geöffnet sei, um gereinigt und durch Licht und Luft zugänglich gemacht zu werden. Beide hatten oft von diesem Kunst= tempel sprechen hören, keine hatte aber bisjetzt das Innere gesehen; neugierig traten sie näher und wurden von dem französischen Conservator der Kunstschätze zum Eintritt eingeladen.

Dieser übernahm dann auch die Erklärung.

Das Marmorbad enthielt außer den Monnol'schen Arbeiten, den Metamorphosen nach Ovid, der schönen Diana, dem Centaur, aus der Zeit des vorigen Jahr= hunderts, wo man bemüht war, Bewegung in die Producte der Bildhauerkunst zu bringen, und dazu die passenden Scenen wählte, noch manche antike Sachen, die jetzt in das Museum geschafft sind, so die berühmte Victoria, einen antiken Badediener, den halberhabenen

Triumphzug des Bacchus. Der Conservator lenkte die Aufmerksamkeit der Damen, um sie von der zopfig-frivolen Darstellung des vorigen Jahrhunderts abzulenken, auf die vierzehn Büsten der ganzen Napoleon'schen Familie von Canova, auf die Antiken und die vier hocherhabenen Marmorarbeiten von Godefroy. Der Besuch, so flüchtig er war, hatte doch mehr Zeit in Anspruch genommen, als man geglaubt, und zu Hause wartete Herr von Kitzow schon mit dem Frühstücke. Die Chocolade und das feine Biscuit, welches die pariser Bäcker nach Kassel übersiedelt hatten, mundete den Mädchen nach einer solchen Morgenpromenade vortrefflich. Heloise, welche über die Equipage der Mutter frei verfügen konnte, da diese sich der königlichen Equipagen bediente, und welche nach der von Kindheit an gewohnten Sitte des zweiten Lunch nicht entbehren konnte, ordnete an, daß dieser und was die Küche sonst Gutes habe, nebst Flaschenkeller in den Wagen geschafft werde.

So war gegen neun Uhr morgens alles zur Abreise bereit.

Als man sich in den Wagen setzen wollte, brachte der Briefträger einen Brief für die Comteß; er trug das Postzeichen Heustedt, die Handschrift der Adresse war Heloisen unbekannt, und sie sagte zu ihrer Gesellschaft: „Ich bin heute so freudig gestimmt, daß ich mir nicht die Laune durch irgendwelche Nachricht, sei sie angenehm, sei sie widrig, stören lassen will. Sie sollen sehen, mein lieber Geheimrath, daß auch ein Mädchen seine Neugierde zähmen kann", und so verschwand der Brief in ein feingearbeitetes chinesisches Körbchen, über dem sich ein großer seidener Beutel gleich einem umgekehrten Regenschirme bauschte, sodaß Raum für größere Stickarbeiten und Reisebedürfnisse einer Dame vorhanden war, ein Ding, das man Ridicule oder Indispensable nannte.

Ueber den Friedrichsplatz durfte man den Weg nicht nehmen, man mußte um ihn herumfahren, um auf die Königsstraße und den Königsplatz zu gelangen, über den der alte römische Drususthurm am Rande der untern Stadt hervorragte.

Als man über die Fuldabrücke fuhr und links das Castell vor sich sah, erzählte der Geheimrath, daß es in voriger Nacht den Lieutenants von Girsewalt, Berner und Schmalhaus gelungen sei, die Eisenstäbe ihrer Zellen zu durchsägen, und daß die Gefangenen wahrscheinlich auf einem Kahne entkommen seien; einen solchen habe man wenigstens zertrümmert auf dem Mühlwerder dort — man sah stromabwärts eine Mühle — gefunden; von den Entflohenen sei keine Spur entdeckt.

„Man muß es dem Kriegsgerichte lassen, daß es
mit großer Unparteilichkeit und Milde verfährt", fuhr
der Geheimrath fort, „gestern ist der Gardemajor
von Münchhausen freigesprochen, ebenso der Pfarrer
Koch; die zum Tode Verurtheilten: Forstinspector von
Buttlar und Karl von Eschweg, sind begnadigt, Haupt=
mann von Vothmer ist seinem Oheim, dem Bischof
Wendt in Hildesheim, zur Ueberwachung übergeben.
Ich glaube gern, daß es Wahrheit ist, wenn der König
der ständischen Deputation, die ihm durch General von
Schlieffen gratuliren ließ, erwiderte: «daß es seinem
Charakter und den Gefühlen seines Herzens zuwider
wäre, wenn er gezwungen sei, ein strenges Beispiel zu
geben». — Daß er sämmtliche Bauern von vornherein
als irregeleitet ansieht und sie amnestirt, ist jedenfalls
Zeichen eines guten Herzens und eines gewissen Seelen=
adels."

Das Gespräch kam natürlich auf den Obersten von
Dörnberg, die Herren von der Malsburg, von Buttlar
und von Dalwigk, die entflohen und in contumaciam
als Verräther am Vaterlande zum Tode verurtheilt
waren, während man gegen Lieutenant von Spiegel,
die Gebrüder von Gudenberg, Louis von Trott, Metro=
politan Martin, Hauptmann Mensing, Friedensrichter
Martin, Kreisinspector Berner und andere gleichfalls

Entflohene nur Vermögensconfiscation ausgesprochen hatte.

Agnese hörte dem allen gleichgültig zu, sie dachte nur an die Festung Spangenberg und ihren geliebten Insassen.

Es war beschlossen, die Hinreise über Münden zu machen, da sowol Heloisen, die im Winter durchgereist war, als Agnesen, die über Kaufungen gekommen, die Lieblichkeit des deutschen Tempe, wie es Goethe genannt hatte, unbekannt war. Den Rückweg wollte man über Witzenhausen wählen. Die Gesellschaft hatte das vormals letzte hessische Dorf Sangershausen, dessen Häuser, mit sinnigen und frommen Sprüchen geschmückt, sich von denen des ersten Dorfes im frühern Kurfürstenthum Hannover, Landwehrhagen, so wesentlich unterschieden wie die Stämme der Katten und Niedersachsen, durchfahren und fuhr nun langsam die steile Höhe hinauf, denn die Chaussee schlängelte sich noch nicht so wie heutzutage, sondern ging von Kirchthurm zu Kirchthurm den möglichst geraden Weg, von dem man auf Kassel und das Fuldathal, die Napoleonshöhe und den Habichtswald, dahinter links auf die hohen Basaltklippen von Felsberg einen reizenden Anblick hatte.

Auf der Höhe, der ehemaligen Grenze, wo Löwe und Einhorn sich trotzig entgegensprangen, war Kassel schon dem Anblick entzogen. Im tiefen Thale brauste die Fulda über Steingeröll und an ihrem linken Ufer senkte der Reinhardswald sich zu den letzten Anhöhen bei Wolfsanger herab.

Als die letzte Höhe vor Münden, die vor Lutter am Berge erreicht war, mußte man aussteigen, denn hier fiel die Chaussee so steil nach Münden, daß nur schwergehemmte Wagen die Chaussee passirten. Es hatten auch schon die Passagiere verschiedener Wagen diese verlassen, und ein alter Herr mit weißem Haar, den sein grüner Rock als Forstmann kennzeichnete, verließ eben sein Eingespann. Vor dem Wirthshause hielten drei bis vier Frachtfuhrwerke, die von einigen zwanzig bis dreißig Vorspannpferden in die Höhe ge= schleppt waren.

Hier, mitten im Walde, war ein sehr bewegtes Leben, eine große Verkehrsstätte, eine Schmiede, der es nie an Arbeit fehlte, und daneben ein Wirths= und Wegegeldhaus; heute ist die Straße verlassen, das Wirthshaus verfallen, der Weg in Zickzack den Berg hinauf geführt. Der Jägersmann grüßte Kitzow, als dieser mit den Damen ausstieg, es war der Forst= meister Kuckuk aus Münden, ein alter Schulkamerad des Geheimraths von Halberstadt her. Das Wieder= erkennen war freudig. Der Forstmann führte die

Gesellschaft auf schattigen schönen Fußwegen den Berg hinab bis zu einem zur Rechten aus der Felswand sprudelnden Born, wo man sich aus dem Feldbecher des Forstmanns erquickte und die Wagen erwartete, die langsam und vorsichtig den Berg hinabfuhren. Auch hatten die Wagenführer es für nöthig erachtet, auf der Höhe den Pferden einen Eimer Wasser, sich selbst aber eine Stange Bier zu gönnen. Es war eine Eigenthümlichkeit der Gegend, die jetzt verwischt zu sein scheint, daß man von Lutter am Berge bis nach Kassel, und wieder weiter hinaus nach Frankfurt und Fulda zu, damals das Bier in hohen langen Gläsern, aus denen man in Berlin die „Weiße" zu trinken pflegte (von den göttinger Studenten Stangen getauft), dargereicht bekam.

Als die Wagen endlich ankamen, mußte sich der Forstmeister zu seinem alten Schulfreunde setzen, und man fuhr nach seiner Anordnung sogleich durch die Stadt zum Werder-Garten, der dem Wirthe Zur Krone gehörte, wo man das Frühstück einnahm.

Die Krone lieferte prächtigen Schinken, frische schöne Butter und Eier, sodaß die Comtesse nicht dazukam, ihr Mitgebrachtes auspacken zu lassen. Man frühstückte mit doppeltem Appetit als sonst zu Hause und trank guten französischen Wein und alten Portwein, der noch aus hannoverischen Zeiten stammte, aus dem Meyer'schen Keller.

Der Forstmeister, wie alle ältern Beamten mit Leib und Seele am preußischen Staate hängend, in dem er groß geworden, brachte das Gespräch bald auf das Dörnberg'sche Unternehmen.

„Der Grebe" (so hieß der Vorsteher oder Schultheiß hessischer Dörfer) „von Meinbressen, mein Gevattersmann, eingeweiht von Herrn von Malsburg", erzählte Kuckuk, „ließ mir Winke über Winke zukommen, daß es bald losgehen sollte. Ich stand aber im Jahre 1807 in Eschwege und habe erlebt, was die Excesse der entlassenen Soldaten von 1806 für Folgen hatten. Ich war dabei, als die entlassene Soldateska, reine Landsknechte, die der Landgraf an den verkaufte, der am meisten bot, verlassen von allen ihren Offizieren, sich zu Herren von Allendorf und Eschwege machten und Weihnachten den Hauptmann von Uslar-Gleichen zum «Obersten der Hessen» proclamirten. Ich habe die Tag und Nacht zechenden und lärmenden Soldaten, die jedem Bürger eine Plage wurden, vierzehn Tage wirthschaften sehen, bis in Allendorf die Bürger selbst aufstanden und sie entwaffneten; und ich weiß, wie in Eschwege, als ein Commissar des Generalgouverneurs drohte, die Stadt in einen Aschenhaufen zu verwandeln,

dort das Gleiche geschah. Ich sah das Executions=
commando Barbot's am 4. Januar 1807 in Eschwege
einziehen und ein paar Wagen mit Pechkränzen auf dem
Markte auffahren und Soldaten mit brennenden Lunten
dabeistehen, und hörte, wie die Bürger und Weiber
heulten und baten, lieber zu plündern, als die Stadt
anzuzünden.

„Der Magistrat schickte einen reitenden Eilboten nach
Kassel, ließ eine goldene Dose kaufen und übergab diese,
goldgefüllt natürlich, Barbot nebst zweitausend Paar
Schuhen und Kleidungsstücken für seine Truppen, zu=
frieden, wenn nur die Pechkränze aus der Stadt ge=
fahren würden.

„Es ist auch trotz aller Aufforderungen niemand
aus dem Werrathale diesmal bei dem Aufstande er=
schienen, sie denken noch alle an das Jahr 1807, wo
sie sich die Finger verbrannten."

„Und doch", erwiderte der Geheimrath, „muß man
glauben, daß, wenn alle die Verabredungen, die man
nach den Berichten des «Moniteur» getroffen hatte,
irgend nur in Uebereinstimmung und Gleichzeitigkeit aus=
geführt wären, wenn Katt und Martin nicht zu früh
losgeschlagen, wenn der Räuberhauptmann Schill, wie
ihn die Franzosen nennen, nicht früher losgebrochen
wäre, bis auch der Herzog von Braunschweig=Oels und

der Kurfürst in Franken mindestens bis an die Quellen
der Werra vorgerückt waren und die Engländer in
Emden, Bremen und an der Elbe gelandet, die Sieges=
bulletins des «Moniteur» aus dem Süden wahrschein=
lich anders lauten würden als heute."

„Ich habe den Engländern mein Leben lang nicht
getraut", sagte Kuckuk, „und traue ihnen erst recht
nicht, seitdem sie 1803 Hannover im Stiche ließen.
Glauben Sie mir, lieber Geheimrath, erst die leichte
Besetzung und Ausbeutung Hannovers hat Napoleon
es in den Sinn gebracht, einen Kleinstaat, ein Bisthum,
Erzbisthum, Grafenthum, Fürstenthum nach dem andern
zu verschlucken, bis er Preußen selbst gedemüthigt hat.
Ich sollte glauben, die Engländer hätten viel größere
Ursache, sich um Deutschland, namentlich um Hannover
zu kümmern, als um Portugal, Spanien, Holland, wo
sie mit deutschen Truppen Siege erringen. Ich habe
daher meine Grünröcke, soweit sie mir an der Fulda,
Weser, Werra bis zur Leine untergeben, ernstlich ge=
warnt und ihnen gesagt: wenn ihr hört, daß 50000 Eng=
länder an der Nordküste Hannovers gelandet sind, so
thut, was ihr nicht lassen könnt, früher aber verbrennt
euch nicht die Finger."

So sprachen die Männer hin und her, Heloise
hörte mit Aufmerksamkeit zu, ihre jüngere Freundin

hatte sich an die Spitze des Werbers begeben, um dort dem ewigen Vermählungsfeste von Fulda und Werra zuzuschauen und von dem Gefangenen in Spangenberg zu träumen.

Als man sich von Kuckuk getrennt hatte und durch die Vorstadt Blume das Werrathal hinauffuhr, stand die Sonne schon am Mittagshimmel und brannte heiß herab; der Weg war damals aber bedeutend schattiger als heute. In Hedemünden mußte man einen Bauer als Wegweiser nehmen, und sah sich bald genöthigt, den Wagen zu verlassen und zu Fuß den Berg hinaufzusteigen. Man traf Oskar mit seiner ganzen Familie in der großen Mooshütte am Tanzplatze beim Kaffee; es wurde der Geburtstag seiner Tochter gefeiert, die seit einem Jahre an den frühern von Berlepsch'schen Gerichtshalter, jetzt Friedensrichter Baumann verheirathet und jetzt mit dem Gatten zum Besuche gekommen war. Eine etwas geräuschvolle, knicksende und von seiten der Hausfrau und ihrer Tochter verlegene Aufnahme mit der Nöthigung, Platz zu nehmen, es sich gefallen zu lassen auf dem Dorfe, wechselten anfangs mit dem Inshausrennen, um Staatstassen und eine neue Kaffeekanne wie einen Teller voll „Pustkuchen" zu holen, wich aber bald der biedern Herzlichkeit und Hingebung, mit der Mutter und Schwester sich gegen die Comtesse dankbar, gegen den Geheimrath und seine Tochter ehrerbietig, aber zutraulich betrugen.

Die Hausfrau erinnerte sich noch der Zeiten, wie ihre Brüder und Karl Haus die Schwester Heloisens und Anna Dummeier im Schloßparke herumgefahren hatten, auch der Geburt Heloisens, ihres Wachsthums, und wie sie selbst das liebe Kind oft auf den Armen getragen und geliebkost hatte. Sie habe sie immer so liebgehabt, als wäre sie ihre jüngste Schwester.

„Und weißt du was, Oskar", sagte sie, als sie Heloisen eine Zeit lang mit Aufmerksamkeit angeschaut hatte, „jetzt weiß ich, warum ich die Comtesse schon als Kind so sehr geliebt habe; sie sieht dir wie meinem Georg ähnlich." Heloise wurde vom Purpur der Verlegenheit übergossen, der Oberförster sagte barsch: „weiß der Kukuk, wo ihr Weiber immer Aehnlichkeiten findet."

Der Geheimrath meinte lachend: „Diesmal muß ich aber vollkommen Ihrer Frau beistimmen, meine Tochter und ich haben beide die Aehnlichkeit der gnädigen Comtesse und des Souslieutenants schon früher bemerkt."

Die Erwähnung Georg's brachte das Gespräch zur Erleichterung für Heloise, die in ihrem Ridicule nach etwas zu suchen schien, von dem sie wußte, daß es nicht darin war, wieder auf den Gefangenen.

Der jüngste Sohn Hermann, der zwölf bis drei=
zehn Jahre alt sein mochte und verlegen dastand und
nicht daran zu erinnern wagte, daß er der Fremden
wegen mit Kaffee und Kuchen, worauf er sich doch den
ganzen Morgen während des Backens gefreut hatte,
vergessen war, wurde beordert, den Brief Georg's zu
holen, der in der Stube im Nähtisch der Mutter liege.

Er faßte sich jetzt ein Herz und fragte nach Meidinger:
„Mama, darf ich mir auch eine Kaffeetasse aus dem
Küchenschranke mitbringen?"

Nun erst merkte man, daß der arme Junge ganz
vergessen war, daß die Tasse mit seinem Namen noch
ungefüllt dastand, ihm weder Zucker angeboten sei noch
der feinere, stark mit Eiern versetzte Pustkuchen, der den
Namen von den Bläschen zu führen schien, die sich an
der mit Zucker, Mandeln und Zimmt bestreuten obern
Fläche bildeten.

Ehe derselbe aber mit dem Briefe wiederkam, hatte
die gesprächige Marianne den Inhalt des Briefes schon
vorgetragen. Ihr Aeltester hatte es sehr gut in Spangen=
berg, ihm fehlte nichts als Arbeit; er hatte den ganzen
Tag nichts zu thun, als spazieren zu gehen auf den
Wällen und in den Straßen der Stadt, und daß er
den Commandanten, einen pensionirten Hauptmann, der
sechs Jahre in Amerika gekämpft hatte, bei Bestellung

seines Gartens behülflich war und dagegen die Er=
zählung seiner amerikanischen Feldzüge wiederholt an=
hören mußte. Es würde ihm gar nicht schwer fallen,
zu entkommen, ja es scheine ihm oft, als sei es darauf
angelegt, daß er die Flucht ergreife, denn man habe
ihm weder sein Ehrenwort abgenommen, nicht fliehen
zu wollen, noch ihn sonst belästigt. Nur bei Nacht
werde seine Wohnung zugeschlossen. Wenn er fliehe,
so thue er es nur der Langeweile wegen, und dann,
das kam erst zu Tage, als der Brief vorgelesen wurde,
weil er auf die Hoffnung verzichten müßte, die beiden
Damen, die ihm als rettende Engel im Castell er=
schienen seien, wiederzusehen. Er beschäftige sich viel
mit dem Gedanken an seine Zukunft, und es werde ihm
wol nichts übrigbleiben, als nach Amerika auszu=
wandern.

Es war schon über eine Stunde vergangen, als
die Equipage in den schlechten Holzwegen auf dem
Jägerhause anlangte. Ursprünglich war die Absicht,
noch am Abend nach Witzenhausen zurückzufahren
und dort zu übernachten. Allein das ließ der er=
schöpfte Zustand der Pferde schon nicht zu, das wollten
auch weder der Oberförster noch seine Frau dulden.
Die Fremdenzimmer seien da, und die Daunen stammten

noch aus Heustedt, da müsse die Comtesse schlafen wie
ein Kind, und vom heimatlichen Schlosse träumen.

Als man Kaffee getrunken und Hermann das Ver=
säumte recht ordentlich nachgeholt hatte, wurde der Be=
such ins Holz geführt, zunächst nach einer Höhe im
Norden, wo man plötzlich nach Westen das Schloß
Berlepsch zu seinen Füßen liegen sah, dann nach einem
weitern Umwege im Süden, wo man am Rande des
Holzes auf einer Wendeltreppe eine hohe Eiche hinauf=
stieg und oben über das Leinholz weg den Ahrenstein,
weiterhin den Hanstein mit dem Hintergrunde des
Meißners erblickte. Die prächtige Aussicht lohnte den
etwas ermüdenden Weg.

Der Forstmann hatte die Gesellschaft absichtlich
etwas weit geführt, um den Frauen zu Hause die
nöthige Zeit zu ihren Vorbereitungen zu lassen, für die
Gastzimmer zu sorgen und das Abendbrot vorzubereiten.

Als man zurückkam, war auf dem bedielten Tanz=
platze gedeckt, denn im Grase thaute es schon stark, auch
war der Platz nach Norden und Nordwesten durch eine
Breterwand geschützt. Hermann war damit beschäftigt,
um den Platz und in die Bäume, welche denselben be=
schatteten, die bunten Lampions aufzuhängen, die bei
festlichen Gelegenheiten, am zweiten Pfingsttage u. s. w.
angesteckt wurden. Ein großer runder Tisch von Tannen=

holz, aus drei Theilen zusammengefügt, mit schnee=
weißem Damaftgedeck darüber, befetzt mit allem, was
ein ländlicher Haushalt vermochte, frischgemolfener
und faurer Milch mit dickem Rahm, goldgelber, frisch=
gemachter Butter, Schwarzbrot und Weißbrot, gekochten
Eiern, Schinken und Mettwurst, die der göttinger den
Vorrang streitig machte, schönem Flottkäse mit den echt
deutschen Gewürzen, Kümmel und Salz, bereitet, harrte
der Gesellschaft. Auf dem Nebentische standen Teller
mit dem Geburtstagskuchen. Oskar selbst holte seine
besten Sorten Wein, und seine Frau nöthigte die Gäste,
Platz zu nehmen. Die Comtesse bat, ihr zu erlauben,
daß sie ihren Reisevorrath zur Ergänzung gleichfalls
auf den Tisch bringen und ihren Flaschenkeller öffnen
dürfe, damit ein Pickenick geschaffen werde. Marianne
war keine Frau, die viel Umstände machte: „Mit Freuden,
gnädige Comtesse, dann werde ich aber wol mein länd=
liches Mahl beseitigen müssen, wenigstens werden wir
Forstbewohner und Kleinstädter, die wir von den Deli=
catessen der königlichen Residenz selten etwas zu sehen,
viel weniger zu schmecken bekommen, nicht blöde sein.
Ich erwarte dagegen, daß die gnädigen Herrschaften
thun, als wenn sie zu Hause wären und zur Familie
gehörten." Der Kutscher schaffte die Behälter mit den
Eßwaaren und den Flaschenkorb herbei. Während erstere

ausgepackt wurden und die Neugierde nicht nur Hermann
und seine Schwester, sondern auch Marianne reizte,
denn die französisch-italienischen Conditoren buken ganz
andere Torten, als in Norddeutschland üblich waren,
suchte Heloise in ihrem Ridicule, wo sie den Schlüssel
zum Flaschenkeller, wie sie bestimmt wußte, geborgen,
aber vergeblich. Um sicher zu gehen, schüttelte sie den
Inhalt des ganzen Körbchens auf ihren Schos, bei dieser
Gelegenheit fiel der Brief, den sie am Morgen empfangen, auf die Erde. Marianne, die neben ihr saß,
hob denselben dienstfertig auf, und als sie die Adresse
sah, rief sie erstaunt: „Ach, ein Brief von meinem Bruder
Heinrich und noch nicht geöffnet?“

Heloise erschrak; das mußten Nachrichten aus Amerika sein, die sie so lange erwartet hatte, sie faßte sich
aber sofort und erwiderte: „Liebe Frau Oberförsterin,
ich empfing den Brief heute Morgen im Augenblick
meiner Abreise, und da ich vermuthete, daß er wichtige,
vielleicht in mein Schicksal tief eingreifende Nachrichten
enthielte, sein Inhalt jedenfalls die freudige Reise-
stimmung, in der ich mich befand, und die Seelenruhe,
die ich in Ihrem Familienkreise zu finden hoffte und
auch fand, stören könnte, beschloß ich, meine mädchen-
hafte Neugierde zu zähmen und den Brief erst vor
Schlafengehen zu öffnen.“

Marianne beruhigte sich, und da sich der Schlüssel nicht fand, beauftragte sie den Sohn, solchen in der Mooshütte zu suchen, wo denn der Flüchtling auch bald gefunden wurde.

Heloise hatte einige Flaschen Champagner beistellen lassen: „Aber nun fehlt uns Eis, der Wein wird so kaum trinkbar sein, da er der lieben Sonne zu viel genossen."

„Eis fehlt uns nie, auch im höchsten Sommer nicht", sagte Marianne, „wie sollten wir, die wir im Sommer höchstens alle acht Tage frisches Fleisch haben können, ohne Eis fertig werden? Mein lieber Mann hat eine Strohhütte über der Erde erbaut, die uns noch nie verlassen hat. Hermann, sage dem Hans, daß er einige Eimer mit Eis herbeischafft."

„Ist nicht nöthig, Mütterchen, dafür habe ich selbst gesorgt", unterbrach der Eheherr, „siehst du, da kommt Hans schon; nun aber, Herr Geheimrath und gnädige Comtesse und Fräulein und Weib und Kinderchen, macht euch über die guten Sachen her, jeder greife nach dem, was ihm am besten gefällt. Du, Hermann, ziehst Schwarzbrot und Schinken vor, wie ich weiß, hier hast du die erste Portion, später kommt der babylonische Thurm daran, den die Comtesse aus ihrem Schranke genommen hat, da sollst du nicht zu kurz kommen, und weil du den Schlüssel gefunden, auch ein Glas Cham= pagner haben. Vor allem aber, Mutter, schenk ein= mal ein, der Wein hier auf dem Tisch hat schon den ganzen Nachmittag in der Eishütte selbst Kühlung empfangen, unsere Gäste sollen leben." „Hoch und abermals hoch!" hieß es, und die Gläser klangen lustig, der goldene Rheinwein schimmerte im Licht der hinter dem Niederkaufungerwald sich zum Untergange neigen= den Sonne, welche durch das grüne Laubdach hindurch= schimmerte, noch röthlich goldener als sonst.

Es hatte seit funfzig Jahren manche vergnügte Gesellschaft an diesem Platze bis in die Nacht gesessen, aber selten war ein Kreis so von Herzen innig froh, gemüthlich, ungenirt und vertraut gewesen. Herr von Kitzow, Agnese und Heloise fühlten sich in der That wie zu der Familie gehörig. Oskar erzählte vom alten und neuen Schlosse zu Heustedt, von dem Volksfeste bei dem Geburtstage Olga's, die Oberförsterin dagegen von Georg's Jugendjahren, von dem Schmerz, den sie bei dem Verlust ihres zweiten Sohnes gehabt, von dem Aufenthalte des Bruders Heinrich hier im August 1792 während der Doppelhochzeit, von den Sorgen, welche ihr Hermann's Wildheit mache.

Der Champagner war gekühlt und entkorkt, Heloise trank das erste Glas auf das Wohl des deutschen Vater=

landes, und daß der Augenblick bald herbeikomme, den
alle guten Deutschen stillschweigend erwarteten. Kitzow
hatte den Gastgeber und seine Familie leben lassen,
Marianne die Comtesse Heloise, Agnese das Geburts=
tagskind.

Als eine kleine Pause eingetreten war und der
Vater dem Knaben das Glas zum dritten male gefüllt
hatte, mit dem Bedeuten, dies sei nun das letzte, nahte
sich dieser Agnesen und bat sie, mit ihm anzustoßen.
Als sie das Glas ergriff, um ihm bereitwillig zu sein,
sagte er: „Mein Bruder Georg soll leben und seine
Braut auch daneben.“ „Seine Braut?“ fragte Agnese.
„Ja du“, sagte Hermann.

Agnese erröthete tief, und um sie ihrer Verlegen=
heit zu entheben, fing Oskar zu lachen an, und die
Gesellschaft stimmte ein.

„Du Grünschnabel“, sagte die Mutter zürnend,
„wagst du es auch schon, mitzusprechen und das Fräu=
lein zu beleidigen?“

Da ergriff Kitzow ihre Hand und sagte leise: „Nicht
beleidigen, liebe Frau, ich würde mich durch die Ver=
bindung mit einer so wackern Familie nur geehrt
fühlen.“

Marianne sah mit freudigen Blicken zu ihm auf
und sagte: „Was Gott waltet, ist gut gewaltet.“

Der Mond war indeß aufgegangen und warf seinen
Silberschein durch das Laubdach; die bunten Lampions
in den Bäumen und unter dem Tanzplatze verloren
an Glanz, die Windlichter an dem Tische schienen
neidisch zu werden auf den Mondschein. Oskar suchte
ein neues Thema, um die noch immer sichtbare Verlegenheit Agnesens der Aufmerksamkeit der übrigen
Tischgäste zu entziehen.

„Wir haben bisjetzt der Würdigsten nicht gedacht",
sagte er, „die Aeltern meiner lieben Marianne, Georg
und Marie Schulz, sie sollen leben!"

Man war damit wieder in Heustedt. Heloise erzählte, wie sie bei ihrem letzten Besuche die Aeltern getroffen und wie die kleine Cruella ihr eine Bravourarie vorgesungen habe; wie sie den Pastor Heinrich
Schulz in Grünfelde getroffen. Es war schon nahe
an Mitternacht, als man sich trennte. Die altfürst-
lichen Gemächer waren als Schlafzimmer für die Gäste
ausersehen; die beiden großen Zimmer Heloisens und
Agnesens, durch eine Thür verbunden, hatten, wie daheim,
die Fenster nach Osten, nur daß hier große Fenster-
nischen auf alten Steinbau hinwiesen.

Agnesen wurde es schwer, von Heloisen zu scheiden,
sie hatte ihr so viele kleine Beobachtungen mitzutheilen,
hundertmal zu wiederholen, daß sie noch nie einen glück-

lichern Tag verlebt habe. Heloise wurde von Minute
zu Minute unruhiger, es war ihr, als wenn die ganze
am Tage zurückgehaltene Neugierde nun in arithmetisch
verdoppelten Potenzen auf sie einstürme. Sie mußte
die Freundin halb mit Scherz, halb mit Gewalt in
ihr Schlafzimmer treiben, um allein zu sein.

Heloise, die ihre Kindheit nicht in der Familie er=
lebt, die niemals erfahren hatte, was ein eigentliches
Familienleben sei, die ihre Mutter nur in den steifen
englischen Formen des ersten und zweiten Frühstücks
und der Diners gesehen hatte, der mütterliche Zärtlich=
keit etwas gänzlich Unbekanntes war, die der Schwestern=
liebe nun schon so lange Jahre entbehrte, empfand heute
eine unendliche Sehnsucht nach einem einfach bürger=
lichen Familienleben, die Sehnsucht, liebende Ael=
tern um sich zu haben und Mutter geliebter Kinder
zu sein.

Sie hätte Titel und Rang, Vermögen und Glanz
gern hingegeben, um einfach die Tochter Mariannens
zu sein, einsam im Walde zu leben.

Diese Gedanken beschäftigten sie, während sie sich
entkleidete. Darauf öffnete sie das Fenster, um noch
einmal frische Luft zu schöpfen, und begann dann das
Schreiben des Pastors zu Grünfelde zu öffnen. Dasselbe
lautete:

Grünfelde, 23. Mai 1809.

Hochwohlgeborene, sehr geehrte Comteß!

In großer Erregung greife ich zur Feder. Ich komme soeben vom Todtenbette meines ehrwürdigen Collegen, des Pfarrers Husmann, an der neuen Schloß= kirche zu Heustedt; der achtundsiebzigjährige Greis ist aus Schreck über ein Versehen gestorben, das er vor siebzehn Jahren bei der Trauung Ihrer Frau Schwester mit dem Grafen Schlottheim gemacht haben soll, und das ihm erst in diesen Tagen zum vollen Bewußtsein gekommen ist. Derselbe war in diesem Frühjahr schon sehr kränklich, sodaß sein Dienst von den Collegen in der Umgegend versehen werden mußte. Gestern ließ er mich, dem er den ersten Unterricht in der christlichen Religion ertheilt, den er confirmirt und dem er später als väterlicher Freund und treuer College zur Seite gestanden hat, zu sich rufen. Ich fand ihn äußerst er= schöpft vor seinem Schreibtische sitzend und in das Kirchenbuch etwas eintragend.

Während er schrieb, überreichte er mir ein Schreiben des Consistoriums zu Hannover, das ihm einen Protest mittheilte, der durch viele Hände, zuletzt durch die des kaiserlichen Cultusministeriums in Paris gegangen und von da durch Vermittelung des Militärgouverneurs von Hannover, der sich Einwirkungen auf alle Behörden, die noch in alter Form fortexiſtirten, erlaubte, an das Conſiſtorium zu Hannover abgegeben worden war. Dieſer Proteſt, urſprünglich in engliſcher Sprache ab= gefaßt, dem eine franzöſiſche und deutſche Ueberſetzung beigefügt war, lautete in letzterer:

„Geſchehen Philadelphia, am 14. Januar 1805, Vor mir, dem Notar ꝛc. und den zugezogenen Zeugen ꝛc., erſchien die Gräfin Olga Antoinette Char= lotte von Wildhauſen und legte einen Eid ab zu dem dreifaltigen Gotte und erklärte:

Ich Olga Antoinette Charlotte,‧ Gräfin von Wild= hauſen, geboren in Heuſtedt im vormaligen Kurfürſten= thum Hannover und der Grafſchaft Hoya, bekenne, da ich die Abſicht habe, mich gegenwärtig mit dem Doctor der Rechte Karl Haus zu vermählen, zu dem dreifaltigen Gotte der Wahrheit gemäß, daß ich niemals vermählt geweſen bin mit dem Grafen Otto von Schlottheim, wenn ich vor der Welt auch eine Zeit lang den Namen ſeiner Gattin geführt habe.

Am 10. Auguſt 1792 wurde ich, damals zwanzig Jahre alt, gegen meinen Willen von der Mutter und dem Vormunde verlobt mit dem Sohne des letztern, dem Grafen Otto von Schlottheim, zur Schloßkirche in Heuſtedt geführt, um mit ſothanem Verlobten ehelich getraut zu werden. Ich hatte mich in mein Schickſal ergeben, aber während der Trauungsceremonie trat eine gemeine Dirne, vorgebend, Schlottheim habe ihr die Ehe versprochen und sie trage ein Kind von ihm, einsagend dazwischen, was einen großen Tumult hervorrief. Die Dirne wurde als Wahnsinnige beseitigt und die Mutter zwang durch ihren Drohblick den von ihr angestellten und abhängigen Prediger, in der Ceremonie fortzufahren. Ich aber habe seine Frage: ob ich den Grafen Otto von Schlottheim zum Ehegatten begehre? mit dreimaligem Nein beantwortet, während die an meiner Seite stehende Mutter ein Ja sagte. Ich habe nicht geduldet, daß seine Hand in die meine gelegt wurde, und habe den Ring des Grafen, den mir der Prediger an den Finger stecken wollte, von mir geschleudert.

Deß ist Gott mein Zeuge, wie meine Mutter, die Gräfin Melusine von Wildhausen, geborene von Alvensleben. Ich schwöre ferner bei dem allmächtigen Gotte, daß ich nie eine eheliche Gemeinschaft mit dem gehabt habe, der sich mein Gatte nannte.

Ich gebe dieses Bekenntniß von mir, damit es der Fälschung, welche sich in dem Trauungsregister der Kirche zu Heustedt unter obigem Datum findet, beigelegt und das Register hiernach berichtigt werde.

Ich ermächtige den Notar ꝛc. zugleich, diese Erklärung an die oberste geistliche Behörde im vormaligen Kurfürstenthume Hannover und eine beglaubigte Abschrift davon an meine Mutter, die Gräfin Melusine von Wildhausen zu Heustedt, zu senden, damit sie, wenn sie ein Gewissen hat, bewahrheite, was ich hier beschworen.

Geschehen wie oben u. s. w."

Der Prediger zeigte mir darauf einen goldenen Reif, in welchem inwendig die Buchstaben O. v. S. und die Worte: am 10. August 1792, standen, und der an der einen Seite stark verbogen und niedergetreten schien. „Dieser Ring wurde mir", sagte Husmann mit schwacher Stimme und unter schwerem Husten, „am Tage nach der Hochzeit vom Küster gebracht, und ich habe seitdem schwere Gewissensbisse empfunden. Ich war durch den Aufruhr, den das Auftreten der schwarzen Marthe, wie man sie nannte, machte, gänzlich consternirt. Nach den Satzungen unserer Kirche durfte ich, da Einsprache geschehen war, die Trauung nicht vollziehen. Aber die Gräfin Melusine drängte, ich verlor ganz und gar den Kopf, und es kann sehr wohl sein, daß ich das Nein der Braut überhört habe, denn hätte ich es gehört, so würde keine Macht der Erde mich bewogen haben, die Hände der Brautleute zusammenzulegen. Aber es war so geräuschvoll in der Kirche, niemand achtete auf den Act der Trauung, und ich stand wie unter einem Banne der Gräfin Mutter, die mich mit zornigem Blick anschaute und mir zuheischte, die Sache zu Ende zu führen.

„Dies mein Zeugniß", fuhr er gegen mich gewendet fort, „habe ich heute eigenhändig in das Kirchenbuch eingetragen, es wird das letzte sein, was ich darein= schreibe; Ihnen, mein lieber Confrater, überlasse ich es, dem Superintendenten mündlich, dem Consistorio, unter Mittheilung meines Zeugnisses, schriftlich davon Bericht zu erstatten."

Das Sprechen hatte ihn dermaßen angegriffen, daß er nicht fortfahren konnte, er hustete noch einmal auf und sank dann todt in meine Arme, ehe ich Hülfe rufen konnte.

Ich habe mit Genehmigung des Superintendenten das Kirchenbuch und die Eingabe Ihrer Frau Schwester mit nach Grünfelde genommen, um den Bericht an das Consistorium zu machen und Ihnen den für Sie so wichtigen Vorfall zu melden.

Mit größter Hochachtung u. s. w.

Heloisen war während des Lesens die Scene von damals so gegenwärtig, als geschehe sie im Augenblick — als die Marthe den Grafen Schlottheim angefaßt, war sie von der Seite ihrer Schwester nach Anna zu

gewichen, und als Marthe dann entfernt war, hatte sich
die Mutter an die Stelle gedrängt, die ihr als Braut=
jungfer gebührte, sie trat nun zwischen die beiden Braut=
paare. Sie hörte sehr deutlich, daß Olga nicht Ja,
sondern Nein sagte, als der Prediger ihr Ja
haben wollte, und unterschied das Ja der Mutter
sehr wohl von dem Nein der Schwester.

Da der Majoratsherr und sein Vater, der Geheim=
rath von Schlottheim, um Olga beschäftigt waren, so
wurde sie in den Wagen der Mutter gesetzt, die ein
sehr ernstes Gesicht machte. Sie hatte der Mutter auf
dem kurzen Wege zum Schlosse gesagt: „Chère maman,
Olga hat ja aber Nein, nicht Ja gesagt, ist sie nun
doch des häßlichen Schlottheim Frau?" Da hatte
die Mutter, es war das erste und letzte mal in ihrem
Leben, ihr einen so furchtbaren Schlag auf den Mund
gegeben, daß sie glaubte, alle Zähne wären ihr aus=
geschlagen, und hatte, französisch natürlich, gesagt:
„Wenn du den vorlauten Mund nicht hältst, so werde
ich dich zu bestrafen wissen." Sie hatte keine Thräne
vergossen vor innerer Aufregung und Wuth, sie hatte
das Blut, das ihr im Munde zusammenlief, verschluckt,
damit aber auch alle Liebe und Achtung, die sie bisher
für die Mutter empfunden, für immer gebannt. Als
man vor dem Schlosse ausgestiegen war, hatte die

Mutter sie der Kammerfrau übergeben und befohlen: „Ziehen Sie das Kind aus und lassen Sie es seine Appartements nicht verlassen, das Kind ist krank.“

Sie hatte alles mit sich machen lassen, war sie doch wie ohne Besinnung gewesen; die Kammerfrau hatte ihr Torten und Zuckerwerk gebracht, sie hatte nichts berührt. Erst als Olga in Reisekleidern gekommen war, um Abschied von ihr zu nehmen, hatten ihre Thränen zu fließen angefangen, und beide Schwestern hatten sich eine lange Zeit umarmt gehabt und zusammen geweint. Sie hatte Olga seit jenem Tage nicht wieder=gesehen, und Olga lebte?! Sie mußte sie sehen, sie mußte nach Amerika!

Nach Amerika? Noch lange wanderte sie in dem großen Gemache umher, das, wie sie jetzt erst sah, noch mit vergoldeten Ledertapeten bekleidet war, den Ge=danken nach Amerika in ihrer Seele ausspinnend.

Entfernt von der Mutter, bei ihrer Schwester in dem Kreise geliebter Menschen, in einer Familie, wie sie hier getroffen, entfernt vom Gewühle der Städte, entfernt vom Hofe und seinen Verderbtheiten leben zu können, das war eine Zukunft. Bisjetzt hatte sie sich eine Stelle in einem protestantischen Kloster, wie es deren im Althannoverischen für Frauen ihres Standes mehrere gab, als ihre Zukunft gedacht.

Jetzt dachte sie sich eine Zukunft im Kreise von
Olga und Karl Haus, Agnese und Georg Baumgarten
und dem Geheimrath von Kitzow, im freien Amerika.

Ihr Gemüth beruhigte sich, sobald sie zu dem festen
Entschlusse gekommen war, nach Amerika zu der Schwester
zu reisen, sie legte sich schlafen und schlief ohne zu
träumen, bis die Sonne ihr ins Antlitz schien und sie
unten die Oberförsterin Tauben und Hühner füttern
hörte. Sie stand bald angekleidet, auch Agnese schlüpfte
aus ihrem Zimmer und gab ihr den Morgenkuß.

„Weißt du", sagte sie, „was ich in dieser Nacht für
komisches Zeug geträumt habe? Ich träumte, du und
ich, Vater und Georg reisten nach Amerika."

„Das hast du nicht geträumt, liebe Agnese, das hat
dir eine unsichtbare Macht als meinen Beschluß und
meine Gedanken in dieser Nacht zugetragen. Eine mag=
netische Seelenübereinstimmung, ein Mesmer'scher Rap=
port, oder wie wir es nennen wollen, hat zwischen
unsern Seelen stattgefunden."

Agnese verlangte nach Aufklärung, doch unten im
Hofe und Garten wurde es immer lauter. Die Kühe
waren gemolken und wurden nun ins Holz getrieben, wo
sie ihre Weideplätze schon kannten; Oskar schritt mit der
Pfeife im Munde, das Messer in der Hand, zwischen

den Blumenbeeten auf und ab und schonte die ersten Rosen=
knospen zu Bouquets für die jungen Damen nicht.

Marianne hatte in der Fliederlaube, in welche die
Morgensonne schien, zum Kaffee gedeckt und trug eine
große „Klöbe“, die sie am Morgen früh gebacken, in
die Laube, ordnete die Kaffeetassen, setzte Butter und
Honigscheiben zurecht. Jetzt klopfte auch der Geheim=
rath an die Thür, um, wie er vermeinte, die jungen
Damen zu wecken. Diese traten ihm, Guten Morgen
wünschend, aber schon in Toilette entgegen, beide strah=
lend wie der Junimorgen.

Man saß in der Fliederlaube, und Fliederduft stritt
mit Jasminduft um die Wette, der Oberförster legte
den jungen Damen Bouquets von Rosen, Reseda und
Vergißmeinnicht, die Hermann aus dem Thale vom
Bache hatte holen müssen, auf die für sie bestimmten
Plätze. Vor dem Platze des Geheimraths lag die
Thonpfeife, dieser aber legte sie zurück und bat sich
ein Stück von der schönen Stolle aus. Marianne
verstand ihn nicht; Heloise mußte ihm zu Hülfe kommen
und erklären, daß er die Klöbe meine.

Als man die erste Tasse Kaffee getrunken hatte und
das Mädchen kam, die zweite Kanne zu holen, fragte
Marianne: „Was hat denn der Bruder geschrieben?“

Heloise erzählte nun in großen Umrissen, daß ihre

Schwester Olga, die im Meere bei Neapel ertrunken sein sollte, in Amerika lebe und sich wahrscheinlich schon längst mit dem Geliebten ihrer Jugend, Dr. Karl Haus, vermählt habe, da sie, wie eben der Pastor Heinrich Schulz geschrieben, mit Graf Schlottheim nie vermählt gewesen sei. Die nähern Schicksale derselben seien ihr selbst noch unbekannt. Sie theilte mit, daß sie den Entschluß gefaßt habe, nach Amerika zur Schwester zu gehen, und dabei die Hoffnung hegte, der Geheimrath und Agnese würden sie begleiten.

Herr von Kitzow reichte ihr die Hand über den Tisch und sagte: „Topp, ich begleite Sie."

Agnese machte ein sehr verlegenes Gesicht. „Nun, du kleines Närrchen, sei nur nicht ängstlich, es versteht sich von selbst, daß wir drei nicht allein reisen — deine alte Tante können wir ja nicht zurücklassen, und dann möchte ich auch mit Erlaubniß des Herrn Oberförsters einen jungen Beschützer mitnehmen."

„Mich!" rief Hermann, und alle lachten, nur Agnese wurde roth, denn sie verstand die Freundin.

„Du mußt erst etwas lernen und sprichst überhaupt nicht mit, wenn große Leute sprechen", sagte Oskar.

„Ich gedenke", fuhr Heloise fort, „den König um gänzliche Begnadigung Georg's zu bitten, wenn die Aeltern erlauben, daß er auf der Reise nach Amerika

11*

mein Beschützer und Souslieutenant meiner Freundin Agnese ist."

„Vortrefflich! Marianne, wollen wir auch mitreisen?" fragte Oskar.

„Hoffentlich", sagte Heloise und reichte Marianne die Hand, „wird Ihr Herr Bruder Heinrich, wenn es nach meinem Willen geht, vor unserer Abreise in Grünfelde noch eine Hochzeitsarbeit bekommen, denn ich gedenke in Heustedt vorzukehren, um dort einige gewichtige Erklärungen in Sachen der Trauung meiner Schwester, deren Brautjungfer ich war, abzugeben, und bei der Gelegenheit möchte die Kirche in Grünfelde ein ganz passender Ort sein — die Vorhersagungen eines gewissen vorlauten Bürschchens zur — nun wir wollen sagen, zur kirchlichen Wahrheit zu machen."

Es hatte sich auf den Gesichtern der Anwesenden, mit Ausnahme des in der einen Hand die Kaffeetasse, in der andern das Stück Klöben haltenden Knaben, welcher den Sinn der Rede nur halb verstand und mit einem sein hübsches Gesicht entstellenden, halb klugen, halb dummen Blicke zu der Sprechenden emporsah, eine ernste Stimmung kundgegeben; niemand wußte, wer zuerst das Wort ergreifen sollte.

Endlich sagte Herr von Kitzow: „Wenn ich der Rede dunkeln Sinn richtig verstanden habe, und das Erröthen meines Töchterchens bürgt mir dafür, so sage ich Ja."

„Und ich sage Amen", sagte Oskar, „du, Marianne, hältst dein Plappermäulchen."

„Ich aber bitte, daß angespannt wird", sagte Heloise.

„Das kann geschehen, — du Hermann, gehe zum Kutscher, er wird mit seinem Frühstück fertig sein, heiße ihn anspannen, setze dich zu ihm auf den Bock und führe ihn den Weg durch den Berlepsch'schen Park. Der Forsthüter wird schon öffnen, wenn er dich sieht. Er soll am Hübenbache halten.

„Sie, meine Herrschaften, geleite ich auf bequemem Fußwege den Berg hinab. Mutter kann uns begleiten, und wir können im Holze den amerikanischen Plan durchsprechen."

So geschah es.

———

Fünftes Kapitel.

In Nordamerika.

Während das in einem frühern Kapitel Erzählte im Mittelländischen Meere vorging, war Karl Haus längst in England angekommen. Das englische Kriegsschiff, mit dem er fuhr, hatte Stürme und Kämpfe mit Franzosen auf dem Wege nach Gibraltar zu bestehen gehabt, es war inzwischen glücklich in seinem Heimatshafen eingelaufen. Best, an den Karl die Münster'schen Depeschen ablieferte, bot ihm eine dem Namen nach untergeordnete, aber sehr einflußreiche und gut dotirte Stellung als Geheimer Kanzlist in der deutschen Kanzlei, d. h. er sollte das Arbeitsthier Best's selbst werden, wie dieser das Arbeitsthier des Sr. Majestät vortragenden Ministers war. Karl lehnte ab, er sehnte sich nach Amerika, wo er mit der Geliebten zusammentreffen sollte. Den ihm von Olga mitgegebenen Familienschmuck verkaufte er für einen viel theuerern Preis, als er und jene je vermuthet hatten, er erhielt 15000 Dollars dafür. Ein amerikanischer Kauffahrer fand sich, wenn auch spät, und obgleich die Reise nicht mit heutiger Dampffahrt= geschwindigkeit ging, war er doch in Amerika, noch ehe die Präsidentschaft Adam's aufhörte, im ersten Jahre des neuen Jahrhunderts.

Er fand in Philadelphia Justus Erich Bollmann mit einer schönen gebildeten Dame aus den besten Ständen verheirathet, als Kaufmann ein Compagnie= geschäft mit Bruder Ludwig betreibend. Aber die Brüder waren entgegengesetzte Naturen. „Der Doctor“, wie ihn Ludwig nannte, war nach der Aeußerung dieses ein Plane= macher, der ins Weite schweifte, dem der reichliche Ver= dienst der Firma nicht genügte, der Politik treiben, den amerikanischen Continent bis zu dem fernsten Westen durchreisen wollte, um Eisen, Kupfer, Silber, Gold, das sich dort in Masse finden müsse, aufzusuchen.

Heinrich Ludwig, Justus' Compagnon, artete auf den Onkel in Birmingham, für ihn hatte nur Geld und das Verdienen Werth. Die Frauen beider Brüder waren gleichfalls nicht in Harmonie; Justus Erich's Frau war aus einer alten englischen Landbesitzerfamilie, gebildet, aber nicht reich; Heinrich Ludwig hatte die Tochter eines Tabackspflanzers aus Virginien geheirathet, eines reichen Sklavenhalters, die von Jugend auf ge= wohnt war, nur ihren Launen zu folgen, und die sich

zur Herrin auch ihres Gemahls aufgeschwungen hatte.
Sie hegte einen unbegrenzten Widerwillen gegen die
gebildetere und hübschere Frau ihres Schwagers. Schon
dieses Verhältniß hätte die Compagnie zersprengen müssen,
wenn nicht noch zwei andere Dinge ebenso mächtig zu
diesem Ziele gewirkt hätten.

Alle von Justus Erich bisher angegebenen Speculationen hatten noch keinen rechten Erfolg gehabt, die
Compagnie hatte wenn nicht Verluste, doch nie ein
glänzendes Geschäft gemacht, das kam daher, daß die
Plane des Doctors weitaussehend angelegt waren und
erst nach Jahren rentiren konnten, dann aber tüchtig.

Alle Speculationen Heinrich Ludwig's glückten,
sie hielten sich in dem von ihm auf dem Markte
überschbaren Gebiete, brachten aber keinen so großen
Vortheil, wie die von Justus Erich unternommenen
bringen sollten. Justus Erich, der ursprünglich größere
Mittel in das Geschäft brachte, hatte durch große Reisen,
durch seine vielerlei Bedürfnisse, namentlich alles, was
in Europa englisch, deutsch, französisch auf dem Lite-
raturgebiete erschiene, zu besitzen (und Bücher waren
damals theuerer als heutzutage), einen großen Theil des
in das Geschäft gebrachten Vermögens wieder verzehrt, wie ihm der Bruder auf Heller und Pfennig
vorrechnete. Als Heinrich Ludwig eine Virginierin

heirathete und nun ein viel größeres Vermögen in das Geschäft brachte, wurde die Sache noch schlimmer. Nun aber drückte dem allen das Siegel auf, daß beide Brüder verschiedenen politischen Parteien angehörten. Justus Erich hegte die größten Sympathien für England, er hatte die Französische Revolution im Anfange ihrer Gräßlichkeiten erlebt, er kannte die Frivolität der französischen Größen in vollem Maße, war doch selbst sein Freund und Gönner Talleyrand, den er hier in Amerika noch protegirt hatte, jetzt Minister des Ersten Consuls. Justus Erich war Föderalist, wie man die Partei nannte, welche kurz zu sagen nach Centralisation, nach Stärkung der Regierungsgewalt des Präsidenten und des Congresses den einzelnen Staaten gegenüber strebte.

Heinrich Ludwig war dagegen Republikaner, der die Gewalt der einzelnen Staaten möglichst stark der Unionsregierung gegenüber wünschte. Die Republikaner neigten sich ebenso stark Frankreich zu als die Föderalisten dem Mutterstaate.

Als Karl Haus in Philadelphia ankam, wurde er von beiden Vollmanns auf das freundlichste empfangen, allein er merkte in der ersten Stunde, daß sich ein innerer Zwiespalt zwischen den Brüdern ausgebildet hatte. Heinrich Ludwig rieth Karl ab, sich mit dem

Zeitungswesen abzugeben, das sei nichts, das sei für deutsche Gelehrte, ein Gelehrter komme aber in Amerika nicht durch, und als er nun gar erfuhr, daß Karl 15000 Dollars mitgebracht, schlug er ihm in der ersten Stunde des Beisammenseins vor, er möge als Dritter in die Compagnie treten, oder er möge den Doctor, anders nannte er den Bruder nie, abkaufen, der passe doch nicht zum Geschäftsmanne.

Ein solches Anerbieten in der ersten Stunde machte Karl kühl. Er hatte sich bei Justus Erich einquartiert und fand in dessen Häuslichkeit sich wohl. Die schöne Frau Vollmann wurde nicht müde, sich von Deutsch- land erzählen zu lassen, sich die kleine Heimat ihres Gatten, Hoya, die Weser, die größte Stadt an dieser, Bremen, immer und wieder beschreiben zu lassen, und erzählte dann diese Beschreibungen ihrem kleinen zwei- jährigen Mädchen, Indiana benannt, das natürlich nichts davon verstand, mit allerlei komischen Zusätzen wieder.

Als man abends beim Thee saß, und Karl über sein Leben in Rom und Neapel, soweit es sich in Gegenwart der jungen Frau berichten ließ, erzählt hatte, sagte Justus: „Lieber Karl, hätte ich geahnt, daß du 15000 Dollars mit nach Amerika bringen würdest, so hätte ich dir den Vorschlag, hier eine deutsche Zeitung

zu redigiren, nie gemacht, denn insoweit hat mein Bru=
der recht, mit so großen Mitteln muß man hier etwas
Besseres thun als schriftstellern. Indeß ist auf dich
gerechnet, die Zeitung ist mit den Mitteln unserer
Partei gegründet und hat eine sehr große Zukunft, wenn
unsere Partei bei den nächsten Wahlen siegt. Schon
jetzt hat der Präsident die Hauptmittel zur Begründung
hergegeben. Betrachte die Zeit deiner Redaction als eine
Uebergangszeit, in der du Land und Leute, Sitten und
Gewohnheiten besser kennen lernst, damit du dir in der
Zukunft eine solche Stellung auswählen kannst, wie sie
dir und deiner Frau beliebt. Deine Gattin darf hier
nicht lange eine Frau Doctorin bleiben. Du glaubst
nicht, welch ungemeinen Respect unsere Republikaner,
selbst unsere Quäker, vor dem alten europäischen Adel
haben, deine Olga wird als Gräfin in unserer Stadt
der Bruderliebe sehr bald eine große Rolle spielen
können, wenn sie das will.

„Aber wir müssen Plane machen, wie wir deine
Gelder sicher unterbringen. Mein Bruder nennt mich
einen Planemacher, er hat recht, ich mache Plane. Ich
habe beinahe zwei Jahre dieses Land durchreist und
weiß, daß es die ungeheuerste Zukunft hat, es werden
keine hundert Jahre vergehen, und wir haben Europa
in allen Dingen überflügelt, haben mehr Einwohner

als das alte Europa, haben es in allen praktischen
Wissenschaften, wenigstens in Handel und Industrie
überholt. Europa ist einem alten Manne zu vergleichen,
der sich mit allerlei künstlichen Mitteln zu verjüngen
sucht, vor dem Mittel, das ihm allein helfen könnte,
der Republik, sich aber fürchtet. Die beste monarchische
Regierung kann es einer freien Volksregierung nicht
gleichthun. Europa kann aber der Monarchien nicht
entbehren, das alte Feudalwesen hat die Gesellschaft
so zerklüftet, zwei Stände so gesondert, daß sich eine
freie Parteibildung nach Principien nicht denken läßt.
Alles Blut, das Robespierre und Genossen vergossen
haben, um den Adel zu vertilgen, ist umsonst vergossen.
Es gehört keine große Scharfsicht dazu, um zu sehen,
daß Frankreich stark der Monarchie zusteuert. Auch
mein Freund, der Bischof von Autun, witterte das
schon lange und sah Bonaparte schon wachend wie im
Traum mit Krone und Scepter.

„Doch zur Sache; mein Bruder ist schon ganz
Yankee, er denkt nur ans Geldmachen; du mußt ihm
nicht übel nehmen, daß er auf dein Geld speculirt, er
wälzt sich seit Wochen mit einem großen Unternehmen,
das nothwendig seine 20—30 Procent abwerfen muß,
und uns fehlt es jetzt zum Theil an Mitteln, 15000
Dollars könnten helfen.

„Allein ich will dir einen Plan vorschlagen, der sicherer ist, wie du einsehen wirst. Wir reisen in den ersten Tagen nach Föderal City, damit du das Riesen= unternehmen einer nach Gedanken künstlerisch gebauten Stadt· siehst.

„Der Mann, der diesen Plan erdacht und ausführt, ist mein specieller Freund, ein Genie, wie es selten eins gegeben, der es aber in diesem Lande vorläufig zu nichts bringen wird, da, wenn hier mein Nachbar, der reiche Oelhändler Olivier Evans und Isaac Newton dieselbe Sache vorschlagen würden, das Vertrauen auf seiten des erstern sein würde. Man versteht die Wissenschaft hier noch nicht zu würdigen, und so hat man an dem ursprünglichen Plane meines Freundes zur Erbauung des Capitols so lange gemäkelt und ge= ändert, bis man jetzt vielleicht etwas Unschönes zu Stande bringt. Schon jetzt fangen die Kleingläubigen an, das Vertrauen zu sich selbst zu verlieren, sie finden den Plan zu der Centralstadt zu großartig, sie haben eine nothwendige Ergänzung des Plans als unzweck= mäßig gestrichen, eine Art Vorstadt an der östlichen Seite. Hier liegt ein unbebautes Sandterrain von etwa 100 Acres, das man in diesem Augenblicke für 150—200 Dollars kaufen kann, dasselbe zieht sich zwischen der Stadt, wie sie im Plane vorliegt, und·

einem kleinen Flusse, der unterhalb in den Potomac
mündet, von der Höhe bis zum öffentlichen Flußufer,
und wird hier jedenfalls aller Seeverkehr stationär
werden. — Du kaufst das Grundstück, es werden
Straßen abgesteckt und etwas geebnet, dann wird eine
Breterhütte gebaut und zum Schank eingerichtet. Ein
zuverlässiger Schenkwirth findet sich leicht, der zur
Oberaufsicht über den ganzen Platz die Hütte bezieht.

„Wenn einst Föderal City ein Drittel soviel Einwohner als jetzt London hat, bist du oder sind deine
Kinder so reich wie Lord Westminster in London.

„Dazu wäre ein Drittel deines Kapitals verwendet,
das dir vielleicht erst in zehn, vielleicht in zwanzig
Jahren die erste Ernte, aber die funfzigfache oder hundertfache, in funfzig Jahren jedenfalls die zweihundert-
fache trägt. Ich bezeichne das als ein Kapital für die
Zukunft.“

„Aber, lieber Justus“, unterbrach Karl den Rede-
fertigen, „dein Plan wäre ganz gut, wenn ich statt
15000 Dollars, die nicht mir, sondern meiner Olga
gehören, 100000 oder 200000 Dollars hätte! Außer
dem, was Olga gehört, besteht mein ganzes Vermögen
nach Veräußerung des Nachlasses meiner Mutter nur
in 372 Louisdor. Von den für den Schmuck erlösten
Geldern darf und werde ich keinen Pfennig für solche

weitaussehende Plane anlegen; ob ich mein Geld daran wende, wird sich erst überlegen lassen, nachdem ich das Terrain euerer Föderal City gesehen habe, von der du selbst noch vor vier Jahren schriebest, daß es Wald= terrain wäre."

„Brauchst dich nicht zu übereilen, will dich nicht drängen und pressen, ist meine Art nicht", erwiderte Justus Erich. — „Nun Verwendung deines zweiten Drittels. Ich habe in Göttingen theoretisch, in England und Schottland praktisch nicht umsonst Geologie studirt. Meine Reisen nach Westen, von denen mein Bruder dir erzählt, daß sie pure Geldverschwendungen wären, sind Gelderoberungen. Millionen ließen sich verdienen, wenn man Hunderttausende anwenden könnte. Amerika muß erst entdeckt werden; bis heute ist das Felsengebirge, das uns vom Stillen Ocean trennt, nicht überschritten; wenn es gangbar ist wie die Alpen, welche Deutschland von Italien trennen, dann erst ist Amerika Amerika, die Union ein Weltstaat. Du erinnerst dich des Wer= bers in Münden, unter dem Fulda und Werra die Weser bilden.

„Ebenso liegt, von hier freilich Hunderte englischer Meilen entfernt, ein jetzt unscheinbarer Ort, nicht viel größer als dein Heustedt, am Zusammenflusse des Alleghany und des Monongahela, jeder Fluß von der

Breite der Themse bei London, welche fortan Ohio heißen, der, wie du wissen wirst, in den Mississippi mündet und dadurch die Verbindung mit dem Meerbusen von Mexico und dem Atlantischen Ocean hat, nördlich über sich aber die Verbindung mit dem Eriesee und den andern Seen bis Canada, westlich Ohio mit dem Territorium Indiana vermittelt, nach welchem ich meine Tochter getauft habe, weil ich dort weilte, als sie geboren wurde.

„Der Westen ist die Zukunft von Nordamerika, aber noch unerschlossen, wahrscheinlich großartiger, als gegenwärtig irgendein Mensch eine Ahnung davon hat. Das sind freilich Träume, wie mein praktischer Bruder sagt, allein ich halte Pittsburg für den bedeutendsten Zukunftsort Nordamerikas. Mögen die Seestädte den Verkehr mit Europa betreiben, Pittsburg wird immer den Verkehr mit dem Norden und Westen wie einen Theil des Südens nothwendig vermitteln müssen und zwar nach Wahrscheinlichkeit für alle Zeiten. — Aber, lieber Karl, das ist es nicht allein, in der Erde steckt ein unerschöpflicher Reichthum, den kein Mensch kennt, an den mein Bruder nicht glauben will. Könnte ich auf ihn irgendeinen Einfluß üben, so hätten wir unser Krämer= und Bankiergeschäft zur Vermittelung mit Bremen und Norddeutschland schon längst an den Haken gehängt und uns in Pittsburg angesiedelt, um dort — Eisen zu produciren. Ich war auf einer dem General X. angehörigen Farm von 100000 Acres, zum Theil Kleiboden mit Sand, wie wir ihn zwischen Hoya und Heustedt haben, dann, wo sich der Boden mehr erhebt, so eine Gegend bis nach Asendorf hinauf, sandiger Lehmboden, dann auf der einen Seite ein Stück Wald, rechts davon ein sogenanntes wüstes Feld, dunkelbraun aussehend, mit weißen Kalksteinbrocken darauf.

„Der General sagte mir: «Da sehen Sie, was diese 100000 Acres, die ich für meine Verdienste im Befreiungskriege als Dotation erhalten habe, bedeuten wollen. Da unten erhalte ich 200 Dollars Pacht für den ganzen Krämpel, hier oben weiß ich mit meinen Bäumen nichts anzufangen, und dort wenigstens 500 Acres lang, dieser verdammte niederträchtige Boden, auf dem weder Grashalm noch Distel wächst!

„«Ich habe da einer deutschen Familie von drei Männern und fünf Weibern ein Stück Weiden- und Bottomland in Pacht gegeben und ihnen erlaubt, alles Land, was sie von diesem schmuzigen Dreckzeuge urbar machen könnten, für ihr eigen zu betrachten. Die Leute haben den Mist auf dem Rücken heraufgetragen, aber weder Kartoffeln noch Rüben, weder Hafer noch

Gerste ist nur irgend aufgeschossen. Das soll nun eine Dotation sein!»

„Ich faßte in die Erde und fand sofort, daß es ein sehr feinkörniges Rasenerz sei, das hier auf einer großen Strecke zu Tage komme.

„Ich bin überzeugt, daß auch ganz in der Nähe Steinkohlen liegen müssen, und wenn nicht, so schadet das gar nicht, es sind Holzungen in Menge in der Nähe, und wie du vielleicht wissen wirst, ist Holzkohlen= eisen viel besser als Steinkohleneisen."

Karl Haus verstand von dem allen sehr wenig oder nichts und sagte nur: „Das ist ja auch wieder ein Plan nur für einen Millionär oder für meine Enkel."

„Nicht doch, ich kaufe dir von dem General nicht nur die unermeßlichen Eisensteinfelder nebst etwa 200 oder 300 Morgen Wald, aus dem wir später Holz= kohlen machen wollen, wenn sich wohlfeilere Steinkohlen nicht finden, sondern ich kaufe dir auch die ganze Länderei an Wiesen, Tabacks= und Baumwollenland, die unsere Landsleute in Pachtung haben und ein gut Stück dazu, so ein 100 Acres im ganzen. Dem General ist an 1000 Dollars baar sehr gelegen, wie ich weiß, und die Pächter sind ganz specielle Landsleute, Hohaer aus Kirn= berg, dort fortgewandert, weil sie im Streite mit dem

Obergeſtütmeiſter Claaſing lebten, redliche Leute, die
dir dein aufgewandtes Kapital nicht nur mit fünf Procent als Pachtgeld verzinſen, ſondern dir, wenn du ihnen
zehn Jahre Zeit läßt, noch 100 Morgen culturfähigen
Landes umſonſt urbar machen werden, während die
Waldungen und Eiſenerzfelder unangerührt dein eigen
bleiben werden, bis die Zeit für uns gekommen iſt.
Du bekommſt dein Kapital alſo verzinſt.‟

„Der Plan läßt ſich eher hören‟, erwiderte Karl,
„ich weiß, daß du ſchon in Göttingen durch deine geo-
logiſchen Kenntniſſe ausgezeichnet warſt, und glaube
dir ohne weiteres. Dazu liegt es in der Natur, daß
man Landsleuten gern hilft, und unſer hohaer Bauer
iſt, wenn auch etwas gedankenträge, doch arbeitſam und
ehrlich — ich überlaſſe dir alſo den Ankauf und die
Titelberichtigung, den Vertrag mit den Kirnbergern und
was ſonſt dahin gehört.‟

„Das wäre abgemacht‟, ſagte Juſtus. „Ich muß
dir nur noch ſagen, daß ich das Eiſenerz chemiſch unter-
ſucht und gefunden habe, daß es, eine Seltenheit bei
Raſenerzen, beinahe gänzlich frei iſt von Phosphor-
ſäure, dagegen einen reichlichen Zuſatz von Kalk hat,
wodurch die Verhüttung erleichtert wird. Junge, was
werde ich ſpringen, wenn wir den erſten Hohofen an-
blaſen! Und dann habe ich noch eine eigenthümliche

Idee. — Ein Zeitungsredacteur, der zugleich großer Landbesitzer ist, der gar eine Gräfin heirathet, ist noch nie in Amerika dagewesen. Das wird unserer «Oeffentlichen Meinung», so heißt das Blatt, wie du weißt, einen Anstrich geben, ein Renommée, wie wir es nicht besser wünschen."

„Du berührst da einen schmerzlichen Punkt, lieber Justus. Eine Gräfin heirathen? Ja, aber wo ist sie? Warum ist Olga noch nicht hier? Warum hat sie nicht geschrieben? Sie versprach, wenn durch irgendwelche Umstände ihre Flucht aus Neapel oder vielmehr aus Sorrent vereitelt würde, an dich zu schreiben."

„Aber Karl, wenn du die Zustände in Italien irgend mit Interesse verfolgt hast, so ist ja nichts erklärlicher. Ich habe noch heute in der «Times» vom 20. Juli, bei der Nachricht von der am 10. Juni erfolgten Abreise Nelson's von Palermo über Italien und Deutschland nach England, einen Rückblick über die dortigen Ereignisse gelesen. Der neuen Coalition, die England gegen Frankreich heraufbeschworen, war das Directorium nicht mächtig, das Glück war bei der Coalition. Jourdan wurde vom Erzherzog Karl von der Donau an den Rhein zurückgeworfen, General Kray trieb Scherer von der Etsch an den Mincio, vom Mincio an die Abba, wo Suworow mit Melas vereint die französische Armee vernichtet hätte, wäre durch Moreau's Genie ihr nicht ein Rückzug bereitet.

„Diese Lage der Dinge nöthigte die Franzosen, ihre 28000 Mann, welche Neapel und das römische Gebiet besetzt hielten, nach Norditalien zusammenzuziehen. Die Parthenopeische Republik, auf sich selbst angewiesen, konnte dem Andringen des fanatisirten Landvolks unter Cardinal Ruffo, der Lazzaroni und der unzähligen Pfaffenbrut im Innern der Stadt nicht widerstehen. Man capitulirte, nachdem am 18. Juni nur noch das Fort San-Elmo und das Ei-Fort in den Händen einer schwachen französischen Besatzung war, während die Calabresen schon auf dem Kai Chiaja lagerten.

„Die am 22. Juni vom den Cavaliere Massa namens der Parthenopeischen Republik und Frankreichs, namens des Königs von Neapel durch Cardinal Ruffo und Cavaliere Miferoux, wie im Namen Rußlands und der Pforte als Mitkriegführender abgeschlossene Convention sicherte den Franzosen wie den Anhängern der Parthenopeischen Republik Sicherheit. Danach sollten alle zur Besatzung des Castello dell' Uovo und des Ei-Fort gehörenden Truppen und Personen in Kriegsehren abziehen und nach Toulon geschafft werden. Die Personen und das Eigenthum der Neapolitaner sollten geschont werden, man sollte niemand in Neapel wegen seines Ver-

haltens seit der Abreise der königlichen Familie beun=
ruhigen.

„Als Garantie für die Erfüllung der Capitulation
sollten der Erzbischof von Salerno und andere Personen
von Ansehen als Geiseln im Castell San=Elmo fest=
gehalten werden.

„Diese günstigen Bedingungen waren durch die An=
wesenheit einer französischen Flotte von fünfundzwanzig
Linienschiffen im Mittelmeere unter dem Admiral Bruix
gewährleistet, auch von dem englischen Kapitän der
Seahorse, Foote, unterzeichnet.

„Schon waren die Geiseln ausgewechselt, auf den
republikanischen Forts wie auf der Fregatte Seahorse
die Parlamentärflaggen aufgesteckt, als Nelson mit
seiner Flotte erschien. Er wollte, durch Lady Emma
aufgehetzt, die «infame» Capitulation nicht anerkennen.
Vergebens war alles, was Ruffo und Foote Nelson
vorstellten. Der schmählichste Treubruch erfolgte, die Er=
hängung des siebzigjährigen Greises Fürsten Caracciolo
am Maste der Fregatte Minerva war das Zeichen zu
den grauenvollsten Schlächtereien im Namen der Legi=
timität und der Religion, welchen die Weltgeschichte
kennt, man zählte 30000 Hingerichtete und Gemordete.

„Wie konnte unter solchen Umständen Olga ihre
Flucht bewerkstelligen? Seitdem Bruix der Wachsam=

keit des Lords Bridport entschlüpft war und die Meer=
enge von Gibraltar durchsegelt hatte, durfte sich kein
amerikanisches Kauffahrteischiff mehr in das Mittel=
ländische Meer wagen, wie sollte man da nach Amerika
kommen?"

„Aber", erwiderte Karl, „daß ich auch von meinem
Freunde, dem ich die Beschützung meiner Geliebten,
meiner Gattin vor Gott anvertraut, keinen Brief,
keinerlei Nachricht erhielt, der doch durch englische
Kriegsschiffe über London hierher berichten konnte, oder
solange die Franzosen sich noch im Besitze Neapels
und Roms befanden, über Paris, das vermehrt meine
Angst!"

„Angst und Furcht helfen zu nichts; geschehene
Dinge können sie nicht rückgängig machen, bevorstehende
nur zum Schlechten ändern", sagte Justus, „kommen
wir auf unser Thema zurück. Den dritten Theil deines
Geldes mußt du bis zu Olga's Ankunft aufbewahren,
um sie ihren Wünschen gemäß einrichten zu können.
Vielleicht wünscht sie nicht, in dieser eintönigen Quäker=
stadt zu wohnen, sondern sehnt sich nach einer Villa
draußen. Du kannst das Geld bei der Bank oder
auch in unserm Geschäfte deponiren, gegen Sicherheit
und Zinsen.

„Nun Gute Nacht vorläufig und bis deine Braut

kommt, behältst du in meinem Hause deine Wohnung, und wenn du hier vollkommen eingerichtet bist, geht es an die Arbeit, ich reise schon in den nächsten Tagen nach Pittsburg, um dich zum Land= und Eisenerzbesitzer zu machen."

Nach wenigen Tagen trug „Die öffentliche Mei= nung" den Namen des neuen Redacteurs, des Dr. Karl Haus, an der Spitze. Ein Programm hatte Karl schon auf der Reise ausgearbeitet und hier nach Durchsprechung mit Vollmann amerikanisch zugespitzt. Er hatte die einfachen und klaren Grundsätze und Grundgesetze des „Föderalisten" von Hamilton auf der Reise vielfach durch= dacht und sich zu eigen gemacht, hatte sich eine Menge Bemerkungen notirt, sodaß er glaubte, es werde ihm an Stoff zu Leitartikeln nicht fehlen. Aber Karl Haus hatte außer seiner Doctordissertation noch nichts drucken lassen, er wußte gar nicht, daß eine Zeitung in einem Tage mehr Manuscript wegfrißt, als sein Schreiber in Heustedt in acht Tagen abgeschrieben hatte. Obgleich ihm ein Unterredacteur zur Seite stand, nahmen seine Redactionsarbeiten ihm doch den größten Theil des Tages weg; ja er mußte nächtliche Stunden zu Hülfe nehmen. Alle politischen, staatswissenschaftlichen wie nationalwirthschaftlichen Hefte aus Göttingen, von Schlö= zer, Spittler u. a., hatte er sich schon von Heustedt

aus im voraus nach Amerika senden lassen und studirte
sie fleißig; aber da war wenig oder nichts, was für
diese neuen Zustände einer großen Republik paßte.

Er fühlte sehr bald, daß ihm, trotz des reichen
Lebens um ihn her, der Stoff ausgehe.

Dazu war Haus an eigentliches Arbeiten nicht gewöhnt; in Heustedt, als Advocat, hatte es ihm an Beschäftigung gefehlt, und als Privatsecretär des Grafen
Münster hatte er eine irgend anstrengende Arbeit nie
gehabt. Er hatte jenes Bummelleben der Vornehmen
geführt und, seitdem er Olga wiedergefunden, auch die
Pflichtarbeiten flüchtig von der Hand geschlagen. In
Neapel, wo eigentlich niemand arbeitet außer Schiffern
und Fischern und einigen Handwerkern, ging das, in
Philadelphia aber wollten die Nordamerikaner von dem
neuen Redacteur der „Oeffentlichen Meinung", dem
Deutschmann und Doctor, von dem Vollmann und
Genossen so viel Aufhebens gemacht hatten, wenn nicht
täglich einen, doch wöchentlich wenigstens vier Leitartikel
haben. Aber nicht das allein; der ruhige docirende
Professorenton Karl's sagte niemand in seiner Partei
zu. Vollmann, Justus natürlich, predigte täglich: „Du
mußt dir einen andern Stil angewöhnen, lebendiger,
kräftiger, mit kurzen Sätzen, du mußt mit Keulen drein-
schlagen auf die Republikaner. Denke dich in die Stelle

des Mannes im «Jahrmarkte zu Plundersweilern». Als
Redacteur hast du sie! Schreib gleich für morgen einen
Artikel, für den ich dir den Stoff geben will, mit der
Ueberschrift: «Lumpen und Quark der ganze Markt.»

„Sage ganz einfach: da sitzt er, der scheinheilige
Schurke und thut, als ob er kein Wasser trübe, da
sitzt er in — (man wird schon verstehen, daß du keinen
andern meinst als Thomas Jefferson), und doch brüte
er nun Tag und Nacht, wie er die Institutionen, die
Washington ins Leben geführt, die Hamilton ausgedacht, die nach unsaglichen Hindernissen von den freien
Staaten als Recht anerkannt sind, die Adams mit Be-
harrlichkeit und Pflichttreue seit dem 4. März 1797
geschützt und gewahrt hat, vernichten will. Er geht auf
Raub aus. Die elenden Republikaner wollen den
Staat ausbeuten, sie gieren nach dem, was ihnen Manna
in der Wüste ist, sie wollen die Stellen der Föderalisten u. s. w."

Es wollte dem Neuling, der solchen Ton nicht
kannte, nicht gelingen, ihn anzuschlagen, und der Freund
sprang ihm aushülflich bei, schrieb selbst unter seinem
Namen einige Leitartikel, die den allgemeinsten Beifall
fanden.

Je mehr das Jahr sich dem Ende zuneigte und je
näher der Zeitpunkt der Präsidentenwahl kam, desto

erbitterter wurde die Stimmung unter den entgegen=
gesetzten Parteien.

Die republikanischen Blätter (man darf aber nicht
an die Partei denken, die sich heute Republikaner nennt
und die gerade der Gegensatz von dem sind, was man
damals Republikaner nannte) wiederholten in allen
Variationen das von Jefferson aus Monticelle ange=
gebene Thema. „Die Föderalisten", sagten sie, „hängen
an europäischen Lehren und Bräuchen. Sie glauben,
das Volk könne nur durch Gewalt und allerlei Künste
des Luges und Truges in Ordnung gehalten werden.
Sie streben nach stehenden Heeren und Flotten. Sie
wollen durch die Gewalt, durch Aberglauben, durch
Beschränktheiten und Beschränkungen die Menge im
Zaume halten.

„Wir haben Vertrauen zum Volke. Wir sagen, der
Mensch ist ein vernünftiges Wesen, welches allein durch
das angeborene Gefühl für Recht und höhere Sittlichkeit
regiert werden soll. Deshalb muß die Macht der ge=
wählten Beamten, zu oberst des Präsidenten selbst, sehr
beschränkt werden und immer dem Willen der Mehrheit
unterworfen bleiben. Wir sind der Ansicht, es bedürfe
nur der schrankenlosen Ausbildung unserer angeborenen
Kräfte und Fähigkeiten, um ordnungsliebende und, soweit
dies unser Los, selbst glückliche Menschen zu erziehen."

Durch diese sich immer mehr erhitzenden Gegensätze bekam der neue Redacteur nach und nach wieder Stoff zu Leitartikeln, er fand mit scharfer Logik die Trugschlüsse der Gegner, er wies aus der Geschichte, aus dem Beispiele der griechischen Republiken nach, daß bei der Mehrheit nicht nothwendig der Verstand und das höchste sittliche Gefühl für das Recht sitze, daß Egoismus und bestochene Dummheit viel häufiger die Mehrheiten geleitet haben als Patriotismus und Rechtsgefühl. Mit Einem Worte, Karl wurde nach und nach warm, die Parteileidenschaft ergriff ihn, und er konnte Artikel schreiben, die wiederum das Volk packten. Die „Oeffentliche Meinung" wurde ein von den Gegnern gefürchtetes Organ, dessen Abonnentenzahl sich täglich mehrte. Karl erhielt von den Führern seiner Partei Danksagungsschreiben und Lobeserhebungen, Justus selbst und seine Frau ermunterten ihn täglich, in diesem Sinne fortzufahren. Die Wogen der Leidenschaft und gegenseitigen Feindschaft schlugen immer höher, je mehr man dem Februar des Jahres 1801 näher kam. Alle Mittel wurden in Bewegung gesetzt, alles war den Parteien erlaubt.

Karl, der unter den Brüdern entgegengesetzter Parteien, zwischen Justus und Heinrich Ludwig Bollmann, vielfach vermittelt hatte, wenn nicht in politischen, doch in geschäftlichen Differenzen, hatte sich den Einladungen des letztern nicht entziehen können. Ludwig's Frau, die Virginierin Kleopatra *), hatte Karl namentlich zu ihren Damencirkeln und Bällen eingeladen und mit ihm zu kokettiren angefangen. Sie sagte ganz offen, sie wolle ihn den infamen Föderalisten abwendig machen, ihn zähmen, ihn trösten, ihn lieben. Karl hatte das mehr als Scherz aufgenommen und die Warnung Justus', das Haus seines Bruders nicht zu oft zu besuchen, in den Wind geschlagen. Kleopatra hatte ihm auf eine feine Art und Weise die föderalistischen Unarten, Grobheiten und Derbheiten, die seine Leser entzückten, abzugewöhnen gesucht, als nicht aristokratische, nicht gentlemanlike, und es war ihr gelungen.

Karl fing an, sich des rohen Tones, den er angeschlagen, zu schämen, er hatte wieder den alten anständigen Ton angenommen, den er von Deutschland her und von der Gesellschaft, mit der er bis dahin umgegangen, gewohnt war.

---

*) Während Justus Erich Bollmann nach dem Bilde, das Varnhagen von Ense von ihm entwirft, nach den von demselben veröffentlichten Briefen und nach den im Besitze des Verfassers befindlichen ungedruckten Briefen geschildert, auch der Bruder demgemäß aufgefaßt wurde, ist die Kleopatra dichterische Phantasie, um den Gegensatz, der in der politischen Anschauung der Brüder herrschte, noch mehr hervorzuheben.

Da fiel der „Philadelphia=Republikaner", das Haupt=
blatt der Gegner, mit schonungslosem Witz über ihn
als den deutschen Professor Simson her, dem Kleopatra=
Delila die Haare beschneide. Der Artikel streifte in
der That an Gemeinheit und stellte Kleopatra in einer
Weise bloß, die in Europa von ihrem Manne mit Blut
hätte gerächt werden müssen, zu der dieser aber lachte.

Was Karl dagegen über alle maßen empörte, war,
daß man seine Geliebte, die Gräfin, von deren Dasein
der Artikelschreiber irgend Halbes gehört haben mußte,
in den Artikel hineingezogen hatte und sie als Freundin
und Buhlgenossin der Lady Emma Hamilton, die da=
mals in Europa wie Amerika wegen der neapolitanischen
Metzeleien einstimmig verdammt wurde, darstellte.

Die „Oeffentliche Meinung" spie seit diesem Augen=
blicke Feuer und Schwefel, Gift und Galle auf die
Republikaner.

So kam der Tag der Wahl, der 11. Februar. Es
waren von jeder Partei zwei Candidaten aufgestellt,
von den Föderalisten Adams, der bisherige Präsident,
und Pinckney, von den Republikanern Jefferson, der
Verfasser der Unabhängigkeitserklärung Nordamerikas,
und Aaron Buer, früher Adjutant des Generals Mont=
gommery, dann der Washington's selbst, dann schon
seit 1782 Anwalt in Neuyork, zur Zeit Generalanwalt

daselbst und Senator im Congreß. Der Senat wählte bei verschlossenen Thüren vier Tage, ohne in fünfundbreißig Wahlgängen eine absolute Majorität zu erlangen. Die Bevölkerung war in der fieberhaftesten Aufregung. Schon damals trat der Gegensatz von Norden und Süden mehr oder weniger stark und in entgegengesetzten Zielen auslaufend hervor; im Norden war man mehr föderalistisch gesinnt, man erinnerte sich noch der Zeiten, wo man gewohnt gewesen war, zu schreiben: „Sr. Majestät getreue Unterthanen", man hatte den ganzen Unabhängigkeitskrieg mehr wie einen Krieg gegen das Parlament und das Ministerium als gegen Georg III. betrachtet. Der Eigensinn Georg's III. brachte es auch hier zu einem Ausgange, der nicht bezweckt war.

Erst im sechsunddreißigsten Wahlgange ergab sich eine Majorität, Jefferson erhielt 73, Buer 73, Adams 65, Pincknen 64 Stimmen; der erstere war als Präsident, Aaron Buer als Vicepräsident gewählt, die Partei Justus Bollmann's und seines deutschen Freundes unterlag. Ein solches Unterliegen hat aber in einem republikanischen Staate, namentlich einem so jungen, wo sich die Parteien so schroff gegenüberstanden, eine ganz andere Bedeutung als ein Unterliegen einer Partei heute im continentalen Europa. Es versprach Jefferson, als er am 4. März sein Amt antrat, mit einer Floskel,

deren er nach seiner französischen Bildung und Er=
fahrung als Gesandter vollkommen Herr war, über das
Parteigetreibe sich hinwegzustellen, indem er sagte: „Wir
haben Brüder derselben Grundsätze mit verschiedenen
Namen bezeichnet, wir sind alle Republikaner, wir
sind alle Föderalisten."

Jefferson's Rede ist das größte Meisterstück politischer
Reden, die bisher in der Alten und Neuen Welt ge=
halten sind, dazu wurde sie in jener Jefferson eigen=
thümlichen, gutmüthigen und einschmeichelnden Weise
vorgetragen, die auf das Volk niemals ihre Wirkung
verfehlt. Eine Menge Maximen und Stichwörter aus
dieser Rede sind nicht nur bis zum heutigen Tage in
dem Munde des Volkes, und verdienen es zu sein,
sondern sie haben sich zu Schlagwörtern der europäischen
Demokratie aller Länder ausgebildet, und in mancher
Urwählerversammlung des Jahres 1867 in Berlin und
andern Orten hat man Floskeln wenn nicht sprechen,
doch durch öffentliche Blätter referiren hören, die mehr
oder weniger aus Jefferson's Antrittsrede von 1801
herstammen.

Selbst Justus Bollmann, noch mehr Karl Haus,
ließen sich von diesen französischen Floskeln bestechen.
Wie schön klang es auch, wenn der Präsident sagte:
„Die Republik ist die einzige Regierung, unter welcher

jeder, aufgefordert durch das Gesetz, herbeieilen wird, das Gesetz zu vertheidigen, wo jeder alle Angelegenheiten des Gemeinwesens als seine eigenen persönlichen betrachten wird. Manche behaupten, man kann den Menschen die Regierung über sich selbst nicht anvertrauen. Wäre das wirklich der Fall, wie könnte man ihm die Regierung über andere anvertrauen? Und sind denn die Könige Engel? Die Geschichte hat diese Frage schon längst und nicht zum Vortheil der Monarchie beantwortet.“

Oder klingt es nicht wie eine Phrase aus unsern Tagen von der Seine her, wenn Jefferson sagte: „Friede, Handelsverkehr und aufrichtige Freundschaft mit allen Nationen; verstrickende Verbindungen mit keiner; Schutz und Schirm den Regierungen der Einzelstaaten bei allen ihren Rechten; sie sind der sicherste Hort gegen alle der Republik feindlichen Bestrebungen.“

Kaum aber war die Antrittsrede verklungen, als sofort die Maßregelungen begannen. Daß Jefferson das Ministerium änderte, dagegen war nichts einzuwenden, und der zum Staatsminister berufene Madison hatte allgemeine Achtung, auch gegen Gallatin, den Vorsitzenden im Schatzamte, General Deraborn, Robert Smith aus Maryland, den Marineminister und Levi Lincoln, den Oberstaatsanwalt, ließ sich nichts sagen.

Die Gesandten wurden gewechselt, die ganze Regierungs-
maschine bis unten hin mit neuen Menschen besetzt, die
hier die Belohnung für ihre Abstimmung oder sonstige
Dienste erhielten. Mehrere Gesandtschaften in Europa
und viele Stellen in den Staaten selbst wurden ein-
gezogen, die Landarmee und die Marine wurden verändert, alle an das alte monarchische Europa erinnernden
Ceremonien und Gebräuche wurden abgeschafft, der
Präsident ließ sich nicht mehr an bestimmten Tagen
Aufwartung machen, die Leute konnten zu jeder Zeit,
wo er nicht durch Geschäfte behindert war, vorkommen.

Daß das alles viel böses Blut setzte, war selbstverständlich. Aber auch das Gute wurde verkannt und
geschmäht, und es fand kaum Anerkennung, daß die
neue Regierung die Grundsätze, die sie bisher bekämpft
hatte, jetzt selbst praktisch nicht nur innehielt, sondern
selbst ausdehnte, das Princip der Centralisation und
Stärkung der Regierungsgewalt nämlich.

Karl erlebte zum ersten male eine Parteiniederlage.

Es ist bei einer solchen Niederlage ganz etwas
anderes, als wenn die physische Gewalt, Kanonen,
Bajonnete oder Hinterlader den Sieg davongetragen.
Bei einem solchen Ereignisse setzt sich jeder vernünftige
Mensch immer mit dem Gedanken über die Thatsache
hinweg, daß die brutale oder durch mechanische Künste

geschaffene Gewalt es ist, welche die unterliegende Partei erdrückt. Bei einem Wahlkampfe aber, der mit geistigen Waffen, mit Stimmen ausgekämpft wird, glaubt jeder Unterliegende, daß die Dummheit oder Schlechtigkeit der Menschen den Sieg davongetragen. Jeder Idea= lismus erhält bei einem solchen Wahlkampfe einen harten Stoß, man sieht den Egoismus, die Heuchelei, kurzum die ganze Niedertracht der einzelnen hervortreten und wird schon dadurch an dem Ziel des eigenen Stre= bens zweifelhaft, ob es sich der Mühe lohne, für eine so verkommene Rasse sich zu opfern. Denn welch ein Opfer die Redaction der „Oeffentlichen Meinung" in der nun kommenden Zeit für Karl wurde, war leicht erklärlich.

Die Staatssubvention, die sein Journal bisher, wenn auch nur unter der Form von Inseraten und Abonnenten, bezogen hatte, hörte auf; die Abonnenten minderten sich um mehr als ein Drittel, denn alle ihrer Stellen Entsetzten fingen an zu sparen oder den Mantel nach dem Jefferson'schen Winde zu drehen; die Actien, worauf das Unternehmen gegründet war, sanken um funfzig Procent. Diese pecuniären Dinge afficirten den Redacteur sehr wenig, daß aber die Menschen in ihrer großen Mehrzahl darauf so großes Gewicht legten, daß diejenigen, welche ihm mit Lobeserhebungen und

Schmeicheleien nahe getreten waren, sich jetzt zurück-
zogen, daß die ganze Stimmung des Publikums auf
einmal Umkehr zu machen schien, das war ihm eine
neue Erfahrung.

Dort, wo man vor der Wahl Jefferson nur einen
egoistischen, niederträchtigen Schurken, einen an Frankreich verkauften Verräther genannt hatte, wußte man
jetzt nicht genug sein taktvolles, schonungsvolles, rein
patriotisches Benehmen zu loben.

Justus Bollmann, der diese Wandlungen schon
praktisch in Frankreich und England durchgemacht hatte,
suchte vom humoristischen Standpunkt aus die Sache
leichter zu machen.

„Alter Junge“, sagte er, „wir leben hier in einem
freien Lande, in vier Jahren sind wir die Sieger, und
die Republikaner winseln und schwänzeln zu unsern
Füßen. Hat Jakob um Rahel, die noch dazu halb
schwarz war, wie du wissen mußt, sieben Jahre gedient,
warum sollten wir nicht für die einzig wahre Staats-
form Nordamerikas vier Jahre dienen? Aber die
«Oeffentliche Meinung» muß jetzt eine andere Richtung
einschlagen. Bisher waren wir im Besitze, es galt nur,
unser System zu vertheidigen. Jetzt müssen wir aggressiv
vorgehen, wir müssen dem Feinde jede Schwäche ab-
lauern, wir müssen jeden Schritt und Tritt, den er

thut, verfolgen und mit der Constitution vergleichen.
Wo er nur einen halben Schritt von dieser abweicht,
da müssen wir die Klauen in sein Fleisch einschlagen.
Jefferson hat es nur mit den Worten, das fühlt jeder
gewiegte Politiker, und Hamilton wie Wolcott, sie werden jeden halben Zoll, den er von den Grundgesetzen
der Conföderirten abweicht, mit der Goldwage wägen.
Ich habe Gelegenheit gehabt, Hamilton vor kurzem zu
sprechen, du wirst von ihm Fingerzeige bekommen, nach
denen du arbeiten kannst. Hamilton hat von allen zu
Markte gebrachten Actien der «Oeffentlichen Meinung»
drei Viertel für sich angekauft, dieselben stehen heute
schon zu 61 und werden nach einem halben Jahre zu
150 stehen, glaube mir das, ich kenne unsere Leute in
Nordamerika."

Aber was half es Karl, ob die Actien der „Oeffentlichen Meinung" zu 60 oder 70 stünden, wo war sein
Weib? Wo war sein Kind? Denn Olga war in
seinem Herzen vor Gott sein rechtmäßiges Weib. Man
schrieb schon August 1801, und noch immer nicht die
allergeringste Nachricht. In Neapel hatten sich doch
die Dinge, wenn auch blutig genug, zu einer gewissen Ruhe geneigt, der Ruhe des Todes aller Groß-
denkenden; Frankreich war durch den Frieden von Luneville aller Besorgnisse wegen eines Angriffs auf dem

Continent enthoben, es hatte es nur noch mit England zu thun, das durch das Bombardement Kopenhagens in der öffentlichen Meinung Europas, und namentlich Amerikas, sich keine Freunde erworben hatte.

Karl hatte an den ihm befreundeten Kammerdiener des Grafen Münster nach London geschrieben und die Antwort erhalten, der Graf wäre vor der Katastrophe der Revolution mit Prinz Augustus abgereist, allein man habe durch Lord und Lady Hamilton in Erfahrung gebracht, daß Gräfin Olga von Schlottheim bei Gelegenheit einer Fahrt nach Capri mit sämmtlicher Begleitung ertrunken sei. Das erschreckte ihn nicht, das war ja sein Plan.

Aber ohne Nachricht zu bleiben, was weiter geworden war, beängstigte ihn um so mehr. Er war aber einmal in Philadelphia, er stand in den gegebenen Verhältnissen, denen er sich in keiner Weise entziehen konnte.

Justus Bollmann konnte das herumschweifende Leben, so sehr seine Gattin selbst dagegen eiferte, nicht lassen, er hatte mindestens in jedem Monate einen neuen jedesmal großartigern Plan. Karl hatte genug zu thun, die Frau desselben zu beschwichtigen, aber in den ruhigen Theeabenden bei ihr fand er auch seine ganze Erholung. Heinrich Ludwig war nach der Niederlage der Föderalisten doppelt freundlich gegen Karl, Kleopatra blieb die Alte, sich Karl fortwährend als Freundin, Gönnerin, Patronesse zeigend, mit dem Schön= sten, was an ihr war, mit ihren Augen, beständig mit ihm kokettirend.

So gering nach heutigen Verhältnissen die Summe von 8000 Dollars auch war, die Karl dem Bollmann'= schen Geschäft übergeben hatte — Justus hatte für den Rest der 15000 Dollars die Besitzungen bei Pittsburg erworben — so mußte doch Heinrich Ludwig Bollmann ein Kapital dieser Größe, für welches freilich hinreichende Sicherheiten gegeben waren und mäßige Zinsen bezahlt werden mußten, so zu würdigen, daß er auch gegen einen Parteifeind die größten Rücksichten beobachtet haben würde; Karl war aber specieller Landsmann und intimer Freund seines Bruders, des Doctors. Zu der Zeit, die jetzt kam, Anfang December 1801, waren aber Justus und Ludwig Bollmann, was sehr selten der Fall gewesen, über eine großartige von Justus er= dachte Speculation vollkommen einig.

Mit Frankreich hatte Nordamerika längst Frieden geschlossen, allein dieses Land, das noch vor funfzig Jahren etwa die Hälfte Nordamerikas als Eigenthum besessen, aber nach und nach verloren hatte, weil man glaubte, auch diese Colonien durch Decrete von Paris

aus regieren zu können, war unter die Dictatur Bonaparte's gekommen, der die Fehler der Könige von Gottes
Gnaden im großen und kleinen durchschaute und eben
daher seine Macht schöpfte. Er strebte die auswärtigen Besitzungen wiederzuerlangen und hatte durch die
geheimen Verträge von San-Ilbefonso die spanische
Provinz Louisiana nach ihren ehemaligen herkömm-
lichen Grenzen und Befugnissen von Spanien erworben. Er suchte durch Drohungen und Versprechungen
Spanien zu bewegen, auch die beiden Floridas an Frankreich abzutreten gegen Entschädigungen in Italien zu
Gunsten des Herzogs von Parma.

Allein man wußte in den Kreisen, denen Heinrich
Ludwig Bollmann angehörte, genau, daß sowol Living-
stone, der amerikanische Gesandte in Paris, als der
zweite dorthin beorderte Gesandte Monroe, dem Europa
für seine in unsern Tagen zur Anwendung gekommenen
Grundsätze ewig dankbar sein muß, nicht zweifelten, daß
Bonaparte Louisiana an Nordamerika verkaufen würde,
daß es sich nur um den Preis handle und bei den
engern Beziehungen des Präsidenten wie der beiden
Gesandten zu Frankreich diese Frage auf die eine oder
andere Weise, sei es zu der Forderung Bonaparte's
von 100 Millionen Francs, oder dem Angebot Jefferson's
von 40 Millionen erledigt würde.

Was aber den Ausschlag gegeben, war, daß Justus, der in den maßgebenden Kreisen der englischen Aristo- kratie von den Jahren 1793—1795 her noch immer gute Verbindungen hatte, die sichere Nachricht erhalten, daß ein Frieden zwischen England und Frankreich in naher Aussicht sei, und nach der Niederlage oder den Mißerfolgen Nelson's bei Boulogne schon seit Mitte October alle Feindseligkeiten zwischen beiden Staaten eingestellt seien.

Beide Bollmanns trauten diesem Waffenstillstande oder Frieden auf die Länge nicht, sie hielten es aber deshalb für eine gute Speculation, gerade während dieses Friedens so viel Taback und Colonialwaaren nach Bremen hineinzuwerfen, als irgend möglich sei.

An dieser Speculation hatten sich hamburger Häuser, durch Sieveking angeworben, in Bremen Junker und Compagnie, schon betheiligt und versprochen, Schiffe zu senden. Es handelte sich jetzt darum, die Geldmittel zu erwerben, um in Virginien gegen Baarzahlung wohl- feile Ankäufe zu machen oder vorzubereiten und im ersten Augenblicke, wo zwischen Frankreich und England Friede geschlossen werde, alles fertig zu haben. Denn daß nach einem solchen Frieden die Preise enorm steigen würden, nachdem der Continent beinahe ausgehungert, war selbstverständlich.

Es galt nun, Karl zu überzeugen, daß er gutthue, an dieser einen bestimmten Speculation als Compagnon theilzunehmen, alles Rifico derselben mitzutragen, aber auch allen Gewinn nach Maßgabe seines Einschusses zu ziehen. Die Compagnie Bollmann bekam dann die Sicherheiten zurück, welche sie Karl gegeben, und konnte mit diesen von dem Schwiegervater Heinrich Ludwig's stammenden Papieren in Virginien bei den Tabackver= käufern viel mehr Credit bekommen, als Karl's Kapital betrug. Karl war leicht zu überzeugen, schon die eine Nachweisung genügte ihm, daß sein sparsamer und in= telligenter Onkel Johann Karl Junker und Compagnie in Bremen sich mit einem noch einmal so großen Kapital bei der Speculation betheiligte als er selbst, daß Bollmann's Vater, sein Vetter Hoppe in Vilsen und andere Freunde der Familie in Europa Theilnehmer waren. Er wurde Theilnehmer, gab seine Sicherheiten heraus, und lange ehe noch die Nachricht von dem Frieden von Amiens Amerika erreichte, lagen in Neu= york ungeheuere Mengen Taback für Bollmann's Rech= nung aufgestapelt, welche der bremer Schiffe warteten, die sie nach Europa überbringen sollten.

Es war im Jahre 1802, schon hatten die Republi= kaner, die jetzt die Regierung Jefferson's an allen ihren schwachen Seiten angriffen, das System desselben, die

Marine zu vernachläſſigen, Kanonenboote zu bauen ſtatt
Fregatten und Linienſchiffe, einer heftigen Kritik unter=
zogen. Die Journale derſelben waren voll von Un=
bilden, welche amerikaniſche Kauffahrer im Mittelländi=
ſchen Meere von Barbaresken erdulden mußten, er=
klärten es für eine Schmach ſondergleichen, daß ein
Staat wie Amerika dem Bei von Tripolis und andern
Barbaresken Tribute bezahlen und jährliche Geſchenke
machen müſſe.

Nun hatte Juſſuf Karemanli, Bei von Tripolis,
ſeinen Vater und ſeinen älteſten Bruder hinrichten laſſen,
ſeinen zweiten Bruder Hamet vom Throne geſtoßen und
ſich der Herrſchaft über Tripolis bemächtigt. Juſſuf
hatte von Nordamerika einen höhern Tribut gefordert,
als bisher bezahlt war, und da dieſer verweigert wurde,
die vor dem Conſulate von Tripolis befindliche Flagge
niederreißen laſſen. Jefferſon hatte ſich, von der Volks=
meinung gedrängt, entſchließen müſſen, ein Geſchwader
nach dem Mittelländiſchen Meere zu ſenden, unter dem
Commando des Kapitäns Dale. Aber die Flotte reichte
nicht aus, wenigſtens hatte man 1801 wie im folgenden
Jahre kein Reſultat.

Da brachte eines Tages ein neuyorker föderaliſti=
ſches Blatt folgenden Artikel, der ganz Nordamerika
in Aufruhr verſetzte:

„Während Kapitän Dale im Mittelländischen Meere
kreuzte, retteten sich vier nordamerikanische Matrosen aus
tunesischer Sklaverei. Was sie erzählen, wirft ein
grauenvolles Licht auf unsere Zustände. Dieselben waren
im Frühjahr 1801 auf einem wohlbewaffneten amerikanischen Kauffahrer, der aus der Levante kam, in Sorrent die dort krank zurückgebliebene Frau des Kapitäns,
seinen vierjährigen Sohn, zwei Schwarze, außerdem
einen deutschen Maler mit seiner hochschwangern Frau
und einer englischen Gesellschafterin aufnahm.

„Auf der Höhe von Sardinien wurde das Schiff,
das nur neun Kanonen führte, von einem Korsaren
mit achtzehn Kanonen angegriffen und geentert, der
Kapitän desselben, Decatur, der einer unserer geachtetsten
Familien angehört und von dem zwei Brüder in unserer
Marine dienen, wurde niedergemetzelt. Sämmtliche
Männer auf dem Schiffe wurden in Tunis als Sklaven
verkauft, während man die Frauen nach Tripolis
schleppte.

„Die Matrosen, welche über zwei Jahre in tunesischer
Gefangenschaft schmachteten, ehe ihnen die Flucht gelang,
erzählen von Hunderten von Christensklaven, die bei den
Barbaresken gleich ihnen zu den unwürdigsten Arbeiten
angehalten werden. Wie lange soll das freie Volk
Nordamerikas diese Schmach dulden? Wird der Prä-

fident nicht bald zu der Einsicht kommen, daß die Flotte im Mittelländischen Meere anders ausgestattet werden muß, wenn sie den Barbaresken Respect vor dem Sternenbanner einflößen soll?

„Ist es nicht schon eine Schmach, mit einem Vater- und Brudermörder, wie dieser elende Karemanli, in Vertragsverhältnissen zu stehen?

„Wie lange wollen wir ruhig zusehen, daß unsere Küsten von Kapern umschwärmt, unsere Schiffe auf offenem Meere weggenommen und ausgeplündert werden?!

„Der letzte Census hat gezeigt, daß wir 300000 Mann besitzen in einem Alter von achtzehn bis sechsundzwanzig Jahren.

„Wollen diese Männer ruhig zusehen, wenn ihre Weiber, ihre Bräute, ihre Schwestern, ihre Töchter und Kinder von Muselmanen in ihre Serails geschleppt oder auf den Sklavenmärkten des Orients verkauft werden?" —

Man kann sich denken, in welcher Aufregung Karl war; denn daß seine Geliebte und der Freund, sein Kind, noch ungeboren, auf dem gekaperten Amerikaner sich befunden hatten, das litt für ihn keinen Zweifel.

Mit der Redaction der „Oeffentlichen Meinung" war es vorbei, Karl ließ sein Redactionshonorar für das

letzte Quartal im Stiche und reiste sofort nach Rücksprache mit Justus Erich nach Neuyork, um sich dort
mit der Familie Decatur in Verbindung und eine Agitation über die gesammten Vereinigten Staaten behufs
Ausrüstung einer anständigen Flotte in Bewegung
zu setzen.

Er fand in der Familie der Decatur und Schwäger-
schaft, namentlich bei den Brüdern der Frau des er-
schlagenen Decatur, einen noch viel größern Eifer, als
er selbst hatte.

Aber was half alle Aufregung, was halfen alle
glühenden Artikel, die er schrieb! Schoner, Corvetten,
Fregatten und Linienschiffe lassen sich nicht aus dem
Aermel herausschütteln, wenn man sie braucht. Wir
haben das 1848 erlebt, als die Dänen unsere Häfen
blokirten und den Handel auf Ost= und Nordsee
hinderten.

Indessen wurde Karl als Freiwilliger auf einem
Kanonenboote aufgenommen und erlernte den schwierigen
Seemannsdienst. So groß sein Enthusiasmus war, so
oft er von Vernichtung von Tripolis träumte und in
den wenigen Mußestunden, die ihm blieben, die Amerikaner antrieb, zu rüsten und zu rüsten, so sehr er
sich abmühte, selbst in geharnischten Sonetten, wie wir
heute sagen würden, die Kriegswuth gegen die Barba-

resten zu steigern, je mehr ernüchterte ihn sein Dienst und die Langsamkeit, in welcher die Dinge vorwärts schritten, selbst nachdem Präsident und Congreß sich für die Ausrüstung eines Geschwaders entschieden hatten.

Endlich konnte er als Seecadet auf einem Schoner, den der Seelieutenant Stephan Decatur, ein Bruder des Kauffahrteikapitäns, führte, Stellung finden und nach dem Mittelmeere absegeln.

Hier war ein neues Unglück eingetreten. Die Fregatte Philadelphia, geführt vom Kapitän Bainbridge, mit 365 Mann und 44 Kanonen, war am 31. October 1803 in der Nähe von Tripolis bei Verfolgung eines Küstenfahrzeugs gestrandet und von den Tripolitanern genommen, welche die ganze Mannschaft in Gefangenschaft nahmen.

Die Amerikaner dürsteten nach Rache, und Commodore Preble, der jetzt den Oberbefehl führte, willigte in einen von Bainbridge in seiner Gefangenschaft selbst ausgesonnenen, von Stephan Decatur vervollständigten Plan, die in halber Schußweite von den Hafenbatterien von Tripolis umringt von Kreuzern und Kanonenbooten liegende Philadelphia zu entführen oder zu vernichten.

Nur letzteres gelang am 3. Februar 1804, und es bleibt die glänzendste That der jungen amerikanischen Marine.

Commodore Preble lieh von der neapolitanischen Regierung, die sich seit jenem Tage mit Tripolis in Feindseligkeit befand, an dem unsere Freunde auf Capri beinahe angesichts Neapels und unter den Felsen von Capri ein neapolitanisches Schiff rauben sahen, zwei Bombenschiffe und sechs Kanonenboote und griff Tripolis, nachdem er es bombardirt hatte, am 3. August an. Karl Haus und Decatur hofften bei dieser Gelegenheit in die Stadt einzudringen, um so dort selbst nach ihren Lieben Nachforschungen anstellen zu können, allein man war zu schwach. Das Castell, welches der Bei bewohnte und das innerhalb der Mauern am östlichen Ende der in einem Halbkreise hingelagerten Stadt liegt, war das Hauptziel des Bombardements gewesen, man sah aber, daß dieses Gebäude, mit guten alten Mauern versehen, wenig litt. Schoß man nun auch die Stadtmauern an einigen andern Stellen ein, so wagte man doch nicht mit nur tausend Mann in die Stadt einzudringen. Hätte man indeß das Castell selbst erobern können, so nahm man den Bei selbst gefangen oder er entfloh, und man konnte sich in seiner Burg verschanzen und von da aus Tripolis im Zaume halten.

Das Bombardement wurde nun am 7. August abermals erneuert. Der Erfolg war nicht der er=

wartete, denn als Preble dem Dei nach demselben
für die Befreiung der Mannschaft der Philadelphia
und aller sonstigen Nordamerikaner und Nordameri=
kanerinnen oder auf nordamerikanischen Schiffen be=
befindlich gewesenen Personen, worin Olga, Eleonore
und Hellung eingeschlossen wären, 80000 Dollars Löse=
geld bot, verweigerte dieser die Annahme. Nun wurde
am 20. August ein letztes Bombardement versucht und
auch ein Theil der Gebäude des Castells in Brand
geschossen. Das Feuer auf die Stadt mußte gleichfalls
von entschiedener Wirkung sein. Da aber sämmtliche
Häuser gänzlich dachlos sind, platt, viereckig, mit weißem
Kalk getüncht, so sah man die Wirkung nur, wenn ein
solches Haus in sich zusammenstürzte.

Am 20. August dienten aber auch die in verschie=
denen Theilen der Stadt durch hohe große Kuppel=
massen emporragenden Bäder wie die von indianischen
Feigenbäumen und Dattelpalmen umgebenen Moscheen
als Zielscheibe der amerikanischen und neapolitanischen
Bomben, und mit Erfolg.

Alle die so angerichteten Verwüstungen konnten aber
unserm Freunde seine Geliebte und sein Kind, Decatur
seine Schwägerin und ihr Kind nicht wiederschaffen.
Was half es ihnen, daß zwei tripolitanische Galeren

vor ihren Augen in die Luft flogen? Der von De=
catur commandirte Schoner Enterprise hatte sich tief
in den Hafen hineingewagt, nachdem die Hafenbatterien
zum Schweigen gebracht waren. Plötzlich wurde er
von einer größern Anzahl Kanonenboote angegriffen.
Decatur, ein gereizter Löwe, fuhr mitten unter sie,
schoß eins in den Grund, enterte zwei, von diesen war
das eine durch Haus' Tapferkeit erobert. Am andern
Tage ward dieser vom Commodore zum Seelieutenant
ernannt, die Enterprise erhielt aber zugleich Befehl,
wichtige Depeschen an die Regierung zu bringen.

Das war Decatur und seinem neuen Seelieutenant
nicht angenehm, allein da Preble zugleich seinen Ent=
schluß anzeigte, in diesem Jahre weitere Angriffe auf
Tripolis nicht machen zu wollen, sondern Verstärkung
aus Amerika abzuwarten, so fügte man sich in das
Unvermeidliche und fühlte sich schließlich durch den Auf=
trag hoch geehrt, nachdem Decatur selbst durch den
Commodore über die Dinge, um die es sich handelte,
mündlich aufgeklärt war.

Der von Jussuf vertriebene Hamet lebte in Ober=
ägypten unter den Mamluken, die ihn freundlich auf=
genommen. William Eaton, Consul in Tunis, derselbe,
welcher früher in Tripolis gewesen war und vor dessen
Hause die amerikanische Flagge niedergerissen wurde,

der noch dazu eine Schwester Decatur's zur Frau hatte und Juffuf tödlich haßte, hatte Verbindungen mit Hamet angeknüpft und den Plan entworfen, mit diesem ein Bündniß zu schließen und ihn wieder auf den Thron zu setzen. Da Hamet, der vom Volke der Milde benannt war, in Tripolis noch viele Anhänger zählte, so wollte man dasselbe gleichzeitig von der Land= und Seeseite angreifen. Die Mamluken unter Hamet sollten, verstärkt durch amerikanische Landtruppen, Derne und Bengafi zu erobern suchen und von da auf Tripolis rücken, während die amerikanische Flotte vor dem Hafen kreuze und Schloß und Stadt bombardire.

Der Plan sagte den beiden Offizieren zu, nur auf diesem Wege durch Eroberung von Tunis selbst konnten sie hoffen, ihre Geliebten aus der Sklaverei zu retten.

Die Enterprise mußte in Malta Wasser einnehmen, konnte also den nähern Weg auf Tunis nicht ein= schlagen, auf dem kurzen Wege nach Malta hatte sie aber mit einem heftigen Sturme zu kämpfen. Der Sturm, welcher während des Tags die Luft verfinsterte, traf nicht die Amerikaner allein, auch ein anderes Schiff, beinahe masten= und segellos, dem Baue nach ein türkisches, wurde vom Sturme der Enterprise ent=

gegengepeitſcht, und man würde gegeneinandergeſtoßen
ſein, wenn dieſe nicht ſchon ihren Curs verlaſſen hätte
und, dem Winde folgend, nach Weſten geſteuert wäre.
Als ſich der Sturm ebenſo plötzlich legte und die Luft
aufklärte, ſah man das fremde Schiff Nothflaggen auf=
ziehen und hörte Nothſchüſſe.

Man war in der Nähe und ließ die großen Boote
herab, die trotz hochgehenden Wellenſchlags an das
fremde Schiff, das den halben Mond aufgezogen hatte,
anlegten.

Karl war der erſte, der auf das Schiff ſprang,
von dem Jammergeſchrei von Weibern ihm entgegen=
tönte, die ſämmtlich auf das Deck geflüchtet waren,
weil das Schiff einen Leck hatte und die Muſelmanen
bis auf Kapitän und Steuermann an die Pumpen be=
ordert waren. Lauter Weiber, in türkiſcher — oder
richtiger — tripolitaniſcher Kleidung mit beinahe ganz
vermummten Geſichtern, bunten ſeidenen Beinkleidern,
ein Wirrwarr ohnegleichen.

Aus dieſem Wirrwarr ſpringt plötzlich ein großer
ſchwarzer Hund heraus auf Karl zu, ihn wedelnd und
bellend umſchmeichelnd.

Es war Nero und er diente als Führer zu Olga,
die bald in Karl's Armen lag.

Welcher Jubel auf der Enterpriſe, als Karl mit

dem erſten Boote geretteter Frauen ankam. Decatur's Schwägerin, Bob, ein gewaltig herangewachſener Knabe, Eleonore, Cäſar, Dido und ein Dutzend junger ſchöner Weiber aus verſchiedenen Ländern bildeten dieſen Transport. Bald kamen auch eine zweite und dritte Ladung, Dienerinnen, mauriſche, arabiſche Matroſen. Juſſuf Karemanli pflegte ſeit längerer Zeit nicht nur den Harem des Sultans, ſondern auch den Sklavenmarkt in Konſtantinopel mit ſchönen Weibern zu verſorgen, die er an den italieniſchen Küſten oder auf dem Meere raubte, kaufte, tauſchte.

Er hatte in Marabad einen eigenen Harem, in welchem die europäiſchen Sklavinnen zu dem Grade von Beleibtheit gepflegt wurden, welche in den Augen des Sultans und der Türken überhaupt unvermeidlich zur Schönheit gehört.

In Malta ſchenkte man den Sklavinnen, welche in ihre Heimat zurückzukehren gedachten, die Freiheit. Viele zogen indeß vor, von der angebotenen freien Ueberfahrt nach Amerika Gebrauch zu machen, um einmal zu koſten, wie es ſich in einem freien Lande leben laſſe.

Die Fahrt nach Amerika ging glücklich von ſtatten. Dort aber fand Karl den freundlichen Empfang nicht, den er gehofft hatte. Die republikaniſchen Blätter

waren vereint über feine fchon bekannt gewordene Er=
nennung zum Seelieutenant hergefallen und forderten
vom Präfidenten feine Entlaffung, denn wie konnte ein
noch nicht eingebürgerter Deutfcher, wie konnte der
Redacteur der „Oeffentlichen Meinung" fähig fein zum
nordamerikanifchen Seedienfte als Lieutenant?

Dies bewog Karl, feine Entlaffung nachzufuchen;
die Bitten Olga's hatten einen folchen Entfchluß bisher
noch nicht zu erzeugen vermocht, denn er hielt es für
feige, im Angeficht eines neuen Zuges gegen Tripolis
zu Haufe zu bleiben.

Jefferfon gewährte den Abfchied, und Karl hat nie
bereut, folchen gefordert zu haben, denn der Feldzug
des Jahres 1805 endigte mit einem fchmählichen Ver=
rath des neuen Bundesgenoffen von feiten der Nord=
amerikaner.

Hamet war auf feinem Landfeldzuge glücklich, ein
großer Theil der Soldateska hatte Juffuf verlaffen, und
das Volk fah dem Einzuge Hamet's in Tripolis als
dem eines Retters von fcheußlicher Thrannei entgegen;
an feiner Seite ftand Caton als General der nord=
amerikanifchen Landtruppen.

Da fchloß der zu diefem Zwecke mit Vollmacht
verfehene nordamerikanifche Conful in Algerien, Tobias
Cear, die Cooperation mit Hamet unberückfichtigt laffend,

Frieden mit Juſſuf und ließ ſogar die Familie Hamet's noch mehrere Jahre kraft geheimen Vertrags in den Händen des Mörders und Thronräubers.

Jefferſon entſchuldigte ſich in der nächſten Botſchaft, den geheimen Artikel nicht gekannt zu haben. Das haben die Föderaliſten freilich nie glauben wollen.

Sechstes Kapitel.

Ein Stück amerikanisches Leben.

Zwei stattliche Männer standen sich am Morgen des 11. Juli 1804 bei Weehawken auf Neujersey gegenüber, die Pistolen in der Hand; Justus Erich Bollmann gab das Commandowort, zwei Schüsse fielen gleichzeitig, eine hohe, kräftige Mannesgestalt brach zusammen, zu Tode getroffen. Der Unparteiische und Arzt suchte nach der Kugel, sie war durch die Brust gegangen und saß in dem Rückenmarksknochen. Der Getroffene war der Mann, den die Union nach Washington am meisten liebte, der nach ihm das meiste gethan hatte zur Aufrichtung des Bundesstaats, Alexander Hamilton. Was er geschaffen, das zerstören zu wollen beschuldigte man den Mann, der das tödliche Blei in seine Brust geschossen, Aaron Buer, den bisherigen Vicepräsidenten, dem man den Plan der Abreißung des Südwestens von der Union zuschrieb.

Aaron Buer, von den Republikanern nicht wieder=
gewählt, bewarb sich um die Gunst der Föderalisten
und suchte mittels deren Hülfe die Statthalterschaft
von Neuyork zu gewinnen. Alexander Hamilton trat
seiner Wahl entgegen, er erklärte Buer für einen ge=
fährlichen Menschen, dem man die Zügel der Regierung
in einer Stadt wie Neuyork nicht anvertrauen dürfe.
Ein Duell war die Folge, und am 12. Juli 1804
schied Hamilton aus dem Leben; Buer, von den Staaten
Neuyork und Neujersey des Tobtschlags angeklagt, floh
nach dem Süden.

Buer, ein Mann von großem juristischen Wissen
und Talent, hatte über Justus Erich Bollmann un=
gemeinen Einfluß gewonnen, und schon damals trugen
sich beide mit dem Plane, Mexico den spanischen Dons
abzunehmen und ein neues westliches Reich zu gründen.
Die Tabacksspeculation der Gebrüder Bollmann war
verunglückt, und Justus Erich hatte dabei den größten
Theil seines Vermögens verloren. Es war nicht die
Schuld der Compagnie, ein eigener Unglücksstern hatte
über dem Unternehmen geschwebt. Zunächst war durch
die Schuld der bremer und hamburger Rheder, welche
nicht genug Fracht für die Schiffe hatten und auf
solche warteten, die Abfahrt über die Gebühr verzögert,
dann hatten die Schiffe auf der ganzen Hinreise mit

widrigen Winden und Stürmen zu kämpfen gehabt, ein Schiff war ganz verschlagen hoch über Schottland hinaus, sodaß, als dieselben in Neuyork anlangten, speculative Yankees schon eine Menge Schiffe mit Taback und Colonialwaaren nach Bremen und Hamburg abgeschickt hatten.

Unglücklicher noch war die Rückfahrt nach Europa. Ein Schiff war mit Mann und Maus auf dem Meere untergegangen, und versichert war nichts, das zweite machte Havarie bei der Einfahrt in die Weser und brachte nur seegetränkte Tabacke, das dritte kam so spät, daß der Markt schon überfüllt und der Vortheil sehr gering war. Die Gebrüder Bollmann hatten sich infolge dieses Unfalls getrennt. Von dem Vermögen, das Karl Haus in die Speculation gesteckt hatte, war etwa ein Drittel gerettet. Während Friedrich Bollmann die alten Wege fortwandelte, unabgeschreckt durch den Unfall, neue Speculationen unternahm, war Justus Erich im Auftrage Buer's und unterstützt mit seinen Mitteln in den Südwesten Nordamerikas vorgedrungen, über den Mississippi nach Texas hinein bis an die Grenze von Mexico und hatte überall Verbindungen angeknüpft.

Nach seiner Rückkehr war aber das erste, dem er sich widmete, der Aufbau von zwei Hohöfen auf den

für Karl Haus bei Pittsburg angekauften Grundbesitzungen. Er hatte nämlich die Reise für Buer nur
unter der Bedingung unternommen, daß dieser nach
einem von ihm entworfenen Plane eine Actiengesellschaft
zur Ausbeutung der Eisensteingruben zusammenbrächte.
Dies war Buer bei seinen großen Verbindungen und
der Wahrscheinlichkeit eines rentabeln Geschäfts leicht
gelungen. Nach dem Uebereinkommen blieb Karl Haus
Eigenthümer der Gruben, hatte aber für einen Zeit-
raum von hundert Jahren die Erze umsonst zu liefern,
wofür er die Hälfte der auszugebenden Actien bekam.
Man wollte Holzeisen hütten, und da fand sich für
Haus wieder die vortheilhafteste Gelegenheit, seine Waldungen, welche die nächsten waren, zu verwerthen.
Justus Erich betrieb die Sache wie seine eigene, denn
er glaubte sich verpflichtet, das, was Karl Haus durch
die verunglückte Tabacksspeculation verloren, diesem auf
andere Art zu ersetzen. Er selbst hatte einen so großen
Glauben an das Unternehmen, daß er den Rest seines
Vermögens in Actien desselben anlegte; zum Director
der Gesellschaft gewählt, förderte er nun den Betrieb des Baues der Hohöfen, die Einrichtung einer
Eisengießerei und Nagelschmiede mit aller ihm inne-
wohnenden Energie.

Kaum war der erste Hohofen angesteckt und hatte

ein so reines schönes Holzeisen geliefert, wie man es bis dahin noch nicht kannte, kaum war die Eisengießerei und die Nagelschmiede in Gang gekommen, als die Actien um das Doppelte stiegen.

Als Karl mit seiner Olga in Amerika ankam, war schon der zweite Hohofen angesteckt, eine zweite und dritte Nagelschmiede errichtet, die Actien waren auf das Dreifache ihres Emissionswerthes gestiegen, und es war Aussicht vorhanden, daß sie noch höher steigen würden, wenn sich verwirklichte, was Bollmann als unzweifelhaft darstellte, nämlich ein Gebläswerk, das durch eine Dampfmaschine betrieben würde, statt der unförmlichen Blasebälge, deren man sich bisjetzt bediente, einzurichten. Justus Erich hatte die Bekanntschaft eines Malers gemacht, der später in England und Frankreich sich mit Mechanik beschäftigt und schon in Paris eine Erfindung veröffentlicht hatte, welche die Welt umzugestalten bestimmt war, ohne jedoch bisjetzt Anerkennung, weder in Frankreich, England noch in seinem eigenen Vaterlande gefunden zu haben. Dieser Mann war Robert Fulton, welcher damals unter seinen Landsleuten den Versuch machte, durch Anwendung des Dampfes als Bewegungsmittel für Schiffe die Vorurtheile Europas gegen seine Erfindung zu beseitigen.

Es wurde ein dritter Hohofen gebaut, zu welchem

Robert Fulton ein großes Gebläswerk, durch eine Dampfmaschine betrieben, baute.

Karl's oder eigentlich Olga's Vermögen hatte sich bis Ende des Jahres 1806, trotz der Verluste bei der bremischen Speculation, schon verdreifacht. Er hatte sich auf seiner Besitzung, da wo das Bottomland durch seinen Landsmann urbar gemacht war, eine prächtige Villa im italienischen Stil erbaut und lebte hier, um unter dem Hohaer, den er zu seinem Gutsinspector gemacht hatte, Ackerbau zu lernen und den Fortgang des Hüttenwesens zu beobachten, und zugleich von diesem Betriebe sich Begriffe und Uebersicht zu verschaffen.

Justus Erich Bollmann hatte aber nur Energie für Dinge, die im Werden begriffen waren; sobald ein Werk vollendet war, sobald es anfing, Nutzen zu bringen und Procente abzuwerfen, wurde es ihm gleichgültig. Kaum war Karl ein Jahr in Pittsburg, das sich schon zu einer Stadt von nahe an 10000 Einwohnern emporgeschwungen hatte, als Justus die Directorschaft der Hütte niederlegte.

Während Frau und Kinder in Pittsburg blieben, zog er selbst, einer Anweisung Buer's gemäß, abermals nach Westen und kaufte dort am Washitaflusse für Buer 400000 Acres Land um wenig Geld.

Das Land war fruchtbar und gesund zwischen Red-River und Washita, aber hinter Arkansas und Indian-Terry, im Westen von Neumexico; es hatten noch wenige weiße Leute ihren Fuß hierher gesetzt, aber im Süden streiften die Beduinen der Ebene, das wilde Reitervolk der Comanches, und im Norden, von den Ufern der verschiedenartigen Arme des Canadian her, drangen die Stämme der Choctows, der Seminoles über den Red-River herüber, sehr unbequeme Nachbarn das, wenn auch weniger wild und räuberisch als damals die Comanches. Das Washitafort existirte aber noch nicht. Bollmann, der auf seinen Wanderungen bis an die Felsgebirge im Westen vorgedrungen war, faßte alle Dinge von der großartigen Zukunftsseite auf, er phantasirte von einer Verbindung mit dem Stillen Ocean und wollte alle Länder jenseit der Felsgebirge, von denen er behauptete, daß mehr Gold da zu finden sein müsse, als Cortez in Mexico gefunden habe, als Hinterländer der Union annectiren. Das Einzige, was ihm dazu fehlte, waren Menschen. Buer war praktischer, er wollte dem Westen auch ein Hinterland schaffen, ein Hinterland aber im Süden, an der Mündung des Mississippi, des Vaters aller Flüsse.

Der Ankauf der Ländereien war ihm theils Vorwand, um Freibeuter in jene Gegenden zu ziehen, welche er später auf dem Red-River hinunter nach Louisiana schaffen könnte; sodann aber hatte er wirklich Ländereien, von denen er jedem Theilnehmer an seinem Zuge 100 oder 200 Acres als Prämie versprechen konnte.

Obwol Jefferson's Präsidentschaft als ein Muster= bild demokratischen Regiments für alle Zeiten dastehen wird und ihm das Verdienst gebührt, das Wesen der Demokratie mit ihrer ungeheuern befruchtenden Kraft besser begriffen zu haben als jemand vor ihm, obwol er die Schleusen und Dämme öffnete, in welche die Hamiltons und Adams das Volk nach englisch=aristo= kratischer Weise einzupferchen suchten, hatte er doch eine große Menge Feinde. Namentlich war es die Presse, die ihn nach allen Seiten angriff. „Das Kreuzfeuer der Presse ist von allen Seiten gegen uns gerichtet gewesen", sagte er in seiner zweiten Botschaft, „voll von tausend Lügen und Verleumdungen, welche Selbst= sucht und berechnete Bosheit nur immer erfinden konnten."

Dennoch ließ er keins dieser Journale wegen solcher Lügen und Verleumdungen je verfolgen, er hielt dafür, daß die Wahrheit für sich allein, wenn ihr nur die unbedingte Freiheit der Bewegung verstattet würde, ohne jeden äußerlichen Schutz, aus allen Kämpfen sieg= reich hervorgehen werde. Und daß Jefferson aufs neue als Präsident aus der Wahlurne hervorgegangen war, bestätigte diesen Satz. Karl Haus hatten zwei Dinge mit der Regierung Jefferson's ausgesöhnt, einmal daß dieser in seiner Botschaft aussprach: „Können alle Parteien sich unbeschränktes Gehör verschaffen, so wird das öffentliche Urtheil über die falschen Ansichten und Erfindungen zu Gericht sitzen, eine andere Scheidelinie zwischen der unschätzbaren Preßfreiheit und deren Mißbräuchen ist unmöglich; die öffentliche Meinung allein ist zur Censur berechtigt" — sodann aber, daß er offen aussprach und nach Kräften bethätigte, die Sklaverei sei der Fluch der Union, sie sei die Grundlage alles Verderbnisses. — Dieser letzte Punkt machte Jefferson gerade seine bisherigen Freunde zu Feinden, und als am 2. März 1807 der Congreß im Widerspruche mit den südlichen Sklavenhaltern beschloß, daß mit dem 1. Januar 1808 die Einfuhr fremder Sklaven aus Afrika oder andern Ländern unbedingt verboten sein solle, da drohte schon ein früherer Freund Jefferson's, der heißspornige Virginier John Randolph von Roanocke, mit der Trennung der Südstaaten.

Unzufrieden waren aber nicht nur die Sklavenbarone des Südens, unzufrieden war auch eine große Anzahl Marineoffiziere, unter andern die Decaturs, weil sie sich und die Flotte von Jefferson vernachlässigt und zurückgesetzt glaubten.

Der Kreis, mit welchem die beiden Freunde zunächst Verbindungen anknüpften, war: Blennerhassel, Swartwout, Dayton, Tyler, Floyd, lauter Männer von Ansehen und Reichthum.

Man wollte Louisiana und womöglich Mexico erobern. Ob man an eine neue südwestliche Union, mit der Hauptstadt Neuorleans, oder sogar an ein Kaiserreich Mexico mit Texas, Florida dachte, an das sich der Südwesten der Union anschlösse, wird dem Geschichtsforscher unermittelt bleiben.

Während Bollmann sich auf der nach dem Eigenthümer genannten Blennerhassel-Insel im Ohio, dem Paradiese Nordamerikas, aufhielt, um den Bau von funfzehn Fahrzeugen, halb Flachboote, halb Kanonenboote, zu überwachen, welche am Muslingum, einem Nebenflusse des Ohio, gebaut wurden, und die „Ohio-Gazette" mit Artikeln zu versehen, welche allerdings das Thema einer Trennung der nördlich-östlichen von den südlich-westlichen Staaten erörterte, weil die Interessen beider zu ungleichartig seien, durchstreifte Aaron Buer zu Fuß viele hundert Meilen, die damaligen Territorien Kentucky, Ohio, Tennessee, Indiana, Mississippi, Arkansas, überall einflußreiche Leute für den Plan zu gewinnen, das Hinterland Louisiana zu erobern. Er fand namentlich in Frankfort in Kentucky viele Freunde und Anhänger, aber auch Feinde. Der Districtsanwalt in Kentucky, Joseph H. Davieß, zeigte dem Präsidenten an, daß Buer eine gesetzwidrige Expedition gegen Mexico und die westlichen Staaten unternehmen wolle. Die Anklage war indessen nicht gehörig begründet und wurde abgewiesen. Nun aber verlangte Buer selbst, daß die eingebrachten Beschuldigungen einer Grand Jury vorgelegt würden. Henry Clay vertheidigte ihn, und er wurde ehrenvoll freigesprochen.

Nach diesen Erfolgen reiste er nun im Triumphzuge nach Tennessee, wurde in Nashville und andern Orten beinahe vergöttert. Er fing an, auf dem Cumberland Schiffe bauen zu lassen und war so unvorsichtig, einem alten Freunde, dem General Wilkinson, der unten an der Grenze von Louisiana und Texas am Red-River stand, und auf dessen Beihülfe er rechnen zu dürfen glaubte, eine Botschaft zweifelhaften Sinnes zu erlassen: „Die Götter laden zu Ruhm und Glück ein."

Dieser Freund denuncirte abermals ein staatsverrätherisches Complot zur Eroberung des Südwestens und Lostrennung von der Republik, und Jefferson, der Buer zugleich haßte und fürchtete, erließ sofort Befehl zur Verhaftung aller Verschworenen, wie man sie nannte.

Das Kriegsgesetz wurde erklärt und Swartwout, Bollmann, Ogden, Adams von Wilkinson verhaftet und
nach Washington City gesendet. In Columbia des
Hochverraths angeklagt, wurden sämmtliche Gefangene
auf Grund der Habeas-Corpus-Acte und der Incompe-
tenz des Gerichts in Freiheit gesetzt. Buer war den
Mississippi hinab nach Fort Massac, der jetzigen Stadt
Memphis, geflohen. Gouverneur Mead rüstete 400
Milizen aus, um ihn zu fangen und die Belohnung
von 2000 Dollars, die auf seinen Kopf gesetzt war,
zu verdienen. Buer floh, als Bootsmann verkleidet,
nach Arkansas, wo er am 17. Februar 1807 bei Port
Stoddart in einer unbebauten urwaldblichen Gegend gefangen genommen und zu Fuß auf mühevoll zu findenden
und erst zu eröffnenden Wegen, durch unbebaute Gegenden und unwegsamen Urwald über tausend englische
Meilen weit nach Washington geschleppt wurde, um
dann in Richmond vor die Geschworenen gestellt zu
werden. Hier begannen aber für Buer neue Triumphe.
Das Gefängniß, welches ihn einschloß, lag in der Vorstadt, allein es war kein Gefängniß, sondern ein Salon,
in dem sich alle Notabilitäten aus dem Süden Rendezvous gaben, es wurden ihm die köstlichsten Speisen und
Weine zugeschickt, man soupirte und dinirte auf das
üppigste in den Zimmern des Gefangenen. Obmann

15 *

der Geschworenen war John Randolph von Roanocke, mit Jefferson zerfallen, der eifrigste Beförderer der Sklavenhalter; Ankläger Georg Hay. Die Beweis- aufnahme nahm 26 Tage in Anspruch, und das Plai- doyer der Anklage wie die Vertheidigung wurde das Berühmteste, was bis dahin vor nordamerikanischen Gerichten vorgekommen war.

Vertheidiger des Beschuldigten waren Edmund Ran- dolph, John Wickham, Luther Martin, der bekannte Föderalist, Joh. Bäcker, Charles Lee; aber er selbst übertraf alle. Die Anklage stand auch auf den schwächsten Füßen, denn wenn auf der Insel Blennerhassel's Krieg gegen die Union complotirt war, so stand fest, daß Buer selbst nie einen Fuß weder in die wasserumrauschten Laubgänge jener Insel noch in den Palast derselben gethan hatte.

Bollmann wurde als sogenannter Königszeuge gegen seinen Genossen vorgeführt, ihm war die Versicherung der Straflosigkeit für all sein Thun zugesichert, allein er verweigerte, als angeblich Mitschuldiger, jede Zeugniß- ablage.

So war es gekommen, daß unser unternehmender Freund, der über vier Jahre den pittsburger Eisen- werken seine ganzen Kräfte gewidmet, dem eine sichere Existenz, eine gute Einnahme als Director und Actionär zutheil war, des Neuen, des Größern und, wie er glaubte, Ruhmvollern für die Zukunft wegen, die fernere Leitung derselben abgab. Die Directorschaft fiel dem Eigenthümer des Grund und Bodens, Karl Haus, der ja die Hälfte der Actien innehatte, zu. Die Geschäfte waren einfacher Natur und erforderten weniger technische Kenntnisse als Accuratesse und gute Buchführung. In der Eisengießerei wurde nichts gegossen als zweierlei Pflüge, deutsche und amerikanische, aber nach beiden Artikeln war die Nachfrage so groß, daß die Gießerei nicht genug schaffen konnte. Noch größer war die Nach= frage nach Nägeln, denn zu allen südlich und westlich gebauten Blockhäusern waren hier Nägel am leichtesten und wohlfeilsten zu beziehen, und der Ohio und seine Nebenflüsse boten die gelegensten Transportstraßen. Pittsburg selbst baute sich von Jahr zu Jahr mehr auf, und bald reichten die Häuser der Stadt bis zu den Hüttenwerken selbst. So hatte Karl reichliche Be= schäftigung, die ihn nach und nach zu interessiren anfing; sein Vermögen mehrte sich und dies gab ihm, der nun schon amerikanischer Bürger geworden, täglich größeres Ansehen bei der Ortsgenossenschaft.

Wie aber war es mit Olga? Wir haben sie bei der Frühgeburt eines Kindes verlassen, als das Schiff Decatur's von den Korsaren genommen wurde.

Olga's auf dem amerikanischen Schiffe geborener
Knabe war noch gestorben, ehe man Tripolis erreicht
hatte. Man landete aber nicht hier, sondern in Sobart
oder Alttripolis, wo der Bei einen Interimsharem
hatte, in dem die geraubten Weiber bis zur Auslösung
oder zum Verkauf gefangen gehalten wurden, denn in
Tripolis selbst lebten immer einige christliche Consuln,
und so sehr sich Engländer und Franzosen, diese und
Amerikaner immer auch befeinden mochten, wenn diese
Consuln hörten, daß von einer ihrer Nationen ein
Mann oder eine Frau von Korsaren eingebracht sei, so
ruhten und rasteten sie nicht eher, als bis sie deren
Freiheit, sei es durch Vorstellungen bei dem Bei, sei
es durch Loskaufung, ermöglicht hatten.

An dem Fuße eines Hügels, an welchem ein Fluß
dem Meere zuströmte, stand ein großes einstöckiges
Haus mit weitläufigem von einer hohen weißen Mauer
eingeschlossenem Garten.

Vor dem Hause befand sich eine Art Halle, welche
an jeder Seite marmorne Bänke hatte, und von welcher
eine Treppe in das große Zimmer führte, Gelphor
genannt, das sonst in gewöhnlichen Häusern als Zimmer
des Herrn allen Weibern unzugänglich ist und sich dadurch auszeichnet, daß es im ganzen Hause die einzigen
Fenster besitzt, und zwar Fenster nach der Straße.

Hinter der Halle befand sich der Hof, ein großer vier= eckiger, nach allen Seiten von den Gebäuden einge= schlossener Raum mit Quarrés von weißem und schwarzem Marmor. An drei Seiten lief ein von Säulen ge= tragener Gang, über welchen sich vor dem ersten Stock her eine Galerie zog. Von dieser Galerie sowie von dem Säulengange aus führten Thüren zu den einzelnen in keiner Verbindung miteinander stehenden Gemächern der untern und obern Etage. Diese Gemächer hatten nach außen keine Fenster, sondern nur sehr kleine nach innen, und diese Fenster waren nicht mit Glas, sondern nur mit hölzernen Jalousien versehen, zierlich geschnitzt, die nur sehr wenig Licht und gar keine Sonne ein= ließen.

Das Dach war auf dem ganzen Viereck von Ge= bäuden platt und mit einer etwa einen Fuß hohen Lehne umgeben, um das Herabfallen zu hindern; man schlürfte von dort abends Seeluft und die Moham= medaner verrichteten bei Sonnenuntergang ihr Gebet, sobald der Marabut dieses ankündigte.

Die junge Frau lag seit ihrer Niederkunft krank, sie fieberte und phantasirte, man mußte sie in einer Hängematte in das Boot herablassen, und in dieser trugen vier Matrosen sie nach dem eben beschriebenen Gebäude. Da dieses zur Zeit außer der Dienerschaft

keine Bewohner hatte — es waren die letzten dort ver=
pflegten Christensklaven soeben nach Konstantinopel an
den Harem des Sultans und auf den Sklavenmarkt
geschickt, und da, außer einem alten Hadschi, dem Privat=
secretär des Beis, der statt einer Pension hier das
Gnadenbrot als Aufseher aß, Männer zu dem Gebäude
keinen Zutritt hatten, so wurde die kranke Olga in das
Männergemach, das Selphor, gebracht, während der
Ehefrau Decatur's mit ihrem Sohne und der Dido
der Hofraum und ein Gemach unter der Galerie zum
Aufenthalt angewiesen wurden. Neben Eleonore war
auch Nero in das Gemach gefolgt, wohin Olga ge=
tragen war, er that ganz, als gehöre er dazu, er hatte
den Haremswächter mit so zornigen Augen angeschaut
und unter Zähneweisen so bös angeknurrt, daß dieser
dem Hunde nicht zu wehren wagte.

Der mitleidige Korsarenkapitän hatte den Frauen
ihre Habseligkeiten gelassen, es wurden ihnen dieselben
nachgebracht, darunter waren einige englische Bücher,
namentlich Shakspeare's Werke, welche der Decatur
zu eigen gehörten, und einige Werke deutscher Dichter,
Geschenke Karl's an seine Geliebte, welche diese nie
von sich ließ.

Unter der Pflege ihrer sorgsamen Dienerin genas
Olga bald und brachte den größern Theil des Tages

bei der Frau Decatur im Hofe zu. Als der Sommer sich näherte und die Hitze auch im Hofraum zunahm, erbaute der Hadschi auf diesem ein Zelt, in welchem auf Teppichen und Kissen die Gesellschaft vom Morgen bis zum Abend zubrachte. Zu Promenaden in dem Garten war selten Erlaubniß ertheilt, auch fand sich da wenig Schatten, da nur am Ende des Hügels dem Flusse zu einige Silberpappeln und Rüstern nebst Oliven und Feigenbäumen angepflanzt waren, der größere Theil des Gartens aber zur Zucht von Wassermelonen bestimmt war. Hier mußte Cäsar mit den andern Schwarzen Wasser aus dem Flusse schleppen, aus denen die Bewässerung geschah.

Das einzig Erträgliche bei diesem Leben waren die Abende auf dem platten Dache. Nach Norden das blaue Meer, in welchem die goldenen Sterne funkelten, wenn die Sonne untergegangen war, mit seinen kühlenden Seewinden, nach Süden der Fluß, auf beinahe eine Viertelstunde breit an beiden Ufern durch eine rothe Einfassung von Millionen von Oleanderblüten berändert. Rechts öde Sandgegenden, links ein weiter Hügel mit einer Unzahl von Ruinen und einzelnen bewohnten Gebäuden, den Ort Sobart bildend.

Hier oben auf dem flachen Dache zu sitzen, in die Sterne zu sehen oder auf das Meer, von Karl zu

träumen, das waren die einzig glücklichen Stunden für
Olga. Am Tage suchte sie zwar Zeitvertreib, indem
sie sich viel mit Bob beschäftigte, ihn und seine Mutter
die deutsche Sprache lehrte, zuweilen sich auch von
Eleonore aus Shakspeare vorlesen ließ. Aber es waren
furchtbar langweilige Tage, Wochen und Monate, die
sie hier zubrachte. Die tägliche Speise war Kuskussu
und Lammfleisch, und Lammfleisch und Kuskussu, nur
die Wassermelonen mit ihrem Saftreichthume, dem aro-
matischen rothen Fleische und ihrer eisigen Kälte, zu
Zeiten auch frische schöne Gemüse und kostbare Früchte
gaben eine erwünschte Abwechselung.

Warum die Frauen hier so lange gehalten wurden,
haben diese nie erfahren; wir vermuthen, die Ursache
der Verzögerung war keine andere, als daß sie für den
Sklavenmarkt oder Harem des Sultans nicht fett genug
werden wollten, vielleicht fürchtete man auch die im
Mittelmeere kreuzenden amerikanischen Fregatten und
Corvetten.

Aus Wochen wurden Monate, aus diesem Jahre.
Im dritten Jahre brachte man unsere Gefangenen nach
Marabad, wo der Bei einen ähnlichen Harem hatte.
Ehe sie die Reise antraten, wurden ihnen indeß tripo-
litanische Kleider gebracht und ihnen befohlen, sich der
europäischen Kleidung zu entledigen. Eleonore hatte zu-

gleich, nachdem Olga sich von ihrer Krankheit erholt
hatte, das in die Unterkleider versteckte Geschmeide aus
seinem Gefängnisse befreit und theils unter dem reichen
Flechtenschmucke von Olga's Haar, theils unter dem
eigenen verborgen. Auf einem kleinen Küstenfahrzeuge
segelte man immer angesichts der Küste vor Tripolis
vorüber in die Bucht von Kefels, wo man landete.
Das Gebäude, in welchem die Gefangenen hier unter=
gebracht wurden, war dem, welches sie verlassen hatten,
sehr ähnlich, nur größer. Dagegen fiel die Auszeich=
nung, die Olga in Alttripolis empfangen, indem sie
während der ganzen Zeit das Herrengemach mit Eleonore
und Nero bewohnte, hier weg. Ohne Unterschied wur=
den hier die Gefangenen in den Hofraum gebracht, wo
schon zwölf Unglücksgefährtinnen ihrer harrten. Nero
wurde in eins der Gemächer hinter dem Säulengange
gesperrt, allein es wurde Olga gestattet, ihn zu be=
suchen und ihm seine Nahrung, namentlich frisches
Wasser zu bringen. Vielleicht glaubte man, in der
Stadt der Hunde Nero für einen bessern Preis ver=
kaufen zu können, als ein paar häßliche alte Neger, wie
Cäsar mit seiner Dido waren.

Nach einigen unerquicklichen Wochen Aufenthalts
wurden die gesammten in Marabad eingeschlossenen Ge=
fangenen auf jenes Schiff gebracht, das, wie wir sahen,

maſtlos und ſeeuntüchtig von der Enterpriſe genommen wurde. Die Frauen, nach ſo langer in Angſt und Sehnſucht zugebrachter Gefangenſchaft, athmeten wieder die Lebensluft der Freiheit und der Hoffnung. Das Schiff, welches ſie ihren Räubern entriſſen hatte, kam denn auch gegen Weihnachten im Hafen von Neuyork an. Olga und Eleonore fanden bei der Frau Juſtus Erich Bollmann's, die ihren Wohnſitz noch in Philadelphia hatte, freundliche Aufnahme und im Januar 1805 machten ſie Hochzeit.

Da die Dinge in Pittsburg noch nicht vollſtändig geordnet waren, namentlich da es an einer Wohnung für das junge Ehepaar fehlte, blieben dieſe bis zum Frühjahre des nächſten Jahres in der Quäkerſtadt.

Hier war das erſte, was Olga that, daß ſie ihrer Mutter das Document ſchickte, deſſen wir oben erwähnt haben, ſowie eine beglaubigte Abſchrift durch die franzöſiſche Geſandtſchaft an die unter franzöſiſcher Occupation ſeufzende Heimatsbehörde.

Die junge Frau litt, wie ſehr ſie das auch vor Karl zu verheimlichen ſuchte, an einer Art von Heimweh, namentlich hatte ſie eine unendliche Sehnſucht nach der lieben Schweſter Heloiſe, von der ſie nun ſchon über zehn Jahre getrennt war. Sie ſchrieb an dieſe einen langen Brief, den ſie dem Schreiben an die

Mutter beilegte. Karl schickte sämmtliche Briefschaften durch die englische Gesandtschaft an seinen Gönner, den Geheimen Cabinetsrath Best in London, zur Weiter= beförderung nach Heustedt, denn dieser Weg schien ihm sicherer, als sie französischen Posten anzuvertrauen, da diese keinen Brief uneröffnet ließen.

Olga betrachtete Eleonore schon seit Jahren nicht mehr als Dienerin, sondern als Freundin und Schwester; dieses vertraute Verhältniß hatte sich während der Ge= fangenschaft in Tripolis zu einer Innigkeit gestaltet, die nicht größer sein konnte; beide hatten sich ganz ineinandergelebt und thaten einander zu Liebe, was sie sich an den Augen absehen konnten. Nur in Einem Punkte harmonirten sie nicht, das waren die religiösen Anschauungen. Die Engländerin, hochkirchlich erzogen, hing an allen Aeußerlichkeiten der Kirche und des ortho= doxen Glaubens, die Deutsche stand auf deistischem Standpunkte. Sie glaubte an Gott, an Unsterblichkeit, war auf das innigste durchdrungen von der durch Christus gepredigten Bruderliebe, aber sie glaubte nicht an die Göttlichkeit Christi, nicht an die spitzfinbige alexandrinische Dreieinigkeit und hielt alle Erzählungen von Wunderthaten, die keinen Zweck des menschenfreund= lichen Wohlthuns erkennen ließen, für einen Ballast und ein Hinderniß des echt christlichen Glaubens. Sie hatte

sich in ihrer Weise eine Religion zusammengelegt, wo=
nach der Gott, an den sie glaubte, ein persönliches
Wesen war, das außerhalb der Welt, d. h. dem End=
lichen, oder vielmehr über demselben stand, und doch
zugleich die Welt allwaltend umfaßte, auch das End=
liche durch Vollendung und Verklärung zum Göttlichen
erhob.

Wenn beide Freundinnen auf dem Dache ihres Ge=
fängnisses bis tief in die Nacht saßen, hatten religiöse
Gespräche oder vielmehr Streitigkeiten stattgefunden;
die eine an dem Buchstaben der Bibel festhaltend, die
andere fern von aller Schriftgläubigkeit, weil die Evan=
gelien Menschenwerk seien, aus viel späterer Zeit als
Jesus gelebt, und weil sie sich keinen zweiten oder dritten
Gott neben Gott denken könne, an ihren selbst con=
struirten Ueberzeugungen festhaltend. Olga wies Eleonore
auf die Frömmigkeit der Araber hin, die sie jeden
Abend vom Dache aus auf den Dächern der Stadt
beobachten konnten, und pflegte zu wiederholen: der
Allah der Mohammedaner ist Eins mit unserm Gott,
und wie sein Verkünder Mohammed war, so war
Jesus der Verkünder des von Rachegedanken gereinigten
Jehovah der Juden, der zu einem Gott der Liebe
wurde.

„Eingeborener Sohn Gottes ist mir ein absolut

unmöglich zu denkender Gedanke", pflegte Olga zu sagen, „und es ist unmöglich, den Nutzen eines räthselhaften Symbols einzusehen, wo einfache Worte, ohne Bild und Hülle den Verstand und das Herz zugleich befriedigen können."

Dann schwieg Eleonore, war aber innerlich erzürnt.

In dem neuen Wohnorte Pittsburg angekommen, suchte letztere gleichsam nachzuholen, was sie in Tripolis hatte versäumen müssen, sie besuchte regelmäßig den Gottesdienst in einer deutschen Kirche und zog auch Olga öfter dahin, als es dem Gatten lieb war. Ja, bald mußte es Eleonore einzurichten, daß der deutsche Prediger zu den Gesellschaften des Hauses zugezogen wurde. Olga war halb willig, halb widerwillig gezwungen worden, ein Haus zu machen, wie man es nennt. Sie war schon als geborene Gräfin, dann wegen ihrer Gefangenschaft in Tripolis zu einer Löwin für Pittsburg geworden, aus allen Schichten der Gesellschaft drängte man sich an sie und schien sie für das, was sie in der Einsamkeit erbuldet, durch Einladungen zu Gesellschaften, Bällen, Pickenicks u. s. w. entschädigen zu wollen. Die Erzählung ihrer Leiden, die Bewunderung, die ihr zutheil wurde, war ihr indeß bald zuwider, und sie überlegte sehr häufig mit Karl, wie sie diese Last los werden könne, ohne ein Mittel zu finden.

Merkwürdigerweise schien Eleonore sich in dem Gesell-
schaftstrubel zu gefallen und suchte alle ihre Talente
und Künste, selbst die der Toilette hervor, um in ihren
ältern Tagen sich noch bemerklich zu machen. So hatte
sie eines Abends, als Olga eine größere Gesellschaft
von Herren und Damen bei sich sah, jene Brosche aus
dem Schmucke Olga's angelegt, die sie in ihr Haar
gerettet und die ihr Olga als Andenken an die mit ihr
überstandene schwere Zeit geschenkt hatte.

Wie es kam, ob von Eleonore provocirt, das war
nicht zu ermitteln, genug abermals gab die Gefangennehmung und Befreiung den Hauptstoff zu der Unterhaltung, und die Brosche ging nicht allein unter den
Damen, sondern auch unter den Herren von Hand zu
Hand, um gelobt und bewundert zu werden. Ein
Juwelenhändler, der sich in der Gesellschaft befand und
neben dem deutschen Prediger saß, klärte diesen beiläufig über den großen Werth der Brosche auf, die in
ihrer Mitte einen Diamant vom reinsten Wasser und
verhältnißmäßiger Größe trug, und der Werth seiner
frommen Beichtschwester schien in dem Herzen des
Herrn Schmidt, so hieß der Geistliche, dadurch nicht
wenig zu steigen. Wie nun aber Eleonore zum Lobe
ihrer gnädigsten Freundin noch erzählte, daß deren
Gatte ihr für ihre geringen Verdienste, die ja nur

Thaten Gottes seien, trotz aller Abwehr eine lebenslängliche Pension von 300 Dollars ausgesetzt habe, da
verjüngte sich Eleonore in Schmidt's Augen um zwanzig
Jahre, und wenige Tage nachher hielt er um ihre Hand
an und wurde von der verschämten Jungfrau an Olga
gewiesen, da Eleonore, wenn diese einwillige, nicht abgeneigt sei, den Wegen der Vorsehung, die sich so augen-
scheinlich manifestirten, zu folgen.

So schwer für Olga selbst die Trennung wurde, so
angenehm war dieselbe für Karl, der von jetzt an seine
Gattin erst allein zn besitzen anfing, und dem das
Vertrautsein Olga's mit Eleonore namentlich der kirchlichen Richtung wegen zuwider war.

Olga gebar ihrem Gemahl bald nach dieser Trennung
von Eleonore einen Sohn, der auf die Namen Victor
Justus getauft wurde. An seinem Tauftage war der
neue Hohofen Victoria mit dem Dampfgebläse Fulton's
angeblasen und letzteres hatte sich vortrefflich bewährt.

Die Fabrikeinrichtungen konnten verdoppelt werden,
und da die Maschine kräftig genug war, wurde von
den Actionären beschlossen, auch die alten Hohöfen durch
Gebläse gleicher Art anzublasen. Das Taufsest ward
zur Festlichkeit nicht nur für alle Arbeiter des großen
Etablissements, sondern für einen nicht geringen Theil

der aus Deutschen bestehenden Einwohner Pittsburgs,
die an dem reichen, unternehmenden, glücklichen Dr. Karl
Haus bei allem, was sie selbst für sich unternahmen,
Rath und That, Hülfe und Unterstützung fanden.

Olga fühlte sich unendlich glücklich, einen gesunden
kräftigen Knaben an ihr Herz drücken zu können, ihm
selbst Nahrung zu geben, seinen Schlaf zu überwachen
und seine Entwickelung zu beobachten. Diese glückliche
Stimmung wurde noch erhöht, als endlich ein Brief
Heloisens eintraf, der die nahe Ankunft derselben in
Begleitung von Georg Baumgarten, dessen junger Frau
und dem Schwiegervater von Kitzow ankündigte.

Es zog sich ihre Ankunft indeß von einer Woche
zur andern hin, und Madison, der neue Präsident, hatte
im November 1809 schon seine erste regelmäßige Jahres-
botschaft erstattet, und zwar eine Botschaft, die in das
Mark der Union einschnitt; sie verkündete den Bruch
mit England, das die von dem englischen Gesandten
Erskine geschlossenen Verträge anzuerkennen weigere.
Amerika hatte unendlich darunter leiden müssen, daß
weder Frankreich noch England die Rechte der Neutralen
zur See respectirten, und wie heutzutage im norddeutschen Reichstage, eiferten amerikanische Aegibis im
Congreß und in den Zeitungen gegen die täglich verübten
Unbilden. Jefferson hatte, um den Krieg zu vermeiden,

im December 1807 ein Embargo anordnen laſſen, mit
Zuſtimmung des Congreſſes, welches amerikaniſchen
Schiffen verbot, nach fremden Häfen zu fahren, ſowie
es allen fremden Schiffen die amerikaniſchen Häfen
verſchloß.

Das Embargo vernichtete Handel, Schiffahrt,
Marine, die Klagen darüber wurden allgemein und
man mußte es 1809 aufheben. An die Stelle deſſelben
trat das Verbot der Handelsverbindungen mit England
und Frankreich, oder das Embargo wurde blos in Beziehung auf dieſe Staaten beibehalten. Die öſtlichen
Staaten mit ihrem regen Handelsverkehre litten unter
demſelben am meiſten, und da in ihnen die Föderaliſten
das Uebergewicht hatten, ſo waren es dieſe, welche eine
ungemeine Agitation gegen daſſelbe ins Werk ſetzten.
Karl Haus, obgleich er perſönlich wie für ſeine Eiſen-
werke in Pittsburg vom Embargo Vortheil hatte, denn
es verhinderte die Einfuhr engliſcher Nägel, Pflüge,
Eiſenproducte, die bis dahin maſſenhaft von England
geſchehen war, arbeitete eifrig gegen daſſelbe. Als ihm
aber die vertrauliche Mittheilung wurde, daß engliſche
Agenten in Neuyork verſprochen hätten, wenn ſich die
neuengliſchen Staaten von der Union trennten, dann
würde England ſofort alle Handelsbeſchränkungen aufheben und den abgefallenen Staaten alle Begünſtigungen

16*

der eigenen Unterthanen gewähren, und daß ein Theil der angesehenen Parteigenossen, den englischen Ein= flüsterungen Gehör schenkend, die Secession in Aussicht genommen habe, da erwachte sein patriotisches Gefühl. Er reiste nach Philadelphia, dann nach Neuyork und sprach sich an beiden Orten auf das entschiedenste gegen jede Trennung von der Union aus, ja er setzte sich mit John Adams, jetzt Senator des Staats Massachusetts, den er noch von der Zeit her kannte, wo er die „Oeffentliche Meinung" redigirte und die Präsidentschaft desselben zu fördern suchte, in Verbindung, um dem Unglücke einer solchen Trennung der Union vorzubeugen. Das war die Hauptveranlassung zur Aufhebung des Embargo geworden.

Jetzt, wo die Verständigung mit England gescheitert war, wo Napoleon, der auf dem Gipfelpunkte seiner Macht stand, der zu seinen Füßen in Erfurt ein Par= terre von gunstbegierigen königlichen Vasallen sah, nicht daran dachte, das Unrecht, welches amerikanischen Schiffen französischerseits zugefügt war, irgend gut zu machen, wurde Karl Haus durch das Vertrauen seiner Mit= bürger zum Congreßmitgliede gewählt.

Es traf sich glücklich, daß noch vor seiner Abreise nach Washington die Schwägerin Heloise mit ihren deutschen Freunden kam, und daß in ihrer Gesellschaft

der englische Ingenieur John Grant, der in Amerika
Fulton aufsuchen und mit ihm in Verbindung treten
wollte, sich befand.

Robert Fulton hatte damals schon vom Congreß
ein Patent erhalten, für alle größern nordamerikanischen
Flüsse Dampfboote zu bauen; allein ihm fehlte es an
Kapital, und er war genöthigt, das Privilegium für
einen Fluß nach dem andern um billige Preise zu ver=
kaufen, wobei er von den habsüchtigen Yankees überlistet
und betrogen wurde.

Fulton war nach Pittsburg gegangen, theils um
einer Ohio=Dampfschifffahrtsgesellschaft, die dort in
der Bildung begriffen, sein Privilegium für den Ohio
zu verkaufen und den Bau der ersten Boote zu über=
wachen, theils um für seinen Freund Justus Erich eine
Dampfmühle, die erste in Amerika und der Welt, in
Pittsburg zu bauen.

Justus Erich, dessen planmachender Geist nie rastete,
hatte den großartigen Plan, den Westen Amerikas, der
sich immer mehr bevölkerte und schon jetzt die Korn=
kammer war, mit Mehl zu versorgen, als Austausch
gegen Korn. Die Dampfschifffahrt auf dem Ohio und
dieses neue Bollmann'sche Project, das alles hing auf
das innigste zusammen. Bollmann's eigenes Vermögen
reichte zu den großartigen Unternehmen, wie er sie im

Sinne trug, nicht aus, er hatte deshalb eine neue Actiengesellschaft begründet, allein die Actionäre wählten nicht ihn, sondern einen reichen Kaufmann zum Director, da er theils wegen der Buer'schen Sache bei einem Theile des Publikums anrüchig, theils schon von ihm bekannt war, daß er ebenso wenig Ausdauer in der Verfolgung von Planen besitze, als er glücklich in deren Erfindung sei. Er hatte alle seine Actien aus dem immer mehr und mehr fortschreitenden Unternehmen von Karl Haus, dessen Schöpfer er ja gleichfalls gewesen, herausgezogen und sich mit seiner ganzen Habe bei dem neuen Unternehmen betheiligt.

Bollmann und Fulton hatten in ihren Freund schon länger gedrungen, das neue Unternehmen durch eine Erweiterung seiner Anlagen zu begünstigen, und dazu Vorschläge und Projecte entworfen. Eine der Gießereien sollte nämlich in ein Walzwerk verwandelt und damit eine Kesselschmiede verbunden werden, damit alles, was zum Dampfbootbau auf dem Ohio nöthig, beisammen sei.

Karl widerstrebte bisher, weil das Gießen von Pflügen und das Nagelschmieden ein sehr einfaches Geschäft war, das er selbst übersehen konnte und dem ein untergeordneter Techniker vorstand. Ein solches Walzwerk mit Kesselschmiede erforderte aber nicht nur

eine bedeutende Kapitalanlage, sondern die ganze Zu=
kunft des neuen Unternehmens hing wieder von dem
Erfolge der Ohio=Dampfschiffahrtsgesellschaft ab, und
bisher hatte Robert Fulton bei seinem Dampfbootbau
noch keine Seide gesponnen.

Die Ankunft der Europäer änderte die Sache. Herr
von Kitzow, der im Bergfache gearbeitet und dem ganzen
Bergwesen des Harzes als vortragender Rath in Kassel
vorgestanden hatte, nahm sich der Ueberwachung der
Comptoiristen an und übernahm die sonstigen Geschäfte,
welche dem Director obgelegen, in dessen speciellem
Auftrage, da dieser gedrängt wurde, seinen Sitz im
Weißen Hause einzunehmen. Georg Baumgarten fiel
die Aufsicht über die großen Forsten des Haus'schen
Etablissements zu, über die alten wie die später von
der Gesellschaft selbst angekauften, dazu die Leitung der
Köhlereien und die Ausbeutung der Steinkohlengruben,
die man nach Vollmann's Vorhersagung aufgefunden
hatte.

Was aber der neuen Gemeinschaft die Krone auf=
setzte, war, daß sich schon auf dem Schiffe zwischen
John Grant und Heloise ein Verhältniß angesponnen
hatte, das nach und nach eine zärtliche Natur annahm.
Grant war ein stattlicher Mann von vierunddreißig
Jahren, Heloise hatte das dreißigste Jahr überschritten,

sie war eine ernste, reife Schönheit. Nicht ihr Herz hatte sie bisher vor einer Leidenschaft bewahrt, nur die Umstände. Grant war kein jugendlicher Mondscheinschwärmer nach deutscher Art, er war sogar schon Witwer. Seine Frau, eine Schottin, war im Kindbette gestorben, aber die Liebe, mit der er noch immer an ihr hing, nebst dem, was er von seinem Leben mit ihr erzählte, von seinen Sorgen und Aengsten bei der Geburt des der Mutter bald zur Ewigkeit gefolgten Sohnes, drang in Heloisens Herz. Die glücklichen Flitterwochen, welche das junge Ehepaar Baumgarten auf dem Schiffe feierte, die Zärtlichkeit desselben, das unendliche Glück, welches immer neu aus Agnesens Auge strahlte, das Gefühl der Einsamkeit und Verlassenheit, — denn die Schwester war ihr seit beinahe achtzehn Jahren fremd geworden, und von dem Schwager Karl hatte sie nur noch das Bild von Hengstenberg her, als sie ihn bekränzte — trugen viel dazu bei, sie weicher zu stimmen, als sonst ihre Art war.

Grant selbst schien über sein Gefühl noch nicht einig, es war erst ein Jahr vergangen, seitdem er die Jugendgeliebte ins Grab gelegt, und er war der Heimat entflohen, weil ihn die Erinnerung an das, was er verloren hatte, aller Energie beraubte. Er hatte eine vortheilhafte, ehrenvolle Stellung als Ingenieur einer großen Fabrik aufgegeben, um den Meister in seiner Kunst, der jetzt in Amerika Dampfschiffe baute, auf= zusuchen. Er hielt sich zurück und es war auf dem Schiffe selbst zu Erklärungen nicht gekommen. Als nun aber der Zufall ihn gerade ins Innere rief an den Bestimmungsort Heloisens, als er Fulton, den er in Neuyork vermuthete, in Pittsburg suchen mußte, als er über acht Tage lang im engen Gefährte Heloisen gegenüber oder auch an ihrer Seite in das Land fuhr, und er hier im traulichen Verschluß des Wagens die ganze Liebens= würdigkeit Heloisens, die Trefflichkeit des jungen Ehe= paars und des alten Herrn näher kennen lernte und aus dem Leben derselben die Grundzüge erfuhr, da ging sein Herz auf, und ehe man Pittsburg erreichte, hatte er der Deutschen seine Liebe gestanden und um ihre Hand angehalten.

So war Heloise schon als Verlobte Grant's in das Haus ihrer Schwester getreten. Als dieser nun das Etablissement angesehen, als er mit Fulton und Boll= mann von deren Planen gesprochen, die Hohöfen unter= sucht, die Güte des Eisenerzes und des Eisens geprüft hatte, erbot er sich, ein Walzwerk und eine Kesselschmiede nach den Angaben Fulton's auf eigene Kosten zu bauen, wenn ihm die Gesellschaft das nöthige Roheisen auf hun= dert Jahre mit zehn Procent über die Herstellungskosten

laſſen wolle. So kam man überein, und während Karl
nach der Congreßſtadt zog, fing Grant zu bauen an.
Hochzeit ſollte zu Neujahr gehalten werden, wenn eine
Wohnung für das Ehepaar ausgebaut ſein würde, denn
man war vorbereitet geweſen auf die Ankunft Georg's,
ſeiner Gattin und ſeines Schwiegervaters, für Heloiſe
hatte man Platz geſchafft, aber der neue Anſiedler fand
vorerſt nur ein Unterkommen bei Bollmann, wo auch
Fulton wohnte.

Karl Haus war nicht unzufrieden darüber, daß ſich
ſeine Abreiſe nach Waſhington über die Mitte November hinaus verzögerte, entging er doch ſo einer Abſtimmung, bei der er ſich von der Partei, die ihn gewählt hatte, den Föderaliſten, hätte trennen müſſen.
Die Föderaliſten nahmen nämlich für die Engländer
und den engliſchen Geſandten Jackſon Partei, während
die Majorität des Congreſſes das Benehmen des Francis
James Jackſon als im hohen Grade beleidigend und
ſchamlos verurtheilte und der Regierung die ganze Unter-
ſtützung der Nation zur Wahrung der Rechte, Ehre und
Intereſſen der Vereinigten Staaten verſprach.

Karl wußte zu gut, daß Jackſon die Losreißungs-
plane, mit denen ſich einige ſeiner Parteigenoſſen getragen, ins Leben gerufen hatte, und wollte ſeine poli-
tiſche Laufbahn nicht mit einer Abſtimmung gegen ſeine

Ueberzeugung beginnen. Dagegen konnte er auch den Republikanern des Südens nicht beistimmen, welche je eher je lieber mit England und Frankreich Krieg wollten. Es war auch bei diesen nicht reiner Patriotismus, wie sie vorgaben, sondern man hatte sich in England und Frankreich gegen die Sklaverei der Neger ausgesprochen, und traf damit die Achillesferse der Südstaaten.

Der Abgeordnete von Pittsburg war noch zu sehr Neuling in der praktischen Politik, sonst hätte er von vornherein den Versuch aufgegeben, zwischen den Parteien der Föderalisten und Republikaner vermitteln zu wollen; er machte sich nur von beiden Seiten Feinde und ward von den Blättern beider Parteien auf das härteste und schonungsloseste angegriffen.

Niemand war glücklicher über die Ankunft der Europäer als Olga, denn sie fühlte sich trotz der Liebe der Gattin, trotz des Mutterglücks, das sie genoß, in Amerika nicht heimisch, das Gesellschaftsleben stieß sie ab, machte sie unglücklich. Die Gewohnheit eines feinen Tons, wie er von Jugend auf in ihren Kreisen üblich gewesen, konnte die Roheit amerikanischer Sitten, wie sie namentlich im Westen vorherrschten, nicht verwinden. Diese Weise der Männer, selbst in Gesellschaft von Damen die Füße auf Oefen, Tische, Möbeln aller Art zu legen, dieses häßliche Tabackkauen und noch ab-

scheulichere Spucken, dieses Fluchen und Spielen mit
Redensarten, die mindestens gemein klangen, war ihr
von Grund des Herzens ebenso zuwider wie das
Frommthun. Sie ging darin manchmal zu weit. Sie
hatte sich entsetzt, als einer der Hauptactionäre der Hütten=
gesellschaft, ein reicher Rentier in Pittsburg, in einer
Damen= und Herrengesellschaft als Curiosität ein In=
strument von Holz herumzeigte, das ihm durch einen
hausirenden Deutschen aufgedrängt sei, und Olga er=
suchte, den deutschen Vers, der auf dem Rücken dieses
Instruments eingeätzt war, zu lesen und zu übersetzen,
und doch war das etwas ganz Unschuldiges, ein Rücken=
kratzer, mit den Worten: „Wo's juckt, da kratze!" —

Sie hatte sich mit Mühe daran gewöhnen müssen,
ihren Gatten rauchen zu sehen und den Duft einer
Havana zu riechen, sie war aber nicht mehr zu be=
wegen, in dessen Privatzimmer neben dem Comptoir zu
treten, wenn etwa dort einige Bekannte und Geschäfts=
leute ein Frühstück eingenommen und die Teppiche mit
ihrem Kautabacksspeichel über alle maßen beschmuzt
hatten.

Der Kohlenstaub, der durch die Fenster drang und
ihre Möbeln, Bilder, Stoffe, Fußböden, selbst Wäsche,
Kleider und Handschuhe, die man trug, beschmuzte, war
ihr Todfeind, und trieb ein widriger Wind den Qualm

der Hohöfen einmal ihrer Wohnung zu, so hätte sie
vor Verdruß weinen mögen. Die feingebildete Frau,
die niemals Fabrik- und Maschinenwesen in der Nähe
gesehen hatte, die den Schmuz und die sauere Arbeit,
mit denen sich die Menschen hier abquälen mußten, nicht
kannte, die in Italien und selbst in Afrika verwöhnt
war, konnte sich an das Getreibe in der Neuen Welt
nicht gewöhnen. Erst als sie in ihrem Drawing-Room
mit der lieben Schwester, mit Agnese, die sie bald so
liebgewann wie eine Tochter, mit dem alten Herrn
von Kitzow ihren Thee trinken und in der Muttersprache
plaudern konnte, wurde es ihr einigermaßen erträglich.

Heloisens Hochzeit, bald darauf Taufe bei Georg
Baumgarten, der Bau der Walzwerke und Kesselschmiede
brachten in das Einerlei des häuslichen Lebens manche
Abwechselung, dazu kamen noch die politischen Verhältnisse, die sich immer mehr zu einem Kriege gegen England neigten. Napoleon hatte unter vielen Freundschaftsversicherungen gegen Amerika die Decrete von
Berlin und Mailand aufgehoben und die Hoffnung
durchblicken lassen, Amerika werde sich mit ihm „gegen
den Thrannen der Meere" verbinden. Amerikanischer-
seits hatte man infolge dessen die Beschränkungen gegen
Frankreichs Handel aufgehoben; England weigerte sich,
diesem Beispiele zu folgen, obgleich dies früher zuge-

sagt war, es fuhr fort, amerikanische Bürger von ame=
rikanischen Schiffen als Matrosen zu pressen, unter dem
Vorwande, sie seien Unterthanen Sr. königlich groß=
britannischen Majestät, es fuhr fort, Schiffe mit Ladungen
im Werthe von Millionen für gute Prisen zu erklären,
ohne daß sie Kriegscontrebande geführt hätten. Als
Karl Haus zum zwölften Congreß nach Washington
reiste, drang er in seine Gattin, ihn zu begleiten, er
hoffte, daß die gute Gesellschaft der Capitolsstadt ihr
mehr Geschmack am amerikanischen Leben bringen solle.
Heloise sollte sie begleiten, ihr Mann hatte so voll zu
thun, daß er sie nur beim Diner sah, und ihr Vater
sollte haushalten.

Washington war zwar noch nicht zu der Stadt
emporgeblüht, welche Bollmann vor zehn Jahren im
prophetischen Geiste gesehen hatte, es hatte noch viel
Dorfartiges und zählte kaum 20000 Einwohner. Das
Sandterrain, das Karl auf Bollmann's Rath hatte
kaufen sollen, lag noch immer so wüst, wie es zu jener
Zeit gelegen hatte. Die prächtigen breiten Avenues
waren ungepflastert, überall sah die unfertige Stadt
heraus.

Haus hatte in der Pennsylvania Avenue eine Villa
gemiethet, welche in einem schönen Garten lag, der frei=
lich auf beiden Seiten noch von wüsten Baustellen be=

grenzt, selbst aber mit Lauben und Grotten, Blumen und Gewächsen aller Zonen geschmückt war. Man wohnte hier in der That zum ersten mal nach dem Geschmacke Olga's, die Stadt war nach der Westseite geräuschlos, die Avenue sehr breit, die Einsamkeit und Stille vollständig. Der Park des Capitols lag unfern, auch der Park des Weißen Hauses mit seiner prächtigen Aussicht auf den Potomac war durch eine Nebenstraße schnell zu erreichen. Schon das war für Olga eine Wohlthat, fern von jedem Fabriklärm, Fabrikstaub und Kohlendunst zu sein, so oft es die Witterung erlaubte mit ihrem Justus Victor sich im Garten herumtummeln zu können. Auch war die Gesellschaft doch eine gänzlich andere und bessere im aristokratischen Sinne, als die in Pittsburg. Zwar fehlte viel von den Formen und Gebräuchen der Höfe und Hofleute, wie sie Olga in Hannover und Neapel kennen gelernt hatte. Jefferson war von dem Grundsatze ausgegangen, daß eine Re= publik der Ceremonien und Förmlichkeiten nicht bedürfe. Hatten Washington und Adams noch gewisse Empfangs= tage gehabt, an welchen allein Aufwartungen ange= nommen wurden, so hatte Jefferson diese ganz abge= schafft, er empfing jedermann zu jeder Tageszeit, wenn er nicht durch Geschäfte abgehalten war, und nur für das Drawing=Room im Weißen Hause, bei den Ministern

und sonstigen Beamten gab es bestimmte Empfangs=
abende, zu denen Einladungen überhaupt nicht erfolgten,
die aber doch uur von guter Gesellschaft besucht
wurden.

Der Präsident James Madison war acht Jahre
Minister der auswärtigen Angelegenheiten gewesen, er
hatte als Gesandter an den Höfen von Lissabon,
Madrid, Paris, London viele Jahre gelebt, seine Frau
war eine feingebildete Dame. Auch sämmtliche Damen
in den verschiedenen Ministerhotels und andern höhern
Beamtenwohnungen hatten alle Formen der englischen
Aristokratie und alle Moden aus Paris sich angeeignet.

Neuyorker Dandy=Beaus und Fashionables, wie sie
vor dem letzten Kriege im Norden, Westen und Süden
zu Dutzenden herumliefen, gab es damals noch nicht,
die Männer, die jungen wie die alten, mußten sämmtlich
arbeiten, die Respectabilitäten der Bundesstadt waren
Staatsmänner, Staatsbeamte, Senatoren, Congreß=
mitglieder, und wenn auch unter den letztern zwei Drittel
nach europäischen Begriffen nichts weniger als aristo=
kratisch waren, so hatten doch alle Damen, auch die der
rohesten Congreßmitglieder, welche von ihren Gatten
zu der Congreßstadt mitgenommen waren, das Air des
Fashionablen. Aber die Lowedes, die Cheves, Williams
und Cathourn, die Abgeordneten Carolinas und viele

andere Congreßmitglieder gehörten den stolzesten Aristo=
kratenfamilien an, und trugen nicht nur den Schein.
Olga lebte hier wieder auf, sie war zärtlich wie nie
gegen die Sissy, wie sie die Schwester liebkosend nannte,
respect= und liebevoll gegen den Repräsentanten von
Pittsburg, weniger launisch gegen Florine, die Kammer=
jungfer, zuvorkommend gegen Joe, die schwarze Auf=
seherin über den Knaben.

Daß die beiden deutschen Gräfinnen von den Mistresses
und Misses, den Gemahlinnen des Präsidenten, der Mi=
nister, Generale, Senatoren, so oder anders betitelter Con=
greßmitglieder — denn betitelt waren sie alle — auf jede
Weise hervorgezogen wurden, lag im amerikanischen
Charakter, und je mehr altenglisches aristokratisches Blut
die Damen selbst in den Adern zu haben glaubten, um
so mehr steigerten sie ihre Artigkeit. Heloise sehnte sich
zwar aus diesen Gesellschaften nach ihrem Gatten, sie
war, seitdem sie in Oskar Baumgarten ihren Vater
entdeckt hatte, gänzlich demokratisirt, und das Zusammen=
sein mit dem Stiefbruder und den liebenswürdigen, an=
spruchslosen Kitzows hatte sie gegen die gesellschaftlichen
Formen der vornehmen Welt, in denen sie erzogen war,
vollkommen gleichgültig gemacht, dagegen ihren Blick
für das rein Menschliche geschärft. Desto mehr gefiel
sich aber Olga in diesen Kreisen, und dieselben hätten

sie mit dem amerikanischen Leben versöhnen können, wäre nicht die republikanische Art der Congreßverhand- lungen so ohne alle Formen, so wahrhaft waldursprüng- lich roh und brutal gewesen. Während sie das erste mal einer Congreßsitzung beiwohnte, wäre sie beinahe in Ohnmacht gefallen, als der Virginier John Ran- dolph von Roanoke gegen die auf Krieg mit England bringende Partei losdonnerte, Napoleon den neuen Attila, die Gottesgeisel nannte und die Amerikaner abmahnte von dem Wege, die Genossen der Bestrebungen aller aufgehäuften Schandthaten und Diebereien dieses Räuber- hauptmanns zu werden, und wie er insbesondere mit gleich derben Worten über den eingewanderten Deutschen, ihren Gatten, herfiel, der hier Krieg gegen die, deren Blut in echt amerikanischen Adern rinne, mit denen man Shakspeare, Newton, Chatham gemeinsam ver- ehre, provocire. Das sei kein Patriotismus, der Mann wolle nur englische Nägel und Eisenfabrikate, welche die Engländer wohlfeiler und besser lieferten, als er selbst es könne, vom amerikanischen Markte zurückhalten. Das seien nur Leute fleckenvollen Rufes, Leute, die ihr Vermögen verloren, wenn sie überhaupt jemals solches gehabt, Leute abgehausten Geistes und Körpers, die Geschäfte, Verdienst, Anstellungen suchten, die jetzt nach Krieg schrien. Nur ein Wahnsinniger möge eine solche junge, schwache, vollkommen unvorbereitete Republik, der es an jedem Verbündeten fehle, zum Kriege mit dem mächtigen Mutterstaate treiben. Die Freiheit der Meere werde durch solchen Krieg nie erobert werden, die Sache sei nur die, daß die Gottesgeisel Napoleon auch die Meere unterjochen wolle, wie das bereits mit Europa geschehen sei.

Und Randolph galt noch für einen der geistreichsten Redner des Congresses, bei andern überwog ein bloßes Schimpfen und Verdächtigen der Gegenpartei. Olga war nie wieder zu bewegen, einer Sitzung des Congresses beizuwohnen. Sie fing an, sich unheimlich in den Ge=sellschaften beim Präsidenten und den Ministern zu fühlen, in denen alle die Elemente vertreten waren, die sich im Congreß an die Köpfe fuhren, sodaß man fürchten mußte, es würde hier sogar von Worten zu Thätlichkeiten kommen.

Karl Haus hatte am 3. Juni 1812 für die Kriegs=erklärung gestimmt; gegen welche merkwürdigerweise gerade die Deputirten jener Staaten stimmten, die das meiste Interesse hatten, daß der Handel Amerikas von den unwürdigen Fesseln der Meeresherrschaft Englands frei werde, die Neuengland=Staaten, und nur wenige Congreßmitglieder von der Partei der Föderalisten wagten, sich so offen für den Krieg auszusprechen, wie

unser Freund es that. Selbst Josiah Quincy stimmte
nur für Vermehrung der Marine im Interesse des
Handels und der langen Seeküsten der Neuengland-
Staaten.

Der Krieg hatte mit Unglück begonnen, die Un-
fähigkeit General Hull's und seiner Nachfolger hatte
es bald dahin gebracht, daß die Amerikaner, statt Canada
im Fluge zu erobern, zurückgeworfen wurden und ihre
eigenen Grenzen nicht mehr schützen konnten. Dazu
kam nun noch, daß unter Führung des tapfern und
umsichtigen Schaweih-Häuptlings Tecumthih eine allgemeine Erhebung der Indianer dießeit und jenseit des
Mississippi gegen die „weißen Landräuber", nicht ohne
englische Aufhetzung und Beihülfe, losbrach, und die
westlichen Gauen bis über den Ohio hinüber mörde-
rischen Einfällen und Raubzügen ausgesetzt waren. Der
Krieg erforderte Opfer und Anstrengungen, im Süden
und Westen brachte man diese gern — kampfgeübte
Hinterwäldler, kühne Jäger, Congreßmitglieder, Senatoren, Repräsentanten stellten sich als Landwehr unter
das Commando des Generals William Henry Harrison
aus Ohio, um die nordwestlichen Grenzen zu vertheidigen, während man in Neuyork, Neujersey, selbst in
Philadelphia und Pittsburg gegen den Krieg eiferte. Niemand in Pittsburg war aber eifriger thätig in dieser Rich-

tung als der Gatte Eleonorens, der Prediger Schmidt. Karl Haus hatte den Mann nie leiden mögen, und als derselbe jüngst zu ihm gekommen war, zur Erbauung einer neuen Kirche nicht eine freiwillige Gabe, sondern eine ziemlich hohe Summe zu fordern, wie sie ein so begüterter Mann nach der Meinung des Predigers leisten könne und zur Ehre Gottes leisten müsse, hatte ihn dieser mit einer geringen Gabe und einigen ernsten Worten entlassen.

Seitdem hatte der Prediger einen bittern Haß gegen unsern Freund gefaßt, den er außerdem wegen seines Reichthums beneidete. Auch Eleonore fühlte sich gereizt, ohne Grund von Olga seit Heloisens Ankunft zurückgesetzt zu sein. Sie war bis dahin wöchentlich zweimal zu derselben geladen worden, um mit ihr und dem Gemahl einen Robber Whist oder Boston zu spielen, Olga liebte das Spiel. Seitdem aber Kitzow, Agnese und Georg Baumgarten in Karlhouse, so hatte man den Wohnsitz genannt, wohnten, war der Robber vollständig, Karl, Grant und Heloise sahen höchstens einige Zeit dem Spiele zu, eine weitere Person wäre störend gewesen. Bei Fêten fehlte bisher Eleonore nie, nur jüngst bei Gelegenheit eines Diners zur Nachfeier der Hochzeit Heloisens waren der Prediger und seine Gemahlin nicht eingeladen, weil auf den Wunsch Grant's

ein englischer Prediger die Ceremonie verrichtet hatte.
Das war zu viel für ein fromm-christliches Gemüth
wie das Schmidt's, Karl's Mockturtle soup, Aalpastete
und Austern, Forellen und das Getränk dazu waren
weit und breit berühmt, und der fromme Diener des
göttlichen Worts war ein Mann von großem Verständniß für solche Dinge. Jetzt aber war die Zeit
der Rache gekommen. Schmidt misbrauchte die Kanzel,
um gegen den Krieg und gegen das Congreßmitglied
für Pittsburg, das für den Krieg gestimmt hatte, zu
predigen. Da hieß es: „Die Vorliebe eines Theils
unserer Bevölkerung für die französischen Dämonen,
der Haß gegen die Engländer, eine Nation, die mehr
Religion und Tugend besitzt als irgendeine andere auf
Erden, ist die größte Schmach für unser christliches
Gemeindewesen. Diese Erscheinung, die unser Herz mit
Sorge und Kummer erfüllt, erklärt sich aber einfach
daher, daß das Volk leichtsinnig genug ist, Leute von
zweifelhafter Herkunft, Gesinnungsgenossen der französischen Deisten, Menschen harten Herzens, verstockten
Gemüths, verworfener Seele, Abenteurer voll Schlechtigkeit, die sich als treue Föderalisten in sein Vertrauen
einzuschmeicheln wußten, zu ihren Vertretern im Congreß zu wählen. Ja, geliebte Brüder in Christo, es
kann euch nicht wundernehmen, wenn der verfluchte

Krieg gegen das christliche Mutterland zum Vortheile
der französischen Papisten und Gottesleugner von Un=
glück zu Unglück und unsere glorreiche Nation an den
Rand des Verderbens führt, wenn ein Verräther wie
der frühere Herausgeber der föderalistischen «Oeffent=
lichen Meinung» für Madison und seine Schandge=
nossen stimmt. Es ist die gerechte Strafe des Himmels,
die uns trifft, und ich sage euch), es wird kein Heil
kommen, bis das gloriose Volk der Vereinigten Staaten
gleich einem gestärkten Riesen sich von seinem Schlafe
erhebt, über die ganze Teufelsbrut herfällt und die
ganze Rotte Korah dem Untergange preisgibt."

Und solche Predigten gingen dann in die öffentlichen
Blätter über, wurden als Flugblätter verkauft. Die
glühendsten Feinde des Kriegs veranstalteten ein Mee=
ting, welches bestimmt war, in einer Resolution dem
Director der pittsburger Kohlen= und Hüttenwerke ein
Mistrauensvotum zu geben. Die Freunde desselben sagten
ein Gegenmeeting an, um die Resolution zu fassen:
daß der Krieg gegen England nothwendig sei und durch
das Gefühl der Unabhängigkeit und Ehre bedingt werde.

Beide Volksversammlungen sollten an einem Tage,
und da es damals in Pittsburg öffentliche Locale, in
welchen eine solche Versammlung Platz gehabt hätte,
nicht gab, im Freien auf öffentlichen Plätzen gehalten

werden. Die Freunde des pittsburger Repräsentanten waren lässig, sie bestanden aus der Mehrzahl der Gebildeten, die selbst sehen und urtheilen, und verließen sich auf die in ihren Kreisen über die öffentlichen Angelegenheiten dem Kriege günstige Meinung.

Sie hatten ihre Versammlung auf einem Platze in der Stadt vor dem Hause des Alderman, eines bei der Hütte stark betheiligten Actionärs, berufen, und um eine Stunde früher als die Gegner die ihrige. Sie waren ihrer Sache so sicher, daß sie die einfachsten Maßnahmen unterlassen hatten. Zwar hatten ellenlange Plakate an allen Ecken Zweck und Zeit des Meetings angekündigt, allein man hatte nicht einmal eine Musikbande geworben, man hatte nicht daran gedacht, den in den Haus'schen Etablissements beschäftigten dreihundert Eisenarbeitern und andern hundert Zimmerleuten und Maurern, die bei dem Baue der Walzwerke Grant's beschäftigt waren, zwei Stunden Feierabend zu geben. Sie waren so sicher, daß es ein glorioses Meeting zu Ehren ihres Parteigenossen und zur Unterstützung der Kriegspartei abgeben werde, daß der Alderman die Damen des Congreßmitgliedes in sein Haus geladen hatte, um Zeugen zu sein, wie die frei-selbstherrschenden Republikaner sich selbst regierten. Olga hatte keine Neigung, dem öffentlichen Skandal, wie sie es nannte,

zuzusehen, aber Heloise und Agnese drängten, und so
fuhr man schon zwei Stunden vor Anfang der Gesell=
schaft zum Alderman, dessen Säle von den Damen der
vornehmen Welt schon voll waren.

Unfern des Hauses hatte man eine große Tribüne
erbaut, welche mit rothem Tuche überzogen war, und
auf der besondere Plätze für das aus zwölf Personen
bestehende Comité, welches die Versammlung berufen,
ein Tisch und Stühle vorhanden waren. Eine kleine
Erhöhung nach vorn war für den Redner bestimmt.
Ueber der Tribüne flatterte das Banner der Union, am
Fuße derselben standen vier Trommler, die von Zeit
zu Zeit ihre Kunst auf hirnerschütternde Weise ver=
nehmen ließen. Der künftige Rathhaus= und Marktplatz
vor dem Hause war noch unbepflastert und, da es kurz
vorher stark geregnet hatte, nicht sonderlich trocken, auch
befanden sich an den acht Seiten desselben (es sollte
ein Platz mit sechzehn Ecken und acht Straßen werden)
verschiedene Kalkgruben, Sandberge, Lehmlöcher, da
man an allen Ecken und Orten baute.

Die Zeit zur Versammlung kam, aber es stellten
sich auf dem ziemlich großen Platze nur einige hundert
Menschen ein; man hatte auf Tausende gerechnet.

Dagegen agitirte die englische Partei schlauer, sie
hatte einen Platz nördlich der Stadt kurz oberhalb des

Zusammenflusses der Alleghany mit dem Monongahela, wo Schiffswerften und Landungsplätze in der Nähe waren und sich alles müssige Volk herumzutreiben pflegte, etwa da, wo jetzt der große Central-Eisenbahnhof ist, auserwählt, drei Musikcorps geworben, die in den verschiedenen untern Stadttheilen beständig herumzogen, eine große Fahne voran, worauf die Worte standen: „Nieder mit der Rotte Korah, nieder mit dem Verräther Haus, nieder mit den Ausländern!“ Seit mehrern Stunden hatte die Musik die Bewohner der Unterstadt in Aufruhr gebracht, und dort waren um die Schenken und Wirthshäuser zu der Zeit, als das Meeting beginnen sollte, schon ebenso viele Tausende versammelt als auf dem Rathhausplatze Hunderte. Brandy und Whisky flossen in Strömen, und die Tabackssauce ergoß sich aus dem Gedränge wie ein Platzregen. Und zwischen dieser zerlumpten Menge schlich Prediger Schmidt mit bald niedergeschlagenen, bald zum Himmel erhobenen Augen herum und hetzte den Mob zur Ehre Gottes gegen den Gottesleugner, Vaterlandsverräther und an Napoleon verkauften deutschen Glücksritter.

Die Trommler vor der Tribüne des Kriegscomité konnten keine weitern Theilnehmer herbeiwirbeln, die Zeit zur Eröffnung des hohen Meeting war schon vorüber, die Comitémitglieder standen auf der Tribüne, nur eins derselben fehlte noch, Grant. Man hatte ihn vergeblich von Viertelstunde zu Viertelstunde erwartet, es war Zeit, anzufangen.

Der Alderman, der auf dem Präsidentenstuhle saß, bestieg den für den Redner bestimmten Platz, zeigte den Zweck der Zusammenkunft an und bat die ruhmwürdige Versammlung freier amerikanischer Bürger, seinem Freunde, dem Congreßmitgliede für Pittsburg, freundliches Gehör zu schenken.

Dieser bestieg nun die Stufe.

Karl hatte eine klare, metallreiche, durchdringende Stimme, sprach er auch sein Englisch mit einiger deutschen Härte, so hatte ihn doch die Theilnahme an den Congreßverhandlungen mit den Lieblingsphrasen der Nordamerikaner bekannt gemacht, und als er von dem Ruhm unserer Väter zu sprechen begann, welche die glorreiche Union gegründet und das Sternenbanner über sie ausgebreitet hatten, wie der liebe Gott die Sterne am Himmel über die Erde, als es dann still in der Versammlung wurde, und er sich von achtsamern Zuhörern umgeben sah, als sie sonst üblich sind, fuhr er mit erhobener Stimme fort. Aber was war das? Waren Indianer über den Monongahela herübergekommen? Mit wildem Geheul, mit einer Musik dazwischen, die das Ohr eines Janitscharen zerrissen hätte, stürmten aus allen den vielen theils bebauten, theils unbebauten Straßen, die in den Platz mündeten, wüste Scharen herbei. Voran ging die Musik, dann zerlumpte Straßenjungen mit Handwagen, auf denen Fässer, Kisten und Körbe befindlich waren, hinterdrein die Haufen des edeln Pöbels. Das hochansehnliche Bürgermeeting sah sich bald von allen Seiten einge= schlossen, es drängte sich mehr und mehr um die Tribüne und zwischen diese und das Haus des Alder= man zusammen.

„Hurrah für England!" scholl es von allen Seiten, „Nieder mit den Franzosenfreunden! Nieder mit den Ausländern! Nieder mit den Deutschen."

„Hurrah für Madison! Hurrah für Monroe! Hurrah für Pinckney!" rief das Comité von der Tri= büne, und ein Theil des Meetings stimmte ein, ein anderer drängte sich zwischen die Tribüne und die Alder= mannswohnung. In demselben Augenblicke sah man aber auch, was der Inhalt der Fässer, Körbe, Kisten war, die auf den Handwagen herbeigeschafft wurden; Hunderte fauler Orangen und Citronen flogen auf ein= mal auf das Comité, das in Zeit einer halben Minute von seiner Tribüne förmlich herabbombardirt war. Der Alderman hatte ein faules Gewächs ins Auge geworfen bekommen, sodaß er nichts mehr sah, kein Comitémitglieb war ohne Bewurf davongekommen. Aber nicht nur dies, eine Menge Orangen waren auch gegen die mit einigen funfzig wohlfrisirten Köpfen besetzten Fenster geworfen und die Köpfe waren verschwunden, die Fenster zersplittert. Indeß es sollte noch schlimmer kommen. Kaum war die Tribüne von dem Kriegscomité gesäubert, als ein wildaussehender riesiger Gesell, eine weiße Fahne in der Hand schwingend, auf die Tribüne stieg und mit Donnerstimme schrie: „Friedensmeeting! Präsident auf die Tribüne!" „Ein Präsident! Ein Präsident!" brüllten Hunderte nach. „Wählt Master Schmidt!" schrie man aus der Menge, und kurz darauf hob ein halbes Dutzend kräftiger Fäuste den Mann des Friedens auf die Tribüne. Schmidt war sehr blaß, dieser Ausgang hatte ihn überrascht, er zitterte am ganzen Körper und wußte kein Wort herauszubringen. Das wurde ihm auch erspart, denn in diesem Augenblicke kamen Dutzende zerlumpter Iren mit Schubkarren herbei.

Um die nächsten Ereignisse zu verstehen, müssen wir einen Rückblick machen. Bollmann's Project einer Dampfmühle war durch den Umstand veranlaßt, daß er unfern der Stadt ein reiches Lager von Kohlen entdeckt hatte, welches nur wenige Fuß unter der Erde lag. Er hatte das Terrain für wenig Geld erworben, um auf einem rings von Kohlen umgebenen Raume seine Dampfmühle zu bauen. Das war der ursprüngliche Kern seiner neuen Gesellschaft, der sich nach seiner weitgreifenden Weise dann in die großartigen Plane erstreckte, von denen wir oben gesprochen. Vollmann hatte von Anfang an vorhergesagt, daß sich auch auf dem Gebiete, das er für seinen Freund erworben, Kohlen finden müßten. Bisher hatte man nicht darauf geachtet, da man der Holzkohlen genug hatte, aber schon als das Gebläsewerk eingerichtet wurde, und noch mehr jetzt, da Grant zwölf neue Puddelöfen gebaut hatte, war Steinkohle ein Bedürfniß geworden, auch war man so glücklich gewesen, ein reiches Kohlenbecken mit Anthracit= kohle im eigenen Gebiete zu entdecken; allein die Kohlen wollten nicht brennen. Der Ingenieur hatte verschiedene Versuche gemacht, er hatte an den Rosten, an der Con= struction der Schornsteine ändern lassen, die Kohle ließ sich nicht in Brand bringen. Am Tage des Meetings war ihm der erste Versuch mit einem neuen Puddelofen gelungen, die Kohle brannte über alle maßen prächtig. Dieses Ereigniß war ihm wichtiger als das Meeting, und er war zu Vollmann geeilt, um ihm dasselbe mit= zutheilen, und hatte Heloisen gesagt, er würde sie von Aldermanhouse abholen.

Vollmann war schon zum Meeting, Grant's Weg zu diesem führte durch einen Theil der untern Stadt, wo das ungeheuere Getreibe der Gegenpartei seine Auf=

merkſamkeit feſſelte. Grant hatte in England vielen
Meetings beigewohnt, allein das amerikaniſche Treiben
bei ſolcher Gelegenheit war ihm unbekannt. So viel aber
wußte er, daß in Pittsburg weder Conſtabler oder etwas
der Polizei Aehnliches, noch Miliz vorhanden war,
welche den Roheiten des Mob Schranken ſetzen könnte.
Als er an den Platz kam, auf deſſen anderer Seite
das Meeting abgehalten werden ſollte, ſah er vor einem
großen Lehmhaufen, der zum Neubau eines Hauſes gebraucht werden ſollte, ein halbes Dutzend Iren und
ein Dutzend Straßenjungen ſtehen, welche den Lehm
mit Sand vermiſchten und Kugeln wie Schneebälle
daraus machten, um ſolche in die zum Bau gebrauchten
Karren zu ſchichten, nachdem ſie, wie Klöße in Mehl,
in trockenem Sande herumgerollt waren.

„Nun, Boys", redete Grant die Iren an und
warf ihnen ein Silberſtück zu, „wollt ihr Klöße kochen,
dann müßt ihr wol auch einen Trunk dazu haben?"

Die Iren ſagten grinſend ihren Dank, ein recht
Verſoffener unter ihnen aber nahm einen der Lehmklöße und machte, gegen das Haus des Alderman zeigend,
die Pantomime des Werfens.

Jetzt ging Grant ein Licht auf und er überſah
ſofort die Gefahr, in welcher ſeine Frau, Schwägerin,
Schwager und alle die Freunde ſchwebten. Er ſchlug

rechts den nächsten Weg zu der Hütte ein, um Hülfe zu schaffen, mehr laufend als gehend.

Die Iren mit ihren Schubkarren voll Lehmklöße waren es, die in dem Augenblicke, da Schmidt reden sollte, mit Hurrah empfangen wurden; ein zweites Hurrah und funfzig Lehmklöße waren durch die Scheiben der Fenster in die Wohnräume eingedrungen, waren klatschig auf Tischen, Stühlen, Sofas niedergefallen, hatten Spiegel und Uhren, Kaffeetöpfe und Tassen, Kupferstiche und Gemälde zertrümmert und beschmuzt, die feinen Toiletten der Damen, die sich schon in den Hintergrund der Stube gedrängt hatten, besudelt, Ver-wüstungen aller Art angerichtet. Auch Steine waren in die Zimmer geflogen, und man konnte in denselben ohne Gefahr nicht mehr weilen. Die Verwirrung und Angst, das Geschrei der Frauen und Misses war arg, die einen rannten heulend und schreiend die Treppen hinauf, sich auf den Böden zu verstecken, die andern die Treppen hinunter, um im Keller, im Garten, in den Hinter=gebäuden Schutz zu suchen; dazu kam die Dienerschaft, Schwarze und Weiße, verwirrt, kopflos durcheinander=rennend, nach diesen und jenen schreiend. Cato, der eine Art Portieramt bekleidete, hatte das Haus verriegelt, sodaß draußen der Hausherr und seine Freunde vergeblich pochten und Einlaß begehrten, denn

Cato war in den entferntesten Winkel des Kellers ge=
krochen.

Nur eine Dame war muthig im Zimmer geblieben,
Heloise. Sie hatte sich in eine Ecke gestellt, aus der
sie nach der Frontseite der Fenster sehen konnte und
zugleich nach der Gartenseite und dem Hüttenetablissement,
das in der Entfernung einer Viertelstunde auf einer
Anhöhe lag. Heloise war um ihren Mann besorgt,
den sie auf der Tribüne und unter den Comitémit=
gliedern schon vermißt hatte, sie fürchtete, daß derselbe
von der immer wüthender tobenden Rotte allein um=
ringt und gemißhandelt werden könne. Sie sah, wie
sich unten immer mehr der Kampf entwickelte. Die
Kriegspartei, Honoratioren, ehrsame Bürger, Kauf=
und Handelsleute, waren im Anfange, durch den un=
vermutheten Ueberfall verblüfft, zurückgewichen. Aber
ein Amerikaner läßt sich niemals geduldig prügeln.
Die Wohnung des Alderman hatte ihren Eingang von
der Seite; sie war von dem Nebenhause durch einen
Gang und Garten dahinter getrennt. In diesen Gang
hatte sich die unbewaffnete Menge nach und nach zurück=
gezogen, aber nicht in feiger Flucht, sondern nach allerlei
Geräth als Waffen suchend und, nach Vorgang des
Präsidenten und des Comité, diese jetzt aus den Gärten
nehmend, wo und wie sie solche fanden. Vor dem Wohn-

gebäude, dem Gange und Nebenhause waren wol zwanzig Stück Wagen der verschiedensten Art aufgefahren, welche die Damen hergebracht hatten und dieselben wieder nach Hause fahren sollten. Die Pferde waren in den Stallungen der Hintergebäude des Alderman und seines befreundeten Nachbars untergebracht. Als die Menge sich nun in den Gang zurückgezogen hatte, fingen einige an, die Wagen zu einer Barrikade vor dem Gange zusammenzuschieben. Es hatte dies unvermerkt geschehen können, weil vor dem Hause ein neues Schauspiel den Mob mit Wonne erfüllte und ihn von seinem eigentlichen Zwecke auf kurze Zeit abführte. Der lange Kerl mit der Friedensfahne, der zuerst die Tribüne erobert hatte, war ein Concurrent der Iren beim Lasttragen an der Werft, ein Nebenbuhler in den Whiskyhäusern, ein Mann, der mit den Iren schon mancherlei Streit gehabt hatte. Dieser Lange hatte den sehr ehrwürdigen Schmidt jetzt bei dem Rockkragen gefaßt, um ihn auf den Rednertritt heraufzuziehen. Schmidt, welcher fühlte, daß hier sein Ort nicht sei, und vor den Folgen der Dinge, die er selbst eingeleitet, zu erschrecken anfing, spielte eine klägliche Figur, indem er sich den Fäusten des Langen zu entziehen suchte.

Der rothnäsige Ire sagte, als er sich bückte, um in jede Hand einen neuen Lehmkloß zu nehmen, zu seinem Genossen, der das Gleiche that: „Dick, den Langen." — „Nein, den protestantischen Pastor", erwiderte dieser, und in demselben Augenblicke hatte Schmidt einen der Lehmklöße, und zwar einen zarten und weichbreiigen, im geöffneten Munde, und der Lange einen solchen auf der Stirn sitzen, der ihm zugleich den schäbigen Hut vom Kopfe warf. Während der Lange den Pastor fahren ließ und sich an den Kopf griff, suchte der Pastor mit der Hand den Mund zu reinigen, hustete und pustete. Die Menge hatte kaum Hurrah gebrüllt, als beide, die mit den Händen nach dem Gesichte gefahren waren, schon mit dem zweiten Kloße bedacht wurden, welcher die weiße Halskrause des Predigers mit ihrem gelben Schmuz überzog, den Langen am Kinn traf.

Das Ding machte dem Mob Spaß, und kaum hatten die Straßenbuben, welche beim „Schneeballen", wie sie es nannten, die eifrigsten waren, das gesehen, als sie sämmtlich den Prediger und den Langen einzuseifen begannen, und da die Lehmklöße zu Ende waren, Straßenkoth zu Hülfe nahmen, während die Menge schrie: „Seift sie ein! Salbt sie!"

· Der Pastor retirirte, arg zugerichtet, unter die Tribüne, der Lange schrie, wie wenn er am Spieße steckte, zwischen den Wagen hindurch. Da drängte sich eine

18*

bewaffnete Schar Kriegsmeetingsmänner heran und ver=
suchte den Platz vor und unter der Tribüne von den
Eindringlingen zu säubern. Es kam zu einem hitzigen
Kampfe, in welchem die schwächere Kriegspartei un=
zweifelhaft unterlegen wäre, wenn nicht im rechten
Augenblicke Grant gekommen wäre, zweihundert Feuer=
arbeiter, mit eisernen Stangen, zum Theil noch heiß,
mit Knitteln und andern Instrumenten bewaffnet, und
gegen hundert Zimmerleute, Maurer, Tischler hinter
sich. Jetzt nahm die Friedenspartei die Flucht. Schmidt
wurde später unter der Tribüne hervorgezogen, von der
jubelnden Menge unter eine Pumpe gebracht und hier
von Lehm und Koth gereinigt.

Diese Scene hatte in Olga einen ungeheuern Wider=
willen gegen amerikanisches Leben und amerikanische
Selbstregierung erzeugt, sie fühlte sich unheimlich und
unglücklich in Amerika, sie ging ihren Gemahl mit
Bitten und Thränen an, dieses Land, mindestens Pitts=
burg zu verlassen, und erwirkte, daß Karl, den der Con=
greß im December wieder nach Washington rief, dort
seinen bleibenden Wohnsitz nahm und die Directorial=
geschäfte des Hüttenwerks niederlegte. Noch in anderer
Beziehung war die Sache von Einfluß auf das Schicksal
unserer Freunde.

Die Besiegten flohen nach der Unterstadt, wo sie

sich auf dem ursprünglich zu dem eigenen Meeting bestimmten Platze noch einmal zu versammeln versuchten.
Aber es fehlte der rechte Geist, es fehlten die rechten
Treiber, es fehlte ein großer Theil des an der Spitze
stehenden Comité, dagegen hatten neue noch mehr un-
saubere Elemente eine Art Führerschaft gewonnen.
Genug, es wurde der Vorschlag gemacht, nach dem
neuen Dampfmühlenetablissement von Bollmann zu
ziehen, das dem Publikum jedenfalls schaden, das ihnen
Sand statt Mehl liefern werde. So schwer es nun
auch zu begreifen sein mag, wie man so offenbaren
Unsinn der Menge plausibel zu machen wußte, es geschah; der Mob zog zu den Dampfmühlen und ver-
wüstete die eben aufgestellten Maschinen.

Bollmann verlor dadurch einen großen Theil seines
Vermögens, was aber ebenso schlimm war, er verlor
die Lust an diesem Unternehmen, und da der Tod seiner
Frau infolge einer acuten Krankheit gleichzeitig eintrat,
so vertraute er seine beiden Kinder, Mädchen von fünf
und sieben Jahren, seinem Freunde an, um in Amerika
Agenturen aller Art für Europa zu suchen. Mit poli-
tischem Scharfblick begabt, hatte er schon vor dem
Winter 1811 vorhergesagt, daß der Anfang vom Ende
der Napoleonischen Herrschaft gekommen sei. Den Krieg
mit England fürchtete er gleichfalls nicht, der werde

bald beendet sein, denn er hielt die Amerikaner für un-
fähig, sich längere Zeit gegen die Uebermacht des
Mutterlandes zu stemmen, und er hielt namentlich die
von der republikanischen Partei absichtlich zurückgehaltene
Entwickelung der Marine für so unheilvoll, daß er den
Verlust der ganzen Marine vorhersagte, wenn sie sich
aus den amerikanischen Häfen überall herauswage.

Hierin nun hatte sich Bollmann gründlich geirrt,
und während sich namentlich bei der Nordarmee ein
Führer so untüchtig zeigte wie der andere, und bis
Mitte des Jahres 1813 es den Anschein hatte, als
wenn man in Washington Unbedeutendheit und Unfähig-
keit, Schwäche und Alter als erste Bedingung für einen
General betrachte, weil man Größe und Energie der
nächsten Wahl wegen fürchtete, bewährten sich die See-
leute als bessere Segler und bessere Schützen als die
Engländer. Die Constitution nahm die englische Fregatte Guerriere, bald darauf einen mächtig gerüsteten
Ostindienfahrer Java, unser Freund Stephan Decatur,
jetzt Commandant der Fregatte United Staates, enterte
und nahm die Fregatte Macedonien von 49 Kanonen.

Karl Haus war eben nach Washington übergesiedelt,
als die Nachricht von dem Siege bei Leipzig dort eintraf und fast gleichzeitig durch Bollmann aus Hoya
Privatnachricht über den Brand des Schlosses in Heu-

stebt und den Tod der Mutter seiner Frau, die dieser verheimlicht werden mußte, da sie gleichzeitig eine Tochter geboren hatte.

Einige Wochen waren vergangen; Olga empfing schon wieder Besuche, da brachte ein Blatt aus Philadelphia eine detaillirte Erzählung der Ereignisse, die sich Mitte October in Heustedt zugetragen hatten und auf die wir in einem spätern Kapitel ausführlich zurückkommen, mit Notizen über das Privatleben der Gräfin Melusine, Anspielungen auf Olga und Heloise, die kaum eine andere Quelle haben konnten als Eleonore, denn nur diese konnte einen so genauen Einblick in die Verhältnisse der Familien haben.

So war es. Pastor Schmidt hatte es vorgezogen, sich nach seiner Niederlage bei dem Meeting aus Pittsburg nach Philadelphia zurückzuziehen, war dort im Lager der Demokraten günstig aufgenommen, hatte die Bekanntschaft der Virginierin Kleopatra gemacht und mit dieser zusammen Racheplane gegen Karl Haus und seine Gemahlin geschmiedet. Ein Brief aus Hoya an Friedrich Vollmann, welcher die Erstürmung des neuen Schlosses in Heustedt und den Tod der Gräfin im chinesischen Pavillon ausführlich erzählte, war in Gegenwart Eleonore's, von der man wußte, daß sie längere Jahre dort gelebt, vorgelesen, und diese knüpfte daran unvorsichtige Mittheilungen über das, was sie von dem Leben der Mutter Olga's wußte und nicht wußte, über die Scheinheirath derselben mit dem Grafen Schlottheim, das Wiederzusammentreffen mit ihrem Geliebten in Bajä und Neapel.

Ehrwürden Schmidt benutzte Brief und Erzählung, um daraus einen Artikel in amerikanischem Stil gegen die beiden Gräfinnen in Pittsburg, so war der Artikel überschrieben, zurechtzumachen.

Der Artikel fiel Olga in die Hände und verwundete ihren innern Stolz auf das tiefste; sie drang mit aller Entschiedenheit auf Rückkehr nach Europa und fand bei Karl nur schwachen Widerstand. Die Ordnung des mütterlichen Nachlasses hätte doch verlangt, daß Karl mit ihrer Vollmacht hinübergereist wäre. Allein der englisch-amerikanische Krieg stand einer Abreise nach Europa im Wege. Der Sturz Napoleon's und seine Verbannung nach Elba befähigte England, über seine Schiffe und Truppen frei zu verfügen und den Krieg mit verstärkten Kräften zu führen.

Da eine große Menge neuer Projecte auch Bollmann zu einer Reise nach England und Deutschland drängte, so beschloß man, sich dazu der einzigen Möglichkeit zu bedienen, nämlich mit englischen Schiffen zu fahren. Die Engländer erklärten, sie führten nur Krieg gegen die washingtoner Regierung und ihre Genossen, nicht gegen das amerikanische Volk. So gelang es Bollmann, eine Schiffsgelegenheit zu finden. Die Gatten versahen Grant mit umfassenden Vollmachten zur Verwaltung der Dinge in Pittsburg, während Heloise Karl Haus zur Ordnung der Erbschaftsverhältnisse in Heustedt ermächtigte. Es war beschlossen, die heustedter Besitzungen sollten verkauft werden, dann wollten die Schwäger und Schwestern sich wegen der amerikanischen und europäischen Besitzungen ausgleichen. Heloise war ganz zur Republikanerin geworden. Sie wollte nie nach Europa zurückkehren. Olga hatte Sehnsucht nach dem monarchischen Europa.

Während Bollmann mit seinen beiden Töchtern und Karl Haus mit seiner Familie und einiger schwarzen Dienerschaft nach Osten fuhren, zog Admiral Cochrane den Patuxet und Potomac hinauf nach Westen, nahm die Föderalstadt ein, zerstörte alle öffentlichen Gebäude, namentlich das Capitol und die beiden Häuser für Senat und Congreß, das Zeughaus, die Schiffswerften, das Finanz- und Kriegsministerium, den Palast des Präsidenten, die Seilerbahn und die große Brücke über den Potomac, es schien, als nahe das Ende der nordamerikanischen Republik.